Marktabgrenzung in Zeiten der Medienkonvergenz

Schriften zum Medien-, Urheber- und Wirtschaftsrecht

Herausgegeben von Prof. Dr. Georgios Gounalakis

Band 24

PL ACADEMIC RESEARCH

Marten Hinrichsen

Marktabgrenzung in Zeiten der Medienkonvergenz

Zur Bestimmung des sachlich relevanten Werbemarktes in der deutschen und europäischen Medienfusionskontrolle

PL ACADEMIC RESEARCH

Bibliografische Information der Deutschen Nationalbibliothek
Die Deutsche Nationalbibliothek verzeichnet diese Publikation in der Deutschen Nationalbibliografie; detaillierte bibliografische Daten sind im Internet über http://dnb.d-nb.de abrufbar.

Zugl.: Münster (Westfalen), Univ., Diss. der Rechtswissenschaftlichen Fakultät, 2016

D 6
ISSN 1867-1012
ISBN 978-3-631-67252-5 (Print)
E-ISBN 978-3-653-06815-3 (E-Book)
DOI 10.3726/978-3-653-06815-3

PL Academic Research ist ein Imprint der Peter Lang GmbH.
Peter Lang – Frankfurt am Main · Bern · Bruxelles · New York · Oxford · Warszawa · Wien

Diese Publikation wurde begutachtet.

www.peterlang.com

Vorwort

Die vorliegende Arbeit wurde im Sommersemester 2015 von der Rechtswissenschaftlichen Fakultät der Westfälischen Wilhelms-Universität Münster als Dissertation angenommen. Literatur und Rechtsprechung wurden bis einschließlich Mai 2015 berücksichtigt.

Mein Dank gilt zunächst *Herrn Prof. Dr. Thomas Hoeren*, der als Betreuer der Arbeit die Themenfindung und die inhaltliche Ausgestaltung zu jeder Zeit begleitet hat und mit Rat und Tat zur Seite stand. Die Tätigkeit als Wissenschaftlicher Mitarbeiter in der zivilrechtlichen Abteilung seines Instituts für Informations-, Telekommunikations- und Medienrecht (ITM) hat meine juristische Arbeits- und Denkweise geprägt.

Bei *Frau Prof. Dr. Petra Pohlmann* bedanke ich mich für die zügige und fundierte Erstellung des Zweitgutachtens.

Weiterhin möchte ich *Herrn Prof. Dr. Georgios Gounalakis* für die Aufnahme in seine Schriftenreihe zum Medien-, Urheber- und Wirtschaftsrecht danken. Diese Arbeit führt die von ihm mitgeprägte Diskussion über die Auswirkungen der medialen Konvergenzentwicklung auf unser Rechtssystem fort.

Mein großer Dank gilt auch *Prof. Dr. Kirsten Beckmann*, die mit konstruktiver Kritik und hilfreichen Ratschlägen erheblich zum Gelingen der Arbeit beigetragen hat.

Danken möchte ich allen Mitarbeitern des ITM und insbesondere meinen Kollegen von der Forschungsstelle Recht im deutschen Forschungsnetz (DFN). Sowohl die gute Zusammenarbeit als auch die gemeinsamen Kaffeepausen und Unternehmungen haben den Promotionsalltag erleichtert. Dies gilt ebenso für die vielen Freunde, die mich durch die Studien- und Promotionszeit begleitet haben.

Ein wesentlicher Bestandteil für das Gelingen der Arbeit sind jedoch die Menschen, die einem in jeder Lebenslage beistehen. Ohne die dauerhafte und liebevolle Unterstützung von *Katrin Lennartz* würde es diese Arbeit in der Form wohl nicht geben. Durch kritisches Hinterfragen vieler Positionen und Ansichten hat sie zum einen die inhaltliche Gestaltung dieser Arbeit geprägt. Zum anderen hat sie mich auch moralisch unterstützt und geduldig durch alle Höhen und Tiefer der Promotion begleitet. Ihr gilt daher mein größter Dank.

Einen ebenso großen Beitrag für diese Arbeit haben auch meine Eltern *Heidrun* und *Klaus Hinrichsen* geleistet. Durch ihre uneingeschränkte, liebevolle Unterstützung und Förderung haben sie es mir Zeit meines Lebens ermöglicht alle meine Ziele zu erreichen. Für ihr Vertrauen und ihre Förderung bin ich ihnen unendlich dankbar. Ihnen ist diese Arbeit gewidmet.

Düsseldorf, März 2016 Marten Hinrichsen

Inhaltsverzeichnis

Literaturverzeichnis

Affeldt, Pauline/Filistrucchi, Lapo/Klein, Tobias: Upward Pricing Pressure in two-sided markets, The Economic Journal, 2013, Vol. 123 (572), S. F505–F523.

Ahlenstiel, Enno: Marktabgrenzung in der Internetökonomie, Hamburg 2008.

Arning, Marian/Moos, Flemming: Big Data bei verhaltensbezogener Online-Werbung, ZD 2014, 242–248.

Arning, Marian/Moos, Flemming: Location Based Advertising, ZD 2014, 126–133.

Baker, Simon/Coscelli, Andrea: The role of market shares in differentiated product markets, E.C.L.R. 1999, 20(8), 412–419.

Baum, Herbert: Der relevante Markt als Problem der Wettbewerbspolitik, WuW 1980, 401–407.

Bardong, Andreas: Die deutsche Fusionskontrolle nach der 8. GWB-Novelle, NZKart 2013, 303–311.

Bardong, Andreas: Die Einführung des SIEC-Tests und weitere Änderungen in der materiellen Fusionskontrolle, in: Bien, Florian (Hrsg.), Das deutsche Kartellrecht nach der 8. GWB-Novelle, Baden-Baden 2013, 11–64.

Barth, Uli: Innovationsmärkte in der Fusionskontrolle, Baden-Baden 2004.

Bauer, Johann: Wettbewerbsbeschränkungen durch konglomerate Unternehmenszusammenschlüsse, Regensburg 1994.

Bechtold, Rainer: Kartellgesetz, 7. Auflage, München 2013.

Bechtold, Rainer: Fusionskontrolle über Anzeigenblätter, AfP 1978, 119–123.

Bechtold, Rainer: 35 Jahre Pressefusionskontrolle, in: Bechtold, Stefan/et. al. (Hrsg.), Recht, Ordnung und Wettbewerb – Festschrift zum 70. Geburtstag von Wernhard Möschel, Baden-Baden 2011, 97–113.

Bechtold, Rainer: Zur Abgrenzung des relevanten Marktes, in: Erdmann, Willi/et. al. (Hrsg.), Festschrift für Otto-Friedrich Frhr. v. Gamm, Köln 1990, 537–545.

Bechtold, Rainer/Bosch, Wolfgang/Brinker, Ingo: EU-Kartellrecht, 3. Auflage, München 2014.

Beck, Hanno: Medienökonomie, 3. Auflage, Heidelberg 2011.

Beck, Hanno: Die wettbewerbspolitische Relevanz des Internet, WuW 1999, 460–467.

Bender, Gunnar: Cross-Media-Ownership, Heidelberg 1999.

Müller-Henneberg, Hans/Schwartz, Gustav (Begr.)/Benisch, Werner (Hrsg.): Gesetz gegen Wettbewerbsbeschränkungen und Europäisches Kartellrecht - Gemeinschaftskommentar, 4. Auflage, 3. Lieferung, Köln 1981.

Blaue, Andreas: Meinungsrelevanz und Mediennutzung, ZUM 2005, 30–41.

Bohne, Michael: Cross-mediale Effekte in der Fusionskontrolle, WRP 2006, 540–548.

Böge, Ulf: Reform der Pressefusionskontrolle: Forderungen, Vorschläge, Konsequenzen, MMR 2004, 227–231.

Bopp, Dieter: Ordnungsziele des Landesmedienrechts und Wettbewerb der Medienträger, AfP 1989, 641–648.

Bornkamm, Joachim/Montag, Frank/Säcker, Franz Jürgen (Hrsg.): Münchener Kommentar zum Europäischen und Deutschen Wettbewerbsrecht (Kartellrecht), Band 1 Europäisches Wettbewerbsrecht, 2. Auflage, München 2015.

Brinkmann, Tomas: Zur Aktualität des Vielfaltsgebots in den Massenmedien, ZUM 2013, 193–201.

Bruhn, Manfred: Kommunikationspolitik, 8. Auflage, München 2015.

Broemel, Roland: Vielfaltsgewährleistung auf virtuellen Plattformen – Anpassung des kartellrechtlichen Konzepts an die medienrechtliche Regulierung, MMR 2013, 83–88.

Buchholtz, Anne: Gibt es einen Fernsehzuschauermarkt im Sinne des Gesetzes gegen Wettbewerbsbeschränkungen?, ZUM 1998, 108–115.

Bundesverband Digitale Wirtschaft (BVDW) e.V.: OVK Online-Report 2014/02, Düsseldorf 2014.

Bundesverband Digitale Wirtschaft (BVDW) e.V.: OVK Online-Report 2013/02, Düsseldorf 2013.

Bundesverband Digitale Wirtschaft (BVDW) e.V.: MAC Mobile-Report, 2014/02, Düsseldorf 2014.

Busemann, Katrin/Tippelt, Florian: Second Screen: Parallelnutzung von Fernsehen und Internet. Ergebnisse der ARD/ZDF-Onlinestudie 2014, Media Perspektiven 2014, 408–416.

Bülow, Peter/Ring, Gerhard/et. al. (Hrsg.): Heilmittelwerbegesetz, 4. Auflage, Köln 2012.

Börner, Bodo: Der Zugang der Presse zum Rundfunk und das Wettbewerbsrecht, Berlin 1985.

Czygan, Marco: Wettbewerb im Hörfunk in Deutschland, Baden-Baden 2003.

Dewenter, Ralf: Two-sided markets, MedienWirtschaft 2006, 57–62.

Dewenter, Ralf/Rösch, Jürgen/Terschüren, Anna: Abgrenzung zweiseitiger Märkte am Beispiel von Internetsuchmaschinen, NZKart 2014, 387–394.

Dierking, Laura/Möller, Simon: Online-TV und das „Long Tail“-Phänomen verändern die Grundlagen der Rundfunkordnung, MMR 2007, 426–430.

Dobler, Christian: Der Zeitungsanzeigenmarkt, das Internet, Marktabgrenzung und Marktanalyse – einige Überlegungen, in: Brinker, Ingo/et. al. (Hrsg.) Recht und Wettbewerb – Festschrift für Rainer Bechtold zum 65. Geburtstag, München 2006, 121–134.

Dörr, Dieter/Wagner, Eva Ellen: Regional differenzierte Werbung in bundesweit verbreiteten Fernsehprogrammen, ZUM 2013, 525–535.

Dreher, Meinrad: Die Kontrolle des Wettbewerbs in Innovationsmärkten, ZWeR 2009, 149–175.

Dubberstein, Holger: TV-Märkte im Wandel, NZKart 2013, 143–146.

Elzinga, Kenneth/Mills, David: The Lerner Index of Monopoly Power: Origins and Uses, American Economics Review, 2011, 101:3, 558–564.

Emmerich, Volker: Kartellrecht, 13. Auflage, München 2014.

Emmerich, Volker: Überlegungen zur Marktabgrenzung, in: Rüter, Georg/et. al. (Hrsg.), Gesundheitsökonomie und Wirtschaftspolitik – Festschrift zum 70. Geburtstag von Prof. Dr. Dr. h. c. Peter Oberender, Stuttgart 2011, 61–66.

Emmerich, Volker: Der neue SIEC-Test – Ein Weg in die Komplexitätsfalle?, in: Alexander, Christian/et. Al. (Hrsg.), Festschrift für Helmut Köhler zum 70. Geburtstag, München 2014, 101–105.

Engel, Christoph: Marktabgrenzung als soziale Konstruktion, in: Fuchs, Andreas/ et. al. (Hrsg.), Wirtschafts- und Privatrecht im Spannungsfeld von Privatautonomie, Wettbewerb und Regulierung – Festschrift für Ullrich Immenga zum 70. Geburtstag, München 2004, 127–147.

Engel, Christoph: Medienordnungsrecht, Baden-Baden 1996.

Engel, Bernhard/Best, Stefanie: Stream, Audio und Page – die Rezeptionsformen in der konvergenten Medienwelt, MP 2012, 62–71.

Epstein, Roy/Rubinfeld, Daniel: Understanding UPP, The B. E. Journal of Theoretical Economics 2010, Vol. 10, Iss. 1, Art. 9, 1–10.

Erbs, Georg/Kohlhaas, Max (Begr.)/Ambs, Friedrich (Hrsg.): Strafrechtliche Nebengesetze, 201. Ergänzungslieferung, München 2015.

Esser, Michael: Medienkonvergenz und Zusammenschlusskontrolle – Zur fusionskontrollrechtlichen Bewertung medienübergreifender Transaktionen, NZKart 2013, 135–142.

Esser, Michael/Höft, Jan Christoph: Die Einführung des SIEC-Tests durch die 8. GWB-Novelle – Folgen für die Praxis, NZKart 2013, 447–457.

Evans, David/Schmalensee, Richard: Some economic aspects of antitrust analysis in dynamically competitive industries, Innovation Policy and the Economy 2002 (Vol. 2), 1–49.

Ewald, Christian: Paradigmenwechsel bei der Abgrenzung relevanter Märkte?, ZWeR 2004, 512–543.

Ewald, Christian: Der SIEC Test im deutsche Recht: Grundansatz, materielle Detailfragen und praktische Auswirkungen aus ökonomischer Sicht, WuW 2014, 261–282.

Farrell, Joseph/Shapiro, Carl: Antitrust Evaluation of Horizontal Mergers: An Economic Alternative to Market Definition, The B. E. Journal of Theoretical Economics, 10:1, Article 9, 1–39.

Fechner, Frank: Medienrecht, 16 Auflage, Tübingen 2015.

Fink, Udo: Die Konvergenz als Herausforderung für die duale Medienordnung, in: Dörr, Dieter (Hrsg.), Die Macht der Medien, 137–149.

Fischötter, Werner: Verkehrsbefragung bei Bestimmung des relevanten Marktes? in: von Gamm, Otto Friedrich/et. Al. (Hrsg.), Strafrecht, Unternehmensrecht, Anwaltsrecht – Festschrift für Gerd Pfeiffer zum Abschied aus dem Amt als Präsident des Bundesgerichtshofs, Köln 1988, 627–641.

Frees, Beate: Konvergentes Fernsehen: TV auf unterschiedlichen Zugangswegen. Ergebnisse der ARD/ZDF-Onlinestudie 2014. Media Perspektiven 2014, 417–419.

Frenz, Walter: Prognosesicherung in der Fusionskontrolle, Europäisches Wirtschafts- und Steuerrecht 2014, 16–22.

Frey, Dieter: Die europäische Fusionskontrolle und die Medienvielfalt, ZUM 1998, 985–1001.

Frey-Vor, Gerlinde/Siegert, Gabriele/Stiehler, Hans-Jörg: Mediaforschung, Konstanz 2008.

Gleich, Uli: Wirkung crossmedialer Werbekommunikation, MP 2012, 604–609.

Golz, Tilman: Der sachlich relevante Markt bei Verlagserzeugnissen, Heidelberg 2003.

Gounalakis, Georgios/Zagouras, Georgios: Konglomerate Medienkonzerne und die Wettbewerbsaufsicht – Eine Nachlese zum Fall Springer/ProSiebenSat.1, NJW 2006, 1624–1627.

Gounalakis, Georgios/Zagouras, Georgios: Medienkonzentrationsrecht, München 2008.

Hahn, Werner/Vesting, Thomas: Beck'scher Kommentar zum Rundfunkrecht, 3. Auflage, München 2012.

Hain, Karl-E.: Regulierung in den Zeiten der Konvergenz, K&R 2006, 325–337.

Hain, Karl-E.: Regionalisierte Werbung durch einen bundesweiten Fernsehsender, AfP 2015, 124–126.

Hans, Silke: Die Auswirkungen des Medienwandels auf das Werbevertrags- und Werbekartellrecht, München 2015.

Hass, Berthold/Willbrandt, Klaus: Targeting von Online-Werbung: Grundlagen, Formen und Herausforderungen, MedienWirtschaft 2011, 12–21.

Heinrich, Jürgen: Medienökonomie, Band 1: Mediensystem, Zeitung, Zeitschrift, Anzeigenblatt, 3. Auflage, Wiesbaden 2010.

Heinrich, Jürgen: Medienökonomie, Band 2: Hörfunk und Fernsehen, 2. Auflage, Wiesbaden 2010.

Hildebrand, Doris: Der „more economic approach" in der Wettbewerbspolitik, WuW 2005, 513–520.

Hirsch, Günter/Montag, Frank/Säcker, Franz Jürgen (Hrsg.): Münchener Kommentar zum Europäischen und Deutschen Wettbewerbsrecht (Kartellrecht), Band 2 Gesetz gegen Wettbewerbsbeschränkungen, München 2008.

Hoeren, Thomas/Sieber, Ulrich/Holznagel, Bernd (Hrsg.): Handbuch Multimedia-Recht, 40. Auflage, München 2014.

Hoffmann-Riem, Wolfgang: Rundfunkrecht neben Wirtschaftsrecht, Baden-Baden 1991.

Holznagel, Bernd: Konvergenz der Medien – Herausforderungen an das Recht, NJW 2002, 2351–2356.

Holznagel, Bernd: Grünbuch Konvergenz der Medien 2013 – Verpasste Chance oder gangbarer Weg aus dem Globalisierungsdilemma?, MMR 2014, 18–24.

Höppner, Thomas: Das Verhältnis von Suchmaschinen zu Inhalteanbietern an der Schnittstelle von Urheber- und Kartellrecht, WRP 2012, 625–637.

Höppner, Thomas/Ferreau, Frederik: Marktmachttransfer auf Online-Märkten durch Kopplungsrabatte, K&R 2014, 460–466.

Immenga, Ulrich/Mestmäcker, Ernst-Joachim (Hrsg.): Wettbewerbsrecht, Band 1. EU/Teil 2 Kommentar zum Europäischen Kartellrecht, 5. Auflage, München 2012.

Immenga, Ulrich/Mestmäcker, Ernst-Joachim/Körber, Torsten (Hrsg.): Wettbewerbsrecht, Band 2. GWB/Teil 1 Kommentar zum Deutschen Kartellrecht, 5. Auflage, München 2014.

Immenga, Ulrich: Der SIEC-Test im GWB – eine Europäisierung der Fusionskontrolle?, EuZW 2013, 761–762.

Immenga, Ulrich: Rundfunk und Markt, AfP 1989, 621–627.

Jestaedt, Thomas/Anweiler, Jochen: Europäische Fusionskontrolle im Medienbereich, EuZW 1997, 549–555.

Johnsen, Meike: Das Näheverhältnis von Wettbewerbern in der Fusionskontrolle – Verlieren Marktanteile ihre Bedeutung?, WuW 2013, 1177–1186.

Jungheim, Stephanie: Die kartellrechtliche Bewertung von Kooperationen im Medienbereich in der Praxis, WRP 2011, 519–526.

Kiefer, Marie Luise/Steininger, Christian: Medienökonomik, 3. Auflage, München 2014.

Kiethe, Kurt: Werbung im Internet, WRP 2000, 616–623.

Klappstein, Verena: Der sachlich relevante Markt im Kartellrecht und sein rechtsmethodisches Fundament, in: Schöpflin, Martin/et. al. (Hrsg.), Von der Sache zum Recht – Festschrift für Volker Beuthien zum 75. Geburtstag, München 2009, 459–471.

Klein, Thilo: SSNIP-Test oder Bedarfsmarktkonzept, WuW 2010, 169–177.

Kleine-Cosack, Michael: Wettbewerbsrecht und Verfassungsecht contra antiquierte Berufsbilder, NJW 2013, 272–275.

Kloss, Ingomar: Werbung, 5. Auflage, München 2012.

Klumpp, Ulrich: Neuausrichtung der Pressefusionskontrolle – Anhebung der Aufgreifschwellen und Regelung der Sanierungsfusion, in: Bien, Florian (Hrsg.), Das deutsche Kartellrecht nach der 8. GWB-Novelle, Baden-Baden 2013, 191–207.

Klumpp, Ulrich: Neues in der Pressefusionskontrolle, WuW 2012, 344–356.

Koch, Ulrich: Medienkonzentrationsrecht in Deutschalnd – sind wir auf dem richtigen Weg?, AfP 2007, 305–313.

Köhler, Helmut/Bornkamm, Joachim: Gesetz gegen den unlauteren Wettbewerb, 33. Auflage, München 2015.

Körber, Torsten: Sektorspezifische Rundfunkregulierung oder „Wettbewerb 2.0“?, ZWeR 2009, 315–342.

Körber, Torsten: Der SIEC-Test im GWB – Verhältnis zum Unionsrecht und Auswirkungen auf die Praxis, WuW 2014, 250–261.

Korff-Sage, Kirsten: Medienkonkurrenz auf dem Werbemarkt, Berlin 1999.

Kroeber-Riel, Werner/Esch, Franz-Rudolf: Strategie und Technik der Werbung, 7. Auflage, Stuttgart 2011.

Kroeber-Riel, Werner/Gröppel-Klein, Andrea: Konsumentenverhalten, 10. Auflage, München 2013.

Kubala, Birge: Medienkonzentration im Internet, München 2004.

Kuchinke, Björn/Schubert, Jens: Der Beschluss des Bundeskartellamts in Sachen Springer-ProSiebenSat.1, WuW 2006, 477–485.

Lademann, Rainer: Methodologische und erfahrungswissenschaftliche Probleme bei der Abgrenzung des relevanten Marktes, WuW 1988, 575–586.

Lademann, Rainer/Lange, Knut Werner: Sachliche Marktermittlung bei der Versorgung von HuK-Kunden mit Erdgas, WuW 2010, 387–397.

Lammenett, Erwin: Praxiswissen Online-Marketing, 4. Auflage, Wiesbaden 2014.

Lange, Knut Werner: Neue Marketingstrategien im Internet – ökonomische und rechtliche Analyse, BB 2002, 561–569.

Lange, Knut Werner: Crossmediale Zusammenschlusskontrolle, in: Gundel, Jörg/et. Al. (Hrsg.), Konvergenz der Medien – Konvergenz des Rechts?, München 2009, 135–150.

Langen, Eugen (Begr.)/Bunte, Hermann-Josef (Hrsg.): Kommentar zum deutschen und europäischen Kartellrecht, Band 1 Deutsches Kartellrecht und Band 2 Europäisches Kartellrecht, 12. Auflage, Köln 2014.

Leible, Stefan: Internet-Werbung (Online-Werbung), in: Alexander, Christian/et. Al. (Hrsg.), Festschrift für Helmut Köhler zum 70. Geburtstag, München 2014, 403–413.

Lerner, Abba: The Concept of Monopoly and the Measurement of Monopoly Power, The Review of Economic Studies, 1:3, 157–175.

Lindstädt, Nadine: Multisided media markets: Applying the theory of multisided markets to media markets, ZWeR 2010, 53–79.

Meffert, Heribert/Burmann, Christoph/Kirchgeorg, Manfred: Marketing, 12. Auflage, Wiesbaden 2015.

Monopolkommission: Hauptgutachten XX (2012/2013), Eine Wettbewerbsordnung für die Finanzmärkte, Baden-Baden 2014.

Möschel, Wernhard: Fusionskontrolle im Rundfunk, in: Erdmann, Willi/et. al. (Hrsg.), Festschrift für Otto-Friedrich Frhr. v. Gamm, Köln 1990, 627–636.

Müller, Michael: Konzentrationskontrolle zur Sicherung der Informationsfreiheit, München 2004.

Müller, Ulf: Deutsches Medienkartellrecht – ein Schwerbenhaufen?, MMR 2006, 125–126.

Nothhelfer, Wolfgang: Wann behindern konglomerate Fusionen den Wettbewerb?, EuZW 2007, 332–336.

Paal, Boris: Medienvielfalt und Wettbewerbsrecht, Tübingen 2010.

Paal, Boris: Immaterialgüter, Internetmonopole und Kartellrecht, GRUR 2013, 873–881.

Paal, Boris: Crossmediale Zusammenschlüsse, Marktabgrenzung und Medienmacht – Springer/ProSieben II, ZWeR 2012, 380–402.

Paal, Boris: Vielfaltssicherung und Konzentrationskontrolle nach dem RStV, AfP 2014, 389–394.

Paschke, Marian/Berlit, Wolfgang/Meyer, Claus (Hrsg.): Hamburger Kommentar, Gesamtes Medienrecht, 2. Auflage, Baden-Baden 2012.

Peitz, Martin: Marktplätze und indirekte Netzwerkeffekte, Perspektiven der Wirtschaftspolitik 2006, 317–333.

Peters, Bärbel/Niederauer-Kopf, Kerstin/Eckert, Matthias: Die individualisierte Fernsehnutzung, MP 2012, 72–77.

Podszun, Rupprecht: Kartellrecht in der Internet-Wirtschaft: Zeit für den more technological approach, WuW 2014, 249.

Podszun, Rupprecht: Fernsehkartellrecht – Die Entscheidungspraxis des Bundeskartellamts, MMR 2007, 761–765.

Pohlmann, Petra: Doppelkontrolle von Gemeinschafsunternehmen im europäischen Kartellrecht, WuW 2003, 473–491.

PricewaterhouseCoopers (PwC): German Entertainment and Media Outlook: 2011–2015, Frankfurt/M. 2011.

Rehbinder, Eckard: Relativierungen der räumlichen Marktabgrenzung, in: Engel, Christoph/Möschel, Wernhard (Hrsg.) Rect und spontane Ordnung – Festschrift für Ernst-Joachim Mestmäcker zum achtzigsten Geburtstag, Baden-Baden 2006, 373–385.

Rochet, Jean-Charles/Tirole, Jean: Platform Competition in two-sided Markets, Journal of the European Economic Association, 2003, 1(4), 990–1029.

Rodenhausen, Anselm: Die Kontrolle von Medienkonglomeraten mittels des GWB, Köln 2009.

Rosenthal, Michael/Thomas, Stefan: European Merger Control, München 2010.

Sandrock, Otto: Grundprobleme der sachliche Marktabgrenzung, in: Merz, Hans/ Schluep Walter (Hrsg.), Recht und Wirtschaft heute – Festgabe zum 65. Geburtstag von Max Kummer, Bern 1980, 449–486.

Säcker, Franz Jürgen: Abschied vom Bedarfsmarktkonzept, ZWeR 2004, 1–27.

Säcker, Franz Jürgen: Die Pressefusionskontrolle auf dem Prüfstand, WuW 2003, 1135.

Schaarschmidt, Ulrich: Cross-Promotion durch Medienkonglomerate, Münster 2005.

Schmidt, Ingo/Haucap, Justus: Wettbewerbspolitik und Kartellrecht, 10. Auflage, München 2013.

Schmidt, Klaus-Eberhard: Gibt es einen Fernsehzuschauermarkt im Sinne des Gesetztes gegen Wettbewerbsbeschränkungen?, ZUM 1997, 472–478.

Schmidtchen, Dieter: Heilige Kuh – Abgrenzung des relevanten Marktes, WuW 2011, 923.

Schnettler, Josef/Wendt, Gero: Werbung planen: Konzeption, Media und Kreation, 4. Auflage, Berlin 2011.

Scholz, Rupert: Medienverflechtung, AfP 1983, 261–266.

Schulte, Josef/Just, Christoph (Hrsg.): Kartellrecht, Köln 2011.

Schwalbe, Ulrich/Zimmer, Daniel: Kartellrecht und Ökonomie, 2. Auflage, Frankfurt/M. 2011.

Schweiger, Günter/Schrattenecker, Gertraud: Werbung, 8. Auflage, Konstanz 2013.

Sennewald, Nicola: Massenmedien und Internet, Wiesbaden 1998.

Shapiro, Carl/Varian, Hal R.: Information rules: a strategic guide to the network economy, Boston 1999.

Siegert, Gabriele/Brecheis, Dieter: Werbung in der Medien- und Informationsgesellschaft, 2. Auflage, Wiesbaden 2010.

Spieler, Ekkehard: Fusionskontrolle im Medienbereich, Berlin 1987.

Steger, Jens: Konglomerate Medienzusammenschlüsse in der deutschen Fusionskontrolle, WuW 2010, 282–291.

Theilmann, Timm: Medienwirtschaft und Kartellrecht, Hamburg 2007.

Trafkowski, Armin: Medienkartellrecht, München 2002.

Trafkowski, Armin: Die sachliche Abgrenzung der Märkte im Internet, MMR 1999, 630–636.

Tschon, Michaela: Cross Ownership und publizistische Gewaltenteilung, Berlin 2002.

Unger, Fritz/Fuchs, Wolfgang/Michel, Burkard: Mediaplanung, 6. Auflage, Berlin 2013.

Van Eimeren Birgit/Frees, Beate: 79 Prozent der Deutschen online – Zuwachs bei mobiler Internetnutzung Bewegtbild. Ergebnisse der ARD/ZDF-Onlinestudie 2014, Media Perspektiven 2014, 378–396.

Von der Groeben, Hans/Schwarze, Jürgen (Hrsg.): Kommentar zum Vertrag über die Europäische Union und zur Gründung der europäischen Gemeinschaft, 6. Auflage, Baden-Baden 2003.

von Wallenberg, Gabriela: Das Recht der Wettbewerbsbeschränkungen im Wandel der Technik, in: Großfeld, Bernhard/et. al. (Hrsg.) Festschrift für Wolfgang Fikentscher zum 70. Geburtstag, Tübingen 1998, 622–631.

Wandtke, Artur-Axel/Ohst, Claudia (Hrsg.): Medienrecht Praxishandbuch, Band 3 Wettbewerbs- und Werberecht, 3. Auflage, Berlin 2014.

Wessely, Karin: Das Recht der Fusionskontrolle und Medienfusionskontrolle, Wien 1995.

Wiedemann, Gerhard: Handbuch des Kartellrechts, 2. Auflage, München 2008.

Wiedmann, Rainer: Das Internet im Marketingmix, in: Geffken, Michael, (Hrsg.) Das große Handbuch Werbung, Landsberg/Lech 1999, 607–620.

Wimmer, Karl-Heinz: Zeitungen in: Reiter, Wolfgang (Hrsg.) Werbeträger: Handbuch für die Mediapraxis, 9. Auflage, Frankfurt/M. 1999.

Wirtz, Bernd W.: Medien- und Internetmanagement, 8. Auflage, Wiesbaden 2013.

Wirtz, Bernd W.: Neue Medien, Unternehmensstrategien und Wettbewerb im Medienmarkt, Frankfurt/M. 1994.

Witte, Eberhard: Zeitungen im Medienmarkt der Zukunft, Stuttgart 1984.

Wolf, Joachim: Medienfreiheit und Medienunternehmen, Berlin 1985.

Zagouras, Georgios: Konvergenz und Kartellrecht, München 2002.

Zeidler, Simon/Brüggemann, Sebastian: Die Zukunft personalisierter Werbung im Internet, CR 2014, 248–257.

Zentralverband der deutschen Werbewirtschaft (ZAW): Werbung 2014, Berlin 2014.

Zentralverband der deutschen Werbewirtschaft (ZAW): Werbung in Deutschland 2013, Berlin 2013.

Zimmer, Daniel: Differenzierte Produkte, nichtkoordinierte Effekte und Upwar Pricing Pressure-Konzept: Wird die Marktabgrenzung in Fusionskontrollverfahren entbehrlich?, WuW 2013, 928–936.

Zimmer, Daniel: Marktmacht, in: Baums, Theodor/et. al. (Hrsg.), Festschrift für Ulrich Huber zum siebzigsten Geburtstag, Tübingen 2006, 1173–1184.

Zimmerlich, Antje: Marktmacht in dynamischen Märkten, Frankfurt/M. 2007.

Zimmerlich, Antje: Der Fall Microsoft. Herausforderungen für das Wettbewerbsrecht durch die Internetökonomie, WRP 2004, 1260–1272.

Zurstiege, Guido: Werbeforschung, Konstanz 2007.

1. Teil: Einführung

A. Der Medienwandel und seine Folgen für den Wettbewerb

Die Medienlandschaft befindet sich im Wandel. Einer der Hauptgründe hierfür ist die fortschreitende Digitalisierung und die damit einhergehende wirtschaftliche Erschließung des Internets. Durch die Bedeutungssteigerung des Internets werden die Wettbewerbsbedingungen in der Medienbranche nachhaltig verändert.[1] Insbesondere wegen der Verbreitung und Aktualität von Informationen ist ein völlig neuer Wettbewerbsdruck entstanden, der die klassischen Mediengattungen vor ungeahnte Herausforderungen stellt.[2]

So treten neue Wettbewerber auf den Markt und schaffen neuartige Konkurrenzsituationen. Die Printmedien sehen sich durch entsprechende Online-Angebote mit einem neuen Wettbewerbsdruck konfrontiert, dessen Folgen mitunter existenzielle Ausmaße annehmen. Daneben verfestigt sich die Vermarktung von nichtlinearen Video-on-Demand-Angeboten (VoD) durch Multi-Channel-Networks (MCN) als ernsthafte Alternative zum linearen Fernsehangebot.[3] Dies hat zur Folge, dass die Fernsehbranche ihren Alleinanspruch auf die aktuelle und massenhafte Vermittlung von Bewegtbild-Inhalten stückweise verliert. Insgesamt drängen nicht nur klassische Anbieter von Inhalten, sondern auch andere Anbieter wie der Suchmaschinenbetreiber Google auf den Inhaltemarkt.[4]

Gleichzeitig wachsen die unterschiedlichen Mediengattungen aufgrund der Digitalisierung immer weiter zusammen. Eine Zeitung lässt sich heutzutage auf elektronische Art und Weise lesen, das Radioprogramm mit dem Computer empfangen oder mit modernen SmartTVs im Internet surfen. Dabei verschwimmen die bisherigen Funktionszuweisungen für die einzelnen Mediengattungen und vormalige Alleinstellungsmerkmale gehen schrittweise verloren.[5] Diese technische, aber auch zunehmend inhaltliche Konvergenzentwicklung verschärft den Wettbewerbsdruck noch weiter. Das Internet wirkt als Katalysator für den Wettbewerb im Medienbereich.[6]

Die starke Wettbewerbsposition und somit auch der Erfolg des Internets gehen mit einer voranschreitenden Kommerzialisierung einher. Ein nicht unwesentlicher Anteil an diesem Erfolg ist dem Verkauf und der Vermarktung von Werbeflächen

1 Frühzeitig schon: Beck, WuW 1999, 460, 460f.
2 Koch, AfP 2007, 305, 305f.; speziell zu den Auswirkungen auf den Printbereich: Dobler, in: FS Bechtold, 121, 126f.
3 Vgl. dazu Dierking/Möller, MMR 2007, 426, 428ff.
4 Höppner, WRP 2012, 625, 629.
5 Dobler, in: FS Bechtold, 121, 125.
6 Dobler, in: FS Bechtold, 121, 126.

im Internet zuzuschreiben.[7] Dies ist selbst bei den klassischen inhaltsbezogenen Mediengattungen wie den Printmedien längst zu der Haupteinnahmequelle geworden.[8]

Als Antwort auf diese neue Wettbewerbssituation versuchen die meisten Medienunternehmen, den Zugang zu ihren Inhaltsangeboten zu verbreitern und sich von der traditionellen Fixierung auf eine Mediengattung zu lösen. Dies erfolgt im Printbereich durch entsprechende Online-Ableger ebenso wie beim Rundfunk, der sich insbesondere der VoD-Technologie bedient, um sein Angebot auch im Netz verfügbar zu machen.[9] Das Internet bietet insofern ein erhebliches Wachstumspotenzial bei geringen Marktzutrittsschranken.[10]

Neben diesem internen Wachstum kommt es immer häufiger zu dem Versuch, die eigene Marktposition mittels medienübergreifender Zusammenschlussvorhaben zu verbessern. So plante in den vergangenen Jahren unter anderem die Axel-Springer-Verlagsgruppe die Übernahme der Fernsehsendergruppe ProSiebenSat.1 Media AG.[11] Ein weiteres Beispiel für die medienübergreifende Fortentwicklung war die geplante Gründung einer gemeinschaftlichen VoD-Plattform durch die beiden großen privaten Fernsehsendergruppen RTL interactive GmbH und ProSiebenSat.1 Media AG.[12] Parallel dazu planten auch die öffentlich-rechtlichen Sender die Entwicklung eines VoD-Angebots unter dem Titel „Germany's Gold“, das jedoch aufgrund von Bedenken der Wettbewerbsbehörden nicht umgesetzt wurde.[13] Den bisher aktuellsten Fall bildet der Kauf des Fernsehsenders N24 durch die Axel Springer SE, die auf diesem Weg nach dem gescheiterten Übernahmeversuch der ProSiebenSat.1 Media AG den Einstieg in die Fernsehbranche gefunden hat.[14]

Ebenso wie in anderen Bereichen sind auch solche medialen Zusammenschlussvorhaben von der Freigabe durch die Wettbewerbsaufsicht abhängig. Mit Ausnahme des Erwerbs von N24 scheiterten die oben genannten Vorhaben allesamt am Veto

---

7 Kiethe, WRP 2000, 616, 617.

8 Heinrich, Band 1, S. 267f.

9 Vgl. bspw. http://www.heise.de/newsticker/meldung/RTL-Group-kauft-Vermarkter-fuer-Onlinevideo-Werbung-2280670.html zuletzt abgerufen am: 14.6.2014.

10 Koch, AfP 2007, 305, 307.

11 BKartA, B. v. 19.1.2006, B6-103/05 – Axel Springer/ProSiebenSat.1, im Volltext abrufbar unter: http://www.bundeskartellamt.de/SharedDocs/Entscheidung/DE/Entscheidungen/Fusionskontrolle/2006/B6-103-05.pdf?__blob=publicationFile&v=3 zuletzt abgerufen am: 14.6.2015.

12 BKartA, B. v. 17.3.2011, B6-94/10 – ProSiebenSat.1/RTL, abrufbar unter: http://www.bundeskartellamt.de/SharedDocs/Entscheidung/DE/Entscheidungen/Fusionskontrolle/2011/B6-94-10.pdf?__blob=publicationFile&v=3 zuletzt abgerufen am: 14.6.2015.

13 Vgl. BKartA, Pressemitteilung vom 16.9.2013, http://www.bundeskartellamt.de/SharedDocs/Meldung/DE/Pressemitteilungen/2013/16_09_2013_Germanys-Gold-aufgegeben.html zuletzt abgerufen am: 14.6.2015.

14 Vgl. BKartA, Pressemitteilung vom 7.2.2014, http://www.bundeskartellamt.de/SharedDocs/Meldung/DE/Pressemitteilungen/2014/07_02_2014_Springer-N24.html zuletzt abgerufen am: 14.6.2015.

der Wettbewerbsbehörden. Den Entscheidungen lag dabei ein seit vielen Jahren bestehendes enges Marktverständnis zugrunde, das für den relevanten Bereich der Werbung von getrennten und jeweils medienbezogenen Märkten ausgeht. Dabei ist mehr als fraglich, ob dieses Marktverständnis vor dem Hintergrund des gegenwärtigen Wandels noch als zeitgemäß angesehen werden und den tatsächlich herrschenden Wettbewerbsdruck im Medienbereich widerspiegeln kann. Aufgrund der wirtschaftlichen, aber auch der gesellschaftlichen Bedeutung der Medienbranche, ist in diesem Bereich ein sachgerechter und vor allem innovationsfreundlicher Umgang mit dem internetbedingten Wandel der Wettbewerbssituation notwendig. Der technische Fortschritt und die Innovationskraft des Internets treffen mit dem Wettbewerbsrecht jedoch auf eine Materie, die sich wie die gesamte Rechtsordnung neuen Gegebenheiten oftmals nur langsam anpasst.[15] Zu Recht wird deshalb auch vermehrt ein „more technological approach", der insbesondere die Dynamik und Innovationsfreudigkeit der Branche berücksichtigt, bei der künftigen Anwendung des Kartellrechts gefordert.[16]

B. Auswirkungen auf die Kartellrechtspraxis

Im Mittelpunkt der rechtswissenschaftlichen Forschung und Praxis im Bereich der Medien stehen die Auseinandersetzung mit lauterkeitsrechtlichen Fragestellungen zur Gestaltung und Wirkung von Werbung sowie die im Verfassungsrecht wurzelnde Frage medialer Vielfaltssicherung.[17] Wettbewerbsrechtliche Fragestellungen, die sich beispielsweise mit dem Konkurrenzverhältnis der Mediengattungen zueinander oder intramedialen Austauschbeziehungen und den Entscheidungsprozessen bei der Auswahl von Werbeplätzen befassen, werden im rechtswissenschaftlichen Kontext nur selten oder am Rand erörtert.[18]

Dabei stellt die Diskussion über die Folgen des Medienwandels aus der wettbewerbsrechtlichen Perspektive keine vollkommene Neuheit dar. Bereits bei der Einführung und Ausweitung des Rundfunkangebots wurde eine in Teilen vergleichbare Diskussion geführt. Seit Ende 1963 beschäftigte sich die vom Bundestag eingesetzte Kommission zur Untersuchung der Wettbewerbsgleichheit von Presse, Funk/Fernsehen und Film (Michel-Kommission) mit möglichen Wettbewerbsverzerrungen zwischen Printpresse und Rundfunk.[19] Durch das Aufkommen des Internets haben vergleichbare Fragen heutzutage wieder deutlich an Aktualität gewonnen.[20]

Die fehlende Auseinandersetzung mit dieser Thematik verwundert auch vor dem Hintergrund, dass das Wettbewerbsrecht und speziell das Recht der Fusionskontrolle

15 v. Wallenberg, in: FS Fikentscher, 622, 624ff.
16 Podszun, WuW 2014, 249, 249.
17 Statt vieler: Leible, in: FS Köhler, 403, 408ff.; Paal, AfP 2014, 389, 389ff.; Broemel, MMR 2013, 83, 84ff.
18 So bspw. Rodenhausen, S. 224ff.; Hans, S. 192ff.
19 Bericht der Michel-Kommission, BT-Drs. V/2120; vgl. dazu auch unten 4. Teil. B. I. 1.
20 Vgl. Zusammenstellung von Dobler, in: FS Bechtold, 121, 122ff.

unmittelbar durch den Wandel der Medienlandschaft und die Konvergenzentwicklung betroffen sind. Am Beispiel der medienübergreifenden Zusammenschlussvorhaben zeigt sich deutlich, welche Auswirkungen insbesondere die gängige Marktabgrenzungspraxis auf die Verfahren hat. Unter Berücksichtigung der aktuellen Entscheidungspraxis, die regelmäßig von getrennten mediengattungsbezogenen Werbemärkten ausgeht, stellen markt- bzw. medienübergreifende Fusionen in der gegenwärtigen Wettbewerbssituation die einzige externe Möglichkeit zur Erschließung neuer Geschäftsfelder oder zur Erzielung von Synergien innerhalb eines Unternehmens dar.[21] Zusammenschlüsse innerhalb einer Mediengattung, wie beispielsweise der Erwerb des Fernsehsenders N-TV durch RTL[22], die Übernahme der Frankfurter Rundschau durch die FAZ[23] oder die Übernahme der Münsterschen Zeitung durch die Westfälischen Nachrichten[24], waren zuletzt lediglich im Rahmen der privilegierten Sanierungsfusion möglich. Aufgrund dieser limitierenden Wirkung steht die Marktabgrenzung im Mittelpunkt der vorliegenden Betrachtung.

I. Bedeutung und Probleme der Marktabgrenzung

Die Marktabgrenzung bildet, wie in allen anderen Wirtschaftsbereichen auch, in der Medienbranche das Fundament der wettbewerblichen Beurteilung. Ihre Aufgabe ist es, durch eine güterbezogene Betrachtung die ausschlaggebenden Wettbewerbsverhältnisse herauszufiltern.[25] Sie hat eine Festlegungs- bzw. Abgrenzungsfunktion hinsichtlich der Marktreichweite und bestimmt somit die „area of effective competition“.[26]

Trotz der Stellung als zentraler Baustein der gegenwärtigen Abgrenzungspraxis gehen mit der Marktabgrenzung erhebliche Probleme einher. Durch die „präjudizierende Schlüsselrolle“ des Abgrenzungsvorgangs besteht die allgegenwärtige

---

21 Gounalakis/Zagouras, NJW 2006, 1624, 1627; Steger, WuW 2010, 282, 284.

22 BKartA, B. v. 11.4.2006, B6-142/05 – RTL/N-TV, im Volltext abrufbar unter http://www.bundeskartellamt.de/SharedDocs/Entscheidung/DE/Entscheidungen/Fusionskontrolle/2006/B6-142-05.pdf?__blob=publicationFile&v=3 zuletzt abgerufen am: 14.6.2015.

23 Vgl. BKartA, Pressemitteilung vom 27.2.2013, http://www.bundeskartellamt.de/SharedDocs/Meldung/DE/Pressemitteilungen/2013/27_02_2013_FAZ.html zuletzt abgerufen am: 14.6.2015.

24 Vgl. BKartA, Pressemitteilung vom 1.9.2014, http://www.bundeskartellamt.de/SharedDocs/Meldung/DE/Pressemitteilungen/2014/01_09_2014_Westfaelische_Nachrichten.html zuletzt abgerufen am: 14.6.2015; Vgl. dazu auch BKartA, 1.12.2014, Fallbericht B6-97/14, abrufbar unter http://www.bundeskartellamt.de/SharedDocs/Entscheidung/DE/Fallberichte/Fusionskontrolle/2014/B6-97-14.pdf?__blob=publicationFile&v=3 zuletzt abgerufen am: 14.6.2015.

25 Kommission, Bekanntmachung der Kommission zur Definition des relevanten Marktes im Sinne des Wettbewerbsrecht der Gemeinschaft, Abl. EG 1997 C 372/03, Rn. 2; Bechtold, § 18 GWB, Rn. 5.

26 MüKo/*Füller*, Band I, Einl. Teil D, Rn. 1033.

Gefahr, Märkte zu eng oder zu weit abzugrenzen und somit den real herrschenden Wettbewerbsdruck nicht richtig zu erfassen.[27] So gibt ein zu weit gefasster Markt fälschlicherweise weniger Anlass für ein Einschreiten, während bei einem zu engen Markt wesentlich schneller eine solche kartellrechtliche Kontrolle notwendig erscheinen kann.[28] Dies führt in letzter Konsequenz zu einer Fusionskontrolle, die nicht mehr am Ziel des freiheitlichen Wettbewerbs orientiert wäre. Aus diesem Grund ist hierbei besondere Sorgfalt und Umsicht bezüglich der juristischen Bewertung notwendig.

Das ökonomische Konzept des Marktes als idealisierter „Ort des Aufeinandertreffens von Angebot und Nachfrage“[29] ist qua definitionem offen für Veränderungen und somit kein statisches Gebilde.[30] Gerade das Aufkommen des Internets führt zu sich stetig wandelnden und weiterentwickelnden Märkten und folglich mitunter zu einer erheblichen Rechtsunsicherheit bei der Abgrenzung. Darüber hinaus stellt die Methodik der Marktabgrenzung in der Praxis einen mehr oder weniger offenen Beurteilungsvorgang dar, der besonders anfällig für subjektive (Fehl-)Einschätzungen ist. Insbesondere in den Fällen, in denen der Rechtsanwender sich selbst zu den Abnehmern eines Produkts zählt, wird die eigene subjektive Wahrnehmung der Marktverhältnisse oftmals den Ausgang des Abgrenzungsvorgangs mitbestimmen.[31] Dies führt auf der einen Seite zu einem leichteren methodischen Umgang in der Praxis, steht aber auf der anderen Seite auch im Widerspruch zu einer um Objektivität und Rechtssicherheit bemühten Rechtsordnung. Der in diesem Zusammenhang bestehende Zielkonflikt ist unübersehbar.[32] Bei der Abgrenzung des relevanten Marktes gilt es deshalb, dem Vorwurf der Maßschneiderei der gewünschten Ergebnisse aus rechtspolitischen oder sonstigen Gründen zu begegnen.[33]

Vor diesem Hintergrund muss die Marktabgrenzungspraxis sowohl in ihrem theoretischen Fundament als auch in der praktischen Anwendung auf den Prüfstand gestellt werden.

II. Entwicklungen in der aktuellen Entscheidungspraxis: Das „Amazonas“-Verfahren

Dass die Abgrenzung des sachlich relevanten Marktes im Bereich der Medien auch tatsächlich zu Problemen und Widersprüchen führt, zeigt unter anderem die aktuelle Entscheidungspraxis der deutschen Kartellbehörden im Verfahren RTL/ProSiebenSat.1. Das Bundeskartellamt untersagte am 17.3.2011 die Gründung eines Gemeinschaftsunternehmens durch die beiden großen deutschen Fernsehsendergruppen

27 Lademann, WuW 1988, 575, 575ff.
28 Immenga/Mestmäcker/*Körber*, Band I, Art. 2 FKVO, Rn. 16.
29 Kiefer/Steininger, S. 82. m.w.N.
30 Theilmann, S. 27 mit Beispielen.
31 Baum, WuW 1980, 401, 402; Vgl. auch Theilmann, S. 27f.
32 Dobler, in: FS Bechtold, 121, 129.
33 So wohl auch Müller, MMR 2006, 125, 125.

RTL interactive GmbH und ProSiebenSat.1 Media AG aufgrund einer zu erwartenden Verstärkung der marktbeherrschenden Stellung auf dem Fernsehwerbemarkt.[34] Diese Untersagung wurde in der Beschwerdeinstanz durch das Oberlandesgericht Düsseldorf am 8.8.2012 bestätigt.[35]

Ziel des geplanten Joint-Ventures war der Betrieb und die technische Bereitstellung eines VoD-Portals im Internet. In dieser Mediathek sollten bereits gesendete Fernsehinhalte sieben Tage nach ihrer Ausstrahlung im Fernsehen kostenlos abrufbar gehalten werden. Die Beteiligung an der Plattform wäre auch für nicht am Zusammenschluss beteiligte Sender offen gehalten worden. Es war geplant, den Sendern die inhaltliche Gestaltung und die Vermarktung zu Werbezwecken selbst zu überlassen. Das Gemeinschaftsunternehmen sollte lediglich die technischen Voraussetzungen für den Betrieb schaffen und durch ein Nutzungsentgelt finanziert werden. Das Ziel war somit, eine zentrale Anlaufstelle für professionell produzierte Fernsehinhalte im Internet nach dem US-amerikanischen Vorbild „Hulu“ zu gründen.[36]

Das Bundeskartellamt sah unter sachlichen Marktabgrenzungsgesichtspunkten in erster Linie den Markt für Fernsehwerbung als betroffen an. Dieser umfasse das frei zu empfangende, werbefinanzierte Privatfernsehen ebenso wie das zumindest teilweise durch Werbeeinnahmen finanzierte öffentlich-rechtliche Fernsehen.[37] Dieser Fernsehwerbemarkt ist nach ständiger Entscheidungspraxis der Kartellbehörden und Gerichte nicht bloßer Teil eines allgemeinen d. h. alle Medien umfassenden Gesamtwerbemarktes.[38]

Neben diesen zu erwartenden Feststellungen durch das Bundeskartellamt, das ganz auf der Linie der bisherigen traditionellen Abgrenzungspraxis liegt, nimmt der Beschluss jedoch auch ausführlich zum Bereich der Online-Werbung Stellung. Hierbei geht das Bundeskartellamt detailliert auf bisher weder in der Rechtsprechung noch in der Wissenschaft erläuterte Bereiche ein.

Vom Gesamtbereich der Online-Werbung wird ein gesonderter Bereich der Online-Videowerbung abgegliedert. Bei dieser müsse weiter zwischen „In-Stream-Video-Werbung“ und „In-Page-Video-Werbung“ differenziert werden.[39] Unter In-Stream-Video-Werbung werden in diesem Zusammenhang Werbespots verstanden, die unmittelbar in den Ablauf eines Videos im Internet eingebunden werden. So können die Spots beispielsweise vorangestellt werden (pre-roll) oder im Anschluss an das Video folgen (post-roll). Im Gegensatz dazu ersetzt die In-Page-Video-Werbung lediglich die sonst im Internet bekannten Werbebanner als Gestaltungselement von

34 BKartA, B. v. 17.3.2011, B6-94/10 – ProSiebenSat.1/RTL, (s. Fn. 12).

35 OLG Düsseldorf, B. v. 8.8.2012, VI-Kart 4–11 (V) – Amazonas, abrufbar unter http://ec.europa.eu/competition/national_courts/cases/136347/136347_4_4.pdf zuletzt abgerufen am: 14.6.2015.

36 Vgl. zum Vorhaben BKartA, B. v. 17.3.2011, B6-94/10 – ProSiebenSat.1/RTL, Rn. 8ff., (s. Fn. 12).

37 BKartA, B. v. 17.3.2011, B6-94/10 – ProSiebenSat.1/RTL, Rn. 46, (s. Fn. 12).

38 BKartA, B. v. 17.3.2011, B6-94/10 – ProSiebenSat.1/RTL, Rn. 46, (s. Fn. 12).

39 BKartA, B. v. 17.3.2011, B6-94/10 – ProSiebenSat.1/RTL, Rn. 49, (s. Fn. 12).

Webseiten. Sie ist somit nicht unmittelbar in den Ablauf eines Videos eingebunden.[40] Aufgrund ähnlicher zentraler Eigenschaften könne die In-Stream-Video-Werbung als nahestes Substitut zur Fernsehwerbung angesehen und zukünftig unter Umständen sogar direkt diesem Markt zugerechnet werden.[41] In-Page-Video-Werbung hingegen weise ein deutlich geringeres Maß an Austauschbarkeit auf.[42]

III. Folgerungen für die kartellrechtliche Beurteilung

Die Ausführungen des Bundeskartellamtes überraschen vor allem vor dem Hintergrund, dass sich die EU-Kommission in ihren bisherigen Entscheidungen zwar mit einer möglichen Untergliederung der Online-Werbung befasst, diese letztlich jedoch nicht vorgenommen hat.[43] Von der EU-Kommission wurde im Ergebnis weder eine Marktaufteilung in suchgebundene und nicht suchgebundene Werbung noch die Abgrenzung eines eigenständigen Marktes für Internetwerbung für mobile Endgeräte vorgenommen. Auch wenn eine Einordnung oder Abgrenzung hinsichtlich anderer Internet-Werbeformen wie Banner oder suchgebundener Werbung durch das Kartellamt nicht detailliert erfolgt, stellt die Betrachtung der individuellen Eigenschaften der unterschiedlichen Formen der Internet-Videowerbung eine wegweisende Entscheidung dar. Es kann darüber gestritten werden, ob die Einteilung des Bundeskartellamtes zu detailliert ausfällt. Jedoch zeigt die Entscheidung deutlich, dass die intramedialen Konkurrenzbeziehungen eines Mediums generell eine beachtenswerte Größe darstellen. Daran schließt sich die Frage an, warum eine solche tiefergehende Untergliederung nicht auch bei anderen Mediengattungen vorgenommen wurde.

Durch die Feststellung eines möglichen Substitutionswettbewerbs zwischen Fernsehwerbung und Internetwerbung beschreitet das Kartellamt auch neue Wege beim Verständnis der intermedialen Konkurrenzbeziehungen. Obwohl die beiden Werbeformen noch nicht demselben sachlich relevanten Markt zugeordnet werden, weist die ausgewiesene Nähe der Streaming-Werbung zur Fernsehwerbung darauf hin, dass die hergebrachten Marktgrenzen zwischen Internet- und Fernsehwerbung ein Stück weit durchlässiger geworden sind. Somit wird deutlich, dass die Grenzen eines sachlich relevanten Marktes nicht zwingend bei der Zugehörigkeit zu einer bestimmten Mediengattung zu suchen sind. Insbesondere bei den intermedialen Konkurrenzbeziehungen ist eine umfassende Würdigung der Umstände erforderlich.

Im Ergebnis verdeutlicht die Entscheidung des Kartellamts und die weitgehende Bestätigung des OLG Düsseldorf, dass eine rein medienbezogene Beurteilung der Marktverhältnisse der Vergangenheit angehört und hier zukünftig neue Wege beschritten werden. Die individuellen Eigenschaften der jeweiligen Werbeträger und die Spezifika, die sich aus der Nutzung eines Werberaums ergeben, müssen sowohl

40 BKartA, B. v. 17.3.2011, B6-94/10 – ProSiebenSat.1/RTL, Rn. 49, 50, (s. Fn. 12).

41 BKartA, B. v. 17.3.2011, B6-94/10 – ProSiebenSat.1/RTL, Rn. 51, (s. Fn. 12).

42 BKartA, B. v. 17.3.2011, B6-94/10 – ProSiebenSat.1/RTL, Rn. 59, (s. Fn. 12).

43 Vgl. Kommission, 18.2.2010, COMP/M.5727 – Yahoo! Search Business, Rn. 71ff; Kommission, 11.3.2008, COMP/M.4731 – Google/DoubleClick, Rn. 56.

im intra- als auch im intermedialen Kontext umfassend gewürdigt werden. Unter diesem Gesichtspunkt erscheinen die jüngsten Entwicklungen in der deutschen Entscheidungspraxis, trotz vieler offener Fragen, als begrüßenswert. Der Medienwandel und die Internetwerbung machen hier eine neue Betrachtung der Wettbewerbssituation erforderlich, um die realen Wettbewerbsbedingungen sachgerecht zu erfassen.

C. Die wirtschaftliche Bedeutung der Werbe- und Medienmärkte

Die Notwendigkeit einer sachgerechten Fusionskontrolle zeigt sich auch an der enormen wirtschaftlichen Bedeutung der Werbe- und Medienmärkte. Der Verkauf von Werbeflächen innerhalb eines Mediums ist längst zur Haupteinnahmequelle der Unternehmen geworden. Dies trifft nicht mehr nur auf die rein werbefinanzierten Programme oder Dienste im Bereich Radio, TV und Internet, sondern auch auf die Printmedien zu.[44] Neben dieser Abhängigkeit wird von einer faktischen Kopplung der Werbebudgets und Absatzzahlen der Medien selbst an die gesamtkonjunkturelle Lage ausgegangen.[45] In Deutschland zeigt sich gegenwärtig jedoch eine Entkopplung dieser beiden Faktoren, da die Umsätze der Werbebranche trotz gesamtwirtschaftlichen Wachstums weiterhin stagnieren.[46] Insgesamt hat Werbung an sich in allen Medienbereichen eine existenzielle Bedeutung erlangt.

Für den Bereich der Werbung werden eine Vielzahl von unterschiedlichen Statistiken und Übersichten geführt. Nur selten ist aber die Möglichkeit der direkten Vergleichbarkeit geboten. Die verfügbaren Statistiken unterscheiden sich oftmals untereinander bei der Abgrenzung und Unterteilung der einzelnen Werbeträger, sodass eine übergreifende Betrachtung schwerfällt. Dennoch lassen sich aus den vorhandenen Daten Aussagen über grundlegende Tendenzen in der Werbebranche treffen.

I. Der nationale und internationale Gesamtwerbemarkt

Der deutsche Werbemarkt hat in den letzten 60 Jahren eine enorme Entwicklung vollzogen. Auf Grundlage der Datenerhebung des Zentralverbands der deutschen Werbewirtschaft (ZAW) haben sich die Brutto-Werbeausgaben, d. h. die Gesamtheit aller Ausgaben für Werbung inklusive Gehältern und Produktionskosten, von Beginn der Datenerfassung 1949 bis heute mehr als verhundertfacht.[47]

Für das Jahr 2013 weist die Statistik Werbeinvestitionen in Höhe von 25,05 Milliarden Euro auf.[48] Im Vergleich zum Vorjahr bedeutet dies ein nahezu gleichbleibendes

---

44 Vgl. Statistik bei: Wirtz, S. 102; Kiefer/Steininger, S: 303ff.
45 Beck, S. 38f.
46 ZAW, Werbung 2014, S. 7.
47 Vgl. zu der Entwicklung: ZAW, Werbung in Deutschland 2013, S. 13f.
48 ZAW, Werbung 2014, S. 6.

Niveau mit einem Rückgang von 0,02 Milliarden Euro.[49] Damit entspricht der Anteil des Werbemarktes am Bruttoinlandsprodukt der Bundesrepublik Deutschland noch ca. 0,92 Prozent.[50] Von dieser Summe entfallen rund zwei Drittel, nämlich 15,25 Milliarden Euro, auf die konkreten Nettoeinnahmen der Medienunternehmen.[51] Dies ist lediglich ein geringer Rückgang um 0,27 Milliarden Euro im Vergleich zum Vorjahr.[52] In der näheren Zukunft ist wohl weiterhin von eher stagnierenden Marktverhältnissen auszugehen.[53] Insgesamt verharrt die Werbebranche nach ihrem Höhepunkt zur Jahrtausendwende weiter auf einem leicht niedrigeren Niveau. Trotz dieses Ausblicks lässt sich die Werbewirtschaft in Deutschland dennoch als bedeutender Wirtschaftszweig identifizieren.

Auch die Zahl der Beschäftigten verdeutlicht die nationale Bedeutung der Werbe- und Kommunikationsbranche für den Wirtschaftsstandort Deutschland. Demnach sind in dieser Branche oder in von der Branche abhängigen Unternehmen nach eigenen Aussagen mit rund 935.000 Personen insgesamt mehr Menschen als in der Automobilindustrie (712.000 Arbeitnehmer) oder der chemischen Industrie (550.000 Arbeitnehmer) beschäftigt.[54]

Im internationalen Vergleich liegt Deutschland auf Basis der Daten des Warc (ehemals World Advertising Research Center) im oberen Bereich der Gesamtwerbeumsätze. Führend sind die USA, die den mit Abstand größten nationalen Werbemarkt bilden. Für das Jahr 2012 liegt das Werbevolumen dort im Bereich von 153 Milliarden US-Dollar und somit deutlich über den Investitionen in Deutschland. Auf den weiteren Plätzen folgen Japan und China mit 48 bzw. 38 Milliarden US-Dollar. Deutschland nimmt in dieser Statistik mit einem Werbevolumen von 24,3 Milliarden US-Dollar den vierten Platz und die Spitzenrolle in Europa ein. Mit Großbritannien folgt eng darauf ein weiteres europäisches Land, bevor das aufstrebende Brasilien als erster Repräsentant Südamerikas folgt.[55] Die internationale Entwicklung verläuft über die letzten Jahre verhältnismäßig konstant. Die deutlichsten Zuwächse werden mit über 20 Prozent wohl bedingt durch das allgemeine Wirtschaftswachstum gegenwärtig in China erwirtschaftet.[56]

II. Werbemarktanteile nach Mediengattungen

Von den Nettoeinnahmen in Höhe von 15,25 Milliarden Euro im Jahr 2013 profitieren die einzelnen Medien in Deutschland in sehr unterschiedlicher Art und Weise. An der Verteilung der Einnahmen auf die einzelnen Werbeträger lässt sich

49 ZAW, Werbung 2014, S. 6.
50 ZAW, Werbung 2014, S. 6.
51 ZAW, Werbung 2014, S. 6.
52 ZAW, Werbung 2014, S. 6.
53 Vgl. ZAW, Werbung 2014, S. 8.
54 ZAW, Werbung in Deutschland 2013, S. 95f.
55 WARC, World Advertising Trends 2013 zitiert nach ZAW, Werbung 2014, S. 20f.
56 WARC, World Advertising Trends 2013 zitiert nach ZAW, Werbung 2014, S. 20f.

viel über deren Bedeutung im gegenwärtigen Marketingmix der Unternehmen erkennen. Des Weiteren ermöglicht die Anteilsentwicklung auch Rückschlüsse auf das Wettbewerbsverhältnis der Medien untereinander und somit zugleich auf eine mögliche Marktabgrenzung.

Auf Grundlage der Daten des ZAW bildet der Gesamtbereich der Printmedien nach wie vor die größte Mediengattung. Auf ihn entfallen insgesamt noch 55 Prozent Anteil am Gesamtnettoumsatz. Hier ist ein stark rückläufiger Trend festzustellen, da der Anteil im Jahr 2010 noch um 4 Prozent höher lag als nach den aktuellen Zahlen.[57] Eine Aufschlüsselung dieser Ergebnisse zeigt, dass hierfür vor allem die Tageszeitungen und Publikumszeitschriften verantwortlich sind. Bei ihnen bestätigt sich gegenwärtig der rückläufige Trend der vergangenen Jahre. So entfallen nach erneut deutlichen Verlusten in Höhe von 9,4 Prozent im Vergleich zum Vorjahr für das Jahr 2013 noch 2,9 Milliarden Euro auf den Bereich der Tageszeitungen. Dies entspricht 19 Prozent Marktanteil am Gesamtnettoumsatz und somit ein Rückgang von 5 Prozent seit 2009.[58] Nach moderaten Verlusten in Höhe von 3,6 Prozent entfallen zudem 1,23 Milliarden Euro auf die sogenannten Publikumszeitschriften. Dies entspricht 8 Prozent am Gesamtnettoumsatz. Trotz vergleichbar hoher Verluste nahmen Anzeigenblätter noch 1,9 Milliarden Euro ein. In Bezug auf den Gesamtnettoumsatz entspricht dies 13 Prozent Marktanteil.[59]

Das stärkste Einzelmedium bildet mit leichten Zugewinnen im Vergleich zum Vorjahr mit circa 4,1 Milliarden Euro Einnahmen und somit ungefähr 27 Prozent Anteil an den Gesamtnettoumsätzen der Bereich des Fernsehens. Das Fernsehen platziert sich mittlerweile deutlich vor den zweiplatzierten Tageszeitungen. Zudem ist es seit Jahren eines der wenigen Medien, die überhaupt noch wachsen, und bewahrt den Gesamtmarkt dadurch entscheidend vor einem deutlichen Rückgang.[60]

Ebenfalls ein Wachstumsfaktor ist die Online-Werbung. Hier wurde nach teilweise zweistelligen Wachstumsraten in den vergangenen Jahren 2013 noch ein Zugewinn in Höhe von 9,3 Prozent bei den Einnahmen erreicht. Damit gehört die Online-Werbung zu den wenigen Gewinnern im Gesamtwerbemarkt. Insgesamt konnten in diesem Bereich nach der Datenerhebung des ZAW Rekordeinnahmen in Höhe von über 1,1 Milliarden Euro erwirtschaftet werden.[61] Dies entspricht einem Marktanteil von 8 Prozent am Gesamtnettoumsatz.[62] Die gesamtwirtschaftliche Bedeutung der Online-Branche dürfte jedoch noch deutlich höher ausfallen, da unter Online-Werbung in der Erhebung lediglich die Online- und Mobile-Display-Werbung und nicht Affiliate und der große Bereich des Search Marketings verstanden wird.[63]

57 ZAW, Werbung 2014, S. 9ff.
58 ZAW, Werbung 2014, S. 9ff.
59 ZAW, Werbung 2014, S. 9ff.
60 ZAW, Werbung 2014, S. 9.
61 ZAW, Werbung 2014, S. 9.
62 ZAW, Werbung 2014, S. 9ff.; zu ähnlichen Ergebnissen für Display-Werbung kommt auch BVDW, OVK Online-Report 2014/02, S. 7f.
63 Vgl. zu den Werbeformen im Internet unten 3. Teil B. III. 5.

Bei umfassenderen Betrachtungen liegen die Brutto-Werbeinvestitionen bei bis zu 6,4 Milliarden Euro für das Jahr 2012.[64] Geht man auch hier von Nettoerlösen im Bereich von zwei Dritteln der Investitionen aus, dürften die Gesamtnettoeinnahmen bei ungefähr 4 Milliarden Euro und somit fast auf dem Niveau der Fernsehwerbung liegen. Es erscheint daher nicht verwunderlich, dass auf Grundlage anderer Daten oder Zuschnitte der Mediengattungen schon jetzt vereinzelt ein Vorbeiziehen der Online-Werbung vermeldet wird.[65] Unabhängig von den konkreten Zahlen bildet der Online-Bereich mit den gegenwärtigen Zuwachsraten den am schnellsten wachsenden Markt, der zukünftig sicherlich noch weiter an Gewicht gewinnen wird.

Betrachtet man das Segment der Online-Display-Werbung tiefergehender, zeigt sich, dass das großflächige Wallpaper die beliebteste Einzelwerbeform ist. Dieses vereint auf Grundlage der Daten des Online Vermarkterkreises (OVK) im Bundesverband Digitale Wirtschaft e.V. (BVDW) mit 175 Millionen Euro den größten Teil der Bruttowerbeinvestitionen auf sich. Auf dem zweiten Platz folgt die Bewegtbildwerbung in Form des Pre-Roll mit Investitionen in Höhe von immerhin noch 121 Millionen Euro im Gegensatz zu 98 Millionen Euro im vorherigen Halbjahr.[66] Die verstärkte inhaltliche Nutzung von Video-Inhalten im Internet führt auch seitens der Werbung zu einem deutlichen Trend. Dabei scheint es nur noch eine Frage der Zeit zu sein, bis die Bewegtbildwerbung hier die Spitzenposition einnimmt.[67] Neben der klassischen Form hat sich auch die Werbung auf Mobilgeräten als eigenständige Werbebranche etabliert. So ist hier für das Jahr 2014 mit einem Wachstum von 65 Prozent im Vergleich zu 2013 auszugehen.[68]

Unabhängig von der Frage, ob der Online-Bereich schon jetzt das führende Werbemedium darstellt, kann ein deutlicher Trend hin zum Online-Marketing festgestellt werden. Die Zuwachsraten verdeutlichen, vor dem Hintergrund der immer weiter steigenden Zahl der Online-Anschlüsse, die wirtschaftliche Relevanz dieses Bereiches. Das Internet erobert mit dem Werbemarkt immer mehr Lebensbereiche und stellt im Ergebnis mittlerweile ein internationales Leitmedium dar. Die sich in den Zahlen manifestierende wirtschaftliche Bedeutung bedarf zwingend einer sachgerechten und effizienten Kontrolle. Eine fusionsrechtliche Betrachtung kann sich im Bereich des Werbemarktes nicht auf die klassischen Mediengattungen beschränken und muss sich daher verstärkt mit dem neuen Online-Werbemarkt und insbesondere dem Verhältnis dieser beiden Bereiche zueinander auseinandersetzen. Hierbei steht insbesondere der für das Fusionsverfahren wegweisende Aspekt der Marktabgrenzung im Vordergrund.

---

64 Vgl. hierzu bspw.: BVDW, OVK Online-Report 2013/02, S. 6f.

65 Vgl. PwC, German Entertainment and Media Outlook: 2011–2015, S. 32f.

66 BVDW, OVK Online-Report 2014/02, S. 13.

67 BVDW, OVK Online-Report 2014/02, S. 13.

68 Vgl. BVDW, MAC Mobile-Report 2014/02, S. 7.

D. Relevante Fragestellungen

Die Marktabgrenzungspraxis im Bereich der Werbemärkte stellt ein in der Rechtswissenschaft bisher nur wenig beachtetes Forschungsfeld dar. Dabei vermischen sich kartellrechtliche Fragestellungen zur Methodik und Vorgehensweise bei der Marktabgrenzung mit medienökonomisch geprägten Fragen zu inter- und intramedialen Konkurrenzbeziehungen auf den Werbemärkten und bilden so ein interdisziplinär geprägtes Forschungsfeld.

Bis heute fehlt es an einer tiefergehenden Auseinandersetzung mit den inter- und intramedialen Konkurrenzbeziehungen im Bereich der Werbemärkte vor dem Hintergrund des herrschenden Bedarfsmarktkonzeptes.[69] Auch in anderen Fachrichtungen wie der Medienökonomik besteht hinsichtlich der hier aufgeworfenen Fragen nach den medialen Konkurrenzbeziehungen und der Austauschbarkeit von Werbeträgern großer Forschungsbedarf.[70] Die fehlende Aufarbeitung überrascht zum einen vor dem Hintergrund der wirtschaftlichen Bedeutung der Werbebranche für die Medienlandschaft[71] und zum anderen deshalb, weil mangels Anerkennung eines Rezipientenmarktes in vielen Fällen kaum andere Ansatzpunkte für eine wirksame fusionsrechtliche Kontrolle des externen Unternehmenswachstums bestehen.

Das „Amazonas"-Verfahren zeigt deutlich, dass die hergebrachte Abgrenzung des Werbemarktes in nach Mediengattung zu trennende Einzelmärkte vor dem Hintergrund des technischen Wandels und der veränderten wirtschaftlichen Verhältnisse fragwürdig erscheint. So wirft das Beispiel der Mediathek, bei dem der klassische Bereich des Fernsehens mit dem Internet verschmilzt, einerseits die Frage auf, inwiefern sich dies auf die intermedialen Marktstrukturen der Werbemärkte auswirkt, und andererseits, wie sich die stark divergierenden Eigenschaften der Internet-Werbeformen auf das intramediale Verhältnis des Internet-Werbemarktes auswirken.

Ziel dieser Arbeit ist daher die Analyse und Überprüfung der gegenwärtigen fusionsrechtlichen Marktabgrenzungspraxis im Bereich der Internetwerbung. Dies erfolgt unter spezieller Betrachtung der inter- und intramedialen Austauschbeziehungen zwischen den klassischen Mediengattungen, um hierdurch Rückschlussmöglichkeiten für die Abgrenzung der Internet-Werbemärkte zu eröffnen.

Dem Thema sind aber auch in vielerlei Hinsicht Grenzen gesetzt: Anders als im überwiegenden Teil der gegenwärtigen Literatur, stehen in dieser Arbeit die wirtschaftlich relevanten Werbemärkte im Mittelpunkt. Die Sicherung der medialen Vielfalt und die Rundfunkkonzentrationskontrolle bilden für sich genommen einen eigenständigen publizistischen Kontrollansatz, der hier nicht näher untersucht wird.[72] Außerdem liegt der Schwerpunkt der Betrachtung auf der deutschen und europäischen Fusionskontrolle. Andere kartellrechtliche Verfahrensarten, wie das

69 zuletzt in Ansätzen lediglich: Rodenhausen, S. 224ff.; Hans, S. 192ff.

70 Vgl. jedoch bspw. Korff-Sage, S. 123ff.

71 S. oben 1. Teil C.

72 Vgl. dazu stellvertretend: Gounalakis/Zagouras, S. 73ff.; Tschon, S. 308ff; Zagouras, S. 252ff.; Paal, AfP 2014, 389, 389ff.; Broemel, MMR 2013, 83, 84ff.

Kartellverbot oder die Missbrauchskontrolle, werden nur am Rande berücksichtigt. Die Zusammenschlusskontrolle bietet als einziges Verfahren einen Ansatz zur effektiven Kontrolle des externen Unternehmenswachstums. Gleichzeitig zeigen sich hier die Verwerfungen in der Marktstruktur am Beispiel der medienübergreifenden Zusammenschlussvorhaben und aufgrund der prognostizierenden Betrachtungsweise am deutlichsten. Daneben zählen übergreifende Fusionsverfahren wie Springer/ProSiebenSat.1[73] oder ProSiebenSat.1/RTL[74] aufgrund der Größe und Bedeutung der beteiligten Unternehmen aktuell noch zu den häufigsten und am meisten diskutierten Fällen in der Kartellrechtspraxis.

Den Mittelpunkt der Betrachtung bildet die Marktabgrenzung. Auf Basis des herrschenden Bedarfsmarktkonzepts stellen sich mithin konkret Fragen nach der Austauschbarkeit von Werbeplätzen. Jeder Werbeplatz verfügt über spezielle, teils einzigartige, Vor- und Nachteile, die in ihrer Gesamtheit betrachtet werden müssen, um Rückschlüsse auf die Austauschbarkeit zu ermöglichen.

In diesem Zusammenhang gilt es aber auch, auf einer abstrakteren dogmatisch-methodischen Ebene den Erkenntnisprozess der hergebrachten Marktabgrenzungspraxis zu hinterfragen, auf seine Tauglichkeit zu untersuchen und gegebenenfalls alternative Herangehensweisen zu prüfen. Insbesondere im Bereich der Medienwirtschaft werden diese allgemeinen Probleme durch zusätzliche Schwierigkeiten ergänzt. Die in den Verfahren betroffenen Werbemärkte sind durch eine Vielzahl von tatsächlichen und ökonomischen Besonderheiten geprägt, die eine Marktabgrenzung erschweren. Der Werbemarkt lässt sich nicht isoliert vom Markt für Inhalte betrachten, da hier aufgrund indirekter Netzwerkeffekte Interdependenzen im Sinne einer Anzeigen-Auflagen-Spirale bestehen. Letztlich befinden sich die Medienmärkte aufgrund der fortschreitenden Konvergenz in einem stetigen Wandel, der bei jedem Abgrenzungsvorgang angemessene Berücksichtigung finden muss.

Aus diesem Grund stehen weniger die einzelnen konkreten Entscheidungen und eine etwaige Kritik am Verfahrensausgang im Vordergrund der Betrachtung. Vielmehr werden die den Entscheidungen zugrunde liegenden Argumentationsstrukturen herausgearbeitet und einer vergleichenden Analyse zugänglich gemacht, um hieraus Rückschlüsse für einen effizienteren Umgang mit dem Phänomen der Internetwerbung im Rahmen der Marktabgrenzungspraxis zu erzielen.

Im Ergebnis wird die Frage beantwortet, ob die gegenwärtige Abgrenzungsmethodik vor dem Hintergrund des medialen Wandels noch als effizienter und sachgerechter Ansatz für die fusionsrechtliche Entscheidungspraxis angesehen werden kann oder welche methodischen Vorgehensweisen Alternativen hierzu bilden können.

---

73 BKartA, B. v. 19.1.2006, B6-103/05 – Axel Springer/ProSiebenSat.1, (s. Fn 11).
74 BKartA, B. v. 17.3.2011, B6-94/10 – ProSiebenSat.1/RTL, (s. Fn. 12).

E. Gang der Untersuchung

Die vorliegende Arbeit gliedert sich in insgesamt fünf Abschnitte. Nach der Herausarbeitung der dieser Arbeit zugrunde liegenden Forschungsfragen, folgt im zweiten Abschnitt eine ausführlichere rechtliche Einordnung und Beurteilung medienübergreifender Zusammenschlussvorhaben. Auf Basis der allgemeinen fusionsrechtlichen Regelungen werden die Besonderheiten des medienbezogenen Verfahrens dargestellt. Ein Schwerpunkt der Untersuchung liegt auch auf der Analyse der Triebfedern, die aus unternehmerischer Sicht medienübergreifende Zusammenschlussvorhaben notwendig erscheinen lassen. Daneben werden auch die ökonomischen Besonderheiten, die die Werbemärkte prägen, auf ihre Auswirkungen auf die Abgrenzungspraxis hin analysiert.

Im dritten Abschnitt dieser Arbeit werden die Auswirkungen des Medienwandels und der Konvergenz auf die Abgrenzung der Online-Werbemärkte näher untersucht. Den Ausgangspunkt hierfür bildet die für die nachfrageorientierte Marktabgrenzung relevante Sichtweise der kommunikationswissenschaftlichen Werbe- bzw. Mediaplanung. Unter Zugrundelegung der Entscheidungspraxis auf nationaler wie auch auf europäischer Ebene werden zudem die dort verwendeten Argumentationsmuster zur Bestimmung der Werbemärkte auf die Begebenheiten der Online-Werbung übertragen. Bei der Bestimmung des intra-, aber vor allem auch des intermedialen Verhältnisses der Online-Werbung zeigen sich hierbei erhebliche Widersprüchlichkeiten und Probleme bei der gegenwärtig verwendeten Methodik.

Im darauffolgenden Abschnitt vier werden auf Basis der aus der Analyse der Entscheidungspraxis gewonnenen Erkenntnisse und Problemstellungen die Grenzen der gegenwärtigen Marktabgrenzungspraxis aufgezeigt. Weiterhin wird der Versuch unternommen, die sich aufdrängenden Probleme in der Grundkonzeption der Marktabgrenzung zu überwinden und mittels alternativer Herangehensweisen dennoch eine sachgerechte wettbewerbliche Beurteilung zu ermöglichen. Neben der Diskussion eines alle Mediengattungen umspannenden Gesamtwerbemarktes steht die Überprüfung marktabgrenzungsfreier Verfahrensweisen, wie zum Beispiel der „Upward pricing pressure“-Methode, auf ihre Praxistauglichkeit im Vordergrund.

Der letzte Abschnitt dient der abschließenden Zusammenfassung der im Verlauf der Arbeit gewonnenen Erkenntnisse und damit der Beantwortung der zu Beginn aufgeworfenen Forschungsfrage hinsichtlich der Auswirkungen des internetbedingten Medienwandels auf die Marktabgrenzungspraxis im Bereich der Werbemärkte auf Basis der inter- und intramedialen Medienkonkurrenz. Darüber hinaus wird ein Ausblick auf die zukünftige Entwicklung in diesem Bereich geworfen.

2. Teil: Medienübergreifende Zusammenschlussvorhaben und ihre wettbewerbsrechtliche Beurteilung

Medienübergreifende Unternehmensstrategien sind von einer Vielzahl unterschiedlicher Motive geprägt, die jedoch nicht alle zwingend im Einklang mit dem Wettbewerbsrecht stehen. Dies macht vor allem vor dem Hintergrund der wirtschaftlichen Bedeutung der betroffenen Märkte und damit verknüpften Folgen für die Medienlandschaft insgesamt eine fusionsrechtliche Kontrolle erforderlich.

Neben speziellen fusionsbedingten Auswirkungen, die zu einer Beschränkung des wirksamen Wettbewerbs führen können, besteht zum einen die Möglichkeit, dass die entstehenden wirtschaftsstarken Konglomerate ihre Macht auf den Märkten missbräuchlich ausüben. Zum anderen erhöht eine enge Wettbewerbsstruktur die Gefahr einer Verhaltenskoordinierung in Form eines klassischen Kartells. Das Kartellrecht begegnet diesen medienunspezifischen Gefahren mit drei Eingriffsmöglichkeiten („3 Säulen des Kartellrechts"): Kartellverbot, Marktmachtmissbrauchsverbot und Fusionskontrolle.[75]

Das Entstehen dieser medienübergreifend aufgestellten Unternehmen ist in erster Linie auf externes Wachstum und somit den Zu- oder Aufkauf anderer Unternehmen zurückzuführen. Bei der Bewertung der Wettbewerbssituation und der Auswirkungen eines Zusammenschlusses muss im Bereich der Werbemärkte jedoch auf besondere Wettbewerbsumstände wie beispielsweise die Beziehung zu mit dem Werbemarkt verknüpften Märkten Rücksicht genommen werden.

A. Triebfedern marktübergreifender Zusammenschlussvorhaben

Die unternehmerischen Motive für crossmediale Strategien sind zahlreich und aufgrund ihrer Vielschichtigkeit nur in einem beschränkten Maße abstrakt systematisierbar.[76] Medienübergreifende Strategien stellen die Antwort auf eine sich stetig weiterentwickelnde und wandelnde Wettbewerbssituation im Mediensektor dar. Prozesse wie die Digitalisierung und die fortschreitende Konvergenzentwicklung können sowohl als Möglichkeit als auch als Herausforderung für die Unternehmen betrachtet werden.[77] Dennoch sind die Motive für eine medienübergreifende Ausrichtung des Unternehmens weniger medienwirtschaftlich geprägt als zunächst

75 Immenga/Mestmäcker/*Fuchs/Möschel*, Band II, § 18 GWB, Rn. 1; *Wiedemann*, § 23, Rn. 1; Beckmann/Müller in: Hoeren/Sieber/Holznagel, Teil 10, Rn. 20.

76 Schaarschmidt, S. 12.

77 Wirtz, S. 840; Vgl. für Beispiele auch oben 1. Teil A.

anzunehmen ist. Es überwiegen klassische Motive wie die Stärkung der Wettbewerbsposition durch Unternehmenswachstum, die Kostensenkung aufgrund von Synergien oder eine bessere Verteilung des wirtschaftlichen Risikos innerhalb des Gesamtunternehmens.[78]

Eine solch komplexe Unternehmensentscheidung lässt sich im Regelfall nicht auf ein einzelnes Motiv zurückführen. Vielmehr wirken alle Motive und Ursachen miteinander und müssen in einer Gesamtschau miteinander abgewogen werden.[79] Beispielsweise können einzelne in der Theorie für das Unternehmen vorteilhafte Möglichkeiten die Grenze des wettbewerbsrechtlich Zulässigen überschreiten und dadurch in der Praxis nur teilweise oder überhaupt nicht umsetzbar sein.[80] Des Weiteren beschränkt sich die Bandbreite der Motive nicht auf ökonomisch objektive Kriterien, sondern umfasst im Einzelfall auch subjektive Vorstellungen.[81]

I. Medienübergreifendes Wachstum als Expansionsmöglichkeit

Der Zusammenschluss zu medienübergreifenden Unternehmen ist aktuell eine der wesentlichen externen Wachstumsmöglichkeiten für Unternehmen der Medienbranche. Die Wettbewerbssituation in den einzelnen Segmenten ist durch eine hohe Marktkonzentration und hohe Marktzutrittsschranken geprägt.[82] Die sich hieraus ergebenden Marktanteile führen vor dem Hintergrund der gegenwärtigen Marktabgrenzungspraxis der Kartellbehörden zu einer erheblichen Einschränkung der Wachstumsmöglichkeiten. Ein externes Wachstum durch Zukäufe, Beteiligungen oder Kooperationen innerhalb des eigenen Marktes ist kaum noch denkbar, da hierbei schnell die Grenze zur Behinderung des wirksamen Wettbewerbs gem. § 36 Abs. 1 GWB bzw. Art. 2 Abs. 1 FKVO beispielsweise durch die Begründung oder Verstärkung einer marktbeherrschenden Stellung überschritten wird.[83] Die Stabilisierung der Wettbewerbsposition durch den Aufkauf von Wettbewerb, die sonst ebenfalls zu gängigen Zusammenschlussgründen zu zählen ist, ist innerhalb der jeweiligen Mediengattung somit nicht möglich.[84] Die gängige klassische Abgrenzungspraxis stellt, unabhängig von der Frage, ob dies wirtschaftspolitisch oder aus Gründen der Vielfaltssicherung gewollt ist, ein Wachstumshemmnis für Medienunternehmen dar.

Als Konsequenz aus der vorherrschenden Wettbewerbssituation und des klassischen Zuschnitts der sachlich relevanten Produktmärkte bleibt mithin nur die Möglichkeit des markt- bzw. medienübergreifenden Wachstums. Ein solches Wachstum

78 Bender, S. 70ff.
79 Schaarschmidt, S. 12; Bender, S. 75.
80 Vgl. Bender, S. 81.
81 Schaarschmidt, S. 15.
82 Wirtz, S. 187ff., 389ff., 495ff., 695ff.
83 so auch Gounalakis/Zagouras, NJW 2006, 1624, 1627; Steger, WuW 2010, 282, 284; Schaarschmidt, S. 13.
84 Vgl. zur Reduktion von Wettbewerbsdruck als Zusammenschlussgrund, Rodenhausen, S. 29f.

kann die Möglichkeit eröffnen, vorhandene Finanzmittel effektiv in neuen Marktsegmenten zu nutzen und in der Folge Umsatz und Gewinn zu steigern.[85] Die Unternehmen können sich auf diese Weise neue und zukunftsträchtige Geschäftsfelder erschließen.

II. Synergie-Vorteile crossmedialer Unternehmensstrategien

Ein weiteres häufig genanntes Motiv für medienübergreifende Zusammenschlussstrategien bilden Synergieeffekte. Dabei werden durch die Fusion zweiter Unternehmen zusätzliche Werte generiert, sodass der Gesamtwert des Zusammenschlusses insgesamt höher ausfällt als die Summe der Einzelwerte der am Zusammenschluss beteiligen Unternehmen. Diese als Verbundvorteile (economies of scope) bezeichneten Effekte stellen sich durch die Vereinheitlichung von Produktions-, Vertriebs- und Marketingabläufen ein.[86] Darüber hinaus ist umstritten, ob ergänzend die Nutzung von Größenvorteilen (economies of scale) als Triebfedern für medienübergreifende Zusammenschlüsse in Betracht kommt.[87]

Grundvoraussetzung für die Nutzbarmachung dieser Effekte ist ein Näheverhältnis zwischen den betroffenen Produktmärkten.[88] Insbesondere bei Zusammenschlüssen zweier verwandter Produktgruppen mit ähnlichen Produktions- und Vertriebsabläufen lassen sich Kosten beispielsweise durch parallele Strukturen einsparen. Dies trifft auch auf den Medienbereich zu. Den Ausgangspunkt, um diese Effekte zu nutzen, stellen dabei die Digitalisierung und die fortschreitende technische Konvergenz dar. Hierdurch ist es möglich geworden, einmal digitalisierte Informationen für jegliches Medium zu nutzen und Kosten für Übertragungsarbeiten einzusparen.[89] Eine einzelne Redaktion kann Inhalte sowohl für Print- als auch Online-Angebote gleichzeitig liefern oder ein produzierter Videospot neben der Nutzung im Fernsehen ebenfalls online eingesetzt werden. Die hierdurch entstehenden Verbundvorteile hinsichtlich der Produktion und des Vertriebs lassen sich insbesondere im Medienbereich besonders effektiv nutzen.[90]

Neben diesen unmittelbar ökonomisch geprägten Vorteilen profitiert der Medienbereich erheblich von den zusätzlich entstehenden Marketing-Möglichkeiten bei medienübergreifenden Unternehmenszusammenschlüssen. Es lassen sich zum einen durch sogenannte Cross-Promotion, d. h. verweisende Eigenwerbung für andere Unternehmensprodukte, die Nutzer eines Mediums kostengünstig auch auf andere unternehmenseigene Produkte aufmerksam machen. Dies senkt unmittelbar das Bedürfnis nach kostenintensiveren Werbemaßnahmen in fremden Produkten.[91]

---

85 Bauer, S. 10.
86 Bauer, S. 6f.; Schwalbe/Zimmer, S. 495f.
87 Vgl. Bender, S. 75 m.w.N.
88 Esser, NZKart 2013, 135, 136.
89 Wirtz, S. 840; Bender, S. 71; vgl. auch Bohne, WRP 2006, 540, 544f.
90 Wirtz, S. 840.
91 Esser, NZKart 2013, 135, 136; Schaarschmidt, S. 14; Bohne, WRP 2006, 540, 544.

Zum anderen besteht die Möglichkeit, auf der inhaltlich-redaktionellen Ebene auf unternehmenseigene Produkte hinzuweisen und weiterführende Informationen zu einem Thema bereitzustellen. Dadurch kann ein crossmedial aufgestelltes Unternehmen, ausgewählte Bereiche gezielt fördern und seine Marktstellung verbessern.[92]

III. Vorteile durch Unternehmensdiversifikation

Des Weiteren ergeben sich aus der mit dem crossmedialen Zusammenschluss einhergehenden Diversifikation des Unternehmens zusätzliche unternehmerische Motive für eine solche Strategie. Ein medienübergreifend aufgestelltes Unternehmen unterliegt weniger den wirtschaftlichen Schwankungen auf einzelnen Medienmärkten. Dadurch lassen sich Verluste in einem Unternehmensbereich durch gute Ergebnisse in einem anderen Bereich ausgleichen. Ein typisches Beispiel hierfür ist der Ausgleich von Verlusten in der Printbranche durch Gewinne im Online-Bereich. Anders als bei monomedial ausgerichteten Unternehmen ist durch die Diversifikation folglich eine effektivere Steuerung des unternehmerischen Risikos möglich.[93]

Darüber hinaus ermöglicht eine breitere Unternehmensaufstellung auch die Bündelung von Leistungen. Dies ist insbesondere bei miteinander verwandten Produkten, die beide für die gleiche Kundengruppe von Interesse sind, möglich.[94] Im Hinblick auf Werberaum können entsprechend ausgerichtete Unternehmen ihren Kunden auf diese Weise eine größere Bandbreite an Werbemöglichkeiten anbieten, die auch miteinander kombiniert werden können, um alle denkbaren Bedürfnisse zu erfassen. Dies ermöglicht unter Umständen die Erschließung neuer Kundenkreise, wodurch die Wettbewerbsposition des Unternehmens gestärkt wird.[95]

Sowohl die Möglichkeit der Produktbündelung als auch die entstehenden Marketing-Möglichkeiten sind bei der wettbewerblichen Beurteilung solcher Unternehmenszusammenschlüsse zu beachten. Aufgrund der Einschränkung durch das Wettbewerbsrecht sind sie oftmals nicht im vollen Umfang umsetzbar.[96]

B. Die Wettbewerbssituation auf den Werbe- und Medienmärkten

Die Wettbewerbssituation im Bereich der Werbemärkte unterscheidet sich aus ökonomischer Sicht deutlich von anderen Produktmärkten. So beschränkt sich der Wettbewerb nicht allein auf den Bereich der Werbung. Von Bedeutung sind ebenso die mit dem Werbemarkt interdependent verknüpften Rezipientenmärkte, auf denen das Medium selbst als Produkt angeboten wird. Angesichts ihrer engen Beziehung

92 Esser, NZKart 2013, 135, 136; Bender, S. 71; Wirtz, S. 850f.
93 Bender, S. 72f; Schaarschmidt, S. 14; Rodenhausen, S. 31f.
94 Schwalbe/Zimmer, S. 498f.
95 Esser, NZKart 2013, 135, 136; Gounalakis/Zagouras, NJW 2006, 1624, 1624.
96 Vgl. dazu unten 2. Teil C. III. 2. a).

ist die Klärung des Verhältnisses der beiden Märkte zueinander für eine sachgerechte Marktabgrenzung zwingend erforderlich.

Neben diesen rein ökonomischen Aspekten stehen Medienunternehmen in einem begrifflich vom ökonomischen Wettbewerb zu trennenden, qualitativ-publizistischen Wettbewerb um Meinungsmacht und Meinungsvielfalt. Zur Sicherung dieses Wettbewerbs besteht in §§ 25ff. RStV für Teilbereiche der Medienlandschaft eine publizistische Konzentrationskontrolle, die unabhängig von der fusionsrechtlichen eigenständige Ziele verfolgt.[97] Trotz der in der Theorie zu trennenden Systeme kommt es immer wieder auch im Bereich der Marktabgrenzung zu einem argumentativen Rückgriff auf das Schutzgut der Meinungsvielfalt. Dabei muss auf mögliche Interdependenzen zwischen diesen Wettbewerbsformen Rücksicht genommen werden. Fraglich ist auch hier, ob und wie sich diese Dimension des Wettbewerbs auf die Marktabgrenzungspraxis auswirkt.

Stärker als die klassischen Mediengattungen unterliegt das Internet einem stetigen Wandel und Innovationsprozess. Es entstehen unvorhergesehene, vielfältige neue Angebote, die schnell eine monopolartige Marktposition aufbauen und ebenso schnell durch neue Angebote abgelöst werden können. Konkrete Aussagen über die Marktverhältnisse sind deshalb oftmals nur von kurzer Dauer. Oftmals eignen sich diese Angebote auch als Trägerangebot für Werbung, sodass zumindest die Internetwerbung unmittelbar mit diesem dynamischen Wettbewerbsumfeld verknüpft ist. Um Fehleinschätzungen zu vermeiden, macht dies insbesondere für die Marktabgrenzung in diesem Bereich eine zurückhaltende und weitsichtige Praxis notwendig.

I. Mehrseitiger ökonomischer Wettbewerb

Der ökonomische Wettbewerb der Medien ist in mehrfacher Hinsicht vielschichtig ausgestaltet. Neben einer Vielzahl von vor- und nachgelagerten Märkten im Produktions- und Lizenzgeschäft basieren die Umsätze von vielen Medienunternehmen auf zwei Säulen. Einerseits werden Erlöse durch den Verkauf des Medienprodukts an die Abnehmer auf dem sogenannten Rezipientenmarkt erzielt. Andererseits durch den Verkauf von verfügbarem Werberaum innerhalb des Mediums an Kunden auf dem Werbemarkt.[98]

Medienunternehmen agieren somit als Anbieter von Werberaum immer auch auf einem zweiten Markt, der aufgrund seiner Trägereigenschaft für die Werbung unmittelbar mit dem Werbemarkt verknüpft ist. Für den Werbemarkt entscheidende Parameter wie die Reichweite oder Zielgruppe eines Werbeträgers ergeben sich unmittelbar aus der Anzahl und gesellschaftlichen Zusammensetzung der Rezipienten des Mediums.[99] Beide Aspekte stehen in einem interdependenten Verhältnis zueinander, sodass sich Erfolg und Misserfolg auf dem einen Markt unmittelbar auch

---

97 Gounalakis/Zagouras, S. 177; Hahn/Vesting/*Trute*, § 26 RStV, Rn. 8; Emmerich, § 31, Rn. 3; umfassend dazu auch: Müller, S. 272ff.

98 Beckmann/Müller in: Hoeren/Sieber/Holznagel, Teil 10, Rn. 31.

99 Vgl. hierzu unten: 3. Teil B. II.

auf den verknüpften Markt auswirken können. Das wettbewerbliche Handeln der Medienunternehmen zielt daher auf zwei verschiedene Absatzmärkte gleichzeitig und ist nicht auf eine Zielrichtung beschränkt.[100] In der ökonomischen Theorie werden diese verknüpften zweiseitigen Märkte unter dem Stichwort der Netzwerkeffekte diskutiert.

1. *Netzwerkeffekte in der ökonomischen Theorie*

Prägendes Merkmal für einen zweiseitigen Medienmarkt ist das Auftreten von indirekten Netzwerkeffekten. Diese sind von den direkten Netzwerkeffekten zu unterscheiden, bei denen der Nutzen eines Gutes für jeden einzelnen Nutzer des Gutes steigt, wenn mehrere Personen das Gut nutzen.[101] Je mehr Personen ein Gut nutzen, desto mehr Nutzungsmöglichkeiten ergeben sich auch für die Nutzerschaft insgesamt. Das betroffene Gut stiftet demzufolge einen eher geringeren originären Nutzen, der allein aus dem Besitz gezogen wird, und einen hohen derivativen Nutzen, der durch die Verbreitung des Gutes entsteht.[102] Beispiele hierfür sind unter anderem das Telefon oder sonstige direkte Kommunikationsmöglichkeiten.[103] Daneben sind beispielsweise moderne soziale Netzwerke ebenfalls Netzwerkgüter im klassischen Sinne.

Bei den für die Medienbranche relevanten indirekten Netzwerkeffekten steigt der Wert durch zusätzliche Nutzer eines Gutes für Akteure außerhalb des eigentlichen Marktes.[104] So führt die Reichweitensteigerung eines Special-Interest-Mediums zu einer Vergrößerung der werberelevanten Zielgruppe und erhöht die Werbewirkung für ein werbendes Unternehmen.[105] Ein Zuwachs der Nutzeranzahl löst in diesem Beispiel einen positiven indirekten Netzwerkeffekt aus. Ein Rückgang der Rezipientenanzahl kann hingegen den umgekehrten negativen Effekt nach sich ziehen.[106] Anders als bei den direkten Netzwerkeffekten sind die Auswirkungen hier folglich marktübergreifend.

Aus ökonomischer Sicht können diese Netzwerkeffekte aufgrund ihrer Auswirkungen auf die Preissetzungsfreiheit eine disziplinierende Wirkung auf den Wettbewerb haben.[107] Die Unternehmen müssen zusätzlich zu den klassischen Preissetzungskriterien auf einfachen Märkten[108] die Auswirkungen der Netzwerkeffekte

---

100 Kiefer/Steininger, S. 164f.

101 Schwalbe/Zimmer, S. 61.; Vgl. grundlegend zu zweiseitigen Märkten: Rochet/Tirole, Journal of the European Economic Association, 2003, 1(4), 900, 900ff.

102 Kiefer/Steininger, S. 144f.

103 Vgl. für weitere Beispiele Beck, S. 48; Schwalbe/Zimmer, S. 61.

104 Schwalbe/Zimmer, S. 61.

105 Dewenter, MedienWirtschaft 2006, 57, 58.; Dewenter/Rösch/Terschüren, NZKart 2014, 387, 388.

106 Dewenter, MedienWirtschaft 2006, 57, 59.

107 Vgl. Schwalbe/Zimmer, S. 61f.

108 Vgl. hierzu: Dewenter, MedienWirtschaft 2006, 57, 59; Kiefer/Steininger, S. 290f.

berücksichtigen. Die Erhöhung der Preise für das Produkt kann aufgrund einer dadurch bedingten sinkenden Nachfrage zu zusätzlichen Einbußen auf dem verknüpften Netzwerkmarkt führen. Eine Preiserhöhung gestaltet sich dann als ökonomisch sinnvoll, wenn die erhöhten Erlöse sowohl den Rückgang der unmittelbaren Nachfrage als auch das Sinken der Einnahmen auf dem verknüpften Markt übersteigen.[109] Dieser Effekt kann bei besonders stark ausgeprägten Netzwerkeffekten sogar dazu führen, dass selbst Monopolisten starken Einschränkungen bei der Preissetzung unterliegen.[110]

2. *Die interdependente Verknüpfung der Medienmärkte*

Medien stellen aufgrund der miteinander verknüpften Werbe- und Rezipientenmärkte ein klassisches Beispiel für zweiseitige Märkte und indirekte Netzwerkeffekte dar.[111] Die Wechselwirkungen bestehen in der Form, dass eine Absatzsteigerung auf dem Rezipientenmarkt durch die damit einhergehende Reichweitenerhöhung ebenfalls die Situation auf dem Werbemarkt beeinflusst. Die größere Werbezielgruppe macht das Medium für die Werbekunden attraktiver und erhöht die Nachfrage bzw. die erzielbaren Erlöse. Gleichzeitig führt die so verbesserte Finanzsituation des Mediums dazu, dass die Stellung auf dem Rezipientenmarkt beispielsweise durch Investitionen oder eine Auflagensteigerung ebenfalls weiter gestärkt werden kann. In diesem Zusammenhang wird bei den Printmedien häufig von der „Auflagen-Anzeigen-Spirale" gesprochen.[112]

3. *Auswirkungen auf die Marktabgrenzungspraxis*

Die Abgrenzung der sachlich relevanten Produktmärkte erfolgt auch im Fall von zweiseitigen Märkten auf Basis des allgemeinen Ansatzes der funktionalen Austauschbarkeit. Ein spezieller Ansatz zur Abgrenzung zweiseitiger Märkte besteht nicht.[113] Trotz der Verknüpfung von Werbe- und Rezipientenmarkt handelt es sich jeweils um stark voneinander abweichende Leistungen, die sich zudem an unterschiedliche Nachfrager richten. Eine Austauschbarkeit ist hier unter keinen Gesichtspunkten gegeben. Es ist somit im Grundsatz von mindestens zwei unterschiedlichen Märkten auszugehen, deren mögliche weitere Untergliederung hiervon unbenommen ist.

Aus diesem Grund ist auch die Frage nach einem möglichen Gleichlauf der Abgrenzungspraxen zu verneinen. Mögliche Untergliederungen sind immer aus der Sicht der jeweiligen Abnehmer zu bestimmen. Deren Interessen und Einschätzungen

---

109 Schwalbe/Zimmer, S. 95; Peitz, Perspektiven der Wirtschaftspolitik 2006, 317, 326ff.

110 Dewenter, MedienWirtschaft 2006, 57, 59.

111 Vgl. für weitere Beispiele: Schwalbe/Zimmer, S. 61; Dewenter, MedienWirtschaft 2006, 57, 58.

112 Vgl. Kiefer/Steininger, S. 161; Dewenter, MedienWirtschaft 2006, 57, 59.

113 Dewenter/Rösch/Terschüren, NZKart 2014, 387, 389.

beziehen sich auf zwei verschiedene Leistungen (Trägerangebot und Werberaum) und müssen daher individuell bewertet werden.[114] So kann theoretisch neben einem Lesermarkt für bestimmte Special-Interest-Zeitschriften auch ein entsprechend umfangreicher Werbemarkt bestehen. Dies ist jedoch keineswegs zwingend der Fall. Die Zielgruppe, die hier konstitutiv für den Lesermarkt ist, stellt zwar gleichzeitig auch eine Produkteigenschaft des in der Zeitschrift vorhandenen Werberaums dar, es handelt sich aber nicht um das einzige für die Werbeplanung entscheidende Merkmal.[115] Ein Gleichlauf der Märkte mag hier zwar naheliegend erscheinen und ist im Einzelfall nicht auszuschließen. Er ist vom theoretisch dogmatischen Standpunkt aus aber keinesfalls zwingend und greift somit oftmals zu kurz.

Daneben ergeben sich hinsichtlich des Rezipientenmarktes im Bereich des Rundfunks und Internets Besonderheiten bei der Abgrenzungspraxis. Anders als bei der Mehrzahl der Printmedien wird das Programm bzw. das Inhaltsangebot, das Träger der Werbebotschaften ist, im Regelfall kostenfrei angeboten. Mit Ausnahme von Pay-TV und wenigen Bezahlangeboten im Internet, werden die Leistungen lediglich durch Werbeeinnahmen finanziert. In diesen Fällen ist in der Entscheidungspraxis sowie in der Literatur umstritten, ob mangels unmittelbarer monetärer Gegenleistung überhaupt ein ökonomisch greifbarer Rezipientenmarkt besteht.[116]

Für die Beantwortung dieser Streitfrage gilt es zu beachten, dass eine möglichst große Anzahl an Rezipienten im Fall eines werbefinanzierten Angebots ebenfalls die Erlöse auf dem Werbemarkt erhöhen kann. Dies bedeutet, dass die indirekten Netzwerkeffekte unabhängig von der auf dem verknüpften Markt erbrachten Gegenleistung auftreten. Insoweit kommt es diesbezüglich zu einem vollkommenen Gleichlauf mit den Printmedien und Bezahlangeboten. Aus diesem Grund wird in diesem Zusammenhang die Bezeichnung des „asymmetrisch zweiseitigen Marktes" vorgeschlagen.[117]

Sofern allein die monetäre Gegenleistung als konstitutives Marktkriterium angeführt wird, sind darüber hinaus Schutzlücken bei der kartellrechtlichen Kontrolle denkbar. Insbesondere im teilweise hochkonzentrierten Online-Bereich, in dem viele Angebote, wie beispielsweise Suchmaschinen, kostenfrei und werbefinanziert sind, fehlen nicht nur die Ansatzpunkte für eine fusionsrechtliche Kontrolle, sondern auch für eine Kontrolle mittels der Marktmachtmissbrauchskontrolle. Dies kann bei Online-Diensten, die aufgrund von direkten Netzwerkeffekten ohnehin

---

114 Lindstädt, ZWeR 2010, 53, 73; Dewenter, MedienWirtschaft 2006, 57, 61.

115 S. dazu auch unten. 3. Teil B. II.

116 Bspw. Kommission, Entsch. v. 20.9.1995, IV/M.553 – RTL/Veronica/Endemol, ABl. L 134 v. 5.6.1996, S. 32, Rn. 23; BKartA, B. v. 19.1.2006, B6-103/05 – Axel Springer/ProSiebenSat.1, S. 23, (s. Fn. 11); für einen solchen Fernsehzuschauermarkt: Schmidt, ZUM 1997, 472, 472ff.; a.A.: Buchholtz, ZUM 1998, 108, 108ff.; vgl. zusammenfassend auch Körber, ZWeR 2009, 315, 338f.; Trafkowski, MMR 1999, 630, 634ff.

117 Körber, ZWeR 2009, 315, 338.

zur Monopolisierung neigen, bei konsequenter Beibehaltung zu erheblichen Kontrolllücken führen.

Vor dem Hintergrund der ablehnenden Haltung zu Rezipientenmärkten erscheint vor allem das Vorgehen der EU-Kommission bei der Abgrenzung von Märkten mit ebenfalls kostenlosen Online-Diensten insoweit als inkonsequent.[118] Zudem wirft dies Fragen hinsichtlich der Marktstruktur für den Fall auf, dass dieselbe Leistung von einem Unternehmen kostenlos bzw. direkt oder mittelbar durch Werbung querfinanziert und zugleich von einem anderen kostenpflichtig angeboten wird.[119]

Die Konsequenz aus der gegenwärtigen Haltung der Entscheidungspraxis hinsichtlich der Anerkennung eines Rezipientenmarktes ist der Wegfall jeglicher direkter Eingriffsmöglichkeiten. Der Werbemarkt verbleibt oftmals als letzter Anknüpfungspunkt. Dabei ist einerseits zu beachten, dass die Marktposition hinsichtlich des Rezipientenmarktes nicht zwangsläufig mit der Stellung auf dem Werbemarkt übereinstimmen muss. Dies zeigt sich deutlich bei einer Gegenüberstellung der Marktstellungen der Unternehmen auf dem Free-TV-Markt und dem Fernsehwerbemarkt.[120] Andererseits darf die Kontrolle des ökonomisch greifbaren Werbemarktes nicht für andere Ziele zweckentfremdet werden, da ansonsten unter Umständen die Wettbewerbsziele nicht mehr verwirklicht werden würden. Aus diesem Grund ist auf die klare und deutliche Trennung der Marktstrukturen zu achten.[121]

Im Ergebnis beeinflusst die Zweiseitigkeit der Medienmärkte die Marktabgrenzungspraxis für die Werbemärkte auf Basis des Bedarfsmarktkonzeptes nicht unmittelbar. Probleme bei der Marktabgrenzung können sich jedoch bei preisbezogenen Abgrenzungsverfahren wie dem SSNIP-Test ergeben.[122] Aufgrund der grundlegenden Trennung vom Rezipientenmarkt müssen eventuelle Rückschlussmöglichkeiten für die inter- und intramediale Austauschbarkeit der Medien vorsichtig behandelt werden. Ähnlichkeiten sind zwar denkbar, ergeben sich aber aus einer für den jeweiligen Einzelfall vorgenommenen Prüfung der funktionalen Austauschbarkeit. Die Marktabgrenzung hat insoweit ausschließlich mit Fokus auf die Werbemärkte zu erfolgen. Eine Berücksichtigung der Interdependenzen kann beispielsweise aufgrund der möglichen Einschränkung der Preissetzungsfreiheit auf der materiellrechtlichen Bewertungsebene erfolgen.[123] Weitergehend kann deshalb in Hinblick auf die Verknüpfungen die Frage gestellt werden, ob die Trennung bei der Abgrenzung und die spätere Zusammenführung bei der materiell-rechtlichen Beurteilung

118 Vgl. Kommission, Entsch. v. 3.10.2014, COMP/M.7217 – Facebook/WhatsApp, Rn. 45ff. bzgl. eines Marktes für die Bereitstellung von sozialen Netzwerken.

119 Zuletzt bspw. Kommission, Entsch. v. 3.10.2014, COMP/M.7217 – Facebook/WhatsApp, Rn. 13ff. hinsichtlich Kommunikations- und Messaging-Diensten.

120 Vgl. ZAW, Werbung 2014, S. 158 und 164.

121 Vgl. Müller, MMR 2006, 125, 126.

122 Vgl. Schwalbe/Zimmer, S. 94f.; zur Abgrenzung auf Basis des SSNIP-Tests auch Dewenter/Rösch/Terschüren, NZKart 2014, 387, 389f.

123 Aufgrund der Interdependenzen plädiert Bechtold, in: FS Möschel, 97, 108ff. auch für eine Gesamtschau.

zweiseitiger Märkte, wie den Medienmärkten, eine sachgerechte und praktikable Vorgehensweise darstellt.[124]

II. Das Verhältnis von ökonomischem und publizistischem Wettbewerb

Das klassische Leitbild des Wettbewerbs ist vornehmlich durch den Wettstreit um ökonomischen Erfolg geprägt und lässt oftmals andere Faktoren unbeachtet. Speziell den Medien wird auch eine gesellschaftliche Funktion als meinungsbildende Institutionen zugesprochen.[125] Damit soll in diesem Bereich ein sogenannter „publizistischer Wettbewerb" einhergehen, bei dem die Medien idealerweise um die Meinungsvorherrschaft konkurrieren.[126] Dieser publizistische Wettbewerb darf nicht mit dem ökonomischen Wettbewerb auf den Rezipientenmärkten verwechselt werden.

Was letztlich genau unter diesem Begriff verstanden werden kann, bleibt in der Literatur jedoch unklar.[127] Ein solcher Wettbewerb soll Ausdruck des liberalen Strebens nach freier gesellschaftlicher Kommunikation sein.[128] In diesem Zusammenhang wird deshalb vom „Marktplatz der Meinungen"[129] oder vom „Lebenselement der Meinungsfreiheit"[130] gesprochen. Ohne Marktbezogenheit sollen Meinungen und Ansichten miteinander interagieren und auf diese Weise die gesellschaftliche Kommunikationsqualität erhöhen.[131] Dieser publizistische Wettbewerb unterliegt dabei vor allem inhaltlichen und gestalterischen Merkmalen wie der Qualität, Aktualität und Ausgewogenheit der Berichterstattung.[132]

1. Publizistischer Wettbewerb in modernen Kommunikationsformen

Ein solch eigenständiges und oftmals idealisiertes Bild des publizistischen Wettbewerbs erscheint vor dem Hintergrund einer tiefgreifenden Ökonomisierung der Massenkommunikation jedoch nicht mehr angemessen. Der kommunikative Austausch ist im Wesentlichen in dem wirtschaftlichen Marktprozess aufgegangen.[133] Insoweit ist fraglich, ob diese begriffliche Unterscheidung dennoch aufrechterhalten werden sollte und welche Auswirkungen dies für die aufgeworfene Frage der Marktabgrenzung haben kann.

---

124 So auch Lindstädt, ZWeR 2010, 53, 74.
125 Vgl. unten 3. Teil B. I. 1. b).
126 Vgl. Beck, S. 55ff.
127 Trafkowski, S. 8; Hoffmann-Riem, S. 32.
128 Hoffmann-Riem, S. 21f. m.w.N. zur geistesgeschichtlichen Entwicklung des Begriffs.
129 Vgl. Hoffmann-Riem, S. 22.
130 BVerfGE, 74, 297, 332 = BVerfG, NJW 1987, 2987, 2989.
131 Trafkwoski, S. 8 m.w.N.
132 Wirtz, S. 39; Beck, S. 59.
133 Hoffmann-Riem, S. 22f.

Hat das Aufkommen der Massenmedien zu einer Ökonomisierung der Meinungen geführt, kann insbesondere das Internet hier zu einer gegenläufigen Entwicklung beitragen. Durch das Internet ist es sowohl einfach als auch kostengünstig möglich, eine Vielzahl von Menschen zu erreichen und Meinungen zu verbreiten. Das Internet bietet die Basis für eine in dieser Form zuvor nie dagewesene Meinungsvielfalt in der Öffentlichkeit und kann zu einer Renaissance des publizistischen Wettbewerbs führen.

Im Grundsatz herrscht hierbei Einigkeit darüber, dass ökonomischer und publizistischer Wettbewerb aufgrund unterschiedlicher Stoßrichtungen begrifflich weiterhin zu unterscheiden sind. Während ein eher wirtschaftlich geprägtes Lager in dem ökonomischen Wettbewerb gleichzeitig das geeignetste Mittel zur publizistischen Vielfaltssicherung sieht, lehnt eine sich normativ an der Rundfunkordnung und dem Grundgesetz orientierte Meinung diese Annahme ab.[134] Im Ergebnis geht es hier um eine unterschiedliche Akzentuierung der Standpunkte. Vor dem Hintergrund der geistesgeschichtlichen Entwicklung und des gesellschaftlichen Wertes erscheint es jedenfalls nicht als abwegig, den publizistischen Wettbewerb als Konzept beizubehalten. Fraglich ist vielmehr, warum lediglich die Fernsehbranche mit den §§ 25ff. RStV einer eigenständigen und kodifizierten Vielfaltssicherung unterliegt. Aufgrund des Wegfalls der Kapazitätsbeschränkungen und der voranschreitenden Konvergenz erscheint die dem Rundfunk zugewiesene Sonderrolle als nicht mehr in jedem Punkt zeitgemäß.[135] Dennoch besteht weiterhin eine nicht zu unterschätzende medienübergreifende Konzentrationsgefahr.[136] Vielfaltssicherung und der Schutz des publizistischen Wettbewerbs sollten aus diesem Grund in jeder Mediengattung auf Basis eines gesamtmedialen Konzepts erfolgen.

2. *Auswirkungen auf die Marktabgrenzungspraxis*

Das Bestehen eines publizistischen Wettbewerbs hat aufgrund der notwendigen Trennung zunächst keine direkten Auswirkungen auf die Abgrenzung des relevanten Produktmarktes im Bereich der Werbung. Diese Form des Wettbewerbs unterliegt nicht zu Unrecht ihrem eigenen Regulierungssystem.[137] Es lassen sich nur schwerlich konkrete Rückschlüsse auf den inter- und intramedialen Wettbewerb auf den ökonomischen Werbemärkten ziehen.

Auswirkungen auf die Marktabgrenzungspraxis im Bereich der Werbemärkte können dort bestehen, wo diese als sachfremder Hebel sowohl für die Kontrolle des Rezipientenmarktes als auch für die publizistische Vielfaltssicherung missbraucht werden. Dahingehende Befürchtungen können insbesondere bei fehlenden Rezipientenmärkten bestehen. Hier stellt der Rückgriff auf die ökonomisch greifbaren Werbemärkte kein legitimes Mittel dar. Die ökonomische Marktabgrenzung darf

---

134 zusammenfassend: Hoffmann-Riem, S. 32ff. m.w.N.; Trafkowski, S. 8ff.

135 Fink, in: Dörr, 137, 141ff.; Dierking/Möller, MMR 2007, 426, 428f.

136 Dierking/Möller, MMR 2007, 426, 429.

137 S. oben. 2. Teil B. II.

nicht von publizistischen Kriterien geleitet werden. Eine Berücksichtigung kann lediglich mittelbar erfolgen. Zu befürworten ist in diesem Zusammenhang jedoch die deutliche Trennung der beiden Bereiche und eine Stärkung der publizistischen Vielfaltssicherung.

III. Innovationsmärkte als dynamisches Wettbewerbsumfeld der Werbebranche

Das Marktumfeld der Werbebranche lässt sich bedingt durch die Entwicklung des Internets als besonders dynamisch beschreiben. Es unterliegt einem stetigen Wandel, bei dem neue Produkte und Dienste sowie neue Märkte entstehen können. Für solche Marktverhältnisse, die neben dem Internet auch in anderen dynamischen Umfeldern zu finden sind, hat sich in der Literatur die Bezeichnung als Innovationsmärkte etabliert.[138] Demnach unterscheiden sich solche Märkte von eher klassisch geprägten Märkten insbesondere durch das Auftreten spezieller ökonomischer Effekte. Letztere sind in ihrem Bestehen und ihrer Bedeutung für den Markt jedoch nicht unumstritten und auch nicht in jedem Fall exklusiv nur den innovationsgeprägten Märkten zuzuordnen.[139]

Viele innovative und internetbezogene Angebote eignen sich oftmals auch als Trägermedium für die Übermittlung von Werbebotschaften und weisen daher eine unmittelbare Verbindung zu den Werbemärkten auf. Aufgrund der interdependenten Verknüpfung zwischen Angebot und Werbebotschaft wirkt sich dieses dynamische Wettbewerbsumfeld auch auf die Beurteilung und Abgrenzung der Werbemärkte aus. Wegen der wechselnden Rahmenbedingungen wird die Abgrenzungspraxis unter anderem mit Schwierigkeiten bei der notwendigerweise zukunftsbezogenen Analyse der Marktverhältnisse konfrontiert. Dies wirft beispielsweise Fragen nach der Prognosesicherung in der Fusionskontrolle auf.[140]

1. Kennzeichen von Innovationsmärkten

Begriffsprägend und Kernbestandteil des Wettbewerbs in den betroffenen Märkten ist die Innovationstätigkeit der Unternehmen. Dabei steht die Entwicklung neuer Produkte und Dienstleistungen oder auch Technologien im Vordergrund der unternehmerischen Bemühungen. Hierdurch sollen neue Märkte und Geschäftsfelder geschaffen und erschlossen werden.[141] Entgegen der klassischen Wettbewerbskonstellation kommt es daher nicht zu einem direkten Wettbewerb innerhalb eines

138 Vgl. zur uneinheitlichen Verwendung der Begrifflichkeiten in diesem Zusammenhang: Zimmerlich, S. 26; Barth, S. 27.

139 Dreher, ZWeR 2009, 149, 151.

140 So Frenz, EWS 2014, 16, 16ff.

141 Zimmerlich, S. 32ff.

bereits bestehenden Marktsegmentes. Stattdessen streiten die Unternehmen um die Schaffung gänzlich neuer Märkte.[142]

Von großer Bedeutung für diesen Wandel sind auch Netzwerkeffekte.[143] So sind viele Produkte auf innovationsgeprägten Märkten regelmäßig als Netzwerkgüter zu charakterisieren. Während traditionelle Produkte oftmals ausschließlich über einen originären, d. h. von der Nachfrage losgelösten Nutzen verfügen, sind innovative Produkte der Internetökonomie durch einen hohen derivativen Nutzen geprägt.[144] Von einer Nutzerzunahme profitieren entweder Nutzer direkt oder Akteure auf einem benachbarten Markt indirekt.[145] Für den bei Innovationsgütern häufigen Fall des direkten Netzwerkeffektes bedeutet dies, je mehr Nutzer ein Produkt nutzen, desto größer wird der Nutzen für jeden einzelnen Nutzer.

Die durch die Netzwerkeffekte bedingte Konzentration führt zu einer Standardisierung des Produkts oder der Dienstleitung, bei der ein Produkt das vorherrschende System für die Befriedigung eines bestimmten Bedarfs wird.[146] Damit geht eine erhebliche Beschränkung der Wettbewerbskräfte einher. Insbesondere bei Systementscheidungen wird sich das Gut durchsetzen, das eine kritische Masse an Nutzern überschreitet und somit für alle übrigen Konsumenten die einzige Alternative bildet. Der Entwickler oder Anbieter dieses Gutes wird aufgrund des weiter steigenden Netzwerknutzens die führende Rolle, wenn nicht sogar eine monopolartige Stellung im Markt einnehmen.[147]

Daneben werden noch weitere ökonomische Effekte wie Skaleneffekte und Lock-in-Effekte als prägende Bestandteile von Innovationsmärkten angesehen.[148] Kennzeichnend für Innovationsmärkte ist letztlich immer das Entstehen neuartiger Angebote, die sich aufgrund von massenhafter Verbreitung schnell im Markt etablieren und so die bisherigen Marktverhältnisse auf den Kopf stellen können. Klassische Beispiele für Innovationsmärkte bilden unter anderem Technologieprodukte im Bereich von Software und Hardware (beispielsweise CDs, DVDs und entsprechende Abspielgeräte) und Produkte aus der Medizin- und Pharmaziebranche sowie Online-Angebote wie soziale Netzwerke.[149]

---

142 Dreher, ZWeR 2009, 149, 151f.; Evans/Schmalensee, Innovation Policy and the Economy, 2002 (Vol. 2), 1, 10.

143 ausführlicher zu den Netzwerkeffekten 2. Teil B. I. 1.

144 Dreher, ZWeR 2009, 149, 152; Zimmerlich, WRP 2004, 1260, 1261; Shapiro/Varian, Information Rules, S. 13ff.

145 Vgl. ausführlicher zu den Arten von Netzwerkeffekten 2. Teil B. I. 1.

146 Shapiro/Varian, Information Rules, S. 16f.

147 Dreher, ZWeR 2009, 149, 153f.; Evans/Schmalensee, Innovation Policy and the Economy, 2002 (Vol. 2), 1, 10ff.

148 Vgl. zum Überblick: Dreher, ZWeR 2009, 149, 152f.; Evans/Schmalensee, Innovation Policy and the Economy, 2002 (Vol. 2), 1, 5ff.

149 Vgl. Dreher, ZWeR 2009, 149, 151 und 162 m.w.N.

2. Auswirkungen auf die Werbemärkte

Es stellt sich insoweit die Frage, ob die Werbemärkte selbst als Innovationsmärkte angesehen werden können und inwiefern sich die Verknüpfung mit einem innovativen Markt auf die Beurteilung und Abgrenzung der Werbemärkte auswirkt.

a) Werbemärkte als Innovationsmärkte?

Die Werbebranche insgesamt wird gemeinhin als besonders innovativ und kreativ beschrieben. Damit ist im Regelfall jedoch die Arbeit der Werbeagenturen bei der Vermittlung der Werbebotschaft gemeint. Die Innovationskraft bezieht sich vor allem auf die Gestaltung und Aufbereitung der zu platzierenden Werbebotschaft. Innovation wird insoweit in einem eher künstlerischen Sinne verstanden. Das relevante Produkt für die hier zu untersuchenden Werbemärkte bildet jedoch nicht die Werbebotschaft, sondern die Bereitstellung von Werberaum innerhalb eines Trägermediums. Die notwendige Innovation und Dynamik muss in einem unmittelbaren Sinne somit vom Werberaum selbst ausgehen.

Auf Grundlage der Innovationsmarktkriterien zeigt sich deutlich, dass die Werbemärkte nicht die unmittelbare Zielrichtung dieses Ansatzes darstellen. So ist auf den Werbemärkten eher von einem traditionellen Qualitäts- und Preiswettbewerb als von einem Innovationswettbewerb auszugehen.[150] Angesichts der eingeschränkten menschlichen Wahrnehmungsmöglichkeiten und Sinne sind die Innovationsmöglichkeiten bei der Darstellungsform von Werbung überschaubar. Der Wettbewerb konzentriert sich deshalb im Ergebnis auf Anteile an einem bereits bestehenden Markt und nicht auf die Erschließung neuer Märkte.

Auch die sonstigen ökonomischen Kriterien sind nur teilweise einschlägig. So treten zwar auch bei Werbemärkten Netzwerkeffekte auf, anders als bei den in der Literatur angeführten Beispielen handelt es sich dabei jedoch um indirekte Externalitäten. Diese sind als weit weniger prägend für innovative Märkte anzusehen als die direkten Effekte.[151] Der Nutzenzuwachs durch zusätzliche Konsumenten kommt hier meist außerhalb des eigentlichen Marktes stehenden Personen zu, wohingegen dies bei gängigen Innovationsbeispielen nicht der Fall ist.

Die Subsumtion der kennzeichnenden Merkmale zeigt deutlich, dass der Wettbewerb auf den Werbemärkten nicht unmittelbar durch Elemente eines Innovationsmarktes geprägt ist. Entwicklungsschritte wie das durch das Internet ermöglichte Targeting rechtfertigen allein keine Einordnung als Innovationsmarkt. Vielmehr ist von einem eher traditionellen Marktumfeld auszugehen. Bedingt durch die werbewirtschaftliche Erschließung des Internets besteht gleichwohl eine große Nähe und aufgrund der interdependenten Verknüpfung auch Abhängigkeit zu klassischen Innovationsmärkten, sodass von innovationsnahen bzw. innovationsabhängigen Märkten gesprochen werden kann.

---

150 Kiefer/Steininger, S. 109.

151 so wohl auch Dreher, ZWeR 2009, 149, 152, Fn. 14.

b) Interdependente Beeinflussung der Werbemärkte

Die Übermittlung und Wirkung der Werbung ist in weiten Teilen von den Eigenschaften des Trägermediums abhängig.[152] So werden dadurch unter anderem die Zielgruppe oder die Reichweite bestimmt. Zwischen Trägermedium und Werberaum besteht eine enge interdependente Verknüpfung. Während der Werbemarkt selbst eine eher geringe unmittelbare Dynamik vorweisen kann, gestaltet sich dies bei den Trägerangeboten selbst anders. So ist insbesondere die Entwicklung im Bereich des Internets von bemerkenswerter Dynamik geprägt. Während die klassischen Print- und Rundfunkmedien auch heute als eher statisch bezeichnet werden können, ist das Internet eine Triebfeder der Innovativität. Entwicklungen wie die sozialen Netzwerke oder VoD-Plattformen stellen zuvor nicht dagewesene Angebote bzw. Dienste dar, die eigene Märkte geschaffen haben.

Manche Angebote, wie zum Beispiel die sozialen Netzwerke, lassen zudem die den innovativen Märkten zugesprochenen ökonomischen Effekte deutlich erkennen. Vergleichbar mit dem klassischen Beispiel des Telefons steigert die Zunahme der Nutzerzahlen in diesen Netzwerken den individuellen Nutzen eines jeden Nutzers. Hier treten die direkten Netzwerkeffekte deutlich zutage. Mittels Netzwerkeffekten können die Angebote schnell an Bedeutung und Nutzen gewinnen, aber ebenso schnell auch wieder verlieren. Oftmals kommt es aus diesem Grund auch zu erheblichen Nutzerkumulationen, und die großen Anbieter werden noch größer. Dies kann ohne weiteres als Herausbildung von De-facto-Standards umschrieben werden, die unter wettbewerbsrechtlichen Gesichtspunkten eine erhebliche Monopolisierungsgefahr enthalten.[153]

Insgesamt betrachtet ist der Wettbewerb bei Internet-Trägerangeboten daher mehrheitlich auf die Erschließung neuer Märkte ausgerichtet und kann somit als innovativ umschrieben werden.[154] Die Innovationstätigkeit führt aus Sicht der Werbebranche zu einer Vielzahl neuer Trägerangebote. Dies erhöht nicht nur die Zahl der Werbemöglichkeiten, sondern erschwert aufgrund des dynamischen Umfelds auch die langfristige Planung. Das Produkt des Werberaums ist unmittelbar mit dem innovativen Trägerangebot verknüpft und hinsichtlich der werberelevanten Eigenschaften davon abhängig. Dies führt dazu, dass sich die Verknüpfung auch auf die Abgrenzung des relevanten Werbemarktes auswirkt.

3. Folgen für die Marktabgrenzung

Die Marktabgrenzung auf Basis des Bedarfsmarktkonzeptes stellt auf die Austauschbarkeit zweier Produkte aus Nachfragesicht ab. Auch im Bereich der Internet-Werbemärkte werden die notwendigen Kriterien somit durch die Werbeplanung vorgegeben. Hinsichtlich dieser Parameter lassen sich jedoch keine wesentlichen Unterschiede zur

152 Vgl. zur Werbeplanung unten 3. Teil B. II.
153 Vgl. Dreher, ZWeR 2009, 147, 152ff.
154 Allg. für die Internetökonomie Zimmerlich, S. 34f.

Auswahl klassischer Werbeträger ausmachen. Auch bei der Platzierung von Werbung in innovativen Trägerangeboten sind Umstände wie die Gestaltungsmöglichkeiten, Reichweite oder die erreichte Zielgruppe weiterhin die ausschlaggebenden Kriterien. Insofern unterscheidet sich die Werbeplanung nicht von der herkömmlichen Vorgehensweise.[155] Die Bestimmung der Austauschbarkeit kann somit den hergebrachten Kriterien folgen. Eine Anpassung ist insoweit nicht erforderlich.

In Hinblick auf die Marktabgrenzungspraxis verschärfen die Einordnung als innovationsnaher Markt und das Entstehen vielfältiger neuer Werbeträger jedoch das Bedürfnis nach einem umfassenden Abgrenzungsansatz. Eine Fokussierung oder Hervorhebung einzelner Merkmale, wie beispielsweise der Möglichkeit zu individualisierter, suchgebundener Werbung, führt aber nur kurzfristig zu tragfähigen Unterscheidungskriterien und ist insbesondere für die intramediale Abgrenzung nur wenig sinnvoll.[156] So zeigt die mittlerweile aufgrund des technischen Fortschritts umfassend mögliche Individualisierung der Werbung im Wege des Targetings, dass eine Orientierung an diesem Kriterium nicht mehr zur Differenzierung geeignet ist.[157] Unter Berücksichtigung der Bedeutung der Abnehmersicht für die Frage der Austauschbarkeit muss dem ganzheitlichen Ansatz der Werbeplanung auch ein umfassender Abgrenzungsansatz folgen.

Die Dynamik der Innovationsmärkte erschwert zudem die Beurteilung der zukünftigen Marktverhältnisse.[158] Die fusionsrechtliche Marktabgrenzung ist vorausschauend angelegt, um eine präventive Wirkung zu erzielen. Insbesondere im Bereich der Internetwerbung sind neue Werbemöglichkeiten jedoch nur schwer vorhersehbar und können deshalb kaum einbezogen werden. Des Weiteren können sich Marktpositionen und Marktanteile durch das Entstehen neuer Produkte schnell verschieben und sind oftmals nur von kurzer Dauer. Die Forderung nach einem „prognostischen Element" für Innovationsmärkte[159] muss auch für die Werbemärkte gelten. Dieses kann beispielsweise in der Berücksichtigung marktnaher Produkte und des Einflusses des potenziellen Wettbewerbs im Rahmen der Marktabgrenzung liegen.[160] Es empfiehlt sich, aufgrund der Verknüpfung eine eher weite Abgrenzung zu wählen.

Im Ergebnis zeigt sich, dass sich die Interdependenzen zwischen Werbe- und innovativem Angebotsmarkt auch auf die Marktabgrenzung auswirken. Es kann festgehalten werden, dass der Werbemarkt ein dynamisches Wettbewerbsumfeld aufweist. Dessen Wandlungs- und Entwicklungsprozess kann mitunter eine gewisse Umsicht bei der Marktabgrenzung erfordern. Es hat sich jedoch gezeigt, dass sich die neuartigen Werbemöglichkeiten mit den gängigen Kriterien der Werbeplanung, wie

---

155 Vgl. unten 3. Teil B II. 1.

156 Im Ergebnis offenlassend: Kommission, Entsch. v. 11.3.2008, COMP/M.4731 – Google/DoubleClick, Rn 11, 48ff.

157 Kommission, Entsch. v. 27.07.2010, COMP/M.5676 – SevenOne Media/G+J/et. al., Rn. 31.

158 Kubala, S. 60f.

159 Dreher, ZWeR 2009, 149, 166.

160 Vgl. Dreher, ZWeR 2009, 149, 166.

beispielsweise der Zielgruppe, klassifizieren lassen. Konzeptionell-methodische Änderungen sind aus diesem Grund nicht erforderlich. Das Bedarfsmarktkonzept bietet sich auch unter diesem Gesichtspunkt weiterhin als tragfähiger Ausgangspunkt der Abgrenzung an.

C. Die fusionsrechtliche Beurteilung medienübergreifender Zusammenschlussvorhaben

Medienübergreifende Zusammenschlussvorhaben unterliegen denselben branchenunspezifischen Regelungen wie alle übrigen Vorhaben. Für die rechtliche Bewertung einer solchen Fusion wird grundlegend zwischen formellen Aufgreifkriterien, die in erster Linie die Zuständigkeit der jeweiligen Behörden begründen, und den materiellen Eingreifkriterien, die die tatsächliche Prüfung der zusammenschlussbedingten Auswirkungen betreffen, unterschieden.

Daneben bestehen insbesondere im deutschen Fusionskontrollrecht eine Reihe medienspezifischer Sonderregelungen, die sich auf die Bewertung der medienübergreifenden Zusammenschlussvorhaben auswirken. Dabei sind in erster Linie formelle Aufgreifkriterien betroffen, die die Kontrolldichte bei Presse- und Rundfunkfusionen deutlich erhöhen.

I. Sinn und Zweck der Fusionskontrolle

Die Fusionskontrolle dient, wie das Kartellverbot und die Marktmachtmissbrauchskontrolle, in erster Linie der Verwirklichung übergeordneter wettbewerbspolitischer Ziele und somit primär dem Schutz des „unverfälschten Wettbewerbs".[161]

Dieser ist insbesondere aufgrund seiner wirtschaftspolitischen, aber auch aufgrund der gesellschaftspolitischen Funktionen besonders schützenswert.[162] Wettbewerb dient vor allem der Allokation und Steuerung von Gütern. Freier Wettbewerb beschränkt aufgrund des Wettbewerbsverhältnisses die Handlungs- bzw. Preissetzungsspielräume von Unternehmen und sorgt in der Folge für marktgerechte und an den Grenzkosten orientierte Preise.[163] Zugleich fördert der Wettbewerb die Innovationskraft von Unternehmen, da diese nur auf diese Weise ihre Marktposition dauerhaft behaupten und ausbauen können.[164] Idealtypisch hat funktionierender Wettbewerb folglich eine Schutz- und Förderungsfunktion für die gesellschaftliche Wohlfahrt.

---

161 Kommission, Verordnung (EG) Nr. 139/2004 des Rates vom 20. Januar 2004 über die Kontrolle von Unternehmenszusammenschlüssen, Erwägungsgründe 2–6.

162 Emmerich, § 1, Rn. 7; MüKo/*Säcker*, Band I, Einl. Teil A., Rn. 3ff. m.w.N.; umfassend auch: Schmidt S. 35ff.

163 MüKo/*Säcker*, Band I, Einl. Teil A., Rn. 4.

164 Bechtold, Einführung, Rn. 53; *Wiedemann*, § 1, Rn. 2.

Daneben wird dem Wettbewerb auch eine gesellschaftspolitische Funktion zugesprochen. Aufgrund der ausgleichenden und regulierenden Wirkung soll einer Machtsteigerung privatwirtschaftlicher Strukturen zulasten der Gesellschaft entgegengewirkt werden und somit letztlich die Vertragsparität der Parteien erhalten werden.[165] Die mit dem Wettbewerb einhergehenden Gesellschaftsmerkmale wie Privatautonomie und Eigentum werden als Sinnbild für eine freiheitliche Gesellschaft erachtet.[166]

Der Ansatz der Fusionskontrolle zur Erreichung dieser Ziele liegt in der Kontrolle des externen Unternehmenswachstums. So kommt es durch Zusammenschlüsse zu einer Verringerung der Wettbewerber auf einem Markt und somit zu einer Machtkonzentration bei den übrigen Unternehmen. Die fusionsbedingte Abnahme des Wettbewerbsdrucks kann zu einer Erweiterung der Handlungs- und Preissetzungsspielräume und zu höheren Preisen für die Verbraucher führen.[167]

Die Kontrollwirkung der Fusionskontrolle geht nicht ausschließlich von der unmittelbaren Prüfung konkreter Zusammenschlussvorhaben aus. Zusätzlich entfaltet bereits die bloße Existenz dieses Kontrollmechanismus seine Wirkung. Wettbewerbsrechtliche Bedenken der zuständigen Behörden führen im Wege einer „Vorfeldwirkung“ bereits vor der formellen Kontrolle zu entsprechenden Anpassungen oder dem vollständigen Verzicht auf das Zusammenschlussvorhaben.[168]

Die Kontrolle des wirtschaftlichen Handlungsspielraums ist auch im Bereich der Medienmärkte von herausgehobener Bedeutung. Aufgrund der Finanzierungsfunktion der Werbung lassen sich unmittelbare Verbindungen vom ökonomischen Bereich zum publizistischen und somit zum grundgesetzlich geschützten Bereich der Meinungsvielfalt ziehen. Auch wenn ein ökonomisch freiheitlicher Markt keine Garantie für Pluralismus darstellt, kann die Sicherung der Wettbewerbsstrukturen im Bereich der Pressemärkte mittels spezieller Vorschriften für die Pressefusionskontrolle ihren Beitrag hierzu leisten.[169] Die ökonomisch geprägte Fusionskontrolle erfüllt mithin zumindest mittelbar eine zusätzliche Schutzfunktion von gesamtgesellschaftlicher Bedeutung.[170]

II. Formelle Aufgreifkriterien der Fusionskontrolle

Unabhängig von den tatsächlichen Auswirkungen einer Verbindung auf das wettbewerbliche Geschehen, greift sowohl die deutsche als auch die europäische Fusionskontrolle ein Verfahren erst dann auf, wenn es sich um einen Zusammenschluss im rechtlichen Sinne handelt, der die entsprechend relevanten Umsatzschwellen

---

165 MüKo/*Säcker*, Band I, Einl. Teil A., Rn. 5ff.; Emmerich,§ 1, Rn. 9ff.
166 Emmerich, § 1, Rn. 11.
167 Rosenthal/Thomas, Teil A, Rn. 3ff.
168 Emmerich, § 31, Rn. 2.
169 Vgl. dazu auch oben 2. Teil B. II.
170 Emmerich, § 31 Rn. 9.

überschreitet und von keinen Ausnahmeregelungen erfasst wird.[171] Dies gilt unabhängig davon, ob es sich um medienübergreifende oder sonstige Unternehmensverbindungen handelt.[172]

1. *Zusammenschluss*

a) Theoretische Verankerung

Das Vorliegen eines Zusammenschlusses stellt eine grundlegende Voraussetzung für die Eröffnung der Fusionskontrolle dar und bildet einen der zentralen Begriffe des Kartellrechts insgesamt.[173] Der Begriff ist, wie die gesetzlichen Normierungen in § 37 GWB bzw. Art. 3 FKVO verdeutlichen, aufgrund der Vielzahl der möglichen Gestaltungsformen lediglich als Oberbegriff zu verstehen. Zur Ausgestaltung greift das europäische Recht auf die zwei generalklauselartig formulierten Möglichkeiten der gleichgeordneten Fusion (Art. 3 Abs. 1 lit. a)) und des zu einem Über-/Unterordnungsverhältnis führenden Kontrollerwerbs (Art. 3 Abs. 1 lit. b)) zurück. Wohingegen das deutsche Recht aufgrund historischer Bedenken hinsichtlich etwaiger Schutzlücken eine Vielzahl von weiteren abgestuften Zusammenschlussmöglichkeiten und Einzelfällen, die sich unter Umständen auch überschneiden können, kennt.[174] Insgesamt führt der normierte Zusammenschlussbegriff in beiden Rechtsordnungen zu einem relativ umfassenden Kontrollansatz, der nahezu jede Konstellation zunächst der fusionsrechtlichen Kontrolle unterstellt und erst im Zusammenspiel mit den Umsatzschwellen eine Relativierung erfährt.[175] Trotz der bestehenden Unterschiede führt der Zusammenschlussbegriff somit in beiden Rechtsordnungen zu rechtssicheren und letztlich vergleichbaren Ergebnissen.[176]

b) Formen und Möglichkeiten crossmedialer Beteiligung

Die umfassende rechtliche Regelung des Zusammenschlussbegriffes verdeutlicht das Bedürfnis, alle denkbaren Konstellationen des externen Unternehmenswachstums zu erfassen. Die Vielfalt der Möglichkeiten zeigt sich auch im Bereich der medienbezogenen bzw. -übergreifenden Zusammenschlussvorhaben. Der verwendete Begriff des medienübergreifenden Zusammenschlusses steht dabei lediglich stellvertretend für eine Vielzahl unterschiedlicher Gestaltungsmöglichkeiten. In der Praxis lässt sich der Zusammenschluss je nach Interessenlage auf sehr unterschiedliche Art und Weise vollziehen. Es lassen sich folgende wesentliche Konstellationen unterscheiden:

---

171 Emmerich, § 32, Rn. 1.

172 Emmerich, § 32, Rn. 2.

173 Immenga/Mestmäcker/*Körber*, Band I, Art. 3 FKVO, Rn. 1; MüKo/*Bach*, Band II, § 37 GWB, Rn. 1.

174 Vgl. hierzu: Emmerich, § 33, Rn. 2; MüKo/*Bach*, Band II, § 37 GWB, Rn. 3.

175 Langen/Bunte/*Kallfaß*, Band I, § 37 GWB, Rn. 1.

176 MüKo/*Bach*, Band II, § 37 GWB, Rn. 5.

aa) Der Kontroll- und Anteilserwerb

Die klassische Möglichkeit für externes Unternehmenswachstum stellt der Erwerb anderer Unternehmen dar. Während im europäischen Recht regelmäßig ein Kontrollerwerb im Sinne von Art. 3 Abs. 1 lit. b) FKVO vorliegen wird, sieht das deutsche Recht eine Vielzahl von unterschiedlichen Möglichkeiten vor. Neben dem Kontrollerwerb gem. § 37 Abs. 1 Nr. 2 GWB ist auch der Erwerb einzelner Vermögensbestandteile eines anderen Unternehmens gem. § 37 Abs. 1 Nr. 1 GWB oder der Erwerb von Anteilen über dem Schwellenwert von 25 bzw. 50 Prozent gem. § 37 Abs. 1 Nr. 3 GWB vom Gesetz gesondert geregelt.

Bei der wettbewerblichen Beurteilung solcher medienübergreifender Erwerbsvorgänge zeigen sich die Auswirkungen der hergebrachten, traditionellen Marktabgrenzungspraxis besonders deutlich. Während externes Wachstum durch den Aufkauf unmittelbarer Konkurrenten, die auf demselben sachlich relevanten Markt tätig sind, zu deutlichen Verwerfungen in der Wettbewerbssituation führen kann, sind bei medienübergreifenden Erwerbsvorgängen nach hergebrachter Meinung zwei zu trennende Märkte betroffen. Dabei ist regelmäßig von eher geringen Auswirkungen auf den Wettbewerb auszugehen, sodass der medienübergreifende Erwerb anderer Unternehmen leichter möglich ist als intramediales Wachstum.[177]

Als Beispiel für eine solche Vorgehensweise in der Medienbranche lässt sich neben dem freigegebenen Erwerb des Fernsehsenders N24 durch die Axel-Springer-Verlagsgruppe, der beim Kartellamt auf keine Bedenken gestoßen ist[178], der im Ergebnis gescheiterte Übernahmeversuch der ProSiebenSat.1-Mediengruppe durch Axel Springer anführen.[179]

Im Ergebnis stellt eine marktübergreifende Erwerbsstrategie gerade im Medienbereich eine Möglichkeit dar, vorhandene Finanzmittel zu nutzen, um neue Marktsegmente zu erschließen und das Unternehmenswachstum unmittelbar voranzutreiben.

bb) Die Gründung von Gemeinschaftsunternehmen

Neben der Möglichkeit der direkten Beteiligung kommt es in der Praxis häufig zur Gründung von Gemeinschaftsunternehmen (GU) zwischen konkurrierenden

---

177 Kommission, Leitlinien zur Bewertung nichthorizontaler Zusammenschlüsse gemäß der Ratsverordnung über die Kontrolle von Unternehmenszusammenschlüssen, ABl. EU 2008/C 265/07, Rn. 92; BKartA, Leitfaden zur Marktbeherrschung in der Fusionskontrolle vom 29.3.2012, Rn. 161, abrufbar unter: http://www.bundeskartellamt.de/SharedDocs/Publikation/DE/Leitfaden/Leitfaden%20-%20Marktbeherrschung%20in%20der%20Fusionskontrolle.pdf?__blob=publicationFile&v=12 zuletzt abgerufen am: 14.6.2015.

178 BKartA, Pressemitteilung vom 7.2.2014, http://www.bundeskartellamt.de/SharedDocs/Meldung/DE/Pressemitteilungen/2014/07_02_2014_Springer-N24.html?nn=3591286, zuletzt abgerufen am: 14.6.2015.

179 BKartA, B. v. 19.1.2006, B6-103/05 – Axel Springer/ProSiebenSat.1, (s. Fn. 11).

Unternehmen. Diese Zusammenschlüsse stellen in der Praxis eine der häufigsten Zusammenschlussarten dar.[180] In der Medienbranche zeigt sich dies beispielhaft im bereits mehrfach angesprochenen „Amazonas“-Verfahren, bei dem die technische Umsetzung und Betreuung der gemeinsamen VoD-Plattform mittels eines Gemeinschaftsunternehmens organisiert werden sollte.[181]

Anders als das deutsche Recht, in dem solche Gründungen nicht ausdrücklich erwähnt werden und Unterformen des Anteils- und Kontrollerwerbs sein können, wird auf europäischer Ebene in Art. 3 Abs. 4 FKVO klargestellt, dass es sich bei der Gründung eines GUs um die Ausübung der gemeinsamen Kontrolle im Rahmen eines Kontrollerwerbs gem. Art. 3 Abs. 1 lit. b) handelt. Neben der vollständigen Neugründung besteht die Möglichkeit, ein GU durch die Einbringung von Vermögensteilen in ein bestehendes Unternehmen zu gründen.[182]

Aus Sicht der Unternehmen liegen die Vorteile dieser Vorgehensweise unter anderem in den aus der Zusammenarbeit resultierenden Kostenvorteilen, der Möglichkeit des Wissens- und Techniktransfers sowie in dem Hinzugewinnen neuer strategischer Optionen.[183] Dies gilt auch für die Medienbranche, in der durch die Zusammenarbeit aufgrund der gebündelten Ressourcen beispielsweise das Risiko für die Erschließung neuer Medienmärkte besser verteilt werden kann oder die Reichweite von neuen Angeboten erhöht wird.[184]

In dem aus Unternehmenssicht vorteilhaften Zusammenwirken zweier Konkurrenten liegt gleichzeitig eine erhebliche Gefahr für die Freiheit des Wettbewerbs. Die gemeinsame Führung eines GUs ermöglicht ohne Weiteres die Verhaltensabstimmung und Koordinierung der Wettbewerber. Insbesondere dann, wenn die beiden beteiligten Unternehmen auf demselben Ausgangsmarkt tätig sind, kann es selbst ohne konkrete Absprache zu einem Gleichlauf des Marktverhaltens kommen (sog. Gruppen- bzw. Spill-over-Effekt).[185] Aus diesem Grund werden die koordinativen Aspekte eines solchen Zusammenschlusses mittlerweile sowohl auf der europäischen als auch der deutschen Ebene im Wege einer „Doppelkontrolle“ zusätzlich auch am Maßstab des Kartellverbots gem. § 1 GWB bzw. Art. 101 AEUV gemessen.[186]

Dies ist gerade wegen der oligopolistischen Marktstruktur der Medienbranche von erheblicher Bedeutung. So ging das Bundeskartellamt im besagten „Amazonas“-Verfahren davon aus, dass aufgrund der Struktur des Fernsehwerbemarktes erhebliche Anreizpunkte für ein kollusives Zusammenwirken der beiden beteiligten Sendergruppen bestünden, deren Ausnutzung über das geschlossene Memorandum

180 Vgl. Immenga/Mestmäcker/Körber, Band I, Art. 3 FKVO, Rn. 120 m.w.N.; Emmerich, § 17, Rn. 1.

181 BKartA, B. v. 17.3.2011, B6-94/10 – ProSiebenSat.1/RTL, Rn. 8ff., (s. Fn. 12).

182 Immenga/Mestmäcker/Körber, Band I, Art. 3 FKVO, Rn. 125.

183 Wirtz, S. 791ff.

184 Jungheim, WRP 2011, 519, 523ff. mit weiteren Beispielen.

185 Immenga/Mestmäcker/*Körber*, Band I, Art. 3 FKVO, Rn. 120; Bechtold, § 1 GWB, Rn. 88.; Emmerich, § 17, Rn. 3ff.

186 Emmerich, § 33, Rn. 40ff.; ausführlich Pohlmann, WuW 2003, 473, 473ff. m.w.N.

of Understanding gefördert werden würde.[187] Im Ergebnis wurde die Untersagung deshalb zusätzlich auf einen Verstoß gegen das Kartellverbot gestützt, um den „kooperativen und koordinativen Zügen“ des Vorhabens Rechnung zu tragen.[188]

cc) Sonstige Kooperationsmöglichkeiten in der Medienbranche

Neben den Möglichkeiten des Kaufs und der Gründung eines Gemeinschaftsunternehmens bestehen im Medienbereich noch weitere Kooperationsmöglichkeiten, die jedoch nicht zwingend unter den Begriff des Zusammenschlusses fallen und oftmals auf ein Medium beschränkt bleiben. In vielen Bereichen ist eine Zusammenarbeit bzw. Koordinierung denkbar, die sich ausschließlich am Maßstab von § 1 GWB bzw. Art. 101 AEUV messen lassen muss.[189]

Zum einen sind im Zeitungs- und Verlagswesen Mantelkooperationen anzutreffen, bei denen auf redaktioneller Basis ein überregionaler Teil für alle Beteiligten einheitlich erstellt bzw. bezogen wird.[190] Dies schafft bei Regionalzeitungen freie Kapazitäten für das Kerngeschäft der Regionalberichterstattung und führt durch das Zusammenwirken zu Vorteilen bei den anfallenden Kosten.[191] Aus kartellrechtlicher Sicht stellen solche Kooperationen oftmals ein Hemmnis für den Wettbewerb dar, da es zu einer Angleichung der Produkte kommt und somit ein wesentlicher Bestandteil des Wettbewerbs entfällt, sodass für eine abschließende Beurteilung die entstehenden Vor- und Nachteile miteinander abgewogen werden müssen.[192]

Zum anderen werden Mantelkooperationen oft durch eine Zusammenarbeit im Bereich der Anzeigen ergänzt, sodass sich die entstehenden Produkte sowohl inhaltlich als auch hinsichtlich der Werbung gleichen. Für die Werbekunden bietet dies den Vorteil größerer Belegungseinheiten. Aus wettbewerblicher Sicht ruft die Anzeigenkooperation zweier miteinander konkurrierender Anbieter erhebliche Bedenken hervor, da so eine Koordinierung der Preise für die Einzelbelegung ermöglicht wird.[193]

Im Ergebnis sind solche Kooperationen auch im Rundfunk- und Online-Bereich bei der Produktion von Inhalten oder der Schaltung von Werbung vorstellbar. Praktisch sind auch medienübergreifende Kooperationen denkbar. Die hier genannten Kooperationsformen betreffen das Kerngeschäft der Bereitstellung von Inhalten wie auch der Vermarktung von Werbeflächen und sind zwar von untergeordneter fusionsrechtlicher stattdessen aber von nicht zu unterschätzender unternehmerischer Bedeutung.

---

187 BKartA, B. v. 17.3.2011, B6-94/10 – ProSiebenSat.1/RTL, Rn. 71, 202ff., (s. Fn. 12).
188 BKartA, B. v. 17.3.2011, B6-94/10 – ProSiebenSat.1/RTL, Rn. 71, 248, (s. Fn. 12).
189 Vgl. Jungheim, WRP 2011, 519, 520.
190 Statistik bzgl. der Mantelherstellung bei Heinrich, Band I, S. 252.
191 Jungheim, WRP 2011, 519, 521.
192 Jungheim, WRP 2011, 519, 521.
193 Jungheim, WRP 2011, 519, 521f.

2. *Umsatzschwellen*

Bevor ein Zusammenschluss von den Wettbewerbsbehörden aufgegriffen wird, müssen entsprechende Umsatzschwellen überschritten werden. Die fusionsrechtlichen Umsatzschwellen verfolgen zwei unterschiedliche Zwecke. An erster Stelle dienen sie der Abgrenzung zwischen der nationalen und der europäischen Fusionskontrolle. Daneben stellen sie eine Relevanzschwelle dar, da einem Zusammenschluss erst beim Überschreiten der Grenzwerte eine Bedeutung für den Wettbewerb zugesprochen wird.[194]

a) *Umsatzschwellen im Allgemeinen*

Der Anwendungsbereich der europäischen Fusionskontrolle ist gem. Art. 1 Abs. 1 FKVO eröffnet, wenn ein Zusammenschluss gemeinschaftsweite Bedeutung hat. Dies ist gem. Art. 1 Abs. 2 FKVO der Fall, wenn die beteiligten Unternehmen weltweit mehr als 5 Milliarden Euro Umsatz erzielen und der gemeinschaftsweite Umsatz mindestens zweier Zusammenschlussbeteiligter jeweils mehr als 250 Millionen Euro beträgt. Trotz der erforderlichen Umsätze hat ein Zusammenschluss gem. Art. 1 Abs. 2 letzter HS FKVO keine gemeinschaftsweite Bedeutung, wenn mehr als zwei Drittel des gemeinschaftsweiten Umsatzes in demselben Mitgliedsstaat erzielt werden.

Neben diesem Regelfall sieht Art. 1 Abs. 3 FKVO zudem eine subsidiär anzuwendende Aufgreifschwelle mit geringeren Umsatzerfordernissen vor, deren praktische Bedeutung jedoch als gering eingeschätzt wird.[195]

Diese Werte gelten im europäischen Recht unspezifisch für jede Branche und somit auch für medienübergreifende Zusammenschlussvorhaben.

Der Anwendungsbereich der deutschen Fusionskontrolle ist gem. § 35 Abs. 1 GWB eröffnet, wenn die am Zusammenschluss beteiligten Unternehmen zum einen weltweit Umsätze von mehr als 500 Millionen Euro erwirtschaftet haben und zum anderen ein Unternehmen im Inland mehr als 25 Millionen Euro und ein anderes beteiligtes Unternehmen mehr als 5 Millionen Euro Umsatz vorweisen. Gem. § 35 Abs. 2 GWB besteht mit der De-minimis-Klausel (Bagatell-Klausel) zudem ein zusätzlicher Ausschlussgrund für bestimmte Umsatzkonstellationen, der durch die 8. GWB-Novelle auch bei Pressefusionen anwendbar ist.[196]

b) *Rechen- und De-minimis-Klausel bei Presse- und Rundfunkfusionen*

Die dargestellten Schwellenwerte gelten auch im deutschen Recht für alle Branchen gleichermaßen. Anders als im europäischen Recht besteht gem. § 38 Abs. 3 GWB jedoch für Presse- und Rundfunkfusionen eine Rechenklausel, die die Schwelle faktisch nach unten verlagert und sich zudem auf die De-minimis-Klausel des § 35

---

194 Langen/Bunte/*Kallfaß*, Band I, § 37 GWB, Rn. 1.
195 Immenga/Mestmäcker/*Körber*, Band I, Art. 1 FKVO, Rn. 18.
196 Vgl. Klumpp, in: Bien, 191, 193f.

Abs. 2 GWB auswirkt.[197] Somit wird der Anwendungsbereich der Fusionskontrolle für entsprechende Zusammenschlüsse und vor allem für medienübergreifende Zusammenschlussvorhaben deutlich erweitert.

Statt der allgemein gültigen Umsatzschwelle von 500 Millionen Euro zum formellen Aufgreifen der Fusionskontrolle, wird bei Pressefusionen gem. § 38 Abs. 3 GWB der Faktor 8 bzw. bei Rundfunkfusionen der Faktor 20 zur Berechnung verwendet. Dies sorgt dafür, dass die entsprechenden Zusammenschlüsse wesentlich früher (d. h. ab weltweiten Umsätzen von 62,5 Mio. Euro bzw. 25 Mio. Euro) von der formellen Fusionskontrolle aufgegriffen werden.[198] Die mit der 3. GWB-Novelle 1976 eingeführte Regelung erschwert somit entsprechende Zusammenschlüsse und soll zumindest mittelbar auch die Meinungsvielfalt erhalten.[199]

Durch die 8. GWB-Novelle von 2013 wurde der Faktor für Pressezusammenschlüsse von dem ursprünglich einheitlichen Faktor 20 auf den Faktor 8 herabgesetzt. Diese Herabsetzung war schon im Rahmen anderer Novellen diskutiert, letztlich aber nicht umgesetzt worden.[200] Die Anpassung des Faktors wird mit den sich wandelnden Marktverhältnissen begründet.[201] Der ursprüngliche Zweck der Pressefusionsregelungen lag in der Anpassung des Wettbewerbsrechts an die Besonderheiten der Pressebranche. Andernfalls wären kleine Verlage, die jedoch über eine starke Wettbewerbsstellung auf regionalen Märkten verfügen, nicht unter das Wettbewerbsrecht gefallen.[202] Durch das Aufkommen des Internets besteht jedoch ein Änderungsdruck, dem das Kartellrecht insbesondere im Bereich kleiner Marktakteure nicht im Weg stehen soll.[203]

Insgesamt führt dies zu einer Absenkung des Schutzumfangs. Richtigerweise darf das Schutzgut der Pressevielfalt bei der ökonomischen Fusionskontrolle keine Rolle spielen und nicht als Argument gegen die Absenkung dienen.[204] Teilweise wird deshalb mitunter die vollständige Abschaffung der Rechenklausel gefordert.[205] Für medienübergreifende Fusionen gilt es, zu beachten, dass für Rundfunkfusionen weiterhin der Faktor 20 gilt. Praktische Relevanz für die Kontrolldichte entfaltet dies jedoch ohnehin nur im Bereich der regionalen Hörfunkmärkte und weniger bei den finanzstarken Fernsehsendern.[206]

---

197 Emmerich, § 32, Rn. 26; Bechtold, § 35 GWB, Rn. 43.

198 Vgl. mit praktischem Beispiel der Rechenklausel: Möschel, in: FS v. Gamm, 627, 632.

199 Bardong, NZKart 2013, 303, 308f.

200 Böge, MMR 2004, 227, 227ff.; Vgl. allg. zur Entwicklung der Pressefusionskontrolle: Bechtold, in: FS Möschel, 97, 97ff.

201 Entwurfsbegründung 8. GWB-Novelle, BT-Drucks. 17/9852, S. 29.

202 Vgl. Koch, AfP 2007, 305, 309.

203 Entwurfsbegründung 8. GWB-Novelle, BT-Drucks. 17/9852, S. 29; Koch, AfP 2007, 305, 309.

204 So auch Bardong, NZKart 2013, 303, 309; a.A. Böge, MMR 2014, 227, 231; zum Zweck der Regelung: Bechtold, AfP 1978, 119, 120.

205 Koch, AfP 2007, 305, 309.

206 Vgl. Bechtold, § 38 GWB, Rn. 8.

Ebenso von den Änderungen durch die 8. GWB-Novelle betroffen ist die De-minimis-Klausel, die Zusammenschlussvorhaben unter bestimmten Umsatzschwellen von der Fusionskontrolle ausnimmt. Diese Ausnahmeregelung galt zuvor gem. § 35 Abs. 2 S. 2 GWB a. F. ausdrücklich nicht für Pressefusionen. Durch den Wegfall dieser Beschränkung können auch Pressefusionen (und wie zuvor auch alle übrigen medienbezogenen Zusammenschlussvorhaben) unter die Regelung fallen. Hierbei müssen die angepassten Rechenklauseln des § 38 Abs. 3 GWB berücksichtigt werden.[207] Faktisch führt die Anwendbarkeit der De-minimis-Klausel zu einer Aufweichung der umfassenden Pressefusionskontrolle, die im Interesse der besonderen Marktstruktur entsprechende Zusammenschlussvorhaben erheblich erschwert hat. Diese erst in den letzten Schritten des Gesetzgebungsverfahrens vorgenommene Änderung[208] soll zudem zu einer Erleichterung des durch Nachfolgeprobleme bedingten Verkaufs von Kleinstverlagen an andere Verlage führen.[209]

Aufgrund der Berücksichtigung der Rechenklauseln darf aus praktischer Sicht jedoch bezweifelt werden, ob die bereits sehr geringen Schwellen noch unterschritten werden können und die Anwendbarkeit der De-minimis-Klausel eine große praktische Bedeutung entfalten wird.[210]

Fraglich ist, ob die Sonderbehandlung von Presse-, aber auch Rundfunkfusionen noch als angemessen beurteilt werden kann. Vor dem Hintergrund des zumindest mittelbar verfolgten Ziels des Schutzes der Meinungsvielfalt erscheint es fragwürdig, warum bestimmte Bereiche, wie beispielsweise die Online-Presse, ausgenommen sind. Zu Recht wird bei der Diskussion auf die sich ändernden Rahmenbedingungen hingewiesen.[211] Die Sonderbehandlung kommt einer qualitativen Wertung der Mediengattungen nahe, welche bei der heutigen Medienlandschaft verfehlt und aus der Zeit gefallen erscheint. So stellt die konglomerate Konzentration von Meinungsmacht, wie sie mit medienübergreifenden Zusammenschlussvorhaben einhergeht, gegenwärtig die deutlich größere Gefahr für die Meinungsvielfalt dar. Diesem Umstand tragen Sonderregelungen gegenwärtig keine Rechnung.[212]

III. Materielle Eingreifkriterien der Fusionskontrolle

Ob trotz des Vorliegens der formellen Aufgreifkriterien ein regulatives Eingreifen durch die zuständigen Behörden notwendig ist, entscheidet sich erst anhand der materiell-rechtlichen Prüfung der zusammenschlussbedingten Auswirkungen auf den Wettbewerb.

Die dieser Prüfung zugrunde liegenden Konzepte stellten zumindest auf theoretischer Ebene bisher die größten Unterschiede zwischen der deutschen und der

207 Bechtold, § 35 GWB, Rn. 43.
208 Vgl. zum Verfahren Klumpp, WuW 2012, 344, 347f.
209 Klumpp, in: Bien: 191, 196.
210 So auch Klumpp, WuW 2012, 344, 348.
211 Klumpp, in: Bien, 191, 201f.
212 Klumpp, in: Bien, 191, 201f.; a.A. Bardong, NZKart 2013, 303, 308f.

europäischen Fusionskontrolle dar. Mit der Einführung der 8. GWB-Novelle von 2013 ist auch im deutschen Recht der sogenannte SIEC-Test („significant impediment to effective competition") eingeführt und somit eine weitere Harmonisierung erreicht worden, ohne die Eigenständigkeit der deutschen Rechtsordnung vollkommen aufzugeben.[213] Durch die Umstellung sollten vor allem Schutzlücken, die beim vorher geltenden Marktbeherrschungstest bestanden haben sollen, geschlossen werden.[214] Dies betrifft in erster Linie Fälle von unilateralen Effekten im engen Oligopol, welche vornehmlich auch bei konglomeraten Zusammenschlüssen auftreten können.[215] Aufgrund der regelmäßig konglomeraten Ausgestaltung medienübergreifender Zusammenschlüsse sorgt die Gesetzesänderung in diesem Bereich für eine Anpassung des Schutzumfangs.

Die Einführung des SIEC-Tests wirkt sich darüber hinaus auch unmittelbar auf die Praxis bzw. Notwendigkeit der im Blickfeld stehenden Marktabgrenzung aus. Durch die theoretische Abkehr vom Marktbeherrschungstest ermöglicht der Wortlaut nach der 8. GWB-Novelle ein marktabgrenzungsfreies Vorgehen. Dabei bleiben Substitutionsbeziehungen und die davon ausgehende disziplinierende Wirkung jedoch auch weiterhin für die materiell-rechtliche Beurteilung der Zusammenschlussauswirkungen relevant.[216] In Einzelfällen wird auf das bewusste Offenlassen als zukünftige Umgangsmöglichkeit hingewiesen.[217] Insgesamt ist in diesem Bereich zwar eine Loslösung von der klassischen Zweiteilung der Prüfung, allerdings nicht von den der Marktabgrenzung zugrunde liegenden Überlegungen denkbar.[218]

1. *Die theoretische Konzeption des SIEC-Tests*

Den Prüfungsmaßstab für eine Untersagung auf Basis des SIEC-Tests bildet gem. Art. 2 Abs. 3 FKVO bzw. § 36 Abs. 1 S. 1 GWB die „erhebliche Behinderung wirksamen Wettbewerbs". Als Regelbeispiel bleibt der Maßstab des Marktbeherrschungstests erhalten, sodass eine Wettbewerbsbehinderung regelmäßig anzunehmen ist, wenn es zu einer Begründung oder Verstärkung einer marktbeherrschenden Stellung kommt.

Inhaltlich bietet der SIEC-Test aufgrund dieser Änderung größere Freiheiten und ermöglicht eine flexible und situationsangepasste Prüfung der zusammenschlussbedingten Auswirkungen auf den Wettbewerb, die insbesondere die Berücksichtigung von mit dem Zusammenschluss einhergehenden Effizienzgewinnen zulässt.[219] Ob darüber hinaus in der Praxis mit generell abweichenden Ergebnissen zu rechnen

---

213 Körber, WuW 2014, 250, 250f.; Bardong, NZKart 2013, 303, 304; Immenga, EuZW 2013, 761, 762.

214 Entwurfsbegründung 8. GWB-Novelle, BT-Drucks. 17/9852, S. 28f.; Vgl. auch Bardong, in: Bien 14ff.; Ewald, WuW 2014, 261, 268ff. m.w.N.

215 Esser/Höft, NZKart 2013, 447, 448; Johnsen, WuW 2013, 1177, 1178ff.

216 So auch Ewald, WuW 2014, 261, 270ff.

217 Esser/Höft, NZKart 2013, 447, 452f.; Esser, NZKart 2013, 135, 142.

218 Vgl. dazu auch unten 4. Teil C.

219 Körber, WuW 2014, 50, 253.

ist, muss gegenwärtig bezweifelt werden. So waren die Auswirkungen der Einführung des SIEC-Tests auf europäischer Ebene, der dort ebenfalls den Marktbeherrschungstest ersetzte, überschaubar.[220] Auch die plakative Gegenüberstellung des SIEC-Tests als auswirkungsbezogenes Konzept im Gegensatz zum strukturbezogenen Marktbeherrschungstest suggeriert einen Wandel des Prüfungsmaßstabs, dessen Auswirkungen letztlich nicht sehr umfassend ausfallen werden.[221] Erwartet wird insoweit lediglich eine verstärkte Berücksichtigung ökonomischer Methoden und Nachweise, die letztlich den Aufwand, aber auch die Argumentationsdichte, steigen lassen wird.[222]

Umfassende Auswirkungen sind hingegen in jedem Fall für die hier betroffenen medienübergreifenden Zusammenschlussvorhaben zu erwarten, welche aufgrund der konglomeraten Struktur, des Auftretens unilateraler Effekte und einer sehr differenzierten Produktpalette zur Hauptzielrichtung des SIEC-Tests gehören.[223]

Die materiell-rechtliche Bewertung ist dabei von den durch den Zusammenschluss verfolgten Zielen abhängig, welche zum Teil aufgrund von Effizienzgewinnen zusätzlich bei der materiell-rechtlichen Beurteilung berücksichtigt werden müssen.

2. *Medienübergreifende Zusammenschlüsse in der wettbewerblichen Beurteilung*

Die traditionelle Abgrenzung unterschiedlicher Werbemärkte im Medienbereich hat unmittelbare Auswirkungen auf die wettbewerbliche Beurteilung von medienübergreifenden Zusammenschlussvorhaben. Nach den von der Kartellrechtspraxis entwickelten Leitlinien handelt es sich weder um einen horizontalen Zusammenschluss, bei dem die Unternehmen auf demselben sachlich relevanten Markt aktiv sind, noch um einen vertikalen Zusammenschluss, bei dem vor- bzw. nachgelagerte Märkte zusammenschlussrelevant betroffen sind. Medienübergreifende Zusammenschlussvorhaben werden aufgrund der Betroffenheit zweier unterschiedlicher nicht zusammenhängender Märkte als konglomerate bzw. diagonale Zusammenschlüsse bezeichnet.[224]

Bei der wettbewerblichen Beurteilung gelten solche konglomeraten Zusammenschlüsse nach Ansicht sowohl der europäischen als auch der deutschen Wettbewerbsbehörden als weniger wettbewerbsgefährdend als horizontale Zusammenschlüsse.[225]

---

220 Emmerich, § 34, Rn. 12; a.A. Esser/Höft, NZKart 2013, 447, 448ff.

221 So auch Ewald, WuW 2014, 261, 262ff; Emmerich, § 34, Rn. 13; Vgl. auch Zusammenstellung der Ansichten bei Emmerich, in: FS Köhler, 101, 102.

222 Vgl. Bardong, in: Bien, 11, 17ff. m.w.N.; a.A. Esser/Höft, NZKart 2013, 447, 448ff.

223 Emmerich, § 34, Rn. 12; Körber, WuW 2014, 50, 253.

224 Kommission, Nichthorizontalleitlinien, Rn. 5, 91, (s. Fn. 177); BKartA, Marktbeherrschungsleitfaden, Rn. 20, 160, (s. Fn. 177).

225 Kommission, Nichthorizontalleitlinien, Rn. 11, 92, (s. Fn. 177); BKartA, Marktbeherrschungsleitfaden, Rn. 161, (s. Fn. 177).

Anders als bei horizontalen Zusammenschlüssen kommt es nicht zur Fusion direkter Konkurrenten und folglich nicht zu einer Verringerung des unmittelbaren Wettbewerbsdrucks.[226] Mithin steigt durch konglomerate Zusammenschlüsse ebenso wenig der Anreiz für Unternehmen, aufgrund des verringerten Wettbewerbsdrucks und der geringeren Ausweichmöglichkeiten der Abnehmer auf andere Produkte, höhere Preise am Markt durchzusetzen.[227] Neben diesen unterschiedlichen Auswirkungen bieten konglomerate Fusionen ein erhebliches Potenzial für wettbewerbsfördernde Effekte wie Synergien oder sinkende Kosten, die bei der wettbewerblichen Beurteilung positiv berücksichtigt werden müssen.[228]

Trotz dieser positiveren Ausgangslage können bei konglomeraten Fusionen erhebliche nachteilige Effekte für den Wettbewerb auftreten. Dabei wird zwischen nicht koordinierten/unilateralen Effekten und den wesentlich seltener auftretenden koordinierten Effekten unterschieden. Für die abschließende Beurteilung müssen die jeweiligen Auswirkungen im Wege eines Abwägungsprozesses den möglichen Vorteilen gegenübergestellt werden, um zu einem tragfähigen Gesamtergebnis zu gelangen.[229]

Insbesondere für den Medienbereich stellen die bereits angesprochenen Möglichkeiten der Cross-Promotion einen erheblichen Unsicherheitsfaktor bei der wettbewerblichen Bewertung dar. Dies kann dann der Fall sein, wenn die sich ergebenden positiven Möglichkeiten mehr zur Stärkung der eigenen Wettbewerbsposition als zur Verbesserung des Angebots für die Kunden genutzt werden. Darüber hinaus muss bei der wettbewerblichen Beurteilung von Werbemärkten aufgrund der sachlichen Nähe der Produkte beachtet werden, dass es sich um „quasi-horizontale Zusammenschlüsse" handelt, deren Auswirkungen deutlich wettbewerbsschädigender sein können als die Auswirkungen bei rein konglomeraten Fusionen. Dies zeigt abermals deutlich die Bedeutung der Marktabgrenzungspraxis in diesem Bereich.

a) Nicht koordinierte/unilaterale Effekte

aa) Marktabschottung

Die größten wettbewerblichen Bedenken bestehen bei konglomeraten Fusionen in einer denkbaren Marktabschottungswirkung von Produktkopplungen und Produktbindungen. So werden bei Produktkopplungen zwei Produkte nur noch im Paket („pure bundeling") oder im Paket billiger als einzeln („bundeling discount") angeboten und bei Produktbindungen der Kauf des zweiten Produkts zur Bedingung

226 Kommission, Nichthorizontalleitlinien, Rn. 12, (s. Fn. 177).

227 Vgl. Kommission, Leitlinien zur Bewertung horizontaler Zusammenschlüsse gemäß der Ratsverordnung über die Kontrolle von Unternehmenszusammenschlüssen, ABl. EU 2004/C 31/03, Rn. 8.

228 Kommission, Nichthorizontalleitlinien, Rn. 13, 21, (s. Fn. 177); Vgl. zu den Synergieeffekten auch oben 2. Teil A. II.

229 Kommission, Nichthorizontalleitlinien, Rn. 21, 92, (s. Fn. 177).

für den Verkauf des ersten Produkts gemacht.[230] Binden und Koppeln sind nicht zwingend als schädlich anzusehen, weil auch hier Synergieeffekte für Kunden, die aus beiden Produkten einen Nutzen ziehen können, auftreten. Die Marktabschottung im Rahmen konglomerater Zusammenschlüsse unterscheidet sich daher von der Marktabschottung bei horizontalen Zusammenschlüssen.[231]

Insbesondere bei verwandten Produktmärkten besteht jedoch die Gefahr, dass eine starke Position auf dem einen Markt mittels einer „Hebelwirkung" auf den anderen Markt übertragen werden kann.[232] Voraussetzung für die Abschottung ist dabei zum einen eine herausragende, aber nicht zwingend marktbeherrschende Stellung auf einem Ausgangsmarkt, der als Hebel dient. Zum anderen muss das gehebelte Produkt für eine Vielzahl der Kunden von Bedeutung und nicht substituierbar sein. Liegen diese Voraussetzungen vor, kann der Anreiz bestehen, dank eines starken Produkts Marktmacht auf dem Zielmarkt hinzuzugewinnen, indem die zusätzliche Abnahme des Produkts des Zielmarktes reizvoll gemacht wird.[233] Dies stärkt nicht nur die eigene Wettbewerbsposition, sondern erhöht auch die Marktzutrittsschranken für andere potenzielle Mitbewerber.[234] Ob ein Unternehmen eine solche Strategie wählt, hängt jedoch auch davon ab, ob der Zugewinn in Hinblick auf den denkbaren Verlust möglicher Kunden überwiegt.[235]

Eine solche Abschottungsgefahr besteht auch bei Werbemärkten. Diese Märkte weisen viele der oben dargestellten Faktoren auf. Die einzelnen Werbemärkte sind durch wenige oligopolistisch agierende Medienunternehmen geprägt, die jeweils über eine überragende Stellung auf ihrem Kernmarkt verfügen und diesen als Hebel nutzen können.[236] Weiterhin handelt es sich bei Werbemöglichkeiten in unterschiedlichen Medien um abstrakt vergleichbare Produkte, die dem gleichen Zweck – nämlich der Werbung – dienen. Auch wenn der zusätzliche gekoppelte Werberaum unter Werbewirkungsgesichtspunkten nicht die idealen Voraussetzungen zur Werbezweckerreichung erfüllen mag, dürfte er nicht vollkommen unbrauchbar sein. So lässt sich auch die Werbewirkung von Werbekampagnen mittels zusätzlicher Synergieeffekte, die bei multimedial ausgerichteten Kampagnen auftreten, verstärken.[237] Im Ergebnis kann somit ein Anreiz bestehen, die Bündelung von Werberaum voranzutreiben.

---

230 Nothhelfer, EuZW 2007, 332, 334; Kommission, Nichthorizontalleitlinien, Rn. 96f., (s. Fn. 177).

231 Vgl. dazu bspw. Jestaedt/Anweiler, EuZW 1997, 549, 553.

232 Kommission, Nichthorizontalleitlinien, Rn. 93, (s. Fn. 177).

233 Kommission, Nichthorizontalleitlinien, Rn. 99f., (s. Fn. 177); BKartA, Marktbeherrschungsleitfaden, Rn. 168ff., (s. Fn. 177).

234 BKartA, Marktbeherrschungsleitfaden, Rn. 171, (s. Fn. 177).

235 Kommission, Nichthorizontalleitlinien, Rn. 160, (s. Fn. 177); BKartA, Marktbeherrschungsleitfaden, Rn. 170, (s. Fn. 177).

236 Esser, NZKart 2013, 135, 138f.

237 Vgl. Kloss, 259f.

Beispiele für die Möglichkeit einer vergleichbaren Vorgehensweise finden sich ebenfalls in der Entscheidungspraxis: Das Bundeskartellamt hatte im Springer/ProSiebenSat.1-Verfahren entsprechende Bedenken, dass es durch die Möglichkeiten der crossmedialen Bezugnahme und Eigenwerbung zu einer Verstärkung der marktbeherrschenden Stellung auf dem Lesermarkt für Straßenverkaufszeitungen und dem Anzeigenmarkt kommen könnte.[238] Daneben zeigen sich die Kopplung von Produkten und der Versuch des Transfers von Marktmacht auch im Bereich der Online-Werbung.[239]

bb) Verlust von Randsubstitution und potenziellem Wettbewerb

Ein zweiter nicht koordinierter unilateraler Effekt, der sich nachhaltig auf die wettbewerbliche Beurteilung auswirken kann, besteht in dem möglichen Verlust von Randsubstitutionen und potenziellem Wettbewerb durch das Wegfallen entsprechender Konkurrenten.[240] Auch wenn anders als bei horizontalen Fusionen keine direkten Wettbewerber wegfallen, ist es bei sehr vergleichbaren Produktgruppen möglich, dass diese für einzelne bestimmte Kunden als austauschbar angesehen werden. Hinsichtlich dieser Möglichkeit würde auch bei konglomeraten Fusionen ein gewisser Wettbewerbsdruck entfallen, da die Kunden weniger Ausweichmöglichkeiten haben.[241] Dabei ist zu beachten, dass die disziplinierende Wirkung des Randwettbewerbs abstrakt nur schwerlich feststellbar ist und somit Unklarheiten über die letztliche Bedeutung bestehen.[242]

Anders gestaltet sich dies jedoch für den Bereich der Werbemärkte. Hier muss der Verlust von Randsubstitutionen und potenziellem Wettbewerb hinreichend gewürdigt werden. Als Paradebeispiel dient erneut das viel diskutierte Springer/ProSiebenSat.1-Verfahren, in dem das Bundeskartellamt den Verlust von Wettbewerb zwischen der Fernsehwerbung und der Werbung in der größten deutschen Straßenverkaufszeitung befürchtete. Die Werbemöglichkeit in der Zeitung stelle die einzig denkbare Ausweichmöglichkeit von Fernsehwerbung dar, sodass der Wettbewerbsdruck bei der Preisgestaltung für Fernsehwerbung durch den Zusammenschluss sinke, was sich insgesamt nachteilig auf die Wettbewerbssituation auswirke.[243] Auch hier ist der Medienbereich mit der gegenwärtigen Marktabgrenzungspraxis ein Muster für mögliche nachteilige Auswirkungen bei zwar konglomeraten, aber dennoch produktnahen Zusammenschlussvorhaben.

---

238 BKartA, B. v. 19.1.2006, B6-103/05 – Axel Springer/ProSiebenSat.1, S. 46ff., 62f., (s. Fn. 11).

239 Vgl. Höppner/Ferreau, K&R 2014, 460, 460ff.

240 BKartA, Marktbeherrschungsleitfaden, Rn. 163f., (s. Fn. 177).

241 Langen/Bunte/*Kallfaß*, Band I, § 36 GWB, Rn. 69.

242 BKartA, Marktbeherrschungsleitfaden, Rn. 163, (s. Fn. 177); Immenga/Mestmäcker/*Thomas*, Band II, § 36 GWB, Rn. 235.

243 BKartA, B. v. 19.1.2006, B6-103/05 – Axel Springer/ProSiebenSat.1, S. 39f., (s. Fn. 11).

b) *Sonstige koordinierte Effekte*

Neben den nicht koordinierten Wirkungen auf den Wettbewerb sind bei konglomeraten Zusammenschlüssen koordinierte d. h. abgestimmte Verhaltensweisen denkbar, die nicht zwingend durch Art. 101 AEUV bzw. § 1 GWB umfasst sind, aber in ihren wettbewerblichen Auswirkungen berücksichtigt werden müssen. Als Folge der Abschottung ist es insbesondere denkbar, dass die wenigen marktmächtigen Unternehmen den Preiswettbewerb scheuen und das entstehende Preisniveau akzeptieren oder andere Formen der unausgesprochenen Koordinierung aufgrund der übersichtlicheren Marktverhältnisse erleichtert werden.[244] Gleichwohl bestehen hier nur wenige medienspezifische Ansatzpunkte.

c) *Preissetzungsfreiheit bei quasi-horizontalen Zusammenschlüssen*

Aufgrund der sachlichen Nähe der Produkte kann es sich bei Werbemärkten unter Umständen auch um quasi-horizontale Zusammenschlussvorhaben handeln. Zusätzlich zu den konglomeraten Zusammenschlusseffekten besteht bei dieser Form der Zusammenschlüsse vor allem die Gefahr einer unkontrollierten Ausweitung der Preissetzungsfreiheit der Unternehmen.[245]

Bei einer zusammenschlussbedingten Preiserhöhung weichen Abnehmer im Normalfall auf alternative und austauschbare Produkte aus. Im Fall von quasi-horizontalen Zusammenschlüssen kann diese wechselnde Nachfrage ebenso wie bei horizontalen Zusammenschlüssen durch den Zusammenschluss internalisiert werden, da ein Teil der Nachfrage im Falle einer Preiserhöhung zu den teilweisen Substituten des jeweils anderen Unternehmens wechselt. Hierdurch werden die möglichen Verluste eingeschränkt und die Gewinnchancen insgesamt erhöht. Es kann ein unkontrollierter Verhaltensspielraum für die Unternehmen entstehen.[246] Zur Abschätzung der konkreten Folgen im Falle eines quasi-horizontalen Zusammenschlusses sind Kenntnisse über den Substitutionsgrad der Produkte und das Kaufverhalten der Abnehmer erforderlich.[247] Insgesamt sind die Folgen jedoch aufgrund der eingeschränkten Substitution nicht so weitgehend wie bei direkten Substituten und horizontalen Zusammenschlüssen.[248]

Im Fall von medienübergreifenden Zusammenschlussvorhaben gilt es, im Ergebnis nicht nur die konglomeraten Effekte, sondern im Falle sachverwandter Produkte wie dem Werberaum in unterschiedlichen Mediengattungen auch die horizontalen Zusammenschlusseffekte gesondert zu bewerten.

---

244 Kommission, Nichthorizontalleitlinien, Rn. 120, (s. Fn. 177); BKartA, Marktbeherrschungsleitfaden, Rn. 178, (s. Fn. 177).
245 Kommission, Horizontalleitlinien, Rn. 28, (s. Fn. 227).
246 Kommission, Horizontalleitlinien, Rn. 28, (s. Fn. 227).
247 Kommission, Horizontalleitlinien, Rn. 29, (s. Fn. 227).
248 Vgl. BKartA, Marktbeherrschungsleitfaden, Rn. 78, (s. Fn. 177).

d) Sanierungsfusion im Medienbereich

Eine Besonderheit bei der materiell-rechtlichen Beurteilung von medienübergreifenden Zusammenschlussvorhaben besteht im deutschen Recht gem. § 36 Abs. 1 S. 2 Nr. 3 GWB mit der Regelung zur Sanierungsfusion im Pressebereich. Diese ergänzt die ebenfalls auf Sanierungsfusionen anwendbare Regelung des § 36 Abs. 1 S. 2 Nr. 1 GWB sowie die im europäischen Recht bekannte „failing firm defense".

Im Gegensatz zu den sonstigen Sanierungsfusionsregelungen ermöglicht § 36 Abs. 1 S. 2 Nr. 3 GWB die Übernahme kleiner und mittlerer Verlage, bei der eine ohnehin bestehende marktbeherrschende Stellung weiter verstärkt wird. Anders als bei der allgemeinen Regelung, jedoch nicht, wenn es zu der Begründung einer solchen Stellung kommt. Zum Teil wird dies als Redaktionsversehen des Gesetzgebers erachtet.[249]

Die Sanierungsfusionsregel bei Verlagszusammenschlüssen stellt gegenüber der allgemeinen Regelung eine Erleichterung hinsichtlich der Zulässigkeit dar. So ist es insbesondere nicht notwendig, dass die Wettbewerbsstellung dem Erwerber ohnehin zufallen würde.[250]

Für medienübergreifende Vorhaben bietet diese Regelung die Möglichkeit, Zusammenschlussvorhaben trotz Wettbewerbsdenken im Bereich der Presse zu realisieren. Im Grundsatz unterliegt die Norm aufgrund des Wortlauts, trotz ihrer mit dem SIEC-Test zusammenfallenden Einführung, der Systematik des Marktbeherrschungstests. Insbesondere bei umfassenderen Marktgrenzen kann dies zu Problemen in der praktischen Anwendung führen.

IV. Zusammenfassung

Die Untersuchung der fusionsrechtlichen Beurteilung von medienübergreifenden Zusammenschlussvorhaben zeigt, dass diese eine rechtliche Sondersituation darstellen. Diese kann jedoch mit den allgemeinen Regelungen bewältigt werden. Durch pressefusionsrechtliche Sondervorschriften wird die formelle Kontrolldichte in diesem Bereich zusätzlich erhöht, während auf materieller Ebene mit der Regelung zur Pressesanierungsfusion ergänzende Zusammenschlussmöglichkeiten geschaffen werden. Insgesamt kann die wettbewerbliche Beurteilung individuell auf das konglomerate Wettbewerbsverhältnis zugeschnitten werden. Diese ist somit in weiten Teilen von der Abgrenzung der sachlich relevanten Produktmärkte abhängig.

D. Die Theorie der Marktabgrenzung

Zur Sicherung des Wettbewerbs greifen das deutsche und das europäische Kartellrecht an den unterschiedlichsten Stellen auf das Konzept des Marktes als grenzziehenden Rahmen zurück. Unter einem solchen Markt versteht man dabei im

249 Bechtold, § 36 GWB, Rn. 56; a.A. Klumpp WuW 2012, 344, 349.

250 Bechtold, § 36 GWB, Rn. 53.

ökonomischen Sinne denjenigen Ort, an dem Angebot und Nachfrage aufeinandertreffen.[251] Die Bereitstellung von Werberaum erfolgt nach dem Prinzip von Angebot und Annahme und unterliegt somit einem solchem Marktmechanismus.

Im fusionskontrollrechtlichen Verfahren dient die Abgrenzung des Produktmarktes auch nach der Einführung des SIEC-Tests immer noch zur Feststellung der ökonomischen Grenzen eines Sachverhalts. Trotz des Wegfalls der rechtlichen Notwendigkeit einer Marktabgrenzung bildet diese, wie das Beispiel der langjährigen europäischen Praxis zeigt, weiterhin den wesentlichen Dreh- und Angelpunkt des Verfahrens. Dies gilt für das allgemeine ebenso wie für das durch Medien geprägte Abgrenzungsverfahren. Die Abgrenzung des relevanten Marktes wirkt sich dabei direkt auf die materiell-rechtliche Bewertung und somit unmittelbar auf die Zulässigkeit von Zusammenschlussvorhaben aus.

Gerade aufgrund dieser erheblichen und mitunter präjudizierenden Bedeutung der Marktabgrenzung ist eine besondere Vorsicht gefordert. Sowohl eine zu weite als auch eine zu enge Abgrenzung kann zu wettbewerblich bedenklichen Ergebnissen führen. Eine am Ziel des effektiven Wettbewerbsschutzes orientierte Kontrolle erfordert eine präzise, die Realität der Wettbewerbsverhältnisse widerspiegelnde Erfassung der ökonomischen Rahmenbedingungen. Dabei handelt es sich bei der Marktabgrenzung in erster Linie um eine offene juristische Analyse.[252] Die in der Praxis zunehmende Berücksichtigung von ökonomischen Theorien führt zu einer weitgehenden Objektivierung, sodass die letztliche Einordung zwischen Wertungsvorgang und Tatsachenfeststellung nicht zweifelsfrei möglich ist.[253]

Im Folgenden wird vor dem Hintergrund der rechtlich mangelnden Notwendigkeit einer Abgrenzung zunächst der Sinn und Zweck der Marktabgrenzung und somit deren Rechtfertigung näher untersucht, bevor die Theorie der Marktabgrenzung in den Mittelpunkt der Betrachtung rückt. Hierbei stehen sich eine Vielzahl von Abgrenzungskonzepten und Wettbewerbsverständnissen gegenüber, die auf ihre methodischen und dogmatischen Vor- und Nachteile untersucht werden. Der Schwerpunkt der Betrachtung liegt weniger auf einer umfassenden Darstellung der theoretischen Möglichkeiten als auf dem Umgang mit den in der Praxis angewandten Konzeptionen.

I. Sinn und Zweck der Marktabgrenzung

Die Marktabgrenzung als solche hat in erster Linie eine grenzziehende Festlegungs- bzw. Abgrenzungsfunktion[254], durch die die ausschlaggebenden Wettbewerbsverhältnisse herausgefiltert werden.[255] Die Abgrenzung des relevanten Marktes verengt den

---

251 Statt vieler: Kiefer/Steininger, S. 82.

252 Bechtold, § 18 GWB, Rn. 5.

253 So wohl auch Bechtold, § 18 GWB, Rn. 7.

254 Kommission, Bekanntmachung der Kommission zur Definition des relevanten Marktes im Sinne des Wettbewerbsrecht der Gemeinschaft, Abl. EG 1997 C 372/03, Rn. 2; Bechtold, § 18 GWB, Rn. 5.

255 Immenga/Mestmäcker/*Fuchs/Möschel*, Band II, § 19 GWB, Rn. 29.

Blickpunkt der materiell-rechtlichen Bewertung somit auf das für das Kontrollmittel bedeutsame Wettbewerbsgeschehen.

Aufgrund der möglichen Folgen nicht sachgerechter Abgrenzungen und der Verwirklichung der übergeordneten Wettbewerbsziele[256] ergibt sich zudem, dass die Marktabgrenzung eine Schutzfunktion erfüllt. Zum einen wird eine zutreffende Marktabgrenzung Unternehmen vor einer realitätsfernen Fusionskontrolle bewahren, zum anderen führt eine zutreffende Marktabgrenzung auch zu einem wettbewerbsbezogenen Schutz der Abnehmer und Konsumenten. Die Schutzfunktion wirkt daher in zwei Richtungen zugleich.

Eine sachgerechte Marktabgrenzung erfüllt unterschiedliche Zwecke, die die anschließende Beurteilung erleichtern und dem Schutz der Beteiligten dienen können. Insgesamt gesehen sind die dargestellten Zwecke und Ziele nicht exklusiv an die vorgelagerte Marktabgrenzung geknüpft, d. h. sie lassen sich nicht ausschließlich mit der Marktabgrenzung erreichen und stellen in manchen Fällen lediglich ein Hilfsmittel dar. Die fehlende Exklusivität der verfolgten Zwecke und Ziele kann mitunter Forderungen nach einem vollständigen Verzicht auf die Marktabgrenzung begründen.[257]

Richtigerweise kann die Schlussfolgerung aus dieser eingeschränkten Funktionalität nicht der vollständige Verzicht auf Überlegungen zum relevanten Markt sein. In erster Linie lässt sich auf dieser Grundlage lediglich das gegenwärtige zweistufige methodische Vorgehen hinterfragen. So ist insbesondere die Abgrenzungsfunktion der Marktbestimmung eine Erleichterung für den praktischen Umgang. Diese stellt zumindest in ihrem gegenwärtigen zweistufigen Aufbau keine zwingende rechtliche Notwendigkeit dar.[258] Eine sachgerechte und umfassende Prüfung der zusammenschlussbedingten Auswirkungen auf den Wettbewerb ist auch ohne eine vorgeschaltete Marktabgrenzung denkbar und möglich. Ein vollständiger Verzicht auf die bei der Marktabgrenzung zu treffenden Überlegungen würde auf Basis des SIEC-Tests einer abschließenden Beurteilung im Wege stehen. So erfolgt in letzter Konsequenz auch die Beurteilung der erheblichen Behinderung wirksamen Wettbewerbs immer marktbezogen. Somit stellen Überlegungen zu den Marktverhältnissen in jeder methodischen Form ein zwingendes Element der Fusionskontrolle dar. Der Weg über die zweistufig ausgestaltete Marktabgrenzung stellt hingegen nur eine Möglichkeit zur indirekten Erfassung von Marktmacht dar.[259]

Zur vollständigen Erfassung der relevanten Wettbewerbsverhältnisse erfolgt die Marktabgrenzung traditionell zumindest in sachlicher und räumlicher Hinsicht. Unter Umständen kann darüber hinaus eine zeitliche Marktabgrenzung notwendig werden.[260]

---

256 Vgl. oben 2. Teil C. I.

257 Langen/Bunte/*Bardong*, Band I, § 18 GWB, Rn. 10ff. m.w.N.; Schmidtchen, WuW 2011, 923, 923; kritisch auch Bechtold, in: FS v. Gamm, 537, 538ff.

258 Vgl. unten 4. Teil C.

259 Schwalbe/Zimmer, S. 69f.

260 Bechtold, § 18 GWB, Rn. 4; Bechtold/Bosch/Brinker, Art. 2 FKVO, Rn. 9.

II. Methoden der sachlichen Marktabgrenzung

Für die Abgrenzung sachlich relevanter Märkte bestehen keine gesetzlichen Vorgaben. Dies hat zumindest auf theoretischer Ebene eine Vielzahl von Konzepten zur Folge.[261] Allerdings haben nur wenige dieser Konzepte einen tatsächlichen unmittelbaren Einfluss auf die Praxis der Marktabgrenzung.

Unabhängig vom Marktabgrenzungskonzept liegen den unterschiedlichen Säulen des Kartellrechts, und somit auch dem Fusionskontrollverfahren, unterschiedliche Perspektiven zugrunde.[262] Im Rahmen des Kartellverbotes und der Missbrauchskontrolle handelt es sich um vergangenheitsbezogene Analysen der Wettbewerbsverhältnisse zu repressiven Zwecken, während bei der Fusionskontrolle eine zukunftsbezogene Prognose abgegeben wird, die präventive Wirkung entfalten soll.[263] Insbesondere die präventive Analyse im Rahmen der Fusionskontrolle muss im besonderen Maße das zukünftige Marktgeschehen und seine Dynamik beachten. Das führt dazu, dass der fusionsrechtlich abgegrenzte Markt im Regelfall aufgrund der weiterführenden Gedanken nicht ohne Weiteres auf ein Missbrauchskontrollverfahren übertragen werden kann, weil hierbei lediglich das Abbild vergangener Wettbewerbsverhältnisse erforderlich ist.[264]

1. Das Bedarfsmarktkonzept und seine Modifikationen

Die vorherrschende Abgrenzungsmethode in der deutschen und auch europäischen Kartellrechtspraxis stellt das sogenannte „Bedarfsmarktkonzept" dar. Dieser Theorie, die zu der Gruppe der sogenannten Substitutionskonzepte gezählt wird, liegt die These zugrunde, dass sich Wettbewerbsverhältnisse zwischen Marktakteuren insbesondere durch die Austauschbarkeit ihrer Güter aus Sicht der Marktgegenseite manifestieren.[265]

a) Theoretische Konzeption

Im Rahmen des Bedarfsmarktkonzeptes wird in erster Linie auf die funktionelle Austauschbarkeit eines Produkts aus Sicht der Abnehmer abgestellt.[266] Ein sachlich relevanter Markt wird durch alle Produkte umschrieben, „die sich nach ihren

---

261 Umfassende Darstellungen zu sonstigen Marktabgrenzungskonzepten finden sich insbesondere bei: MüKo/*Füller*, Band I, Einl. Teil D, Rn. 1040ff.; Schmidt/Haucap, S. 61ff.

262 Bechtold, § 18 GWB, Rn. 6.

263 Emmerich, § 4, Rn. 59; Kommission, Bekanntmachung der Kommission zur Definition des relevanten Marktes im Sinne des Wettbewerbsrecht der Gemeinschaft, Abl. EG 1997 C 372/03, Rn. 12; Wiedemann/*de Bronett*, § 22, Rn. 11; Bechtold, § 18 GWB, Rn. 6.

264 Immenga/Mestmäcker/*Körber*, Band I, Art. 2 FKVO, Rn. 20.

265 MüKo/*Füller*, Band I, Einl. Teil D, Rn. 1040.

266 Emmerich, § 4 Rn. 63.

Eigenschaften, ihrem wirtschaftlichen Verwendungszweck und ihrer Preislage so nahe stehen, dass der verständige Verbraucher sie als für die Deckung eines bestimmten Bedarfs geeignet und als gegeneinander austauschbar ansieht".[267] Marktkonstituierend ist somit die produktbezogene Nachfragesubstituierbarkeit. Gegebenenfalls wird dies durch weitere Aspekte wie beispielsweise die produktbezogene Angebotsumstellungsflexibilität der Anbieter ergänzt.

aa) Produktbezogene Nachfragesubstituierbarkeit

Als Differenzierungskriterien für eine Substituierbarkeit der Nachfrage haben sich die objektiven Eigenschaften einer Ware, ihr Verwendungszweck sowie der Preis etabliert. Diese Kriterien müssen je nach Einzelfall umfassend gewürdigt werden und sind in ihrer Aufzählung nicht als abschließend zu verstehen.[268] So besteht darüber hinaus keine wertende Rangfolge zwischen den Differenzierungskriterien.[269] Entscheidend ist mithin immer eine Gesamtbetrachtung dieser Aspekte.

(1) Produkteigenschaften im Vergleich

Einen ersten Grobfilter stellt ein Vergleich der technisch-physischen Eigenschaften dar. Hierbei ist nicht objektiv auf die bloße Unterschiedlichkeit abzustellen, sondern darauf, ob die Unterschiede zu einer Änderung bei der Auswahl durch den Abnehmer führen. Dies hat zur Folge, dass unterschiedliche Eigenschaften nicht zwingend zu einer Verhaltensänderung führen müssen sowie im Gegenzug, dass gemeinsame Eigenschaften nicht zwingend zur gleichen Verwendung genutzt werden.[270]

In der heutigen Zeit vermischt sich eine ohnehin schon unüberschaubare Menge von Waren und Dienstleistungen mit einer noch größeren Anzahl möglicher Verwendungszwecke. Die meisten Produkte lassen sich nicht auf einen einzigen allgemeingültigen Zweck reduzieren. Immer mehr Produkte sind zur Deckung einer Vielzahl von Bedürfnissen geeignet. Dementsprechend ist auch eine rechtliche Systematisierung und Zuordnung nur eingeschränkt möglich.[271] Im Sinne eines auf Substitutionskonkurrenz basierenden Wettbewerbsverständnisses ist die Annahme eines relevanten Marktes trotz gleicher Eigenschaften nur bei Vorliegen

---

267 KG, Urt. 18.2.1969, Kart V 34/67, WuW/E OLG 995, 996 – Handpreisauszeichner; nahezu identisch Kommission, Bekanntmachung der Kommission zur Definition des relevanten Marktes im Sinne des Wettbewerbsrecht der Gemeinschaft, Abl. EG 1997 C 372/03, Rn. 7.

268 Emmerich, § 9, Rn. 11.

269 MüKo/*Füller*, Band I, Einl. Teil D, Rn. 1052.

270 Kommission, Bekanntmachung der Kommission zur Definition des relevanten Marktes im Sinne des Wettbewerbsrecht der Gemeinschaft, Abl. EG 1997 C 372/03, Rn. 36; MüKo/*Füller*, Band I, Einl. Teil D, Rn. 1053f.

271 MüKo/*Füller*, Band I, Einl. Teil D, Rn. 1057.

eines gleichen Verwendungszwecks denkbar, da es nur in einem solchen Fall zu Substitutionsprozessen der Abnehmer kommt.[272]

Das Abwägungsgewicht des Produktpreises bzw. der Preislage wird mitunter unterschiedlich aufgefasst. Auch wenn der Preis in den allgemeinen Definitionen regelmäßig genannt wird, können wohl lediglich auf Basis von Preisunterschieden nicht ohne Weiteres getrennte Märkte angenommen werden.[273] Bei der Annahme unterschiedlicher Märkte aufgrund von Preisunterschieden käme es in letzter Konsequenz zu einer Ausschaltung des Preiswettbewerbs zwischen den Unternehmen und zu einer weiteren Zersplitterung der Marktstruktur in Kleinstmärkte. Weiterhin gebietet der Preiswettbewerb, dass Rückschlüsse aus Preisunterschieden lediglich bei heterogenen Gütern hinweisgebend sein können. Rückschlüsse bei an sich homogenen Gütern würden wiederum eine Zersplitterung bewirken.[274]

In der Praxis kann ein Preisunterschied von mehr als 100 Prozent zu der Annahme unterschiedlich sachlich relevanter Märkte führen.[275] Entgegen der Bedenken bei der Annahme unterschiedlicher Märkte, wird in der Praxis ein ähnliches Preisniveau durchaus als Indiz für einen einheitlichen Markt gesehen, da eine erleichterte Substitution durch die Abnehmer möglich ist.[276]

Über diese meistverwendeten Kriterien hinaus greift die Praxis regelmäßig auf Einschätzungen von Akteuren aus dem betroffenen Marktsegment sowie auf Verbraucherpräferenzen zurück. Hierbei können unter anderem Unternehmensstudien zu den Absatzmärkten oder gezielte Befragungen von hinweisgebender Natur sein.[277] Weiterhin von besonderer Bedeutung für die Praxis sind nachweisbare Substitutionen in jüngster Vergangenheit, regulatorische Hemmnisse bei der Nachfragesubstitution sowie die Existenz unterschiedlich gestellter Kundengruppen.[278]

(2) Grad der Austauschbarkeit

Nur in den wenigsten Fällen sind Produkte vollkommen austauschbar. Aus diesem Grund ist bezüglich des Grades der Austauschbarkeit keine vollständige Deckung erforderlich. So genügt nach der Rechtsprechung bereits eine „hinreichende

---

272 MüKo/*Füller*, Band I, Einl. Teil D, Rn. 1057; EuGH, Urt. V. 1.2.1979, C-85/76, Slg. 1979, 461, Rn. 28 – Hoffmann-La Roche.

273 Bechtold, § 18 GWB, Rn. 13.

274 MüKo/*Füller*, Band I, Einl. Teil D, Rn. 1044.

275 Kommission, Entsch. v. 5.7.2005, IV/M.3836 – Goldmann Sachs/Pirelli, Rn. 16.

276 Kommission, Bekanntmachung der Kommission zur Definition des relevanten Marktes im Sinne des Wettbewerbsrecht der Gemeinschaft, Abl. EG 1997 C 372/03, Rn. 13.

277 Kommission, Bekanntmachung der Kommission zur Definition des relevanten Marktes im Sinne des Wettbewerbsrecht der Gemeinschaft, Abl. EG 1997 C 372/03, Rn. 40f.

278 Kommission, Bekanntmachung der Kommission zur Definition des relevanten Marktes im Sinne des Wettbewerbsrecht der Gemeinschaft, Abl. EG 1997 C 372/03, Rn. 38, 42f.

Austauschbarkeit".[279] Dies soll zum einen eine Würdigung der Einzelfallumstände ermöglichen und zum anderen die Bildung von Kleinstmärkten durch diversifizierte Zwecke verhindern.[280] Eine trennscharfe Grenzziehung ist hierbei folglich nicht möglich. Praktisch unterliegt die Feststellung des notwendigen Grades der Austauschbarkeit somit einer Würdigung im Einzelfall und stellt keine objektiv messbare Größe dar. Dies ist im Interesse einer möglichst objektiven Feststellung der Marktgrenzen als zu subjektiv zu kritisieren. Aufgrund der oftmals fließenden Übergänge muss ebenso infrage gestellt werden, ob Orientierungshilfen, beispielsweise in Form von konkreten Prozentzahlen, tatsächlich sinnvoll wären.

bb) Bestimmung und Berücksichtigung der relevanten Marktgegenseite

Als Maßstab für die Beurteilungssichtweise der Nachfragesubstitution dient der durchschnittliche und vernünftig rationale Abnehmer des Produkts.[281] Trotz dieser juristisch greifbaren Definition bestehen bei der konkreten Umsetzung erhebliche Probleme. Das Problem, wie die relevante Marktgegenseite genau bestimmt werden soll, ohne das Ergebnis des Abgrenzungsvorgangs vorwegzunehmen und somit einen Zirkelschluss zu produzieren, bleibt ungelöst. Ebenfalls erscheint fraglich, wie die Ansicht der ermittelten Marktgegenseite in der Praxis Eingang in das Verfahren finden und entsprechend gewertet werden kann.[282]

(1) Bestimmung der Marktgegenseite

Die entscheidende Vergleichsgruppe sollen die Abnehmer eines Produkts sein. Diese lassen sich durch Feststellung der konkreten Austauschbeziehungen ermitteln, sofern hierüber Daten erhoben werden. Deutlich schwieriger zu ermitteln sind hingegen die lediglich potenziellen Abnehmer eines Produkts. Auch von diesem Abnehmerpotenzial geht eine disziplinierende Wirkung auf den Handlungsspielraum von Unternehmen aus, sodass eine Berücksichtigung erfolgen muss. Die Schwierigkeiten bestehen vor allem darin, diejenigen Produkte zu ermitteln, welche gegenwärtig als Austausch für das relevante Produkt abgenommen werden, ohne durch die Auswahl eine zu enge Grenze zu ziehen. Bei der Bestimmung der relevanten Marktgegenseite gilt es, einen Zirkelschluss zu vermeiden.[283] Wie eine bestimmte Marktabgrenzung die materiell-rechtliche Prüfung vorbestimmt, kann zudem die Ermittlung der relevanten Nachfragegruppe die Marktabgrenzung erheblich beeinflussen. In jedem Fall darf bei der Bestimmung nicht vom vermeintlichen Markt, den es erst noch abzugrenzen gilt, auf mögliche Abnehmer geschlossen werden.[284]

---

279 Emmerich, § 9, Rn. 11.
280 MüKo/*Füller*, Band I, Einl. Teil D, Rn. 1053, 1058.
281 Schulte/Just, § 19 GWB, Rn. 26.
282 Vgl. dazu insgesamt auch Theilmann, 25ff.
283 So auch Bechtold, in: FS v. Gamm, 537, 540, der von einer „petitio principii" spricht
284 Bechtold, in: FS v. Gamm, 537, 543.

(2) Ermittlung der Abnehmeransicht

Eine viel entscheidendere Rolle spielt darüber hinaus die konkrete Ermittlung der Abnehmeransicht. Zu Recht wird kritisiert, dass die tatsächliche Verbraucheransicht oftmals gar nicht oder nur unzureichend ermittelt wird. Stattdessen werde auf behördliche oder gerichtliche Wertungen zurückgegriffen, die einer tatsächlichen Ermittlung der Wettbewerbsumstände vorgezogen werden.[285] Dadurch wird der notwendige Vorgang der objektiven Tatsachenermittlung zu einem rein subjektiven Wertungsvorgang und verliert an Aussagekraft.[286] Im Gegensatz zum Lauterkeitsrecht, wo die entscheidungsbefugten Personen auch als Adressaten der Werbung fungieren, kommt es im Kartellrecht, und insbesondere bei der Fusionskontrolle, notwendigerweise zu Konstellationen, bei denen eigene Sachkunde die konkrete Ermittlung der Umstände nicht ersetzen kann.[287]

Es ist deshalb ein objektiver Maßstab anzulegen. Unter Zugrundelegung des Ziels einer sachgerechten und effizienten Fusionskontrolle dürfen subjektive Empfindungen nicht berücksichtigt werden. So kann es bei der Frage der Austauschbarkeit innerhalb eines Verfahrens denklogisch keine zwei unterschiedlichen Ergebnisse geben, sofern dies nicht durch wesentliche Änderungen der Wettbewerbsverhältnisse begründbar ist.[288] Ein objektiver Maßstab bedeutet dabei jedoch keinesfalls, dass tatsächliche Austauschvorgänge seitens der Abnehmer rational und logisch begründet sein müssen. Entscheidend ist, dass der wettbewerbliche Handlungsspielraum des Anbieters begrenzt wird.

Insgesamt gesehen sollte bei der Ermittlung der relevanten Verkehrsansicht ein deutlich objektiveres Verfahren gewählt werden. Denkbare Mittel sind die stärkere Einbindung von umfassenden Verkehrsbefragungen[289] sowie der Rückgriff auf objektivere Erkenntnisse aus der Marktforschung[290]. Der damit einhergehende Aufwand ist vor dem Hintergrund einer sachgerechten und effizienten Fusionskontrolle mit der erzielbaren Qualität der Entscheidungen leicht zu begründen.

(3) Grad der Übereinstimmung

Als Folgeproblem der Bestimmung der relevanten Nachfrager und der Ermittlung der Austauschbarkeit schließt sich der Umgang mit divergierenden Ansichten innerhalb dieser Gruppe an. Insbesondere bei heterogenen Abnehmergruppen wird es nur selten zu gleichförmigen Austauschprozessen kommen. Hierbei ist ebenso wie bei der Frage nach dem notwendigen Grad der Austauschbarkeit eine Quantifizierung der Abnehmergruppe notwendig.[291]

285 Fischötter, in: FS Pfeiffer, 627, 627; Baum, WuW 1980, 401, 402.
286 Sandrock, in: FS Kummer, 449, 470f.
287 Vgl. Fischötter, in: FS Pfeiffer, 627, 630f.
288 Vgl. Fischötter, in: FS Pfeiffer, 627, 627f.
289 Fischötter, in: FS Pfeiffer, 627, 639; Theilmann. S. 285ff.
290 Sandrock, in: FS Kummer, 449, 470ff.
291 Vgl. Bechtold, in: FS v. Gamm, 537, 539.

Als mögliche Reaktion darauf wird im Ansatz zu Recht eine Begrenzung auf die Mehrheit der Abnehmer gefordert.[292] Fraglich ist jedoch, ob insoweit überhaupt eine Mehrheit erforderlich ist. Entscheidend ist vielmehr die effektive Begrenzung von Handlungsspielräumen, sodass unter Umständen auch geringere Mengen ausreichend sein können. Dementsprechend muss lediglich ein wettbewerbsrelevanter Anteil der Abnehmer zwei Produkte für hinreichend austauschbar halten.

(4) Zwischenfazit

Insgesamt gesehen bestehen bei der Ermittlung, Berücksichtigung und Wertung der relevanten Abnehmeransicht erhebliche Schwierigkeiten. Auch wenn diese sich wohl nur selten unmittelbar auf das praktische Ergebnis eines Fusionskontrollverfahrens auswirken, so muss dennoch beachtet werden, dass die Konzeption an sich fehleranfällig ist und in vielen Bereichen Grund zur Kritik gibt.[293]

cc) Modifikation durch die produktbezogene Angebotsumstellungsflexibilität

Die ausnahmslose Fokussierung auf die Nachfragesubstituierbarkeit führt im Regelfall jedoch zu Märkten, die durch einen zu engen Zuschnitt nicht immer die Wettbewerbsrealität widerspiegeln. Aus diesem Grund wird das Bedarfsmarktkonzept durch die ergänzende Prüfung der Produktionsumstellungsflexibilität bzw. Angebotssubstituierbarkeit ergänzt. Hierbei sind an sich heterogene Güter bei der Marktabgrenzung eines Angebotsmarktes zu berücksichtigen, wenn ein Anbieter kurzfristig, mit ökonomisch haltbarem Aufwand und ohne wesentliche Risiken sein Sortiment auf direkte Konkurrenzprodukte umstellen kann.[294] Die Angebotsumstellungsflexibilität ist hingegen kein Gradmesser für die aktuellen Wettbewerbsverhältnisse, sondern fungiert lediglich als ein Indikator für potenziellen, zukünftigen Wettbewerb.[295]

Eine Untersuchung der Angebotsumstellungsflexibilität kann bei einer Vielzahl von heterogenen, aber marktnahen Produkten wie im Fall der Werbemärkte von Bedeutung sein. Wie die rechtliche Beurteilung gezeigt hat, besteht eine der großen Gefahren für den Wettbewerb insbesondere in der Verlagerung von Marktmacht auf benachbarte Märkte.[296] Bei der Beurteilung der Umstellungsflexibilität muss ergänzend das regulative Umfeld der Medienbranche, das zum Teil auf staatlichen Genehmigungsprozessen beruht, ins Auge gefasst werden. So kann die Umstellung in die eine Richtung mitunter möglich sein, während beispielsweise der Eintritt in

---

292 Fischötter, in: FS Pfeiffer, 627, 635.

293 So im Ergebnis auch Bechtold, in: FS v. Gamm, 537, 545; Vgl. zur Kritik auch: Lademann/Lange, WuW 2010, 387, 395; Baum WuW 1980, 401, 402.

294 Vgl. Kommission, Bekanntmachung der Kommission zur Definition des relevanten Marktes im Sinne des Wettbewerbsrecht der Gemeinschaft, Abl. EG 1997 C 372/03, Rn. 20f; MüKo/*Füller*, Band I, Einl. Teil D, Rn. 1064 m.w.N; Wiedemann/*Wagemann*, § 16, Rn. 30.

295 MüKo/*Füller*, Band I, Einl. Teil D, Rn. 1063.

296 Vgl. oben 2. Teil C. III. 2.

den Fernsehwerbemarkt bereits aus regulativen Gründen schwieriger und nicht kurzfristig möglich ist.

Aus diesen Gründen gilt es, das Kriterium der Angebotsumstellungsflexibilität an späterer Stelle konkret für die Werbemärkte zu untersuchen.

dd) Modifikationen durch den „more economic approach"

Unter dem oft in der Literatur als Schlagwort verwendeten „more economic approach" lässt sich vereinfacht die Frage nach der Notwendigkeit einer vermehrten Berücksichtigung ökonomischer Erkenntnisverfahren für die Marktabgrenzungspraxis formulieren. Ungeachtet der wettbewerbstheoretischen Problematik einer am Leitbild der Effizienz orientierten Wettbewerbspolitik, hat sich dieser aus dem US-amerikanischen Recht stammende Ansatz der Berücksichtigung ökonometrischer Verfahren sowohl in der europäischen als auch in der deutschen Praxis etabliert.[297]

Dabei wird vor allem durch die EU-Kommission auf die Berechnung von sogenannten Kreuzpreiselastizitäten zurückgegriffen.[298] Hierbei wird untersucht, inwiefern Nachfrager auf ein anderes Produkt ausweichen, wenn sich der Preis für das eigentlich nachgefragte Produkt um wenige Prozentpunkte erhöht. Sofern es zu einem Ausweichverhalten kommt, stehen die beiden Produkte in einer engen Wettbewerbsbeziehung zueinander und gehören somit dem gleichen sachlichen Markt an.[299]

Dieses Konzept wird ebenfalls unter ökonomischen Gesichtspunkten kritisch betrachtet.[300] Aufgrund der Bestimmung der relevanten Güter besteht auch hier die Gefahr eines Zirkelschlusses.[301] Des Weiteren werden auch die Werte der hypothetischen Preiserhöhung als mitunter willkürlich bezeichnet.[302] Letztlich verliert die Berechnung der Kreuzpreiselastizität zudem an Aussagekraft, wenn der Preis eines Produkts von eher untergeordneter Bedeutung für die Kaufentscheidung ist[303] oder über dem Wettbewerbspreis liegt[304]. Daneben erfordert die Berechnung von

297 Kommission, Bekanntmachung der Kommission zur Definition des relevanten Marktes im Sinne des Wettbewerbsrecht der Gemeinschaft, Abl. EG 1997 C 372/03, Rn. 39.

298 Vgl. zu sonstigen Berechnungsmöglichkeiten: Schmidt/Haucap, S. 63ff.; Hildebrand, WuW 2005, 513, 514.

299 Kommission, Bekanntmachung der Kommission zur Definition des relevanten Marktes im Sinne des Wettbewerbsrecht der Gemeinschaft, Abl. EG 1997 C 372/03, Rn. 39.

300 Zusammenfassend zur Kritik: Klappstein, in: FS Beuthien, 459, 462f.; MüKo/*Füller*, Band I, Einl. Teil D, Rn. 1046ff.

301 MüKo/*Füller*, Band I, Einl. Teil D, Rn. 1047.

302 MüKo/*Füller*, Band I, Einl. Teil D, Rn. 1047.

303 Vgl. MüKo/*Füller*, Band I, Einl. Teil D, Rn. 1048, m.w.N.

304 Vgl. „cellophane fallacy"-Problem, dazu bspw. Emmerich, in: FS Oberender, 61, 64; Zimmer, in: FS Huber, 1173, 1176; MüKo/*Füller*, Band I, Einl. Teil D, Rn. 1048.

Kreuzpreiselastizitäten umfangreiches Datenmaterial, welches oftmals nur schwierig zu ermitteln ist.[305]

Auch wenn sich einige der angesprochenen Kritikpunkte auflösen lassen, ist die praktische Bedeutung von ökonomischen Methoden in diesem Zusammenhang immer noch vergleichsweise übersichtlich.[306] Trotz des Zurückgreifens auf entsprechende Berechnungen, kann längst nicht von einem Standard bei der Marktabgrenzung gesprochen werden. Dabei können ökonomische Methoden ungeachtet der dargelegten Schwachstellen einen nicht unerheblichen Beitrag für eine objektive und effiziente Kontrolle leisten, sodass ein stärkere Einbindung dieser Methoden wünschenswert, wenn nicht sogar zwingend erscheint.[307]

b) Abschließende Konzeptionsbewertung

Die nähere Betrachtung der konzeptionellen Grundlagen des Bedarfsmarktkonzeptes hat gezeigt, dass heutzutage kaum noch von einer einheitlichen Konzeption gesprochen werden kann. Als Reaktion auf unterschiedliche Probleme sind zahlreiche Facetten hinzugefügt worden, die die Abgrenzung des relevanten Produktmarktes erleichtern sollen. Umso mehr hat dies zur Folge, dass das Bedarfsmarktkonzept in seiner heutigen Form einen „Flickenteppich" der verschiedensten theoretischen Ansätze darstellt.

Die Frage, die es letztlich zu beantworten gilt, ist, ob die Marktabgrenzung lediglich als reiner Wertungsvorgang betrachtet wird oder ob stattdessen ein auf objektiv feststellbaren Tatsachen beruhendes Verfahren vorzuziehen ist. Gegenwärtig wird oftmals lediglich auf Wertungen zurückgegriffen, ohne die teils komplexen Zusammenhänge umfassend zu erfassen. So kann es vor allem in der praktischen Anwendung zu Zirkelschlüssen kommen, die der Ermittlung sachgerechter Ergebnisse im Wege stehen.[308] Dies erschwert insbesondere die Vorhersehbarkeit der Ergebnisse und wirkt sich somit unmittelbar negativ auf die Rechtssicherheit aus. Letztlich muss der Maßstab immer eine möglichst objektive und genaue Widerspiegelung der realen Wettbewerbsverhältnisse sein. In dieser Form kann die Marktabgrenzung nur eine abstrakte Annäherung an die tatsächlich betroffenen Märkte und Wettbewerbsverhältnisse darstellen.[309] Vor diesem Hintergrund stellt sich zu Recht die Frage, ob insbesondere auf Basis der neuen Rechtslage nach der 8. GWB-Novelle nicht gänzlich auf eine derartige theoretisch anfällige Marktabgrenzung verzichtet werden sollte.[310] Weniger zielführend sind hingegen Ansätze, die die Probleme der

---

305 Emmerich, in: FS Oberender, 61, 64.

306 Vgl. zur Anwendungspraxis MüKo/*Füller*, Band I, Einl. Teil D, Rn. 1046.

307 Hildebrand, WuW 2005, 513, 514.

308 So auch Klappstein, in: FS Beuthien, 459, 462.

309 Immenga/Mestmäcker/*Thomas*, Band II, § 36 GWB, Rn. 117.

310 In Teilen ebenso Bechtold, in: FS v. Gamm, 537, 543.

Marktabgrenzung ohne Wettbewerbsbezug mittels juristischer Methoden der Begriffsbestimmung zu lösen versuchen.[311]

2. *SSNIP-Test*

Neben dem Bedarfsmarktkonzept und seinen Modifikationen wird auf europäischer Ebene zur Bestimmung des relevanten Marktes auf den SSNIP-Test („small but significant non-transitory increase in price") zurückgegriffen.[312] Dieses auch als „hypothetischer Monopoltest" bezeichnete Verfahren bewertet dabei ebenso wie das Bedarfsmarktkonzept die Nachfragesubstitution. Dies erfolgt anhand der Ausweichreaktion von Abnehmern auf eine hypothetische Preiserhöhung zwischen 5 bis 10 Prozent.[313] Dabei zählen alle Produkte zu einem Markt, auf welche die Abnehmer bei einer solchen Preiserhöhung ausweichen würden, und die somit den Preiserhöhungsspielraum des Anbieters aus wettbewerblicher Sicht begrenzen. Kann die Preiserhöhung am Markt hingegen durchgesetzt werden, ist der Handlungsspielraum nicht mehr begrenzt und der Markt abschließend umgrenzt.[314] Der SSNIP-Test stellt somit die methodische Umsetzung der Berechnung von Kreuzpreiselastizitäten dar.

Die Unterschiede zum Bedarfsmarktkonzept bestehen weniger in dem Betrachtungsgegenstand als vielmehr in der tatsächlichen Methodik. Anders als beim Bedarfsmarktkonzept wird nicht auf die Ansicht der Marktgegenseite, sondern auf Datenmaterial zurückgegriffen und somit ein objektiviertes Ergebnis erzielt.[315] Der hypothetische Monopoltest verknüpft die Verwendung von Kreuzpreiselastizitäten unmittelbar mit der Reaktion der Abnehmer. In dieser Form tritt das Verfahren neben die bereits dargestellten Möglichkeiten und ergänzt diese, ohne jedoch eine gänzlich andere Herangehensweise darzustellen.[316] Dabei können die gleichen Bedenken wie bei der Berechnung von Kreuzpreiselastizitäten angebracht werden.[317] In der Praxis kommt es daher nur selten zu einer umfassenden Aufarbeitung der

---

311 So aber bspw. Klappstein, in: FS Beuthien, 459, 463ff.

312 Kommission, Bekanntmachung der Kommission zur Definition des relevanten Marktes im Sinne des Wettbewerbsrecht der Gemeinschaft, Abl. EG 1997 C 372/03, Rn. 15ff.

313 Kommission, Bekanntmachung der Kommission zur Definition des relevanten Marktes im Sinne des Wettbewerbsrecht der Gemeinschaft, Abl. EG 1997 C 372/03, Rn. 17.

314 MüKo/*Montag/v. Bonin*, Band I, Art. 2 FKVO, Rn. 85; anschaulich mit Beispiel: Klein, WuW 2010, 169, 171ff.

315 Emmerich, in: FS Oberender, 61, 64.

316 MüKo/*Montag/v. Bonin*, Band I, Art. 2 FKVO, Rn. 87; a.A.: Klein, WuW 2010, 169, 173ff.

317 Vgl. dazu oben 2. Teil D. 1. a) dd).

Wettbewerbsverhältnisse auf Basis des SSNIP-Tests.[318] Stattdessen wird auf die feststellbaren Verhältnisse und objektiven Umstände abgestellt.[319]

3. Konzept der Wirtschaftspläne

Einen weiteren Ansatz zur Abgrenzung sachlich relevanter Märkte, der in jüngerer Zeit wieder vermehrt durch die Literatur befürwortet wird, stellt das Konzept der Wirtschaftspläne dar.[320] Hierbei wird im Gegensatz zum Bedarfsmarktkonzept nicht auf die Perspektive der Nachfrager, sondern vielmehr auf die Sichtweise der am Markt agierenden Unternehmen abgestellt.[321]

Dem Konzept der Wirtschaftspläne liegt die These zugrunde, dass zur Beurteilung der tatsächlichen Wettbewerbsverhältnisse der von Unternehmen empfundene Wettbewerbsdruck als ausschlaggebender Parameter herangezogen werden sollte.[322] Demnach umfasst der kartellrechtlich relevante Produktmarkt diejenigen Produkte, bei denen sich ein Unternehmen subjektiv einem Wettbewerbsdruck durch andere konkurrierende Unternehmen ausgesetzt fühlt und dieses deshalb bei seinem eigenen Marktverhalten entsprechend berücksichtigt.[323] Ein solcher Markt ist folglich immer der Ausdruck eines individuell empfundenen Wettbewerbsverhältnisses oder eines konkreten Plans.[324]

Diese subjektive Prägung wird damit begründet, dass die Unternehmen selbst als unmittelbar betroffene Akteure die realen Marktverhältnisse wesentlich besser einschätzen könnten als Außenstehende. Erkenntnisse sowohl über aktuellen als auch zukünftigen potenziellen Wettbewerb würden durch die unmittelbare Stellung auf dem Markt zuerst hier gewonnen und darauf in eigenen strategischen Überlegungen umgesetzt.[325] Ausdruck dieser unternehmerischen Entscheidung sei unter anderem die nach außen erkennbare Marketingstrategie eines Unternehmens.[326]

Inhaltlich handelt es sich beim Wirtschaftsplankonzept letztlich ebenfalls um ein Substitutionskonzept, das die Nachfragesubstitution und die Angebotsumstellungsflexibilität miteinander vereint.[327] Von Vertretern des Wirtschaftsplankonzepts wird über die größere Nähe zum Markt hinaus die Zukunftsbezogenheit der Wirtschaftspläne

---

318 Vgl. Emmerich, in: FS Oberender, 61, 64.
319 MüKo/*Montag/v. Bonin*, Band I, Art. 2 FKVO, Rn. 88.
320 Vgl. Säcker, ZWeR, 2004, 1; Golz, S. 10ff.; zumindest für bestimmte Fallkonstellationen: Emmerich, in: FS Oberender, 61, 64f.
321 Vgl. MüKo/*Füller*, Band I, Einl. Teil D, Rn. 1042f.
322 Säcker, ZWeR 2004, 1, 6.
323 Säcker, ZWeR 2004, 1, 14.
324 Vgl. MüKo/*Füller*, Band I, Einl. Teil D, Rn. 1042f.
325 Golz, S. 10; Säcker, ZWeR 2004, 1, 17.
326 Säcker, ZWeR, 2004, 1, 25.
327 Golz, S. 10f.

insbesondere in Bezug auf den ebenfalls präventiv angelegten Schutzzweck der Fusionskontrolle hervorgehoben.[328]

Die vermeintlich vorteilhafte Subjektivität der Marktabgrenzung nach dem Wirtschaftsplankonzept wird von der Gegenansicht als ihr wesentlicher Nachteil empfunden.[329] Ungeachtet der theoretischen Missbrauchsmöglichkeit sei ökonomisches Unternehmenshandeln selbst bei gleichen Zielen im Regelfall variabel und gerade bei komplexeren wirtschaftlichen Zusammenhängen lediglich eine Wette auf zukünftige Marktentwicklungen. Dabei bestehe immer das Risiko fehlerhafter Annahmen. Letztlich führe ein stark subjektiv geprägter Ansatz somit zu einem weiteren Verlust an Rechtssicherheit.[330] Hierin könne der Grund gesehen werden, warum das „Konzept der Wirtschaftspläne" weder in der deutschen noch in der europäischen Praxis wesentliche Bedeutung erlangt hat.[331] Insbesondere im Bereich der Werbemärkte, bei denen das Bedarfsmarktkonzept zu scheitern droht, kann das Konzept der Wirtschaftspläne unter Umständen, wenn es schon keine gangbare Alternative darstellt, zumindest relevante Denkanstöße liefern.[332]

III. Die räumliche und zeitliche Marktabgrenzung

Von ebenso wichtiger Bedeutung wie die Bestimmung des sachlich relevanten Marktes ist die Abgrenzung des räumlichen Marktes. Für die Abgrenzung ist ebenso auf die funktionelle Austauschbarkeit aus der Perspektive der Nachfrager abzustellen wie bei der sachlichen Marktabgrenzung.[333] Dieser Markt umschreibt daher das räumliche Gebiet oder die Region, in der Unternehmen mit sachlich austauschbaren Gütern gemeinsam tätig sind. Entscheidend sind somit die tatsächlichen räumlichen Substitutionsmöglichkeiten der Abnehmer.[334]

Im europäischen Rahmen umfasst der räumlich relevante Markt aufbauend auf Entscheidungen des EuGH das Gebiet, „in dem die beteiligten Unternehmen die relevanten Produkte oder Dienstleistungen anbieten, in dem die Wettbewerbsbedingungen hinreichend homogen sind und das sich von benachbarten Gebieten durch spürbar unterschiedliche Wettbewerbsbedingungen unterscheidet".[335] Der sich so ergebende räumlich relevante Markt grenzt sich gegenüber angrenzenden Märkten durch homogene rechtliche und tatsächliche Wettbewerbsbedingungen ab.

---

328 Golz. S. 11; Säcker, ZWeR, 2004, 1, 26.

329 Ewald, ZWeR 2004, 512, 540; Immenga/Mestmäcker/*Thomas*, Band II, § 36 GWB, Rn. 104.

330 Ewald, ZWeR 2004, 512, 540f.

331 Säcker, ZWeR 2004, 1, 25.

332 Vgl. unten 4. Teil A. II.

333 Emmerich, § 27, Rn. 25.

334 Emmerich, § 27, Rn. 25 m.w.N.

335 Kommission, Bekanntmachung der Kommission zur Definition des relevanten Marktes im Sinne des Wettbewerbsrecht der Gemeinschaft, Abl. EG 1997 C 372/03, Rn. 8; Vgl. auch die nahezu übereinstimmende Formulierung in Art. 9 Abs. 7 S. 1 FKVO.

Zu einem gemeinsamen räumlichen Markt gehören somit nur die Unternehmen, die unter im Wesentlichen gleichen Wettbewerbsbedingungen tätig werden können. Dieses Marktverständnis wurde auch vom Bundeskartellamt aufgenommen und im deutschen Recht implementiert.[336]

Aufgrund der vergleichbaren Vorgehensweise wie bei der Bestimmung des sachlichen Produktmarktes, bestehen auch im Rahmen der räumlichen Marktabgrenzung grundlegende theoretische Bedenken.[337]

Auch wenn sich die hier aufgeworfene Frage der inter- und intramedialen Austauschbarkeit vornehmlich auf die sachliche Abgrenzung des Marktes bezieht, können Fragen der räumlichen Marktabgrenzung bei Medien wie dem Fernsehen oder dem Internet von Bedeutung sein. Diese Werbeträger sind aufgrund ihrer technischen Ausgestaltung grenzübergreifend nutzbar und unterliegen folglich einer eigenen Dynamik, die es zumindest am Rande zu berücksichtigen gilt. Von der Entscheidungspraxis werden die Marktgrenzen für den Bereich der Werbemärkte in abnehmerbezogenen Faktoren, wie einer unterschiedlichen Sprache und Kultur und daraus folgenden Vorlieben, oder einer abweichenden rechtlichen Regulierung gesehen.[338]

Von wesentlich geringerem praktischen Gewicht ist hingegen der relevante Markt in zeitlicher Hinsicht.[339] Über die konkrete Bedeutung des Begriffs herrscht in der Literatur Uneinigkeit, wobei der Bedeutungsschwerpunkt eher im zeitlichen Gleichlauf von Markt und Marktbeherrschung als bei der konkreten Abgrenzung des Marktes zu sehen ist.[340] Vereinzelt wird in der Praxis auf diese Form der Abgrenzung im Rahmen von bloß vorübergehenden d. h. temporären Angeboten oder Veranstaltungen zurückgegriffen.[341] Zutreffenderweise wird diese zeitliche Abgrenzung vornehmlich als ein Problem des sachlich relevanten Marktes angesehen, da zeitlich inkongruente Angebote nur schwerlich den gleichen Bedarf decken können und somit sachlich nicht austauschbar sind.[342] Für den Bereich der Werbemärkte kann der Abgrenzung des zeitlich relevanten Marktes unter Umständen dann eine Bedeutung zukommen, wenn zeitlich begrenzte Veranstaltungen wie beispielsweise bestimmte Sportveranstaltungen einmalige, nicht wiederkehrende Werbemöglichkeiten im Rahmen der Übertragung bieten. Hierbei ist auch eine Berücksichtigung auf der sachlichen Produktebene denkbar und möglich.

---

336 Emmerich, § 27, Rn. 26 m.w.N.

337 Vgl. Bechtold, in: FS v. Gamm, 537, 542; Rehbinder, in: FS Mestmäcker, 373, 377ff.

338 Vgl. bspw. Kommission, Entsch. v. 18.2.2010, COMP/M. 5727 – Microsoft/Yahoo! Search Business, Rn. 88ff.

339 Bechtold, § 18 GWB, Rn. 28.

340 von der Groeben/Schwarze/*Schröter*, Art. 82 EG, Rn. 155.

341 Insoweit grundlegend BGHZ, 52, 65, 68 = NJW 1969, 1716, 1717 = GRUR, 1969, 629, 631; Vgl. m.w.N. Bechtold, § 18 GWB, Rn. 28.

342 So auch: Bechtold, § 18 GWB, Rn. 28; MüKo/*Füller*, Band I, Einl. Teil D, Rn. 1081f.

IV. Zusammenfassung

Die fusionsrechtliche Bewertung medienübergreifender Zusammenschlussvorhaben ist auch mit den allgemeinen und medienunspezifischen Regelungen möglich, welche insbesondere im Bereich der Pressefusionskontrolle durch Spezialregelungen ergänzt werden. Diese erhöhen im Regelfall lediglich die Kontrolldichte und haben mit Ausnahme der Sonderregelung zur Sanierungsfusion keinen Einfluss auf die materiell-rechtliche Bewertung.

Die größten Probleme bei der rechtlichen Betrachtung ergeben sich vor allem im Bereich der Marktabgrenzung. Unabhängig vom Untersuchungsgegenstand zeigen sich bereits in der theoretischen Konzeption erhebliche Schwachstellen, die zu einer Verfälschung der Ergebnisse führen können.[343] Zugespitzt wird in einer nicht sachgerechten Kontrolle auf Basis der gegenwärtigen Marktabgrenzungstheorie mitunter direkt ein Verfassungsverstoß gesehen.[344] Dabei stellt die Marktabgrenzung trotz fehlender Notwendigkeit bis heute die entscheidende Weichenstellung für die Beurteilung von Fusionsverfahren dar. Die Erarbeitung einer dennoch tragfähigen Entscheidungsgrundlage kann unter Umständen in der konzeptionsfreien Berücksichtigung aller aufgezeigten Umstände gefunden werden.[345] Die Alternative stellt ein marktabgrenzungsfreies Vorgehen dar, welches die Schritte der Abgrenzung des Marktes und die wettbewerbliche Bewertung vereint.

Insgesamt gilt es jedoch zu beachten, dass über die aufgezeigten grundlegenden Probleme hinaus durch den Untersuchungsgegenstand bedingte medienspezifische Problemfelder hinzukommen, die eine sachgerechte Marktabgrenzung zusätzlich erschweren.

343 Vgl. oben 2. Teil D. II. 1. a); zu konstruktivistischer Kritik an der Marktabgrenzung: Engel, in: FS Immenga, 127, 130ff.

344 Säcker, ZWeR 2004, 1, 25.

345 Bechtold, in: FS v. Gamm, 537, 545.

3. Teil: Die Abgrenzung des Werbemarktes im Zeichen der Konvergenz

Auf Basis der bisherigen Praxis stellt die Marktabgrenzung einen der wesentlichen Prüfungsschritte für die Beurteilung medienübergreifender Zusammenschlussvorhaben dar. Bei der Bestimmung des sachlich relevanten Werbemarktes wird seit den ersten Entscheidungen in diesem Bereich eine mediengattungsbezogene Praxis verfolgt, die die Markteinteilung im Wesentlichen nach der jeweiligen Mediengattung vornimmt. Diese Praxis basiert vornehmlich auf den bestehenden Darstellungs- und Wahrnehmungsunterschieden der unterschiedlichen Mediengattungen.

So reicht die Spannweite von den verschiedenen Formen der klassischen Printmedien über den Hörfunk und das Fernsehen bis hin zum Internet. Alle Medien weisen spezifische Besonderheiten auf und eignen sich deshalb, abhängig von den jeweiligen Umständen im Einzelfall, unterschiedlich gut für die Übermittlung einer Werbebotschaft und die Erreichung der Werbeziele.

Die werberelevanten Eigenschaften verdeutlichen die Konkurrenzbeziehung der einzelnen Mediengattungen zueinander, aber auch innerhalb einer Gattung. Seitens der Nachfrager nach Werberaum wird mittels einer Media- bzw. Werbeplanung versucht, die optimale Werbewirkung als Gesamtheit der werberelevanten Eigenschaften und Umstände zu erzielen.

Durch den fortschreitenden Medienwandel finden Annäherungsprozessen in vielen Bereichen der Medien- und Werbemärkte statt. Neue Mediengattungen wie das Internet machen hier Anpassungen erforderlich. In der Folge stellt sich die Frage, ob die traditionelle Abgrenzungspraxis noch den tatsächlichen Gegebenheiten entspricht und die Wettbewerbssituation der Online-Werbemärkte angemessen und sachgerecht widerspiegelt. Auf Basis einer genaueren Analyse der Auswahlprozesse, die zur Belegung von Werberaum führen, und der durch die Konvergenzprozesse angestoßenen Änderungen, ist die gegenwärtige Praxis sowohl im intramedialen Verhältnis innerhalb der Mediengattung als auch intermedial zwischen den unterschiedlichen Mediengattungen zu prüfen und kritisch zu hinterfragen.

Die Abgrenzung und Beurteilung des relevanten Marktes im Fusionskontrollverfahren soll im Gegensatz zum Marktmachtmissbrauchsverfahren keine Momentaufnahme der gegenwärtigen Wettbewerbssituation, sondern eine Prognose über die zukünftige Entwicklung darstellen. Dieser ohnehin schwierige Abschätzungsprozess wird weiter verschärft, wenn sich das Wettbewerbsumfeld in einem stetigen Wandel befindet. Hiervon ist die Medienlandschaft in besonderem Maße betroffen. So sorgen die fortschreitende Digitalisierung und die damit einhergehende technische Annäherung der Medien für ein stetiges Zusammenwachsen der einzelnen Medien. Diese Medienkonvergenz lässt die bekannten Grenzen zunehmend verschwimmen und wirkt sich letztlich auch auf die Abgrenzungspraxis aus.

A. Die Konvergenzentwicklung der Medienlandschaft

Durch die Veröffentlichung des ersten Grünbuchs zur Konvergenz[346] im Jahr 1997 hat die EU-Kommission den Begriff der Konvergenz in den Mittelpunkt der medienrechtlichen Diskussion gestellt. Der Begriff selbst umschreibt ursprünglich den technischen Annäherungsprozess der unterschiedlichen elektronischen Plattformen hinsichtlich der Übertragungstechnik und die damit einhergehende Angleichung im Bereich der Endgerätetechnologie.[347] Die Auswirkungen der Konvergenzentwicklung sind jedoch nicht auf den technischen Bereich beschränkt. Daneben lassen sich Annäherungstendenzen bei den einzelnen Medien ebenso wie beim Nutzungsverhalten der Rezipienten oder ganzen Wirtschaftssektoren feststellen.[348] Der Konvergenzprozess ist in vielen seiner Facetten Gegenstand von Analysen und Stellungnahmen in der Literatur gewesen. Gleichwohl fehlt es aber, soweit ersichtlich, an einer umfassenden Beurteilung der Folgen für die Marktabgrenzungspraxis.[349] Stattdessen stehen rundfunkrechtliche Vielfaltsgesichtspunkte im Vordergrund.[350]

I. Auswirkungen der Konvergenzentwicklung

1. Inhalte und Endgeräte

In der Medienbranche zeichnet sich die Konvergenzentwicklung vor allem durch eine stückweise Aufhebung der medialen Gattungsgrenzen und ein verstärktes Zusammenwachsen der einzelnen Medienarten aus. Dabei muss die klassische Trennung schon seit Längerem zunehmend infrage gestellt werden. Durch die fortschreitende Digitalisierung können Datenpakete für unterschiedliche Dienste und Angebote einheitlich übertragen, geräteunabhängig verarbeitet und in jeder gewünschten Darstellungsform bereitgestellt und letztlich auch konsumiert werden.[351]

Ausdruck dieser umfassenden Flexibilität ist das Internet. Dieses tritt nicht als eigenständiges neues Medium neben die klassischen Medien, sondern vereint als Hybrid alle bisher bekannten Darstellungsformen. Im Internet kann unproblematisch sowohl mit Mitteln der klassischen Printberichterstattung als auch mit fernsehtypischen Video- und Ton-Elementen gearbeitet werden. Nicht zu Unrecht umschreibt die EU-Kommission in ihrem zweiten Grünbuch zur Konvergenz[352] aus dem Jahr 2013 die Konvergenz „als fortschreitendes Zusammenwachsen herkömmlicher

---

346 Kommission, Grünbuch zur Konvergenz der Branchen Telekommunikation, Medien und Informationstechnologie und ihren ordnungspolitischen Auswirkungen, KOM (97), 623 endg.

347 Kommission, KOM (97), 623 endg., S. 1.

348 Vgl. Zagouras, S. 4f.; Rodenhausen, S. 18ff.

349 Eine Ausnahme bildet: Zagouras, S. 17ff.

350 Statt vieler: Brinkmann, ZUM 2013, 193, 200ff.; Blaue, ZUM 2005, 30, 33ff.

351 Körber, ZWeR 2009, 315, 322.

352 Kommission, Grünbuch über die Vorbereitung auf die vollständige Konvergenz der audiovisuellen Welt: Wachstum, Schöpfung und Werte, COM (2013) 231 final.

Rundfunkdienste mit dem Internet".[353] Nach dem Voranschreiten der Konvergenz der medialen Inhalte und Darstellungsformen steht zuletzt wieder verstärkt die Konvergenz der Endgeräte im Vordergrund. Das Internet ist über immer mehr verschiedenartige Endgeräte abrufbar. So bieten moderne Fernseher Zugangsmöglichkeiten zum Internet und treiben zusammen mit den universell nutzbaren Smartphones auch die Annäherung bei den Endgeräten voran.[354] Daneben können Inhalte mehrfach verwendet und Synergieeffekte genutzt werden.[355]

2. *Nutzungssituation*

Die Konvergenz führt dabei auch zu einer Anpassung der Nutzungssituation bei den jeweiligen Medien. Hinsichtlich des für Medien aufgewendeten Zeitbudgets zeigt sich in den letzten Jahren eine deutliche Erhöhung bei der Nutzungsdauer des Internets.[356] Anders als man vermuten könnte, geht damit jedoch kein statistisch signifikanter Rückgang der Nutzung anderer Mediengattungen einher. Deutliche Verwerfungen zeigen sich lediglich bei jüngeren Rezipienten. Abweichend vom Durchschnitt übersteigt die Nutzung des Internets hier deutlich die übrigen Medien.[357] Die zusätzliche Nutzung des Internets hat insoweit eine Zunahme der Gesamtnutzungszeit zur Folge. Dabei gilt es, zu beachten, dass es bezüglich des Fernsehens und Internets auch zu einer beachtlichen Parallelnutzung kommt.[358] Dies zeigt, dass sich die Konsumsituationen weiter annähern.

Gleichzeitig kommt es aufgrund der Zunahme von nichtlinearen Angeboten zu einer Individualisierung der Nutzungssituation. Die Rezipienten entscheiden selbst, wann und wo sie ein Medium nutzen und dessen Inhalte konsumieren wollen.[359] Insgesamt gesehen liegen beispielsweise die statistischen Werte der nichtlinearen Nutzung von Video-Angeboten trotz stetigen Wachstums noch deutlich hinter denen des linearen Fernsehangebots.[360]

3. *Wettbewerbssituation*

Die konvergenzbedingte Annäherung der Mediengattungen und die veränderten Konsumgewohnheiten führen auch zu einer Veränderung der Wettbewerbssituation für die betroffenen Unternehmen.

Durch die Annäherung der Darstellungsformen und den Wegfall der ursprünglichen Funktionszuweisungen verschwimmen die vormalig zwischen den Angeboten

353 Kommission, COM (2013) 231 final, S. 3.
354 Kommission, COM (2013) 231 final, S. 3f.
355 Vgl. zu den Synergieeffekten oben 2. Teil A. II.
356 van Eimeren/Frees, MP 2014, 378, 392.
357 van Eimeren/Frees, MP 2014, 378, 395; ZAW, Werbung 2014, S. 163.
358 Busemann/Tippelt, MP 2014, 408, 410f.
359 Rodenhausen, S. 23f.
360 Vgl. Frees, MP 2014, 417, 418.

der Mediengattungen bestehenden klaren Grenzen zunehmend. Klassische Print- und TV-Angebote sind einem steigenden Wettbewerbsdruck durch Online-Angebote ausgesetzt. Die Konvergenz führt hier zu einer Verschärfung der Situation, da bestehende Unterschiede und somit auch die Auswahlkriterien für Rezipienten mehr und mehr verwischen. Gleichzeitig sorgt die Innovationsdynamik des Internets auch für neue Angebotsformen, die als Alternativen neben die etablierten Medienangebote treten.[361] Dies erfordert von den klassischen Medien einen Anpassungsprozess, um im Wettbewerb bestehen zu können.

Aufgrund des Wegfalls von Kapazitätsbeschränkungen im Rundfunk und des freien Zugangs zum Internet kommt es aus wettbewerbsrechtlicher Sicht zu einem Absinken der Marktzutrittsschranken und somit zu einer potenziellen Vermehrung der Wettbewerber.[362] Existierten früher nur wenige Anbieter auf den jeweiligen Medienmärkten, so bietet heute beispielsweise das Digitalfernsehen neuen Anbietern deutlich mehr Möglichkeiten, sich auf dem Markt zu beweisen. Daneben besteht mit dem Internet eine universelle Plattform, die von jedem Anbieter für die Verbreitung seiner Angebote genutzt werden kann. Hierdurch werden die Konkurrenzbeziehungen unübersichtlicher und weniger vorhersehbar.

4. *Zwischenfazit*

Aus rechtlicher Sicht wirft der Konvergenzprozess bis heute die Frage auf, ob die technische und inhaltliche Vereinheitlichung nicht auch eine einheitliche rechtliche Betrachtungsweise nahelegt oder gegebenenfalls sogar erforderlich macht.[363] So hat es der Gesetzgeber bis heute verpasst, ein umfassendes Kontrollsystem zu schaffen und sich stattdessen für ein sektorspezifisches Stückwerk entschieden.[364] Dabei gilt es, die Auswirkungen der Konvergenzentwicklung auf die Werbemärkte und die Marktabgrenzungspraxis herauszuarbeiten und zu prüfen.

Insgesamt ist der Konvergenzprozess somit trotz eines zwischenzeitlich beklagten Stillstands weit vorangeschritten.[365] Mit dem Titel des zweiten Grünbuchs zur Konvergenz, „Vorbereitung auf die vollständige Konvergenz der audiovisuellen Welt“, umschreibt die EU-Kommission deshalb zutreffend ihre Erwartung an die zukünftige Entwicklung.

II. Konvergenz und Marktabgrenzungspraxis

Die aufgezeigten Auswirkungen des Konvergenzprozesses auf die Werbe- bzw. Mediaplanung wirken sich auch unmittelbar auf die Marktabgrenzungspraxis aus. Von entscheidender Bedeutung für die Abgrenzung ist dabei die inter- und intramediale

361 Vgl. oben 2. Teil B. III.
362 Dubberstein, NZKart 2013, 143, 143f.
363 So bspw.: Holznagel, NJW 2002, 2351, 2352f.; Hain, K&R 2006, 325, 327ff.
364 Vgl. Holznagel, NJW 2002, 2351, 2353; Holznagel, MMR 2014, 18, 20f.
365 Vgl. Holznagel, NJW 2002, 2351, 2352.

Austauschbarkeit der Werbeträger. Diese ist aus der Sicht der Abnehmer und somit der Mediaplanung anhand der spezifischen Produkteigenschaften und Verwendungsmöglichkeiten zu beantworten.

Als Unterscheidungskriterium spielen dabei medienimmanente Produkteigenschaften, wie beispielsweise die Gestaltungsmöglichkeiten, eine besondere Rolle. Daneben wirkt sich die Nutzungssituation eines Mediums unmittelbar auf die Werbewirkung und damit auch auf die Austauschbarkeit aus Sicht der Werbeplanung aus. Die bisherige Entscheidungspraxis beruht bis heute auf der klassischen Teilung und Funktionszuweisung der Medien.

Durch die Konvergenzentwicklung verschwimmen die ehemals klaren Grenzen jedoch zunehmend. Die einzelnen Mediengattungen wachsen vielmehr stückweise zusammen. Die Differenzierungskriterien verlieren dadurch an Bedeutung. Dies erhöht bis zu einem gewissen Maße die Austauschbarkeit der Medien hinsichtlich ihrer Eignung als Werbeträger im konkreten Einzelfall. Die Möglichkeit, einen Werbespot zu senden, ist heutzutage nicht mehr exklusiv dem Fernsehen vorbehalten. Es gilt daher, diesen Umstand auch bei der Abgrenzung des sachlich relevanten Produktmarktes zu berücksichtigen.

Vor dem Hintergrund der fortschreitenden Konvergenz wird die klassische Segmentierung in eindeutig zu unterscheidende Gattungsmärkte aufgebrochen. Die Abgrenzungspraxis muss hierauf eine Antwort finden, die sowohl den gegenwärtigen als auch den zukünftigen Umständen Rechnung trägt. Die Annäherung ist in manchen Bereichen deutlich weiter vorangeschritten als in anderen Bereichen. Die Beibehaltung der gegenwärtigen Grenzen erscheint zumindest vor diesem ambivalenten Hintergrund mehr als zweifelhaft. So verlieren die alten Abgrenzungskriterien wie die Darstellungsform zunehmend an argumentativem Gewicht.

Unter Berücksichtigung der von der EU-Kommission erwarteten „vollständigen Konvergenz“ muss sich auch zeigen, ob der Werbemarkt nicht zukünftig sogar als von den einzelnen Medien unabhängiger Gesamtwerbemarkt zu werten ist. Die vollständige Harmonisierung von Unterschieden bei den Werbeträgern muss zwangsweise auch zu Annäherungsprozessen auch bei der Marktabgrenzung führen.

B. Werbung in der Mediaplanung

Die gängige Marktabgrenzungspraxis ist bis heute produkt- bzw. dienstleistungsbezogen. Gegenstand von Märkten ist immer ein konkretes Produkt oder eine entsprechende Dienstleistung.[366] Dies ist im Grundsatz auch bei den Werbemärkten nicht anders. Zu Recht wird jedoch die Frage nach der Art und dem Umfang der konkret angebotenen Leistung gestellt.[367]

Oberflächlich betrachtet wird das Produkt „Werberaum“ als freie Werbefläche von Herausgebern oder Betreibern von Medien unterschiedlicher Art zur Verfügung

366 Vgl. oben 2. Teil D. II. 1. a).
367 So bspw. Kiefer/Steininger, S. 163.

gestellt. Werbekunden erwerben die Möglichkeit, ihre Anzeigen oder Videospots in dem entsprechenden Medium zu platzieren. Dieser Vorgang führt aus kartellrechtlicher Sicht dazu, dass die Bereitstellung von Werbemöglichkeiten innerhalb eines Mediums als Produkt greifbar wird. Eine hier endende Betrachtung greift jedoch deutlich zu kurz, da sich die angebotene Leistung nicht in der bloßen Bereitstellung von Werbeflächen erschöpft.

Eine wesentlich entscheidendere Bedeutung für Werbekunden hat das jeweilige Umfeld, in dem die Werbung platziert werden kann. So unterscheiden sich die einzelnen Medien beispielsweise hinsichtlich ihrer Reichweite oder der angesprochenen Zielgruppe. Je nach Gegenstand der Werbung können sich dabei unterschiedliche Medien als zielführend erweisen. Die Auswahl seitens der Werbekunden erfolgt daher auf Grundlage unterschiedlicher Zwecke oder Ziele. Als Leistung muss letztlich die Bereitstellung einer bestimmten Menge von Zielgruppenkontakten bzw. die bloße Chance auf diese Werbekontakte angesehen werden.[368] Dabei dürfen Merkmale wie die Darstellungsmöglichkeiten, aber ebenso die Kontaktsituation nicht außer Acht gelassen werden.[369]

Die Bestimmung des relevanten Produkts ist aufgrund der auswahlrelevanten Eigenschaften und der Kundenperspektive von unmittelbarer Bedeutung für die Marktabgrenzungspraxis. Zur Beantwortung der grundlegenden Austauschbarkeitsfrage ist somit sowohl eine nähere Betrachtung der produktspezifischen Eigenschaften als auch eine zweckbezogene Analyse der Funktion und Anwendungsbereiche notwendig. Hierbei zeigt sich, dass es sich bei Werbung bzw. Werberaum um ein hochdifferenziertes und variabel einsetzbares Produkt handelt, dessen bestmögliche Nutzung die Aufgabe ganzer Unternehmensabteilungen oder Mediaagenturen sein kann.

I. Bedeutung und Funktion von Werbung in Medien

1. Begrifflichkeit und Wesen

a) Werbung als Kommunikationsvorgang

Der Begriff Werbung umschreibt zunächst lediglich eine besondere Form der Kommunikation. Während unter Kommunikation allgemein die Übermittlung von Botschaften zwischen einem Sender und einem Empfänger verstanden wird, stellt Werbung im Speziellen die Übermittlung von Werbebotschaften dar.[370] Diese müssen dabei nicht zwingend einen wirtschaftlichen Hintergrund haben. Werbung als Oberbegriff ist demnach auch in der Politik oder in anderen Lebensbereichen denkbar.[371]

368 Korff-Sage, S. 125ff; Kiefer/Steininger, S. 163f.
369 Vgl. zu der Diskussion auch unten 4. Teil A. I. 1.
370 Kloss, S. 3.
371 Kloss, S. 7; zur Wortherkunft auch Schweiger/Schrattenecker, S. 1.

Unter betriebswirtschaftlichen Gesichtspunkten ist Werbung eine Form der Marktkommunikation und bietet eine Möglichkeit für Unternehmen, mit potenziellen Kunden in Kontakt zu treten.[372] Diese Kontaktaufnahme kann als sogenannte „Direktkommunikation" gezielt an einzelne Personen gerichtet sein oder als sogenannte „Massenkommunikation" einseitig eine unbestimmte Vielzahl von Personen ansprechen.[373] Als Teil der Kommunikationspolitik ist Werbung neben der Preis-, Produkt- und Distributionspolitik Bestandteil des sogenannten Marketing-Mix, der verwendet wird, um das unternehmerische Handeln anhand von Kundenwünschen zu optimieren.[374]

Charakteristisch für Werbung ist regelmäßig das Element der Beeinflussung. Dies wird insbesondere im Fall der Werbung für Produkte oder Dienstleistungen besonders deutlich. Es wird versucht, die Wahrnehmung und Einstellung der Empfänger des Kommunikationsinhaltes zu verändern.[375] Bei Werbung erfolgt diese Beeinflussung im Regelfall offen und ohne jedwede Form des Zwangs. Werbung muss folglich von der Manipulation abgegrenzt werden, bei der eine unerkannte und oft ungewollte Beeinflussung erfolgt. Dennoch besteht auch hier eine Grauzone mit unterschwelliger Werbung wie dem Product Placement, die nicht offen als solche erkennbar ist und auf diesem Weg versucht, ihre Ziele zu erreichen.[376]

Unter Bezugnahme auf die Art der Kommunikation lässt sich Werbung deshalb weitergehend in zwei grundlegende Bereiche unterteilen. Zum einen lassen sich solche Werbeformen abgrenzen, bei denen der Werbezweck offen zutage tritt und bei denen die Werbung vom Empfänger auch als solche wahrgenommen wird. Diese sogenannte „Werbung above the line", d. h. über der Wahrnehmungsschwelle, umfasst sowohl die klassische Werbung in den Medien als auch den Bereich der Öffentlichkeitsarbeit („public relations"). Im Gegensatz dazu liegt die sogenannte „Werbung below the line" regelmäßig unter der Wahrnehmungsschwelle und wird somit oftmals nicht unmittelbar als solche erkannt. Diese Form der Werbung umfasst vor allem Marketingaktivitäten wie Sponsoring oder Product Placement.[377]

b) Medien als Werbeträger

Insbesondere für das laienhafte Verständnis von Werbung prägend ist der Bereich der sogenannten „klassischen Werbung". Die Übermittlung des Kommunikationsinhalts erfolgt im Fall der klassischen Werbung durch Medien. Diese überbringen die Botschaft vom Sender zum Empfänger und dienen deswegen als Werbeträger.[378]

---

372 Schweiger/Schrattenecker, S. 6.
373 Kloss, S. 5; Schweiger/Schrattenecker, S. 8.
374 Meffert/Burmann/Kirchgeorg, S. 22.
375 Kloss, S. 6; Schweiger/Schrattenecker, S. 12.
376 Kloss, S. 6f; Schweiger/Schrattenecker, S. 126.
377 Vgl. zu der klassischen Untergliederung Kloss, S. 4f; Schweiger/Schrattenecker, S. 125f; Meffert/Burmann/Kirchgeorg, S. 586.
378 Kloss, S. 304.

Unter klassischer Werbung versteht man somit vereinfacht jeden kommunikativen Beeinflussungsprozess, der unter Verwendung von Massenkommunikationsmitteln gegen die Zahlung eines Entgeltes erfolgt.[379] Hierunter fallen beispielsweise Anzeigen in Printmedien oder Werbespots im Fernsehen. Aufgrund der Verwendung von Medien als Trägermittel wird die klassische Werbung oft auch als Mediawerbung bezeichnet.[380]

Der Begriff der Medien ist dabei jedoch keinesfalls abschließend. Ein genauer Begriffsinhalt lässt sich nur schwerlich abgrenzen, sodass der Begriff in vielen Fachrichtungen seit jeher Gegenstand von Diskussionen ist.[381] Eine eindeutige und abschließende Definition hat sich bis heute nicht durchgesetzt. Umstritten ist vor allem, ob das Internet überhaupt als Medium im eigentlichen Sinne angesehen werden kann oder lediglich eine Ansammlung verschiedener Medien und Kommunikationsformen ist.[382]

Für das heutige Begriffsverständnis prägend, aber keinesfalls abschließend, ist dabei die Einordnung der Medien als Kommunikationsmittel bzw. Träger der Informationen in der Lasswellschen Kommunikationsformel.[383] Hierauf gründet sich auch die Unterscheidung zwischen Medien zur Direktkommunikation und den sogenannten Massenmedien zur Ansprache einer unbestimmten Vielzahl von Personen. Gerade diese Massenmedien wie Zeitungen oder das Fernsehen stehen bildhaft für das heutige Begriffsverständnis.[384]

Die Komplexität des Begriffs erhöht sich auch dadurch, dass Medien heutzutage als institutionalisierte Strukturen mit anderweitigen zusätzlichen Funktionen abseits der Informationsübermittlung aufgefasst werden. Als gesellschaftliche Institutionen haben die Medien unter anderem die Aufgabe der politischen Meinungsbildung und der Kontrolle staatlicher Aktivitäten übernommen. Ihnen kommt durch die Bereitstellung von Informationen und der redaktionellen Aufarbeitung eine hervorgehobene Stellung in der Gesellschaft zu.[385]

Eine tiefergehende theoretische Auseinandersetzung mit dem Medienbegriff ist für die Zwecke einer medienkartellrechtlichen Untersuchung aber nicht erforderlich. Hinsichtlich der kartellrechtlichen Marktabgrenzung steht die konkrete Leistung und somit die Möglichkeit der Übermittlung von Werbebotschaften im Vordergrund. Dementsprechend kann der Begriff des Mediums hier als weitestgehend synonym mit dem des klassischen Werbeträgers verstanden werden. Von

---

379 Schweiger/Schrattenecker, S. 126.
380 Schweiger/Schrattenecker, S. 126.
381 Vgl. zu der Entwicklung des Begriffs: Kiefer/Steininger, S. 15ff.; Fechner, 1. Kapitel, Rn. 2. Beck, S. 1ff.
382 Zu der Diskussion bspw.: Kiefer/Steininger, S. 16f. m.w.N.
383 Vgl. hierzu weiterführend: Meffert/Burmann/Kirchgeorg, S. 570 m.w.N.; Kloss, S. 12.
384 Schweiger/Schrattenecker, S. 8f.
385 BVerfGE 12, 205, 260; umfassend dazu auch: Paal, S. 23ff. m.w.N.; Fechner, 1. Kapitel, Rn. 20f.; Beck, S. 44ff.

rechtlicher Relevanz sind somit nur jene Formen der Massenkommunikation, bei denen es zur Bereitstellung von Werberaum gegen Entgelt kommt.

2. *Funktion und Ziele von Werbung*

Die Ziele, die Werbetreibende mit dem Einsatz von Werbung verfolgen, sind vielfältig. Gerade für die Frage der Abgrenzbarkeit von Werbeformen bzw. -trägern zu- und untereinander sind diese Ziele von erheblicher Bedeutung. In Abhängigkeit von der Zielsetzung kann unter Umständen nicht jedes Medium eine optimale Zielerreichung garantieren. Aus der Sicht des Werbetreibenden sind die Medien demnach nicht ohne Weiteres austauschbar. Je nach Perspektive müssen für die Beteiligten des Kommunikationsvorgangs daher verschiedene Ziele und Funktionen unterschieden werden.

a) Für Werbetreibende

Aus der Sicht der Werbetreibenden stehen bei der Schaltung von Werbung in erster Linie rein ökonomische Motive im Vordergrund. Die Marktkommunikation dient dabei dem unternehmerischen Erfolg. Werbung soll dafür sorgen, dass der Absatz gesteigert wird, neue Marktanteile hinzugewonnen werden können oder sonstige Wettbewerbsvorteile entstehen.[386] Die Belegung von Werbeplätzen schlägt sich als Kostenfaktor in der Gewinnrechnung nieder und lässt sich wirtschaftlich nur rechtfertigen, wenn ein Werbeerfolg den Umsatz und mitunter auch den Gewinn steigert.[387]

Als problematisch erweist sich in der Werbewirkungsforschung die mangelnde Nachweisbarkeit einer individuellen kausalen Verknüpfung zwischen Werbemitteln und ihren ökonomischen Auswirkungen. Kaufentscheidungen von Konsumenten gestalten sich oftmals als zu komplex, um sie auf einzelne Werbemaßnahmen zurückführen zu können. Vielmehr handelt es sich häufig um ein Bündel unterschiedlicher Faktoren, die unter Umständen nicht in den Handlungsbereich von Werbetreibenden fallen.[388] Es bestehen somit erhebliche „Zurechnungsprobleme" bezüglich der Folgen von Werbemaßnahmen.[389] Aus diesem Grund ist ökonomischer Erfolg in der Kommunikationspolitik kein unmittelbar planbares Ziel und tritt als indirekte Folge eher in den Hintergrund der unmittelbaren Werbeplanung.[390]

Stattdessen stehen vielmehr kommunikative bzw. psychologische Ziele bei der Schaltung von Werbung im Vordergrund. Diese bieten im Gegensatz zu den multikausalen ökonomischen Folgen den Vorteil der besseren Nachprüfbarkeit und

386 Schweiger/Schrattenecker, S. 204; Kloss, S. 202; Unger/Fuchs/Michel, S. 4.
387 Kloss, S. 2f.
388 Kloss, S. 202.
389 Kroeber-Riel/Esch, S. 51ff.; Meffert/Burmann/Kirchgeorg, S. 571.
390 Kloss, S. 202f.

Zurechenbarkeit.[391] Ziel ist im Kern die möglichst effektive Beeinflussung von Einstellungen, die psychologisch gesehen hinter der angestrebten Verhaltensweise stehen.[392]

Die sich daraus ergebenden Ziele bzw. Zielkategorien werden in der Literatur im Wesentlichen auf die Bereiche Aktualität, Emotionalität und Information konkretisiert.[393] Ein Produkt kommt nur dann als Kaufalternative in Betracht, wenn es im Kundenkreis auch gegenwärtig bekannt ist. Unterscheiden sich verschiedene Güter hinsichtlich ihrer Eigenschaft kaum und erscheinen deshalb als austauschbar, kann die Emotionalisierung eines Produkts zu einer herausgehobenen Marktposition führen. Ebenso kann bei bestimmten Angeboten die Mitteilung von sachlichen Informationen zu einer rationalen Beurteilung des Produkts beitragen.[394] Diese Zielkategorien entsprechen somit Zielen wie Bekanntheitssteigerung, Imagebildung oder Differenzierung im Wettbewerb.[395] Aufbauend auf diese Zielkategorien werden in der Rechtsprechung beispielsweise Marken-/Imagewerbung und konkrete Angebotswerbung unterschieden.[396]

Betrachtet man die Möglichkeiten zur Differenzierung bestimmter Medien, so ist es offensichtlich, dass bestimmte Mediengattungen sich in ihrer Güte und Eignung hinsichtlich der Zielerreichung unterscheiden. So sind sachliche Zeitungen eher informativ, während sich beispielsweise das Fernsehen aufgrund der Bildsprache deutlich besser zum Aufbau eines Markenimages eignet. Werbeziele müssen daher zwingend als Ansatzpunkt für die Mediaselektion berücksichtigt werden.[397]

Bei der Frage nach der Austauschbarkeit von Werbeträgern muss auch beachtet werden, dass trotz vermeintlich gleicher oder ähnlicher Zielsetzung eine Divergenz hinsichtlich der nutzbaren Mediensegmente bestehen kann. Das Erreichen der gleichen Zielkategorien kann beispielsweise aufgrund von Besonderheiten des Produkts oder in der anvisierten Zielgruppe auf völlig unterschiedlichen, sich gegebenenfalls sogar ausschließenden Wegen erfolgen. Daher lässt sich aus einem bloßen Gleichlauf der Interessen und Ziele noch kein Rückschluss auf die individuelle Mediaplanung und demnach auch nicht für die Marktabgrenzung ziehen. Dieses hohe Maß an Individualität stellt die Marktabgrenzungspraxis vor dem Hintergrund der notwendigen Bestimmung der Abnehmerseite vor erhebliche Probleme.[398]

391 Kroeber-Riel/Esch, S. 55; Meffert/Burmann/Kirchgeorg, S. 571f.; Schweiger/Schrattenecker, S. 206.
392 Kroeber-Riel/Esch, S. 52f.
393 Kroeber-Riel/Esch, S. 55, Vgl. auch Meffert/Burmann/Kirchgeorg, S. 572.
394 Umfassend Kroeber-Riel/Esch, S. 57ff.
395 Meffert/Burmann/Kirchgeorg, S. 571f.; Kloss, S. 203f.
396 BKartA, B. v. 23.10.1981, B6-47/81 – Burda/Springer, WuW-E BKartA 1921, 1925.
397 Schweiger/Schrattenecker, S. 322.
398 Vgl. unten 4. Teil E. II.

b) Für Anbieter von Werberaum

Für die Anbieter von Werberaum stehen vor allem die Verdienstmöglichkeiten und somit die Finanzierungsfunktion von Werbung im Vordergrund.[399] Je nach Medium bestehen unterschiedliche Finanzierungsmodelle, die sich im Wesentlichen durch den Anteil der Werbefinanzierung unterscheiden. So gibt es neben der Mischfinanzierung, bei der zum einen der Umsatz mit dem Medium als solchem und zum anderen die Einkünfte aus der Werbung die Finanzierung sichern, auch die (fast) vollständige Werbefinanzierung wie im Bereich der kostenlosen Anzeigenblätter und des Privatfernsehens. Ebenfalls denkbar ist eine Finanzierung durch verpflichtende Rundfunkbeiträge seitens der Bevölkerung wie beim öffentlich-rechtlichen Rundfunk in Deutschland.[400] Insgesamt fehlt es bis heute an tragfähigen Alternativen zur Werbefinanzierung von Medien.[401]

Während der Werbefinanzierung oftmals die Gefahr einer publizistischen Abhängigkeit nachgesagt wird, kann man ihr zumindest mittelbar eine Schutzfunktion hinsichtlich redaktionell-publizistischer Inhalte zusprechen.[402] Die Werbefinanzierung ermöglicht die Existenz einer Vielzahl von Angeboten, die unter anderen Umständen mangels Finanzierungsalternativen am Markt nicht bestehen könnten. Werbung ermöglicht somit in gewisser Weise Medien- und Meinungsvielfalt.

c) Für Rezipienten von Werbung

Die primäre Aufgabe von Werbung aus Sicht der Adressaten ist die Bereitstellung von Informationen. Sie besitzt demzufolge eine Informationsfunktion.[403] Werbung kann dabei überhaupt erst eine Wirkung entfalten, weil ein Bedürfnis nach Information besteht. Durch sie wird der Adressat über neue Produkte, besondere Eigenschaften dieser Produkte oder den Preis informiert. Der Konsum von Werbung kann somit das Informationsbedürfnis der Adressaten befriedigen und beispielsweise den Vergleich von Produkten oder Angeboten ermöglichen.[404]

Neben der Informationsfunktion bestehen weitere weniger offensichtliche Funktionalitäten von Werbung. So kann interessant gestaltete Werbung für den Rezipienten beispielsweise eine zeitweilige Unterhaltungsfunktion erfüllen.[405] Daneben übermittelt Werbung unter Umständen auch ein Spiegelbild der Gesellschaft und dient durch die Vielzahl an Marken und Symbolen als Orientierung im Alltag. Werbung und das dadurch vermittelte Markenimage können folglich identitätsstiftende Wirkung haben.[406]

---

399 Siegert/Brecheis, S. 115; Kloss, S. 52.
400 Vgl. umfassend zu den Finanzierungsformen: Kiefer/Steininger, S. 284ff.
401 Siegert/Brecheis, S. 115.
402 So auch Siegert/Brecheis, S. 56.
403 Heinrich, Band 2, S. 558.
404 Vgl. Kloss, S. 7f.
405 Kloss, S. 8; Heinrich, Band 2, S. 558.
406 Vgl. Zurstiege, S. 202 m.w.N.

II. Der Prozess der Media- und Werbeplanung

Neben der Festlegung von Werbezielen und der Gestaltung der Werbebotschaft besteht die Hauptaufgabe der Werbeplanung darin, Werbeträger zu unterscheiden und auszuwählen. Für den Erfolg der Werbung ist nicht nur die Botschaft selbst, sondern gerade auch die Frage nach der bestmöglichen Verbreitung von entscheidender Bedeutung.[407] Die Festlegung der Verbreitungsstrategie ist Aufgabe der sogenannten Media- bzw. Streuplanung. Dabei geht es um die Analyse der Eigenschaften der Werbeträger und das Ziehen von Rückschlüssen für die eigene Werbekampagne. Diese Mediaselektion führt zu einem inter- und intramedialen Vergleich von Werbeträgern und kann später entscheidende Hinweise für die kartellrechtliche Marktabgrenzung liefern.

Die Wahl des geeignetsten Werbeträgers ist von einer Vielzahl an Kriterien abhängig und lässt sich je nach Ziel der Werbung nur im Einzelfall durchführen. Eine grundlegende Orientierung kann hierbei an medienwissenschaftlichen Unterscheidungskriterien wie der angesprochenen Zielgruppe, der Medienreichweite innerhalb einer solchen Zielgruppe, der Kontakthäufigkeit und der Kontaktqualität sowie Preis und Verfügbarkeit eines Mediums erfolgen.[408]

1. *Zielgruppe*

Die Bestimmung der Zielgruppe, die mit einer Werbebotschaft erreicht werden soll, gehört zu den wichtigsten Entscheidungen der Werbeplanung und bildet auch deren Ausgangspunkt.[409] Unter der Zielgruppe versteht man diejenigen Personen, die aufgrund homogener Motive und Eigenschaften von einer Werbebotschaft angesprochen werden sollen.[410] Bei der allgemeinen Ansprache einer heterogenen Gesamtheit von Adressaten kommt es jedoch zu Streuverlusten. Mit diesem Begriff werden Werbeansprachen bezeichnet, die aufgrund anderer Bedürfnisse, Umstände oder Einstellungen bei der Zielperson keinen Effekt haben.[411] Diese wirken sich als bloßer Kostenfaktor ohne Wirkung negativ auf die Gesamtbilanz der Werbewirkung aus. Der Kosten-Nutzen-Vergleich sinkt. Im Kern geht es daher bei jeder Zielgruppenbestimmung um eine Segmentierung der Gesamtheit der Adressaten, um Streuverluste zu vermeiden und eine bestmögliche Verteilung von Kosten und Werbewirkung zu erzielen.[412]

Eine an den Werbezielen orientierte Zielgruppenabgrenzung muss dabei sicherstellen, dass anhand eindeutiger und real existierender Kriterien eine Zuordnung

---

407 Unger/Fuchs/Michel, S. 1; Bruhn, S. 312.

408 Umfassend dazu: Schweiger/Schrattenecker, S. 334; Bruhn, S. 320f. m.w.N.; Meffert/Burmann/Kirchgeorg, S. 695ff.

409 Schweiger/Schrattenecker, S. 197.

410 Bruhn, S. 203.

411 Kloss, S. 194.

412 Schnettler/Wendt, S. 104f.

möglich ist und diese Personen medial tatsächlich erreicht werden können.[413] In der Folge wird insbesondere im Konsumgütermarketing mehr oder weniger immer auf die gleichen Merkmalskategorien zurückgegriffen.[414]

Als die klassischsten Segmentierungskriterien erweisen sich dabei demografische und sozioökonomische Merkmale wie Alter, Geschlecht, Wohnort und Einkommen oder soziale Stellung.[415] Ihnen ist gemein, dass sie durch eine Vielzahl von Erhebungen einfach zu erfahren sind und leicht verarbeitet werden können. Insbesondere im Hinblick auf die Mediaselektion lassen sich diese Daten mit der ebenso bekannten Rezipientenstruktur bestimmter Medien besonders gut in Einklang bringen.[416] In der Kommunikationsforschung hat sich jedoch die Erkenntnis durchgesetzt, dass diese Merkmale letztlich wohl den geringsten Einfluss auf das Kauf- und Kommunikationsverhalten haben.[417] Die demografischen und sozioökonomischen Kriterien haben somit nur eine geringe Steuerungsfähigkeit.[418]

Eine weitere Merkmalsgruppe sind die psychografischen Kriterien. Unter diesen versteht man beispielsweise Interessen, allgemeine Überzeugungen, Handlungs- und Konsummotive oder auch den Lebensstil.[419] Im Gegensatz zu sozioökonomischen und demografischen Merkmalen lassen sich mit diesen Kriterien konkrete Handlungen und demnach auch durch die Werbebotschaft erwünschte Verhaltensweisen deutlicher vorhersagen, da diese eine der wesentlichen Triebfedern hinter dem eigentlichen Kaufverhalten darstellen. Eine nach diesen Kriterien segmentierte Zielgruppe hat eine deutlich höhere Aussagekraft über die Werbewirkung.[420] Als problematisch erweist sich hierbei die relativ umständliche Erhebung und Operationalisierung der Daten. Zusätzlich geht die Datenerfassung mit entsprechend hohen Kosten einher.[421] Oftmals kommt es aus diesem Grund zu einer Kopplung mit den demografischen und sozioökonomischen Daten, aus denen dann die sogenannten Sinus-Milieus mit bestimmten homogenen Eigenschaften gebildet werden.[422]

Eine dritte wesentliche Gruppe von Segmentierungskriterien sind die sogenannten Verhaltensmerkmale. Beispielhaft lassen sich hierfür Kaufvolumen, Kaufhäufigkeiten, die Wahl der Kaufstätten oder auch die Medianutzung anführen.[423] Diese Daten stellen das Resultat bereits getätigter Käufe dar. Sie können auf Basis einer Vielzahl von Studien und vorhandener empirischer Daten verhältnismäßig einfach

---

413 Schnettler/Wendt, S. 16; Schweiger/Schrattenecker, S. 55f.
414 Vgl. Bruhn, S. 208; Schweiger/Schrattenecker, S. 56f.; Frey-Vor/Siegert/Stiehler, S. 237ff.; Schnettler/Wendt, S. 19.
415 Bruhn, S. 208f.; Kloss, S. 195ff.; Schweiger/Schrattenecker, S. 58f.
416 Schweiger/Schrattenecker, S. 59.
417 Bruhn, S. 209f.; Schweiger/Schrattenecker, S. 59.
418 Bruhn, S. 209f.
419 Vgl. Bruhn, S. 210; Schweiger/Schrattenecker, S. 59; Kloss, S. 198ff.
420 Bruhn, S. 210.
421 Schweiger/Schrattenecker, S. 60.
422 Vgl. hierzu bspw. Schweiger/Schrattenecker, S. 61f.; Kloss, S. 200.
423 Vgl. Bruhn, S. 210; Schweiger/Schrattenecker, S. 58.

für den Bereich der Werbeplanung genutzt werden. Gleichwohl liegt ihre Bedeutung lediglich in dem Rückschluss des vormaligen Verhaltens auf das zukünftige Verhalten. Eine eigenständige Erklärung für den Grund eines Verhaltens wird durch diese Daten nicht geliefert.[424]

Die so ermittelte ideale Zielgruppe muss auch medial mit der Werbung ansteuerbar sein. In diesem Zusammenhang kann zwischen persönlicher, räumlicher und zeitlicher Steuerbarkeit differenziert werden.[425] Da je nach Medium diese Steuerungsmöglichkeit mehr oder weniger stark ausgeprägt oder nur in bestimmten Teilen möglich ist, liegt hier eines der wesentlichen Unterscheidungskriterien hinsichtlich der Leistungsfähigkeit als Werbeträger und damit einhergehend auch für die Austauschbarkeit im Rahmen der Marktabgrenzung.

2. Reichweite und Werbekontakt

Ein weiterer Grundbegriff der Mediaplanung und der Mediaselektion ist die Reichweite eines Mediums. Diese umschreibt die Anzahl der Personen insgesamt oder innerhalb der gewünschten Zielgruppe, die durch die einmalige Schaltung einer Werbebotschaft in einem Medium erreicht werden.[426]

In einem engen Zusammenhang mit der Reichweitenmessung eines Werbeträgers steht das Merkmal der Kontakthäufigkeit. Unter einem Kontakt versteht man das Aufeinandertreffen von Zielperson und Werbebotschaft.[427] Bei der einmaligen Schaltung einer Werbung in einem Medium entspricht die Kontakthäufigkeit der Reichweite des Mediums. Sofern es jedoch, wie üblich, zu mehrfachen Schaltungen kommt, muss unterschieden werden, ob bestimmte Personen nicht bereits durch die erste Schaltung erreicht worden sind und lediglich ein weiteres Mal Kontakt zur gleichen Werbebotschaft haben oder ob durch die erneute Schaltung weitere Personen einen ersten Werbekontakt haben. Kommt es durch die mehrfache Schaltung innerhalb eines Mediums zu wiederholten Werbekontakten derselben Personen, spricht man insoweit von internen Überschneidungen. Tritt derselbe Effekt bei der Schaltung in unterschiedlichen Medien auf, so kann von externen Überschneidungen gesprochen werden.[428]

Als Gradmesser für die insgesamt erreichbare Menge an potenziellen Adressaten können die kumulierte Reichweite mehrerer Schaltungen in einem Medium oder die kombinierte Reichweite bei Schaltungen in unterschiedlichen Medien herangezogen werden. Die kumulierte Reichweite ist umso höher, je niedriger die Nutzungsfrequenz eines Werbeträgers ist. Umgekehrt sorgt eine hohe Nutzungsfrequenz für eine

---

424 Bruhn, S. 210; Schweiger/Schrattenecker, S. 58.
425 Vgl. Schnettler/Wendt, S. 148.
426 Kloss, S. 274.
427 Kloss, S. 274.
428 Vgl. umfassend Kloss, S. 274ff.; Schweiger/Schrattenecker, S. 336ff.

geringere kumulierte Reichweite, aber für eine höhere Kontakthäufigkeit, da derselbe Adressatenkreis mehrmals mit der Werbebotschaft in Kontakt kommt.[429]

Es ist daher zwischen der Anzahl der Personen, die bei mehrfacher Schaltung mindestens einmal erreicht worden sind (kumulierte Reichweite oder auch Nettoreichweite), und der Gesamtzahl der Werbekontakte (Bruttokontakte) zu differenzieren. Durch interne oder externe Überschneidungen ist die Nettoreichweite in der Realität immer geringer als die Anzahl der Bruttokontakte. Diese Überschneidungen führen auch dazu, dass der Reichweitenzugewinn mit der mehrfachen Schaltung relativ gesehen abnimmt und die bloße Mehrfachbelegung unter Reichweiten und Kostengesichtspunkten ineffektiver wird, je mehr Abdeckung erreicht werden soll.[430]

Die Ausführungen zur Reichweite und Kontakthäufigkeit haben gezeigt, von welcher Relevanz diese beiden Teilbereiche für die Mediaplanung sind. Bei der Auswahl der richtigen Werbeträger muss jeweils eine individuelle Betrachtung dieser Leistungsdaten erfolgen. Während sich im Bereich der Printmedien durch die Auflage und entsprechende Erhebungen relativ eindeutige Werte ermitteln lassen, ist die im Rundfunk gebräuchliche Quote ein geschätzter bzw. hochgerechneter Wert und somit deutlich unsicherer hinsichtlich der statistischen Validität.[431] Daneben steht die rein quantitative Reichweite aufgrund von möglichen Streuverlusten bei zu hohen Reichweiten in einem Zielkonflikt mit der qualitativen Steuerbarkeit der Reichweite.[432]

Im Hinblick auf die Marktabgrenzungspraxis zeigen sich mit der Reichweite und der Kontakthäufigkeit weitere Ansatzpunkte für eine nachfolgende Betrachtung der medialen Konkurrenzbeziehungen.

3. *Kontakthäufigkeit*

Mehrheitlich wird davon ausgegangen, dass Werbung erst bei wiederholten Kontakten eine Wirkung entfalten kann.[433] Aus diesem Grund ist die Kontakthäufigkeit ebenfalls ein wichtiger Parameter in der Werbeplanung. Dabei wird sowohl von einem Mindestmaß als Unterschwelle als auch von einem Höchstmaß als Obergrenze bei der Werbeintensität ausgegangen. Unterhalb dieser Schwelle tritt kein Lerneffekt ein, während bei Überschreiten der Obergrenze ein Sättigungseffekt eintritt, der zu Ablehnungsreaktionen führen kann.[434] Werden diese Werte nicht erreicht bzw. überschritten, führt dies unter Kosten-Nutzen-Gesichtspunkten zu nachteiligen Streuverlusten und einem unwirtschaftlichen Ergebnis.[435]

429 Schweiger/Schrattenecker, S. 336ff.
430 Vgl. Kloss, S. 275f. mit ausführlichen Beispielen.
431 Vgl. allgemein zur Reichweitenmessung: Kloss, S. 312ff.; zur Reichweitenmessung speziell im Fernsehen: Schnettler/Wendt, S. 168.
432 Beck, S. 38.
433 Kloss, S. 279f.
434 Schweiger/Schrattenecker, S. 343f.; Kloss, S. 279f.
435 Kloss, S. 280.

Erschwert wird die Bestimmung des Kontaktkorridors durch Abweichungs- und Wechseleffekte innerhalb der Rezipienten von Medien. So stellt die Gesamtheit der Rezipienten keine gleichförmige Größe dar. In der Realität lässt sich beispielsweise bei Printmedien beobachten, dass manche Leser nur jede zweite Ausgabe lesen oder noch seltener zu dem Medium greifen.[436] Zugleich gilt es zu beachten, dass bestimmte Einzelmedien wie Zeitschriften über einen längeren Zeitraum mehrfach verwendet werden, sodass die Anzahl der Werbekontakte selbst bei einfacher Schaltung erhöht ist.[437] Der angestrebte Kontaktwert wird je nach Nutzungsgewohnheiten daher unterschiedlich schnell erreicht und erfordert seitens der Mediaplanung somit eine umfassende Berücksichtigung zur Vermeidung von Sättigungseffekten.[438]

Die Kontakthäufigkeit stellt im Wesentlichen eine durch den Werbeplaner steuerbare Größe dar. Unterschiede zwischen den Mediengattungen bestehen insoweit nur hinsichtlich des in der Konsumsituation des jeweiligen Mediums begründeten Mehrfachkontakts. Daher lassen sich wettbewerbsbezogene Rückschlüsse hinsichtlich der Austauschbarkeit von Medien allein aus der Kontakthäufigkeit nicht ziehen. Die Ansatzpunkte für eine Marktabgrenzung sind in diesem Bereich daher eher gering ausgeprägt.

4. *Kontaktqualität*

Neben der Möglichkeit, eine ausreichend hohe Anzahl an Werbekontakten zu erreichen, ist es ebenfalls erforderlich, eine qualitative Wirkung zu hinterlassen. Die Kontaktqualität steht in einem engen Verhältnis zur Wirksamkeit des Werbekontaktes, ist dabei aber nicht auf die Häufigkeit des Werbekontakts bezogen.

Je nach Werbeträger stehen den Werbetreibenden unterschiedliche Gestaltungsmittel zur Verfügung. Die Spannweite reicht hier von der einfachen schwarz-weißen Anzeige in einer Zeitung über audiovisuelle Fernsehspots bis hin zu interaktiven Werbeauftritten im Internet.

Abhängig vom Werbeziel können diese verschiedenen Möglichkeiten unterschiedlich sinnvoll und nützlich erscheinen. Während Printmedien als eher sachlich orientierte Medien vermehrt zur Verbreitung von Informationen und Angeboten genutzt werden, dient das Fernsehen dank der gefühlsbetonten Wirkung von Bewegtbild-Inhalten eher der Vermittlung von Emotionen und dem Aufbau eines Markenimages.[439] Aufgrund der beschränkten Darstellungsformen der jeweiligen Mediengattungen besteht zwischen der Wahl eines Mediums und der Gestaltung der Werbebotschaft ein Spannungsverhältnis, das im Rahmen der Planung in Ausgleich gebracht werden muss.[440] In Hinblick auf die Marktabgrenzungspraxis stellt die Darstellungsform das sichtbarste Differenzierungskriterium zwischen den Mediengattungen dar. Dies

---

436 Vgl. zur Fluktuation von Rezipienten: Kloss, S. 282.
437 Schweiger/Schrattenecker, S. 325.
438 Kloss, S. 280.
439 Statt vieler: Meffert/Burmann/Kirchgeorg, S. 589ff.
440 Vgl. Schweiger/Schrattenecker, S. 229f.

schlägt sich auch deutlich in der Argumentationsstruktur der Entscheidungspraxis nieder.[441]

Von ebenso wichtiger Bedeutung wie die Gestaltung des Werbemittels ist das Umfeld eines Werbekontakts. Medien wie Zeitungen werden deutlich intensiver genutzt als beispielsweise das Radioprogramm.[442] Der Rezipient wird, je nach Situation, mehr oder weniger stark eingebunden. Aufgrund der unterschiedlichen Einbindung steigt bzw. sinkt auch die Qualität des Kontakts.[443] Zum Umfeld des Werbekontakts zählen auch der Ort und die Situation, an dem bzw. in der es regelmäßig zum Werbekontakt kommt. Hierdurch wird entweder die Einstellung zur Werbung positiv beeinflusst oder die Fokussierung und Aufmerksamkeit gesteigert.[444]

Im Ergebnis lässt sich festhalten, dass die Kontaktqualität ein nicht zu unterschätzender Faktor der Mediaplanung ist, da sich die angestrebte Gesamt-Werbewirkung nicht nur aus der quantitativen Verbreitung, sondern vielmehr auch aus der Qualität des Werbekontakts ergibt. Anders als die sonstigen werberelevanten Eigenschaften wie Zielgruppe oder Reichweite lässt sich die Kontaktqualität allerdings nur schwerlich in eine quantifizierbare Größe überführen, um einen direkten Vergleich der Mediengattungen zu ermöglichen. Die qualitative Eignung der Mediengattungen richtet sich besonders stark nach den individuellen Werbezielen und lässt sich daher nicht abstrakt beurteilen. Dies stellt insbesondere die Marktabgrenzung vor erhebliche Probleme, da eine Zersplitterung der Nachfrageseite eine umfassende Bewertung der Austauschbarkeit unmöglich macht.

5. *Preis und Verfügbarkeit von Werberaum*

Neben den unmittelbaren medialen Leistungswerten unterscheiden sich die einzelnen Medien auch hinsichtlich der anfallenden Kosten. Zusätzlich zu den bereits von der gewünschten Mediengattung abhängigen Kosten für die Gestaltung oder Produktion des Werbemittels fallen vor allem Kosten für die eigentliche Schaltung der Werbung an.

Hinsichtlich der Platzierungskosten werden im Rahmen der Mediaplanung nicht die absoluten Kosten gewertet. Stattdessen werden die Kosten mit Teilaspekten der Medialeistung ins Verhältnis gesetzt und somit Effizienzgesichtspunkte in das Blickfeld genommen.[445] Hieraus ergibt sich der Tausender-Kontakt-Preis (TKP). Der TKP ist der Preis, der für 1000 Zielgruppenkontaktchancen gezahlt werden muss.[446] Erst

441 So bspw. Kommission, Entsch. v. 20.9.1995, IV/M.553 – RTL/Veronica/Endemol, ABl. L 134 v. 5.6.1996, S. 32, Rn. 23; Kommission, Entsch. v. 7.10.1996, IV/M.779 – Bertelsmann/CLT, ABl. C 364 v. 4.12.1996, S. 3, Rn. 14; Vgl. zur Darstellungsform als Argument der Entscheidungspraxis u.a. unten 3. Teil D. I. 4. oder 4. Teil A. I. 1. a).

442 Vgl. zur Wahrnehmung von Radiowerbung Unger/Fuchs/Michel, S. 312f.

443 Vgl. Schweiger/Schrattenecker, S. 324ff.

444 Zur Wirkung von Zeitungswerbung: Fuchs/Unger/Michel, S. 238ff.

445 Kloss, S. 287; Schnettler/Wendt, S. 110.

446 Kloss, S. 287.

diese Berücksichtigung der Leistungswerte sorgt für eine gewisse Vergleichbarkeit der einzelnen Medien. Dabei ist jedoch zu beachten, dass nicht nur werberelevante Merkmale in die Preisbildung einfließen, sondern auch die bestehende Nachfrage und das Angebot den Preis mitbestimmen. Der TKP ist daher nicht allein Ausdruck der erzielbaren Werbewirkung.

Insbesondere durch das Internet haben sich zudem auch konkretere Abrechnungskennziffern wie der Preis pro konkretem Klick (cost per click (CPC)) auf eine Werbeanzeige etabliert. Je nach Medium sind daher bei der Berechnung des Preises gewisse Unterschiede und Besonderheiten zu berücksichtigen.[447]

Ein weiterer Aspekt der Mediaplanung sind die Buchungsmöglichkeiten beim Anbieter des Werberaums. In Abhängigkeit vom Medium muss hier ein ausreichender Vorlauf eingeplant werden. Nur in seltenen Fällen ist auch eine kurzfristige Platzierung unproblematisch möglich. Darüber hinaus kann der zur Verfügung stehende Raum aus tatsächlichen oder auch rechtlichen Gründen begrenzt sein.[448]

Die absoluten Kosten einer Werbemaßnahme spielen wegen des oftmals beschränkten Budgets eine wesentliche Rolle in der Werbeplanung. Aufgrund der beschränkten Aussagekraft von Preisen allgemein und des TKP im Speziellen lassen sich hieraus kaum direkte Rückschlüsse für die Konkurrenzbeziehungen von Medien ziehen. Entsprechende Einschätzungen sollten nur mit entsprechender Vorsicht getätigt werden. Stattdessen können die teils erheblichen Unterschiede bei der Verfügbarkeit des Werberaums und der rechtlichen Regulierung von Medien deutlichere Ansatzpunkte für die Marktabgrenzung bilden.

6. Werbewirkung

Die Werbeplanung berücksichtigt bei der Entscheidungsfindung sowohl quantitative als auch qualitative Merkmale der Werbeträger. Aussagen über die eigentliche Wirkung der Werbung sind jedoch nur schwer und nicht abstrakt möglich. In der Werbeforschung existiert bis heute keine einheitliche und abschließende Theorie zur Bestimmung der Werbewirkung.[449] Vor allem die psychologischen und soziologischen Aspekte des Kaufverhaltens stellen dabei eine unbekannte Größe dar.[450]

Für die kartellrechtliche Marktabgrenzung würde eine vereinheitlichte Bestimmbarkeit der Werbewirkung einen konkreten Ansatzpunkt zur Bewertung der Austauschbarkeit von Werbeträgern bieten. So sind zwei Werbeträger aus Nachfragesicht dann als austauschbar anzusehen, wenn die erzielbare Werbewirkung die gleiche ist. Dieser Weg ist in der Praxis jedoch aufgrund der aufgezeigten Probleme

447 Vgl. zur Preisberechnung im Internet bspw.: Unger/Fuchs/Michel, S. 342ff.

448 Bspw. die Verfügbarkeit von TV-Werbemöglichkeiten, s. Schnettler/Wendt, S. 146f.; Vgl. zu Regulierungsunterschieden zwischen den Mediengattungen auch unten 4. Teil B. I. 4.

449 Kloss, S. 55.

450 Vgl. umfassend zur Werbewirkungstheorie auch: Kroeber-Riel/Gröppel-Klein, S. 51ff; Schnettler/Wendt, S. 273ff.; Kloss, S. 57ff.; Schweiger/Schrattenecker, S. 21ff.

und Unsicherheiten nicht umsetzbar. Sogleich zeigt sich hieran auch die grundlegende Problematik bei der Abgrenzung von Werbemärkten: Jeder Ansatz stellt eine teils erhebliche Vereinfachung der tatsächlich vorherrschenden Umstände dar.

III. Werbeträger und ihre Eigenschaften

Werbeträger sind die Überbringer einer Werbebotschaft. Da es für die bloße Übermittlung einer Werbebotschaft lediglich eines Kontakts mit einem Adressaten bedarf, kann letztlich jeder Gegenstand zu einem Werbeträger werden. Auch wenn der tatsächliche werberische Nutzen zweifelhaft sein kann, ist die Bandbreite der theoretischen Möglichkeiten nahezu unerschöpflich.[451] Vor dem Hintergrund der kartellrechtlichen Marktabgrenzungsproblematik stehen die Mediengattungen im Vordergrund, bei denen es zur Platzierung von Fremdwerbung innerhalb des Mediums kommt und die von rechtlicher Bedeutung in der Entscheidungspraxis sind.[452]

Die einheitliche Verwendung der Gattungsbegriffe suggeriert homogene Wettbewerbsbeziehungen, die weder auf Basis der werberelevanten Eigenschaften noch aus sonstigen Gründen nachvollziehbar sind. Es zeigt sich, dass es sich stattdessen um eine Vielzahl von Produkten mit den unterschiedlichsten Eigenschaften und somit auch unzähligen Belegungsmöglichkeiten für Werbung handelt.

1. Zeitungen

Als Teil der Printmedien gehören Zeitungen zu den ältesten Massenmedien der Welt.[453] Unter Zeitungen versteht man periodisch erscheinende Printmedien mit tagesaktueller und universeller Berichterstattung, die für jeden allgemein zugänglich gegen Entgelt vertrieben werden.[454] Regelmäßig werden Zeitungen nach dem Erscheinungsrhythmus in Tages- und Wochenzeitungen, nach dem Vertriebsmodus in Kauf- und Abonnementzeitungen und nach dem Verbreitungsgebiet in regionale und überregionale Zeitungen unterteilt.[455]

Neben ihrer publizistischen Bedeutung sind Zeitungen trotz stetig sinkender Auflagen und der Verlagerung ganzer Geschäftsfelder ins Internet auch im digitalen Zeitalter dank besonderer Eigenschaften noch immer wesentliche Werbeträger.

Die Vorzüge der Zeitung als Werbeträger liegen insbesondere im Bereich der lokalen oder regionalen Vermarktung von Produkten oder Dienstleistungen. Hier ermöglicht die Struktur des Zeitungsmarktes eine gute räumliche Zielgruppensteuerung.

---

451 Kloss, S. 303; Übersicht über die vielfältigen Möglichkeiten auch bei Meffert/Burmann/Kirchgeorg, S. 601ff.

452 Vgl. weiterführend zu Kinowerbung bspw.: Unger/Fuchs/Michel, S. 315ff.; weiterführend zur Außenwerbung statt vieler: Meffert/Burmann/Kirchgeorg, S. 597ff.

453 Frey-Vor/Siegert/Stiehler/*Gehrau*, S. 194; Vgl. zur Geschichte der Zeitung: Wimmer in: Reiter, S. 63f.

454 Wimmer in: Reiter, S. 65f.

455 Vgl. mit grafischer Darstellung bspw. Schnettler/Wendt, S. 146f.

Neben wenigen überregionalen Tages- und Wochenzeitungen setzt sich der Zeitungsmarkt im Wesentlichen aus einer Vielzahl von Zeitungen mit regionalem Betätigungsfeld zusammen, die ihre Leserschaft nahezu ausschließlich in der Region finden. Damit einhergehend ist der Kreis der potenziellen Rezipienten im Fall der Lokalzeitungen räumlich sehr gut vorhersehbar. Es kommt im Gegensatz zu Zeitungen mit bundesweitem Verbreitungsgebiet kaum zu räumlichen Streuverlusten.[456]

Anders gestaltet sich die Lage hinsichtlich der personellen Struktur der Zeitungsleserschaft. Während Regionalzeitungen alle sozialen Milieus und somit die gesamte Bevölkerungsbreite erreichen, werden die überregionalen Zeitungen eher von den oberen Bildungs- und Einkommensschichten gelesen.[457] Den geringen räumlichen Streuverlusten der Werbung in Regionalzeitungen stehen demnach höhere personale Streuverluste durch den breiten Bevölkerungsquerschnitt in der Leserschaft gegenüber. Für die überregionalen Zeitungen ergibt sich hingegen das umgekehrte Bild: Einem geografisch weiten Raum steht eine relativ genau bestimmbare Bevölkerungsgruppe gegenüber.[458]

Gemein ist den unterschiedlichen Zeitungsarten, dass die potenzielle Zielgruppe für Zeitungswerbung altert. So werden Zeitungen insbesondere vom jüngeren Teil der Bevölkerung mit weiter sinkender Tendenz immer weniger gelesen.[459] Die Zielgruppe ist somit nach demografischen Gesichtspunkten beschränkt. Dies muss speziell bei der Gestaltung und Platzierung der Werbung berücksichtigt werden.

Dennoch lässt sich die Reichweite von Zeitungen in der Gesamtbevölkerung insgesamt als verhältnismäßig hoch beschreiben. So erreicht Zeitungswerbung heute immer noch etwa 68,9 Prozent der bundesdeutschen Gesamtbevölkerung im Alter von über 14 Jahren.[460] Eine regelmäßige und in sich konsistente Leserschaft führt durch die damit einhergehenden hohen internen Überschneidungseffekte dazu, dass durch die mehrfache Schaltung in demselben Medium kaum zusätzliche Reichweite generiert werden kann. Allerdings führt dies spiegelbildlich zu einer demensprechend hohen Kontakthäufigkeit der Stammleserschaft mit einer Werbebotschaft, sodass die Werbewirkung insgesamt verbessert wird.[461] Den hohen internen Überschneidungen stehen durch die enge Blatt-Leser-Bindung geringe externe Überschneidungen gegenüber. Dadurch ermöglicht die mehrfache Schaltung in unterschiedlichen Zeitungen oftmals einen Gesamtreichweitengewinn in Höhe der Einzelreichweiten.[462]

Diesen vorteilhaften Eigenschaften der Zeitungswerbung stehen jedoch einige Einschränkungen gegenüber. So sind den Gestaltungsmöglichkeiten der Zeitungsanzeigen

---

456 Vgl. Schweiger/Schrattenecker, S. 324; Schnettler/Wendt, S. 148; Kloss S. 323; Unger/Fuchs/Michel, S. 238.

457 Schnettler/Wendt, S. 148; Kloss, S. 322f.

458 Schnettler/Wendt, S. 148; Kloss, S. 322f.; Heinrich, Band 1, S. 231.

459 Vgl. ZAW, Werbung 2014, S. 260; Unger/Fuchs/Michel, S. 234 und 240; Kloss, S. 321f.

460 ZAW, Werbung 2014, S. 256.

461 Schnettler/Wendt, S. 147; Kloss, S. 321.

462 Schnettler/Wendt, S. 147.

enge Grenzen gesetzt. Während das Format noch relativ frei wählbar ist, kommen als Elemente lediglich Text und Bild in Betracht. Mitunter ist auch eine farbliche Gestaltung nur eingeschränkt möglich und das genutzte Zeitungspapier ermöglicht nur eine geringe Druckqualität.[463] Zusammenfassend lässt sich festhalten, dass Zeitungswerbung aus diesem Grund oftmals wie der redaktionelle Teil der Zeitung informativ und direkt gehalten ist. Das Ziel von Zeitungswerbung ist vorrangig die Produkt- oder Preisinformation und nicht die Schaffung von Markenimages.[464]

Im Gegensatz zu Medien mit größeren gestalterischen Möglichkeiten, wie Radio oder Fernsehen, stellt das Zeitungslesen hingegen einen aktiven Vorgang dar, der die Konzentration des Lesers erfordert. Dies wirkt sich auf die Aufnahme von Werbeinformationen aus, die bewusster und nicht nur passiv und beiläufig wahrgenommen werden. Darüber hinaus werden Zeitungen zwar oftmals nur einmal, dafür aber besonders zeitintensiv gelesen. Somit erhöhen sich die Kontaktchance und die Kontaktqualität der Werbebotschaft.[465] Der Großteil der Leserschaft hat zu „ihrer" Zeitung zudem eine überaus positive Beziehung. Dieser Umstand wirkt sich auf die Wahrnehmung der Werbung dahingehend aus, dass sie vom Leser durch den Imagetransfer wohlwollender aufgenommen wird.[466]

Durch die Periodizität und Aktualität der Zeitungen wird der Werbebranche weiterhin die Möglichkeit gegeben, auch kurzfristig Werbebotschaften zu platzieren oder Angebote aktuellen Begebenheiten anzupassen. Daher erweist sich vor allem die täglich erscheinende Tageszeitung als hochflexibler Werbeträger, der sich für räumlich exakt gesteuerte Werbebotschaften besonders eignet.[467] Zeitungswerbung wird darüber hinaus im Vergleich zu Werbung in anderen Medien als relativ kostengünstig angesehen. So fallen hingegen hohe Produktionskosten wie beispielsweise für Fernsehspots weg.[468]

2. *Zeitschriften*

Neben Zeitungen bilden Zeitschriften den zweiten großen Teil des Printmarktes. Unter Zeitschriften versteht man in Abgrenzung zu Zeitungen periodisch erscheinende Printmedien, deren Schwerpunkt nicht auf der tagesaktuellen Berichterstattung, sondern vielmehr auf Unterhaltung oder vertiefenden Hintergrundinformationen liegt.[469]

Dabei wird allgemein zwischen Publikums- und Fachzeitschriften differenziert. Die Bandbreite an unterschiedlichen Produkten ist deutlich höher als auf dem Zeitungsmarkt. Sie reicht von politischen Zeitschriften über Hobby-Zeitschriften bis

463 Schnettler/Wendt, S. 148; Schweiger/Schrattenecker, S. 325; Vgl. zu den Anzeigenformen: Unger/Fuchs/Michel, S. 231ff.
464 Meffert/Burmann/Kirchgeorg, S. 589.
465 Vgl. Kloss S. 321; Unger/Fuchs/Michel, S. 238f.
466 Schnettler/Wendt, S. 146; Unger/Fuchs/Michel, S. 239.
467 Schweiger/Schrattenecker, S. 324; Schnettler/Wendt, S. 148.
468 Schweiger/Schrattenecker, S. 325, Kloss S. 324.
469 Schnettler/Wendt, S. 154 und 157; Schweiger/Schrattenecker, S. 324f.

hin zu wissenschaftlichen Fachpublikationen.[470] Aufgrund dieses breiten Spektrums und hohen Spezialisierungsgrads können Zeitschriften auch als „Zielgruppenmedien" bezeichnet werden.[471] Die Leserschaft von Fachzeitschriften ist aufgrund des gemeinsamen Interesses besonders homogen und eignet sich somit als Zielgruppe für passende Werbebotschaften, da es nur zu wenigen Streuverlusten kommt.[472]

Dieser positiven Eigenschaft der Diversität steht in den meisten Fällen eine geringe Reichweite der einzelnen Zeitschriften gegenüber. Der Grad der Spezialisierung und die Größe der Leserschaft verhalten sich im Regelfall konträr zueinander. Während bekannte Illustrierte oftmals eine hohe Reichweite in der Bevölkerung haben, ist ihre Zielgruppe durch die breitere inhaltliche Aufstellung schwieriger zu bestimmen. Im Gegensatz dazu haben Fachzeitschriften bei geringer Auflage eine sehr homogene Leserschaft.[473] Die Mediaselektion hat hierbei für die Auswahl des passenden Werbeträgers eine Abwägung zwischen Reichweite und der Vermeidung von Streuverlusten durchzuführen.

Ein wesentlicher Unterschied zum Werbeträger Zeitung liegt weiterhin in der Art der Zielgruppenerreichbarkeit. Während Zeitungen durch die regionale Marktaufteilung eine exakte räumliche, aber lediglich weite personelle Ansprache ermöglichen, liegt der Schwerpunkt bei den Zeitschriften auf einer gezielten personellen Ansprache. Das Verbreitungsgebiet ist hingegen regelmäßig überregional und somit in der Werbeplanung nur schwer gezielt zu berücksichtigen.[474]

Hinsichtlich der Kontakthäufigkeit bietet der Zeitschriftenmarkt durch die Vielzahl der Produkte sowohl die Möglichkeit, eine hohe kumulierte Reichweite zu erzielen als auch die gewünschte Kontaktdichte herzustellen. Durch die Wahl von Werbeträgern mit geringen internen und externen Überschneidungen kann eine hohe Reichweite generiert werden, während durch die Wahl von Produkten mit höheren Überschneidungseffekten die Kontaktdichte verstärkt wird.[475]

Die Kontakthäufigkeit von Werbung in Zeitschriften wird weiterhin durch Besonderheiten bei den Lesegewohnheiten unterstützt. Insbesondere Fachzeitschriften werden, im Gegensatz zu Zeitungen, oftmals mehrfach gelesen und unter Umständen gesammelt und später erneut gelesen.[476] Weiterhin besteht bei einem Fachpublikum ein gesteigertes Interesse an fachgerechter und informativer Werbung, sodass Werbeanzeigen sogar gezielt gelesen und die Informationen mithin besser aufgenommen werden.[477]

Unter darstellerischen Gesichtspunkten sind die Möglichkeiten bei Zeitschriften ebenso wie bei Zeitungen eher eingeschränkt. Zwar handelt es sich bei beiden

470 Schnettler/Wendt, S. 154f. und 158; Kloss, S. 327; Unger/Fuchs/Michel, S. 199f.
471 Schweiger/Schrattenecker, S. 325; Kloss, S. 327.
472 Schnettler/Wendt, S. 156 und 159, Kloss, S. 327; Unger/Fuchs/Michel, S. 210f.
473 Schnettler/Wendt, S. 155.
474 Schnettler/Wendt, S. 155.
475 Schnettler/Wendt, S. 155; Unger/Fuchs/Michel, S. 208ff.
476 Schweiger/Schrattenecker, S. 325.
477 Schweiger/Schrattenecker, S. 325.

Mediengattungen um rein statische Medien, jedoch weisen Zeitschriften den Vorteil der besseren Druckqualität auf. Sowohl die Darstellungsqualität von Fotos als auch die Papierqualität ist deutlich höher, was für einen insgesamt werthaltigen Eindruck sorgt, der sich auch auf die Wahrnehmung der Werbung auswirkt.[478] In diesem Zusammenhang steht auch die allgemeine Wertschätzung, die die Rezipienten einer Zeitschrift entgegenbringen. Faktoren wie Glaubwürdigkeit und Informationsqualität bedingen ebenfalls eine positivere Wahrnehmung der entsprechenden Werbung.[479] Wie bei den Zeitungen erfolgt die Informationsaufnahme aktiv und der Leser kann frei über den Zeitpunkt des Konsums entscheiden. Dies wirkt sich positiv auf die Werbewirkung aus.[480]

Die farblichen und fotografischen Gestaltungsbesonderheiten von Zeitschriften bergen gleichwohl die Gefahr in sich, dass beim Leser der Eindruck einer optischen Überfrachtung der Seiten entstehen kann und sich hierdurch die Werbewirkung wieder mindert.[481]

Der Werberaum steht auch in Zeitschriften in ausreichendem Maß zur Verfügung und kann gegebenenfalls durch eine Erhöhung des Heftumfangs erweitert werden. Durch die längeren Erscheinungsintervalle kann Werbung in Zeitschriften jedoch zeitlich nicht so kurzfristig wie in Zeitungen platziert werden.[482] Das Kosten-Nutzen-Verhältnis von Werbung in Zeitschriften kann insbesondere aufgrund geringer Produktionskosten als eher kostengünstig beschrieben werden.[483]

3. *Radio*

Neben den Printmedien und dem Fernsehen hat sich auch der Hörfunk seit der Zulassung privater Sender Anfang der 1980er Jahre als Werbeträger etabliert.[484] Mit einem Anteil von 3,7 Prozent an den Werbe-Nettoeinnahmen in Deutschland im Jahr 2013 zählt Radiowerbung jedoch zu den eher kleineren Werbeträgern.[485] Unter Hörfunk versteht man dabei speziell die Verbreitung rein akustischer Botschaften mittels elektromagnetischer Übertragungstechnik für die Öffentlichkeit.[486]

Die Möglichkeiten der Zielgruppenansprache müssen beim Hörfunk differenziert betrachtet werden. Die Marktaufteilung in Deutschland ähnelt durch landesweite Sender und vielen unterschiedlichen, regionalen Stationen dem Zeitungsmarkt. Dies hat zur Folge, dass sich Hörfunkwerbung besonders für die Bewerbung lokaler Angebote

478 Schnettler/Wendt, S. 155; Schweiger/Schrattenecker, S. 325.
479 Schweiger/Schrattenecker, S. 325.
480 Kloss, S. 328; Unger/Fuchs/Michel, S. 209f.
481 Schweiger/Schrattenecker, S. 326.
482 Schnettler/Wendt, S. 155f.
483 Schnettler/Wendt, S. 155; Unger/Fuchs/Michel, S. 217.
484 Vgl. Schweiger/Schrattenecker, S. 326.
485 ZAW, Werbung 2014, S. 9.
486 Schnettler/Wendt, S. 174.

eignet.[487] Im Unterschied zum Zeitungsmarkt mangelt es an bundesweiten Sendern mit entsprechender Reichweite, um auch überregionale Werbung sinnvoll zu gestalten. Dies ist nur durch die Kombination unterschiedlicher Sender möglich.[488]

Unter personellen Gesichtspunkten ist die Zielgruppenselektion lediglich eingeschränkt möglich. Zwar weisen die Sender durch die inhaltliche Gestaltung des Programms mit Schwerpunkten auf verschiedenen Musikrichtungen oder Informationsschwerpunkten unterschiedliche Nutzerstrukturen auf. Diese Gruppen sind jedoch weiterhin relativ heterogen und lediglich in einigen weiten sozio-demografischen Faktoren vergleichbar. Die personelle Steuerbarkeit von Hörfunkwerbung ist somit vergleichsweise schwierig.[489]

Die Vorteile von Hörfunkwerbung liegen in den weit verbreiteten Empfangsmöglichkeiten und der relativ hohen täglichen Nutzungsdauer. Aufgrund der weiten Verbreitung von Radiogeräten kann von einer technischen Reichweite von 100 Prozent ausgegangen werden.[490] Durch eine gezielte Auswahl von Regionalsendern lässt sich eine hohe Gesamtreichweite für Werbemaßnahmen erzielen. Unter Reichweitengesichtspunkten kann durch Radiowerbung somit die gesamte Bevölkerung erreicht werden.[491]

Eine Besonderheit hinsichtlich der Reichweite ergibt sich durch die über den Tag stark schwankende Nutzungszeit. So steigt die Reichweite insbesondere durch viele Berufspendler morgens stark an, um den Tag über stetig abzufallen und in den Abendstunden nahezu vollkommen an Bedeutung zu verlieren.[492] Anders als durch das Fernsehen können jedoch auch Teile der Berufstätigen durch Radiowerbung verhältnismäßig gut erreicht werden.[493]

Hinsichtlich der Gestaltungsmöglichkeiten verfügt Hörfunkwerbung ausschließlich über akustische Mittel. Dies führt insbesondere in Kombination mit der geringen Dauer des Werbekontakts zu Aufnahmeproblemen beim Adressaten. Ein Radiowerbespot kann, anders als die Zeitungsanzeige, nicht erneut gehört werden. Aus diesem Grund eignet sich Hörfunkwerbung vor allem für kurze, einprägsame und direkt verständliche Werbeansprachen.[494]

Die Probleme der Kontaktqualität werden durch die Stellung des Hörfunks als passives Medium zusätzlich verstärkt. Radiohören dient oftmals lediglich als Begleitung einer anderen Haupttätigkeit und erfolgt nicht mit voller Aufmerksamkeit. Gleichwohl muss beachtet werden, dass die Aufnahme von auditiven Eindrücken unterbewusst erfolgt und somit auch keines aktiven Zuhörens bedarf.[495]

---

487 Unger/Fuchs/Michel, S. 295.
488 Vgl. ausführlich zu den Belegungseinheiten: Unger/Fuchs/Michel, S. 295ff.
489 Schnettler/Wendt, S. 176; Schweiger/Schrattenecker, S. 326; Kloss, S. 361.
490 Unger/Fuchs/Michel, S. 282.
491 Schnettler/Wendt, S. 175.
492 Unger/Fuchs/Michel, S. 305.
493 Kloss, S. 358.
494 Schnettler/Wendt, S. 175; Schweiger/Schrattenecker, S. 326; Kloss, S. 358.
495 Schweiger/Schrattenecker, S. 326; Kloss, S. 361.

Die genannten Nachteile werden durch relativ günstigen und gut verfügbaren Werberaum ausgeglichen. Weiterhin sind die Kosten für die Gestaltung eines Radiospots ebenfalls überschaubar.[496]

4. *Fernsehen*

Der bedeutendste nationale Werbeträger ist nach wie vor das Fernsehen.[497] Der Aufstieg zum Leitmedium für Werbung erfolgte durch die Etablierung privater Sendeanstalten, die sich ausschließlich über Werbeeinnahmen finanzieren.[498]

Die Finanzierungssituation des Fernsehens unterscheidet sich deutlich von der klassischer Printmedien. Die Bereitstellung des Programms erfolgt, mit Ausnahme des in Deutschland eher unbedeutenderen Markts für Bezahlfernsehen, für die Kunden kostenfrei. Es werden folglich keine zusätzlichen Einnahmen durch den Verkauf des eigentlichen Werbeträgers an die Kunden erzielt.[499] Für die deutsche Fernsehlandschaft prägend ist zudem der beitragsfinanzierte Betrieb von öffentlich-rechtlichen Sendeanstalten.[500]

Hinsichtlich der Zielgruppe ermöglicht Fernsehen als Ganzes die werbliche Ansprache aller Bevölkerungsteile.[501] Zwischen den einzelnen Sendern ergeben sich jedoch erhebliche Unterschiede. Hierbei ist vor allem die jeweilige Programmgestaltung ausschlaggebend für die Zuschauerstruktur. Als klassisches Beispiel dient der häufig zitierte Fall der unterschiedlichen Altersstrukturen zwischen den öffentlich-rechtlichen und den privaten Sendern. Während die öffentlich-rechtlichen Sender vornehmlich von älteren Zuschauern geschaut werden, gestaltet sich die Zusammensetzung der Zuschauer bei den Privatsendern deutlich jünger. Die Zuschauerstruktur unterscheidet sich sowohl im Vergleich der einzelnen Sender zueinander als auch zwischen den unterschiedlichen Sendungen eines einzelnen Programms.[502] Vergleichbar mit Fachzeitschriften bieten zudem Spartensender mit ausschließlichem Fokus auf speziell zugeschnittenen Themen ein entsprechend strukturiertes Publikum.[503] Die Zuschauerstruktur lässt sich daher anhand des Sendeumfelds zumindest anhand demografischer und sozioökonomischer Merkmale kategorisieren.[504]

---

496 Schnettler/Wendt, S. 177; Schweiger/Schrattenecker, S. 326; Kloss, S. 361.
497 ZAW, Werbung 2014, S. 9; Vgl. ausführlich zu den Werbemarktanteilen der Medien auch oben: 1. Teil C. II.
498 Schweiger/Schrattenecker, S. 326; Kloss S. 336.
499 Beck, S. 190.
500 Vgl. zur Beitragsfinanzierung im Fernsehen: Kiefer/Steininger, S. 314ff.; Beck, S. 179ff.
501 Schnettler/Wendt, S. 164.
502 Vgl. ZAW, Werbung 2014, S. 163f.; Kloss, S. 335; Unger/Fuchs/Michel, S. 188ff.
503 Heinrich, Band 2, S. 483f., 505.
504 Schnettler/Wendt, S. 164.

Insgesamt werden die Möglichkeiten der Zielgruppenansprache unter personellen Gesichtspunkten dennoch eher als eingeschränkt angesehen.[505] Durch die erhebliche Anzahl der Nutzer kommt es oftmals zu erheblichen Streuverlusten, die die Kosten-Nutzen-Rechnung beeinträchtigen.[506]

Neben der eingeschränkten personellen Steuerbarkeit bietet Fernsehen gegenwärtig kaum Möglichkeiten einer räumlichen Steuerbarkeit der Zielgruppe. Anders als im Zeitungsmarkt dominieren die bundesweiten Programme den Fernsehmarkt. Nur in einigen Ballungsräumen bestehen kleinere lokale Privatsender. Zudem sind die Werbemöglichkeiten in den öffentlich-rechtlichen Regionalsendern gesetzlich stark eingeschränkt. Zusammenfassend betrachtet lässt sich Fernsehwerbung daher in räumlicher Hinsicht gegenwärtig noch nicht präzise steuern.[507]

Die bestehenden Bestrebungen der Fernsehbranche, eine Regionalisierung der Werbung im bundesweiten Programm durchzusetzen, sind von der Rechtsprechung zuletzt bestärkt worden.[508] Demnach unterliege Werbung nicht den rundfunkrechtlichen Lizenzanforderungen, da sie nicht Bestandteil der redaktionellen Programminhalte sei.[509] Auch wenn derzeit die konkrete Umsetzung der Regionalisierung durch die Fernsehsender abgewartet werden muss, bleibt festzuhalten, dass die Fernsehbranche in die traditionellen Marktbereiche des Hörfunks und auch der größeren Regionalzeitungen eingreift. Diese Entwicklung dürfte den Wettbewerb um die Werbekunden mittelfristig gesehen daher deutlich verschärfen.

Den Mangel an Möglichkeiten der Zielgruppenansteuerung kann Werbung im Fernsehen mit einer erheblichen Reichweite ausgleichen. So befindet sich in nahezu jedem deutschen Haushalt mindestens ein Empfangsgerät.[510] Die Reichweite ist maßgeblich sowohl vom Sender als auch vom Sendezeitpunkt abhängig. Generell liegt die Hauptsendezeit mit der größten Reichweite zwischen 19.00–23.00 Uhr.[511] Durch das Medium Fernsehen lässt sich mit der mehrfachen Schaltung von Werbung besonders schnell eine hohe kumulierte Reichweite erzielen.[512] Höhere Schaltvolumina ermöglichen zudem eine gute Kontakthäufigkeit.[513]

Fernsehwerbung wird eine sehr hohe Kontaktqualität zugeschrieben. So ermöglichen Fernsehspots durch die Verknüpfung von Bewegtbild und Ton die Übermittlung komplexer Botschaften und eignen sich besonders für eine emotionale Ansprache des

---

505 Heinrich, Band 2, S. 572.

506 So bspw. Schnettler/Wendt, S. 164.

507 Schnettler/Wendt, S. 164.Vgl. zur Senderstruktur: Kloss, S. 328f.

508 BVerwG, U. v. 17.12.2014 – 6 C 32.13, AfP 2015, 187, 188; a.A. noch die Vorinstanz VG Berlin, U. v. 26.9.2013 – VG 27 K 231.12, K&R 2014, 67, 68; Lampert/von Walter, Kommentar zu VG Berlin, K&R 2014, 71, 72; wohl auch Dörr/Wagner, ZUM 2013, 525, 526f., Hain, AfP 2015, 124, 124ff.

509 BVerwG, U. v. 17.12.2014 – 6 C 32.13, AfP 2015, 187, 188.

510 ZAW, Werbung 2014, S. 160; Kloss, S. 334f.

511 Schnettler/Wendt, S. 163.

512 Meffert/Burmann/Kirchgeorg, S. 591.

513 Schnettler/Wendt, S. 163.

Adressaten.[514] Aus diesem Grund wird Fernsehwerbung vorrangig für Imagewerbung und Markenwerbung und nur seltener für konkrete und sachliche Preisinformationen genutzt.[515] Neben dem klassischen Spot haben sich einige Sonderwerbeformen wie die Splitt-Screen-Werbung oder das Einblenden von Bannern an den Bildschirmrändern etabliert.[516]

Hinsichtlich Preis und Verfügbarkeit von Werberaum zeichnet sich auch bei Fernsehwerbung ein differenziertes Bild. Der TKP variiert dabei je nach Sendeumfeld stark und ist abhängig von der ermittelten Einschaltquote. Dies führt dazu, dass ein konkreter Preis oftmals erst nach der Ausstrahlung einer Sendung ermittelt werden kann.[517] Zu beachten ist zudem, dass die Produktionskosten von Fernsehspots vor allem im Verhältnis zu anderen Werbemitteln als hoch anzusehen sind.[518] Die Höchstmenge an Werberaum ist damit unter rechtlichen und zeitlichen Gesichtspunkten beschränkt.[519] Der täglichen Sendezeit sind dabei vor allem natürliche Grenzen gesetzt. Aus diesem Grund erfordert die Platzierung von Werbespots eine frühzeitige Planung, auch wenn unter Umständen das kurzfristige Verschieben eines Spots in ein anderes Umfeld möglich sein kann.[520]

Nachteile der Fernsehwerbung liegen neben der eingeschränkten Steuerbarkeit der Zielgruppe und den höheren Kosten in dem oftmals praktizierten Ausweichverhalten der Nutzer. Durch die Vielzahl an Sendern wird zu Beginn einer als störend empfundenen Werbeunterbrechung das Programm gewechselt und die Werbung läuft somit ins Leere. Dieses Verhalten stellt die Fernsehwerbung vor die Aufgabe, zur Erzeugung von Aufmerksamkeit einen eigenen Unterhaltungswert, beispielsweise durch die Art und Weise der Gestaltung, zu vermitteln.[521]

5. *Internet*

Neben diesen klassischen Werbemöglichkeiten hat sich mittlerweile auch das Internet als Werbemöglichkeit etabliert. Die Erschließung des Werbepotenzials des Internets war eine wesentliche Triebfeder der Kommerzialisierung des Internets.[522] Durch ein stetiges und rasantes Wachstum schickt das Internet sich an, die übrigen Medien hinsichtlich des Werbevolumens zu überholen.[523] Das Internet lässt sich nur schwer in das bisherige System der Medien und Werbeträger eingliedern. So treffen im Internet alle technischen und gestalterischen Werbemöglichkeiten der bekannten Werbeträger

514 Schweiger/Schrattenecker, S. 326.
515 Unger/Fuchs/Michel, S. 194ff.
516 Vgl. zu den Sonderwerbeformen Meffert/Burmann/Kirchgeorg, S. 592ff.
517 Kloss, S. 357 mit Preisbeispielen; Unger/Fuchs/Michel, S. 181.
518 Schnettler/Wendt, S. 164.
519 Vgl. zu rechtlichen Restriktionen unten: 4. Teil B. I. 4. b).
520 Schnettler/Wendt, S. 164f.
521 Kloss, S. 343; Unger/Fuchs/Michel, S. 193f.; Meffert/Burmann/Kirchgeorg, S. 595.
522 Kiethe, WRP 2000, 616, 617.
523 Vgl. oben 1. Teil C. II.

aufeinander und verschmelzen zu einem universell einsetzbaren Werbeträger, der nahezu jedem Bedarf angepasst werden kann.[524] In diesem Sinne stellt das Internet ein hybrides Medium dar.[525]

Das Internet kann als Massenmedium ebenso wie zur direkten werblichen Ansprache genutzt werden. Weiterhin ist es möglich, Werbung sowohl international als auch lokal zu verbreiten. Die Verfügbarkeit und die Werbekontaktchancen im Internet steigen durch die Nutzung mobiler Endgeräte und sind mittlerweile zu nahezu jeder Zeit möglich. Auch hinsichtlich der Gestaltungsmöglichkeiten ist es im Internet möglich, textbasierte Anzeigen ebenso wie Videospots zu schalten. Den Möglichkeiten zur Gestaltung von Werbung sind keine Grenzen gesetzt.[526]

Die aufgrund einer wirtschaftlichen Austauschbeziehung für das Kartellrecht relevanten Fremdwerbemöglichkeiten im Internet können regelmäßig in drei wesentliche Bereiche unterteilt werden.[527] Die Display-Werbung umfasst alle visuellen Darstellungsmöglichkeiten wie Banner oder Videos, die in Webseiten oder Streaming-Angebote eingebunden werden können.[528] Daneben wird die Gruppe des Search-Marketings abgegrenzt. Die Internetsuchmaschinen bieten die Möglichkeit, Werbeanzeigen an bestimmte Suchbegriffe zu koppeln und somit Streuverluste nahezu auszuschließen. Werbung kann gezielt auf die gesuchten Begriffe und somit auf die Interessen abgestimmt werden.[529] Die dritte Gruppe bildet das Affiliate-Marketing.[530] Hierbei werden im Rahmen einer Kooperation Werbemittel von einer Partei bereitgestellt, die gegen Provision von den Partnern genutzt und in das Internet eingebunden werden. So wird einerseits mit einfachen Mitteln die Reichweite der Werbung erhöht und andererseits Werbegeld verdient.[531]

a) *Steuerbarkeit der Werbung*

Hinsichtlich der Steuerbarkeit der Werbung bietet das Internet die wohl vielfältigsten Möglichkeiten. Zunächst ist sowohl die personelle als auch die räumliche Steuerung über Interessen durch entsprechende Online-Angebote ähnlich wie bei den Fachzeitschriften möglich. So können spezielle Interessen oder regionale Web-Angebote entsprechend genutzt werden, um gezielt zu werben und Streuverluste zu vermeiden.[532] Die Zielgruppe, die unter sozio-demografischen Kriterien mit Internetwerbung

524 Kloss, S. 375f.; Unger/Fuchs/Michel, S. 331.
525 Meffert/Burmann/Kirchgeorg, S. 635 sprechen auch von „Hypermedialität".
526 Kloss, S. 377; Unger/Fuchs/Michel, S. 331.
527 Vgl. bspw. Übersicht des OVK im BVDW: http://www.werbeformen.de/index.php?id=2596 zuletzt abgerufen am: 14.6.2015. Vgl. zu der lauterkeitsrechtlichen Bewertung von Internetwerbung: Leible, in: FS Köhler, 403, 408ff.
528 Vgl. Unger/Fuchs/Michel, S. 332ff.
529 Vgl. Unger/Fuchs/Michel, S. 353ff.; vgl. auch Lammenett, S. 121ff.
530 Umfassend zum Affiliate-Marketing: Lammenett, S. 45ff.
531 Lammenett, S. 45f.
532 Schnettler/Wendt, S. 185.

angesprochen werden kann, ist im Wesentlichen jung und überdurchschnittlich gut ausgebildet.[533] Das Durchschnittsalter der Internetnutzer liegt dabei deutlich unter dem der Fernsehzuschauer.[534]

Eine Besonderheit der Internetwerbung liegt in der Analysezugänglichkeit des Nutzerverhaltens, die eine hochgradige Individualisierung der Werbung zulässt. Dabei werden unter anderem die technischen Daten des Computers, angesteuerte Webseiten, Suchbegriffe oder Profile in sozialen Netzwerken mithilfe von Cookies ausgewertet und die Werbung entsprechend der errechneten Interessen und Zielgruppe individualisiert.[535] Die technischen Rahmenbedingungen des Internets ermöglichen es zudem, Werbeflächen individuell und nahezu in Echtzeit für jeden Internetnutzer gezielt anzupassen. Anders als bei den klassischen Medien, bei denen Werbung und Inhalt mit wenigen Ausnahmen für alle Zuschauer gleich sind, kann die Werbung im Internet mit der Hilfe von Ad-Servern auf der gleichen Webseite für zwei unterschiedliche Nutzer auch verschieden ausgestaltet werden.[536] Der interessengerechte Zuschnitt und die individuellen Darstellungsmöglichkeiten eröffnen bisher ungeahnte Möglichkeiten zur Vermeidung von Streuverlusten.[537]

Des Weiteren ist die Steuerung der Werbung aufgrund dieser technischen Möglichkeiten auch unter räumlichen Gesichtspunkten möglich. So kann der Nutzer anhand von Cookies, der IP-Adresse oder des Einwahlknotens räumlich grob lokalisiert und die Werbung mittels entsprechender Technologie kurzfristig hierauf zugeschnitten werden. Dieses Geo-Targeting ermöglicht eine räumliche Steuerung nach Regionen und Ballungsgebieten.[538]

Zusammenfassend lässt sich sagen, dass das Internet hinsichtlich der Steuerbarkeit der Werbung neue Maßstäbe setzt und eine kostengünstige Möglichkeit der zielgruppengenauen Werbung darstellt.[539] Auf die Kommunikationsformen übertragen, sorgt diese Möglichkeit der Individualisierung und Echtzeitsteuerung der Werbung für einen Wandlungsprozess. Ursprünglich massenkommunikativ ausgelegte Werbung wird durch die Individualisierung wieder zu einer Form der Direktkommunikation. Dank der technischen Möglichkeiten des Internets wird die eigentlich aufwendigere, aber intensivere Form des Direktmarketings durch die Online-Werbung massentauglich.[540]

---

533 Schnettler/Wendt, S. 184; Unger/Fuchs/Michel, S. 327.

534 Kloss, S. 376.

535 Unger/Fuchs/Michel, S. 339f., erläuternd: Schnettler/Wendt, S. 180ff.; Schweiger/Schrattenecker, S. 331ff.; Hass/Willbrandt, MedienWirtschaft 2011, 12, 14ff. mit weiteren Erläuterungen.

536 Lammenett, S. 219.

537 Hass/Willbrandt, MedienWirtschaft 2011, 12, 13.

538 Schnettler/Wendt, S. 185; Unger/Fuchs/Michel, S. 340; Kloss, S. 377f.; Vgl. zur datenschutzrechtlichen Beurteilung des Geotrageting: Arning/Moos, ZD 2014, 126, 127ff.

539 Hass/Willbrandt, MedienWirtschaft 2011, 12, 20.

540 Kloss, S. 377; Lange, BB 2002, 561, 561.

b) *Reichweite und Kontakthäufigkeit*

Insbesondere in den Anfangszeiten der Online-Werbung wurde oftmals die zu geringe Reichweite des Internets kritisch bewertet.[541] Mittlerweile ist die Nettoreichweite in Deutschland bei insgesamt über 76 Prozent der über Zehnjährigen angekommen. Insbesondere in den Altersklassen bis 30 Jahre werden Reichweiten von bis zu 99 Prozent und somit nahezu jeder erreicht.[542] Auch bei den Werten für die tägliche Nutzung eines Mediums hat das Internet inzwischen das Fernsehen überholt.[543]

Reichweitenprobleme ergeben sich dementsprechend bei den älteren Generationen, die das Internet deutlich seltener und nur für kurze, singuläre Aktivitäten nutzen.[544] Die Reichweite bei den über 60-Jährigen liegt dementsprechend bei circa 40 Prozent.[545]

Die technischen Möglichkeiten des Internets ermöglichen eine sehr genaue Messung der Kontakthäufigkeit. Anders als bei allen anderen Medien kann hier sowohl die Nutzungsintensität von Web-Angeboten als auch die unmittelbare Wirkung von Werbung ermittelt werden. Dabei werden nach einem eigenständigen Bewertungssystem unter anderem die Aufrufzahlen von Webseiten oder die Häufigkeit der Klicks auf ein Werbebanner analysiert. Es ist somit nicht notwendig, sich auf unsichere Quoten oder Verkaufszahlen zur Berechnung von Reichweiten oder Wirkungen zu verlassen.[546]

c) *Kontaktqualität*

Hinsichtlich der Kontaktqualität bietet das Internet eine Vielzahl unterschiedlicher Gestaltungsmöglichkeiten. Im Gegensatz zu den Anfangszeiten sind die Formen und Arten der Online-Werbung heutzutage wesentlich ausdifferenzierter.[547]

Im Bereich der Display-Werbung erweist sich das großflächige Wallpaper gegenwärtig als Hauptwerbemittel, gefolgt von der vor Beginn eines Videos geschalteten Videowerbung.[548] Daneben wird jedoch auch auf die Einbindung von Videos in die Webseite (In-Page-Videowerbung) oder auf Pop-up-Werbefenster zurückgegriffen.[549] Insgesamt kann die Kontaktqualität, je nach Zielsetzung, sowohl bei einer informativ sachlichen Gestaltung als auch bei einer emotionalen Ansprache mittels audiovisueller Umsetzung als hoch angesehen werden, da die Darstellungsform entsprechend

541 Bspw. Wiedmann, in: Geffken 607, 616.
542 BVDW, OVK Online-Report 2014/02, S. 16.
543 Vgl. Kloss, S. 376.
544 Kloss, S. 376; Unger/Fuchs/Michel, S. 327.
545 BVDW, OVK Online-Report 2014/02, S. 16.
546 Vgl. Schnettler/Wendt, S. 178ff.
547 Zu den frühen Möglichkeiten bspw. Kiethe, WRP 2000, 616, 617.
548 Vgl. auch oben 1. Teil C. II; BVDW, OVK Online-Report 2014/02, S. 13.
549 Vgl. zu den einzelnen Werbeformen: Übersicht des OVK im BVDW: http://www.werbeformen.de/index.php?id=2596 zuletzt abgerufen am: 14.6.2015; Meffert/Burmann/Kirchgeorg, S. 638ff.; Schnettler/Wendt, S. 185f.

variiert werden kann.[550] Durch die zusätzliche Verwendung von Links kann ein Internetnutzer, anders als im Fernsehen oder bei Printmedien, auf weiterführende Angebote geleitet und der Werbekontakt somit besonders vertieft werden.[551]

d) Kosten und sonstige Nachteile

Auch die Kosten für Internetwerbung berechnen sich nach einem mit dem TKP vergleichbaren Wert. Es ist üblich, entweder für eine bestimmte Anzahl an Ad-Impressions, also Seitenaufrufen mit entsprechendem Server-Abruf der Werbung, oder für eine bestimmte Anzahl an Klicks (Ad-Clicks) auf ein Werbebanner zu bezahlen.[552]

Trotz all der genannten Vorteile muss die Online-Werbung auch mit nicht zu unterschätzenden Problemen umgehen. So ist die Akzeptanz von Werbung im Internet verhältnismäßig gering ausgeprägt. Werbung wird als besonders störend empfunden und aus diesem Grund gemieden.[553] Die Akzeptanz von Online-Werbung liegt gegenwärtig bei 44 Prozent bei den Internetnutzern ab 14 Jahren.[554]

Dies hat zur Folge, dass die tatsächliche Klickrate von Internetwerbung äußerst gering ist. Klickraten von unter 1 Prozent der Seitenaufrufe stellen keine Seltenheit dar.[555] Internetwerbung ist somit in der Theorie zwar besonders gut auf die Zielgruppe zugeschnitten, wird aber praktisch nur selten tatsächlich wahrgenommen.

Darüber hinaus sind den dargestellten Targeting-Möglichkeiten enge rechtliche Grenzen gesetzt[556] und sie sind vom Wohlwollen der Nutzer abhängig. Insbesondere Cookies werden häufig nicht zugelassen und verhindern somit eine gezielte Werbeansprache.[557] Insgesamt erweist sich das Internet dennoch als der Werbeträger der Zukunft.

IV. Mediaselektionsmechanismen

Die spezifischen werberelevanten Eigenschaften bilden die Entscheidungsgrundlage für die Auswahl der passenden Werbeträger. Weitere die Mediaselektion entscheidend beeinflussende Faktoren sind das verfolgte Werbeziel sowie das zur Verfügung stehende Werbebudget. Insbesondere dem Werbebudget kommt dabei eine nicht zu unterschätzende Limitierungswirkung zu.[558] Um Antworten auf die Frage nach

550 BVDW, OVK Online-Report 2014/02, S. 13.; Vgl. dazu auch oben: 1. Teil C II.

551 Meffert/Burmann/Kirchgeorg, S. 635.

552 Schnettler/Wendt, S. 185, zu den Begrifflichkeiten Schnettler/Wendt, S. 179f.; Kloss, S. 382.

553 Kloss, S. 377.

554 BVDW, OVK Online-Report 2014/02, S. 23.

555 Übersichten bei Kloss, S. 385 und Unger/Fuchs/Michel, S. 343.

556 Vgl. Zeidler/Brüggemann, CR 2014, 248, 252ff.; Arning/Moos, ZD 2014, 242, 243ff.; Hass/Willbrandt, MedienWirtschaft 2011, 12, 19f.

557 Kloss, S. 382f.

558 Bruhn, S. 316; Vgl. zur Bestimmung des Werbebudgets: Meffert/Burmann/Kirchgeorg, S. 577f.: Bruhn, S. 267ff.

der bestmöglichen Belegung der Werbeträger zu liefern, wird in der Praxis ein Selektionsprozess basierend auf den werberelevanten Eigenschaften durchgeführt. Dabei wird für den Mediaselektionsprozess auf Rangreihen und qualitative Bewertungsprogramme zurückgegriffen.[559]

Für die Rangreihen werden bekannte Mediadaten wie der TKP, die Reichweite und die Zielgruppenaffinität in Bezug auf eine bestimmte Zielgruppe hinsichtlich ihrer Leistungsfähigkeit gegenübergestellt.[560] Diese Zusammenstellung ermöglicht indes nur eine Sortierung nach einzelnen Werten, liefert aber keine zusammenhängenden Aussagen über die Leistungsfähigkeit insgesamt. Die Rangreihen verdeutlichen, dass die einzelnen Beurteilungskriterien keine Aussagekraft hinsichtlich der Auswahl eines Werbeträgers haben. Eine solche Entscheidung kann nur unter Berücksichtigung aller Faktoren erfolgen.[561] Aus diesem Grund lässt sich auch die Bedeutung einzelner Faktoren für die Gesamtentscheidung nicht absehen.

Auf Basis der Rangreihen können auf qualitativer Ebene unterschiedliche Mediapläne erstellt werden, die sowohl das Medium als auch die Schalthäufigkeit vorsehen und somit Gesamtleistungswerte einer möglichen Werbekampagne liefern.[562] Die dabei getroffenen Aussagen sind Ausdruck der Wirtschaftlichkeit eines Werbeträgers unter Berücksichtigung der Kommunikationsleistung.[563] Durch die Gegenüberstellung unterschiedlicher Pläne erfolgt die Ermittlung des hinsichtlich Werbeziels und Werbebudgets geeigneten Plans. Aufgrund eingeschränkter Rechenkapazitäten kann dabei jedoch nicht jede der unzähligen Kombinationsmöglichkeit evaluiert und die bestmögliche Zusammenstellung gefunden werden.[564]

Übertragen auf die Marktabgrenzungspraxis zeigt sich insbesondere an den Rangreihen, dass Abgrenzungsversuche, die isoliert auf einzelnen Merkmalen beruhen, keine sachgerechte Kontrolle ermöglichen. Es können lediglich Einzelaussagen getätigt werden, welche die bestehende Konkurrenzbeziehung nicht umfänglich erfassen. Vor allem die Mediaselektionsmechanismen verdeutlichen jedoch den für die Marktabgrenzung relevanten Auswahlprozess auf Nachfrageseite und schaffen somit ein tiefergehendes Verständnis der Materie. Aufgrund der Budgetvorgaben und der individuellen Werbeziele lassen sich die Erkenntnisse aber nicht ohne Weiteres auf die Marktabgrenzung übertragen.

V. Mediaplanung und Konvergenz

Die beschriebene Angleichung der Medienlandschaft hat auch unmittelbare Auswirkungen auf die Werbeplanung und die den Werbeträgern zugesprochenen Eigenschaften. Die Konvergenz wirkt sich dabei einerseits auf die Exklusivität bestimmter

559 Schweiger/Schrattenecker, S. 345f.; Bruhn, S. 317 mit Übersichten.
560 Unger/Fuchs/Michel, S. 31f.; Kloss, S. 289f. mit umfassenden Beispielen.
561 Kloss, S. 291.
562 Unger/Fuchs/Michel, S. 32ff.
563 Meffert/Burmann/Kirchgeorg, S. 701.
564 Schweiger/Schrattenecker, S. 346.

Eigenschaften und andererseits auf die Gestaltungsoptionen bei klassischen Inhalten aus.

Die für die Mediaplanung und somit den Erwerb des Produkts ausschlaggebenden Eigenschaften hängen in weiten Teilen auch von der Zugehörigkeit zu einer der klassischen Mediengattungen ab.[565] Am deutlichsten zeigt sich dies am Beispiel der Bewegtbild-Werbung. So war beispielsweise die Möglichkeit zur Verbreitung von Bewegtbildern und die damit einhergehende positive Werbewirkung lange Zeit ein Alleinstellungsmerkmal der Fernsehwerbung. Durch den technischen Fortschritt im Bereich der Übertragungstechnik ermöglicht nunmehr auch das Internet die Übertragung von Videowerbung in entsprechender Qualität. Wo sonst aufgrund fehlender Alternativen nur die Platzierung eines Werbespots im Fernsehen in Betracht kam, stellt folglich das Internet eine denkbare Werbemöglichkeit dar. Aufgrund neuer Mobilfunkstandards, wie beispielsweise LTE, kann Videowerbung dabei selbst auf mobilen Endgeräten ohne Qualitätseinbußen zum Einsatz kommen.

Die Mehrfachverwertung von Inhalten erhöht zudem die jeweiligen Gestaltungsoptionen für die Werbeplanung. Technisch bedingt waren beispielsweise die Werbemöglichkeiten bei den klassischen Printmedien sehr eingeschränkt. Durch die Digitalisierung und Online-Verwertung lassen sich dieselben Inhalte mit deutlich aufwendiger gestalteter Werbung oder sogar mit Videospots versehen. Dies führt zu einer Universalisierung der Inhalte und somit auch der Werbeträger für die Werbeplanung. Aus Sicht der Werbeplanung tritt die Zugehörigkeit zu einer bestimmten Mediengattung in den Hintergrund und verliert an Entscheidungserheblichkeit. Dies ermöglicht daher deutlich flexiblere und unabhängigere Planungen.

Insgesamt betrachtet führen der Verlust von Exklusivität und die Universalisierung der Inhalte auch unter Gesichtspunkten der Werbeplanung zu einem Zusammenwachsen der Medien. An die Stelle heterogener und paralleler Strukturen tritt ein in weiten Teilen einheitlich zu handhabender Werbeträger. Die Konvergenzentwicklung führt somit im Bereich der Werbemärkte zu einem Verschwimmen der ehemals klaren Grenzen zwischen den medienimmanenten Werbeeigenschaften.

Gegenwärtig gilt es jedoch zu beachten, dass zwar homogenisierte Gestaltungsmöglichkeiten bestehen, sich die jeweiligen Nutzungssituationen der Medien aber mehr und mehr individualisieren. So bedingt die Konvergenz der Medien in diesem Bereich gerade keine Annäherung des Nutzungsverhaltens. Für die Mediaplanung hat dies zur Folge, dass klassische Muster zur Konsumsituation und der daraus resultierenden Werbewirkung an Wert verlieren. Unter werbeplanerischen Gesichtspunkten bedeutet dies umgekehrt einen weiteren Schritt zur Homogenisierung der Werbeträger. Durch eine Verringerung der spezifischen Werbeträgereigenschaften gehen bestehende Unterschiede zwischen den Mediengattungen zurück, was gleichzeitig die Einsatzmöglichkeiten der unterschiedlichen Werbeträger steigen lässt. Dies erweist sich einerseits als Vorteil, da die Auswahlmöglichkeiten an potenziellen Werbeträgern steigen. Andererseits stellt die Spezifität eines Werbeträgers mitunter

565 Vgl. oben 3. Teil B. II.

ein Alleinstellungsmerkmal dar, das ihn für die Werbeplanung besonders geeignet erscheinen lässt.

Konvergenzbedingt verschwimmen die Grenzen zwischen den Mediengattungen zunehmend auch in Hinsicht auf die Werbemärkte. Hiervon betroffen sind insbesondere die medienimmanenten Eigenschaften, folglich diejenigen, die unmittelbar an die technischen Möglichkeiten des Mediums geknüpft sind. Sie verlieren aufgrund der multimedialen Zukunft an Bedeutung und Entscheidungserheblichkeit, da sie nicht mehr als Alleinstellungsmerkmale zu qualifizieren sind. Gleichzeitig steigt jedoch die Vielfalt der möglichen Werbeträger. Die fortschreitende Konvergenz erscheint daher, je nach Perspektive, als zweischneidiges Schwert für die Werbeplanung.

VI. Zwischenfazit

Insgesamt lässt sich festhalten, dass Werberaum ein sehr vielseitiges und individuelles Produkt ist. Bei der Analyse und Betrachtung von Werbeträgern ist eine Vielzahl von Eigenschaften zu berücksichtigen. Dabei sollte zwischen mediengattungsspezifischen Eigenschaften wie der Darstellungsform oder der Nutzungssituation und mediengattungsunabhängigen Faktoren wie der Reichweite und der Zielgruppe unterschieden werden. Während sich die erstgenannten Eigenschaften für die Medien einer Gattung gleichen, bestehen bei den unabhängigen Faktoren auch innerhalb einer Gattung erhebliche Unterschiede.

Dies führt zu einem mehrdimensionalen Auswahlproblem. Auf der einen Seite müssen intermedial die Gattungseigenschaften in den Auswahlprozess einbezogen werden, während andererseits auch die intramedialen Besonderheiten zu berücksichtigen sind. Die Folge ist eine Vielzahl möglicher Konkurrenzbeziehungen, die auch mithilfe der Mediaplanung nicht umfassend handhabbar werden.

In Hinblick auf die fusionsrechtliche Marktabgrenzung lässt sich anhand der werberelevanten Eigenschaften und der Mediaselektionsmechanismen der maßgebliche Produktauswahlprozess in weiten Teilen nachvollziehen. Dies ermöglicht Aussagen über die Grenzen des Marktes und verdeutlicht zugleich die Problematik des Umgangs mit vielfältigen Produktgruppen. Aus diesem Grund muss die Marktabgrenzung auch in Hinblick auf diese Produktgruppen überdacht werden.

C. Das intramediale Wettbewerbsverhältnis der Online-Werbung

Das Internet steht sinnbildlich für den durch die Digitalisierung und Konvergenzentwicklungen angestoßenen Medienwandel. Im Gegensatz zu den klassischen Mediengattungen lässt sich das Internet nicht auf einzelne Funktionalitäten reduzieren. Dies gilt insbesondere für die Interwerbung. Die Werbemöglichkeiten im Internet umfassen die statische Nutzung von Bildern und Texten ebenso wie die Verwendung von Bewegtbildern in Form von Video-Werbespots. Aufgrund der medialen Hybridstellung stellt das Internet keinen uniformen und homogenen Werbeträger dar.

Daneben unterscheidet sich auch die Angebotsvielfalt im Internet von klassischen Mediengattungen, was sich direkt auf die Vielfalt der Werbemöglichkeiten auswirkt. Im Internet bieten nicht nur die klassischen medialen Inhaltsanbieter Werberaum an, sondern auch Anbieter wie beispielsweise Suchmaschinen oder soziale Netzwerke.[566] Auch diese Angebote eignen sich als Werbeträger und verändern somit die klassischen Wettbewerbsbeziehungen. Während bei den sonstigen Medien auch auf der inhaltlichen Ebene vergleichbare Angebote als Werberaum miteinander in Konkurrenz standen, ist diese Situation im Internet nicht mehr gegeben.

Diese Umstände beeinflussen die intramedialen Wettbewerbsbeziehungen im Internet und haben somit auch direkt Auswirkungen auf die Bestimmung des sachlich relevanten Marktes im Bereich der Internetwerbung. Es stellt sich die Frage, inwiefern diese differenzierten Marktverhältnisse mit der gegenwärtigen Methodik sachgerecht erfasst werden können und inwiefern sich die Auflösung der medialen Funktionszuweisung auf die Marktabgrenzung auswirkt.

Eine genaue Betrachtung zeigt, dass die differenzierte Anbieterstruktur keine methodischen Anpassungen erfordert. Die vielfältigen neuen Trägerangebote lassen sich ebenso nach den aus der Werbeplanung bekannten Eigenschaften bewerten wie die klassischen Werbeträger. Auch bei ihnen sind Kriterien wie die Zielgruppe, die Reichweite oder die Qualität des Werbekontaktes von entscheidender Bedeutung. Darüber hinaus lassen sich aufgrund der Multimedialität des Internets, die alle Mediengattungen vereint, Erkenntnisse aus der Argumentationsstruktur der Abgrenzungspraxis der klassischen Werbeträger gewinnen. Bei der Bestimmung der sachlich relevanten Internet-Werbemärkte stellen sich die aufgeworfenen Fragen und Problemstellungen in ihrer Gesamtheit erneut. Das Internet wirft aufgrund der technischen Entwicklung jedoch auch eigenständige Fragestellungen auf, die eine gesonderte Betrachtung erforderlich machen.

I. Die Marktstruktur bei den klassischen Werbeträgern

Das Internet umfasst die Werbemöglichkeiten der Printmedien ebenso wie die des Radios und des Fernsehens. Zu allen diesen Mediengattungen findet sich in der deutschen und europäischen Praxis eine Vielzahl von Entscheidungen, die sich mit den intramedialen Marktverhältnissen der jeweiligen Werbemärkte auseinandersetzen. Die zugrunde gelegten Argumentationsstrukturen und die auftretenden Problemstellen lassen sich aufgrund der Hybridstellung des Internets direkt auf die Abgrenzung der relevanten Online-Werbemärkte übertragen und sind deshalb von besonderer Bedeutung für die Abgrenzung der Online-Werbemärkte.

566 Kiefer/Steininger, S: 314; Beckmann/Müller in: Hoeren/Sieber/Holznagel, Teil 10, Rn. 28; Höppner, WRP 2012, 625, 626.

1. Zeitungswerbemärkte

Der Zeitungsmarkt ist nach der zugrunde gelegten Definition durch eine Vielzahl von unterschiedlichen Formaten geprägt.[567] So kann dem Erscheinungsrhythmus nach zwischen Tages- und Wochenzeitungen, dem Verbreitungsgebiet nach zwischen regionalen und nationalen Zeitungen, der Vertriebsweise nach zwischen Straßenverkaufs- und Abonnementzeitungen oder der inhaltlichen und redaktionellen Qualität nach unterschieden werden. Jedes Format und Einzelmedium hat dabei eine spezielle und nach sachlichen sozioökomischen und räumlichen Kriterien spezifizierte Leserschaft. Dies führt nach Ansicht der Kartellbehörden auf dem Lesermarkt der Rezipienten zu einer verzweigten Marktaufteilung in die genannten Kategorien.[568]

In Hinblick auf den davon zu trennenden Werbe- bzw. Anzeigenmarkt agieren die zuständigen Behörden und Gerichte hingegen deutlich zurückhaltender. Vor allem in sachlicher Hinsicht wird eine feingliedrige Unterteilung des Marktes vermieden. Die dazu vorgetragenen Argumente sind aber nicht immer nachvollziehbar, in sich schlüssig und folgen nicht zwingend den hergebrachten methodischen Grundannahmen. Als wesentliches Problemfeld ist dabei der Umgang mit der Heterogenität des Produkts und den vielfältigen Abnehmeransichten von Bedeutung.

a) Die Argumentationsstruktur der europäischen Kommission

Auf europäischer Ebene untergliedert sich der sachliche Zeitungsanzeigenmarkt auf Basis der aktuellen Entscheidungen der EU-Kommission vornehmlich nach dem Verbreitungsgebiet in regionale und nationale Werbemärkte.[569] Neben dieser Differenzierung wird in der Entscheidungspraxis noch ein weiterer wesentlicher Untergliederungsansatz verfolgt, der auf Basis der sozioökomischen Zusammensetzung der Zielgruppe zu unterschiedlichen und ggf. ergänzenden Untergliederungen des Zeitungswerbungsmarktes führt.

aa) Differenzierung nach der sozioökomischen Zusammensetzung der Zielgruppe

Der älteste Argumentationsstrang der EU-Kommission orientiert sich hauptsächlich an der Zusammensetzung der Leserschaft einer Zeitung. In der Entscheidungspraxis wird davon ausgegangen, dass Werbung, um erfolgreich zu sein, auf die wirksame Ansprache der Zielgruppe angewiesen sei.[570] Je nach redaktioneller Qualität,

567 Vgl. oben 3. Teil B. III. 1.

568 S. zur Marktabgrenzung des Rezipientenmarktes HH-K/*Braun*, 21. Abschnitt, Rn. 104ff., m.w.N.

569 Kommission, Entsch. v. 7.7.2005, COMP/M.3817 – Wegener/PCM/JV, Rn. 28, 30; Kommission, Entsch. v. 3.11.2010, COMP/M.5932 – NewsCorp/BSkyB, Rn. 265.

570 Kommission, Entsch. v. 14.3.1994, IV/M.423 – Newspaper Publishing, ABl. C 85 v. 22.3.1994, S. 6, Rn. 16; Kommission, Entsch. v. 1.2.1999, IV/M.1401 – Recoletos/Unedisa, ABl. C 073 v. 17.3.1999, S. 8, Rn. 26.

Aufbereitung der Informationen und der Bandbreite der behandelten Themen unterscheide sich die Leserschaft der Zeitungen.[571] Dies führe unter sozioökomischen Gesichtspunkten zu einer einheitlichen und individuellen Leserschaft der jeweiligen Zeitungen, die sich aufgrund der Homogenität als Zielgruppe für Werbung ansprechen lasse.[572]

Obwohl die Leser- und Anzeigenmärkte auch nach Ansicht der EU-Kommission voneinander zu unterscheiden sind, stellt die Leserschaft, die als Zielgruppe für die Werbung fungiert, im Ergebnis dennoch das entscheidende Differenzierungskriterium dar.[573] Da auch die Abgrenzung der Lesermärkte nach diesem Muster verfährt, ließe sich die Differenzierung des Lesermarktes demnach in Teilen auch auf den Werbemarkt übertragen.

Die Vielschichtigkeit der Gesellschaft führe aus Sicht der Werbetreibenden zu einer eingeschränkten Austauschbarkeit und somit zu einer ausdifferenzierten Abgrenzung der Märkte.[574] Im Ergebnis schreckt die EU-Kommission vor einer konsequenten Umsetzung dieser Gedanken zurück. So wird letztlich darauf hingewiesen, dass insbesondere Zeitungen im Vergleich zu anderen Medien wie Fernsehen oder Radio ohnehin schon nur an eher gebildetere gesellschaftliche Gruppen und Schichten gerichtet seien. In der Folge sei die Zielgruppe somit allgemein schon wesentlich spezifischer als bei anderen Medien, so dass unter diesem Gesichtspunkt ein einheitlicher Anzeigenmarkt bestehen könne.[575]

Eine abschließende exakte Marktabgrenzung ist mangels Entscheidungsrelevanz in diesen Fällen nicht getroffen worden.[576] Der argumentative Ansatz bei der Zielgruppe stellt unter den methodischen Gesichtspunkten des Bedarfsmarktkonzeptes einen zu berücksichtigenden Teilaspekt dar. Es fehlt insoweit jedoch an einer konkreten Darstellung und Belegung der Auswirkungen auf die Austauschbarkeit der Werbeträger und die Einbeziehung weiterer entscheidungsrelevanter Faktoren. Zudem offenbart die Frage nach dem notwendigen Grad an Zielgruppenspezifität zur Begründung eigenständiger Märkte aufgrund der Ungenauigkeit eine weitere Schwachstelle dieses Ansatzes.

---

571 Vgl. Kommission, Entsch. v. 14.3.1994, IV/M.423 – Newspaper Publishing, ABl. C 85 v. 22.3.1994, S. 6, Rn. 14.

572 Vgl. Kommission, Entsch. v. 14.3.1994, IV/M.423 – Newspaper Publishing, ABl. C 85 v. 22.3.1994, S. 6, Rn. 14.

573 Kommission, Entsch. v. 14.3.1994, IV/M.423 – Newspaper Publishing, ABl. C 85 v. 22.3.1994, S. 6, Rn. 16; Kommission, Entsch. v. 1.2.1999, IV/M.1401 – Recoletos/Unedisa, ABl. C 073 v. 17.3.1999, S. 8, Rn. 26.

574 Kommission, Entsch. v. 14.3.1994, IV/M.423 – Newspaper Publishing, ABl. C 85 v. 22.3.1994, S. 6, Rn. 16.

575 Kommission, Entsch. v. 1.2.1999, IV/M.1401 – Recoletos/Unedisa, ABl. C 073 v. 17.3.1999, S. 8, Rn. 27.

576 Vgl. Kommission, Entsch. v. 1.2.1999, IV/M.1401 – Recoletos/Unedisa, ABl. C 073 v. 17.3.1999, S. 8, Rn. 28; ebenso offenlassend Kommission, Entsch. v. 20.4.1999, IV/M.1455 – Gruner + Jahr/Financial Times/JV, ABl. C 247 v. 31.8.1999, S. 5, Rn. 20.

bb) Differenzierung nach dem räumlichen Verbreitungsgebiet

Neben diesem sozioökomischen Differenzierungsansatz verfolgt die EU-Kommission auf der sachlichen Abgrenzungsebene den Ansatz einer räumlichen Untergliederung des Zeitungswerbemarktes nach dem Verbreitungsgebiet der Zeitungen. Dabei liegt der Schwerpunkt der Betrachtungsweise auf dem Produkt oder der Dienstleistung, die beworben werden soll. Es wird davon ausgegangen, dass bestimmte Angebote sich nur an einen räumlich eng abgrenzbaren Kundenkreis richten würden, sodass Werberaum in landesweiten Zeitungen nicht austauschbar mit dem in regionalen oder lokalen Zeitungen zur Verfügung gestellten Werberaum sei.[577]

Zutreffend wird hier angenommen, dass spezifische örtliche Angebote nur dann eine positive Werbewirkung entfalten können, wenn sie in Medien veröffentlicht werden, die auch in dem entsprechenden lokalen Gebiet gelesen werden, in dem die Angebote gelten.

Die Unterscheidung zwischen nationalen und regionalen Anzeigenmärkten wird – trotz der umstrittenen und beschränkten Aussagekraft[578] – auch mit den Kosten der Werbung begründet. So sei der TKP für landesweite Werbung aufgrund der hohen Reichweite wesentlich günstiger als bei regionaler Werbung.[579] Daneben bestehe zwar die Möglichkeit, landesweit mittels der kombinierten Buchung mehrerer Regionalzeitungen zu werben. Dies gestalte sich aber kompliziert und stehe deshalb einer Austauschbarkeit entgegen.[580] Ergänzend greift die EU-Kommission mittelbar auf sozioökomische Kriterien zurück, indem sie betont, dass Werbetreibende auch Unterschiede bei der redaktionellen Qualität zwischen regionalen und landesweiten Zeitungen berücksichtigen würden.[581]

Im Grundsatz kann dieser Argumentation der EU-Kommission, die im Wesentlichen auf dem Bedarfsmarktkonzept beruht, zunächst zugestimmt werden. Wer beispielsweise als lokaler Handwerker oder Einzelhändler im Wesentlichen lokale Kunden anspricht, wird nachvollziehbarerweise aufgrund der Streuverluste nicht überregional oder bundesweit werben. Die unterschiedlichen Werbeplätze sind aus dieser Perspektive somit keineswegs austauschbar. Aus Sicht eines überregionalen Werbekunden, der beispielsweise seine Markenbekanntheit insgesamt steigern möchte, scheiden lokale bzw. regionale Werbeträger jedoch nicht zwingend aus. Auch diese Rezipienten gehören zu der anvisierten Zielgruppe. Diese Verwerfung bei der Beurteilung unterschiedlicher Interessenlagen wirft Fragen hinsichtlich des Umgangs mit heterogenen Kundengruppen auf, die im Rahmen einer sachgerechten Fusionskontrolle zu beantworten sind.

---

577 Kommission, Entsch. v. 7.7.2005, COMP/M.3817 – Wegener/PCM/JV, Rn. 28, 30; Kommission, Entsch. v. 3.11.2010, COMP/M.5932 – NewsCorp/BSkyB, Rn. 265.

578 Vgl. oben 2. Teil D. II. 1. a) aa) (1).

579 Kommission, Entsch. v. 3.11.2010, COMP/M.5932 – NewsCorp/BSkyB, Rn. 265.

580 Kommission, Entsch. v. 3.11.2010, COMP/M.5932 – NewsCorp/BSkyB, Rn. 265.

581 Kommission, Entsch. v. 3.11.2010, COMP/M.5932 – NewsCorp/BSkyB, Rn. 265.

cc) Zusammenfassung und Diskussion

Betrachtet man die beiden Argumentationsmuster, so erscheinen diese zunächst als losgelöste Alternativen zueinander. Es muss jedoch festgehalten werden, dass eine Kombination durchaus möglich und auch naheliegend ist. Dies wird insbesondere dadurch verdeutlicht, dass sozioökomische Gesichtspunkte ausdrücklich bei der Differenzierung nach dem Verteilungsgebiet berücksichtigt werden sollen.

Den Ansätzen gemein ist ihre starke Rückbeziehung auf die Frage der Austauschbarkeit und hiermit auf das Bedarfsmarktkonzept. Es wird versucht, als Ausgangspunkt der Überlegungen auf die Sichtweise möglicher Abnehmer abzustellen. Letztlich zeichnet sich die Umsetzung dieses Ansatzes durch eine ausschließliche Berücksichtigung von Einzelaspekten anstelle eines anzustrebenden ganzheitlichen Umgangs aus.

In die Reihe der dargestellten Abgrenzungsansätze fügt sich auch der von den Zusammenschlussbeteiligten im NewsCorp/BSkyB-Verfahren vorgeschlagene Unterscheidungsansatz anhand der Erscheinungshäufigkeit nach Tages- und Wochenzeitungen ein.[582] Dabei wird vorgetragen, dass sich insbesondere Wochenzeitungen anders als Tageszeitungen aufgrund der selteneren Erscheinungsweise nicht für tagesaktuelle Werbekampagnen eignen würden.[583] Für eine vergleichbare Belegung seien eine umfassende Planung und ein gutes Werbe-Timing erforderlich, sodass im Ergebnis eine Austauschbarkeit nicht in Betracht komme.[584]

Die von der EU-Kommission diesbezüglich durchgeführte Marktbefragung liefert ein uneinheitliches Bild. So findet eine solche Unterscheidung zumindest in Teilen des Marktes durchaus Zustimmung. Mangels Entscheidungserheblichkeit blieb diese Frage hier jedoch offen.[585]

Im Ergebnis kann isoliert betrachtet kein Ansatz überzeugen. Die dargestellten Faktoren stellen für sich genommen zwar Einflussfaktoren zur Beantwortung der Austauschbarkeitsfrage dar, sie können jedoch einzeln keine überzeugende Marktabgrenzung begründen. Erst die Zusammenführung der Einzelaspekte kann die umfassenden Überlegungen, die im Rahmen einer Mediaplanung durchgeführt werden, wiedergeben.

Daneben zeigen sich erstens auch hier die allgemeinen Probleme des Bedarfsmarktkonzeptes. So ist die Zuteilung differenzierter Produkte in ein Schwarz-Weiß-Raster nur durch starke Abstraktion möglich. Mittels dieses Vorgangs werden zwar praktisch handhabbare, aber letztlich nicht realitätsgetreue Ergebnisse erzielt. Effiziente Abgrenzungsmethoden müssen Lösungen für den Graubereich anbieten.

An zweiter Stelle zeigt sich vor allem bei der Gegenüberstellung regionaler und nationaler Zeitungen das Problem mit dem Umgang heterogener Interessengruppen.

---

582 Parteivortrag in: Kommission, Entsch. v. 3.11.2010, COMP/M.5932 – NewsCorp/BSkyB, Rn. 266.

583 Kommission, Entsch. v. 3.11.2010, COMP/M.5932 – NewsCorp/BSkyB, Rn. 266.

584 Kommission, Entsch. v. 3.11.2010, COMP/M.5932 – NewsCorp/BSkyB, Rn. 266.

585 Kommission, Entsch. v. 3.11.2010, COMP/M.5932 – NewsCorp/BSkyB, Rn. 266.

Während Markenprodukthersteller ihre Bekanntheit unabhängig vom Aufwand auch mittels Regionalzeitungen steigern können, ist das bundesweite Bewerben von regionalen Angeboten deutlich ineffizienter. Diese unterschiedlichen Interessenlagen müssen jedoch differenziert bewertet werden. Dies zeigt abermals, dass die unspezifische Betrachtung der Zielgruppe zur Beantwortung der Austauschbarkeitsfrage zu kurz greift. Hier sind umfassendere bzw. differenzierte Ansätze notwendig.

b) Argumentationsstrukturen in der deutschen Entscheidungspraxis

Nicht nur die EU-Kommission, sondern auch das Bundeskartellamt hat sich in regelmäßigen Abständen mit Zusammenschlüssen im Pressebereich zu befassen. Im Vergleich zu den Entscheidungen der EU-Kommission hat sich eine wesentlich umfangreichere Entscheidungspraxis herausgebildet. Die Untergliederungsansätze orientieren sich an zwei unterschiedlichen Dimensionen. Zum einen wird die Austauschbarkeit unterschiedlicher Zeitungsformate wie beispielsweise Abonnement-Tageszeitungen und Anzeigenblättern diskutiert, und zum anderen wird auch hier nach räumlichen Gesichtspunkten wie lokaler oder bundesweiter Werbeverbreitung unterschieden.

aa) Differenzierung nach der Art der Zeitung

Nach dem gegenwärtigen Stand der Entscheidungspraxis sind sowohl Abonnement-Tageszeitungen als auch Straßenverkaufszeitungen und Anzeigenblätter in einen gemeinsamen Markt einzubeziehen, sofern sie deckungsgleiche Belegungseinheiten anbieten.[586] Ausschlaggebend für die Zuordnung zu einem gemeinsamen Markt ist somit die Vergleichbarkeit des Werberaums und mithin dessen Austauschbarkeit. Dies führt argumentativ zu einer Gegenüberstellung der jeweiligen Eigenschaften der Werbeträger, welche unterschiedliche Wertungen nach sich ziehen kann.

(1) Eigenschaftsvergleich bei Anzeigenblättern

Dies zeigt sich beispielhaft bei der Frage nach einem gemeinsamen Markt von Tageszeitungen und Anzeigenblättern. Hierbei wurde in der Entscheidungspraxis entgegen der vorherrschenden Ansicht vereinzelt argumentiert, dass lediglich in den Randbereichen des Marktes Substitutionsbeziehungen bestehen und daher nicht von einem gemeinsamen Markt ausgegangen werden kann.[587]

---

586 So zuletzt: BKartA, B. v. 30.3.2010, B6-98/09 – Roth + Horsch, Rn. 63, abrufbar unter: http://www.bundeskartellamt.de/SharedDocs/Entscheidung/DE/Entscheidungen/Fusionskontrolle/2010/B6-98-09.pdf?__blob=publicationFile&v=3 zuletzt abgerufen am: 14.6.2015; BKartA, B. v. 9.7.2009, B6-38/09 – medienholding nord, WuW/DE-V 1754, 1756, Rn. 29 m.w.N.

587 BKartA, B. v. 16.12.1985, B6-71/84 – Weiss KG/S-W Verlag, AG 1986, 371, 372; BKartA, B. v. 3.5.1984, B6-32/82 – Singener Wochenblatt, WuW/E BKartA 2140,

Den Ausgangspunkt für die Zuordnung zu einem gemeinsamen Markt bilde demnach bei beiden Ansichten die vergleichbare Relation zwischen Werbewirkung und Anzeigenpreis.[588] Wobei eine vollständige Austauschbarkeit nicht erforderlich sei.[589]

Betont werden vor allem die Unterschiede zwischen Tageszeitungen und Anzeigenblättern. So würden erhebliche Unterschiede hinsichtlich der erzielbaren Reichweite, des redaktionellen Umfelds, des Erscheinungsrhythmus und des Anzeigenpreises bestehen. Diese würden aus der maßgeblichen Sicht der Werbetreibenden zu unterschiedlichen Ergebnissen bei der Werbewirkung führen und einer Austauschbarkeit entgegenstehen.[590] Beispielhaft führe ein fehlendes redaktionelles Umfeld demnach zu einer anderen bzw. verringerten Aufmerksamkeit beim Adressaten im Vergleich zum Konsum von Tageszeitungen. Dieser Unterschied ziehe insgesamt eine geringere Werbewirkung nach sich.[591]

Die bestehenden Unterschiede werden auch im Falle der Annahme eines gemeinsamen Marktes nicht bestritten. Es könne im Verhältnis von Anzeigenblättern zu Tageszeitungen zwar nicht allgemeingültig von einer Austauschbarkeit ausgegangen werden, jedoch bestehe zwischen beiden Formaten keine „grundsätzliche Verschiedenheit".[592]

Unterschiede hinsichtlich des Erscheinungsrhythmus würden in der Praxis keinen Einfluss auf die Auswahlentscheidung der Werbetreibenden haben, da im Regelfall ohnehin nicht täglich geworben werde.[593] Eine wöchentliche Werbemöglichkeit sei für die meisten Kunden ausreichend. Diese zeige sich unter anderem durch die Ballung der Anzeigen in den Wochenendausgaben.[594]

2141; BKartA, B. v. 22.12.1983, B6-96/82 – Niederrheinische Anzeigenblätter, AG 1984, 164, 166.

588 BKartA, B. v. 16.12.1985, B6-71/84 – Weiss KG/S-W Verlag, AG 1986, 371, 372; BGH, B. v. 26.5.1987, KVR 3/86 – Niederrheinische Anzeigenblätter, WuW/E BGH 2425, 2428.

589 BGH, U. v. 10.12.1985, KVR 22/85 – Abwehrblatt II, WuW/E BGH 2195, 2197.

590 BKartA, B. v. 16.12.1985, B6-71/84 – Weiss KG/S-W Verlag, AG 1986, 371, 372; BKartA, B. v. 22.12.1983, B6-96/82 – Niederrheinische Anzeigenblätter, AG 1984, 164, 165; BKartA, B. v. 1.9.1981, B6-8/81 – Contact-Ammerland Echo, WuW/E BKartA 1931, 1932; OLG Stuttgart, B. v. 2.10.1981, 2 Kart. 4/79 – gemeinsamer Anzeigenteil, WuW/E OLG 2624, 2626.

591 BKartA, B. v. 22.12.1983, B6-96/82 – Niederrheinische Anzeigenblätter, AG 1984, 164, 165; BKartA, B. v. 1.9.1981, B6-8/81 – Contact-Ammerland Echo, WuW/E BKartA 1931, 1932.

592 KG, B. v. 15.1.1988, Kart 1/86 – W+i Verlag / Weuss-Druck, WuW/E OLG 4095, 4103.

593 BGH, B. v. 10.11.1987, KVR 7/86 – Singener Wochenblatt, NJW 1988, 1850, 1852; KG Berlin, B. v. 15.1.1988, Kart 1/86 – W+i Verlag/Weiss-Druck, WuW/E OLG 4095, 4103f.; a.A.

594 KG, B. v. 23.4.1986, 1 Kart. 8/84 – Südkurier Singener Wochenblatt, WuW/E OLG 3875, 3880.

Auch die Auswirkungen des redaktionellen Umfelds auf die Werbeentscheidung seien von eher untergeordneter Bedeutung. Fehlende oder qualitativ niedrigere Berichterstattung bei den Anzeigenblättern werde durch die kostenlose Verteilung ausgeglichen, wohingegen die Tageszeitungen die Leser erst zu einem Kaufentschluss bewegen müssten.[595] Die vermeintlich erhöhte Kontaktqualität der Tageszeitung werde von den Anzeigenblättern mit der flächendeckenden Haushaltsabdeckung und durch eine erhöhte Reichweite ausgeglichen.[596]

Im Ergebnis würden alle diese „Qualitätsfaktoren" im Anzeigenpreis ihren Ausdruck finden.[597] Dieser stellt nach dieser Ansicht einen Ausgleich zwischen den Eigenschaften her. Eine niedrigere zu erwartende Gesamtwerbewirkung wird im Regelfall auch kostengünstiger als eine entsprechend höhere Werbewirkung sein. Der Preis ermöglicht daher die Kompensation der schlechteren Werbewirkung und letztlich auch die Bewertung der Austauschbarkeit zwischen den Formaten.

Die unterschiedlichen Merkmale begründen nach dieser Ansicht gerade nicht die Annahme unterschiedlicher Märkte.[598] Im Einzelfall kann dieser Vergleich der Qualitätsfaktoren beispielsweise bei Stadtmagazinen auch zu einem eigenständigen Markt führen, wenn die bestehenden Unterschiede eine Austauschbarkeit nicht mehr begründen können.[599]

Inhaltlich kann der vorherrschenden Ansicht des gemeinsamen Marktes im Wesentlichen zugestimmt werden. Auch wenn hinsichtlich der werberelevanten Faktoren Unterschiede zwischen Zeitungen und Anzeigenblättern bestehen, stehen diese einer Austauschbarkeit nicht im Wege. Für eine abschließende Beurteilung erscheinen Erhebungen hinsichtlich der Überschneidung von Kundenkreisen hilfreich.

Dass es im Ergebnis trotz der gleichen Ausgangslage zu unterschiedlichen Ergebnissen kommen kann, verdeutlicht zum einen die Wertungsoffenheit des Bedarfsmarktkonzeptes und zeigt zum anderen eine der größten Schwachstellen bei der Anwendung des Konzeptes auf. Vor allem in Hinblick auf die Rechtssicherheit der fusionsrechtlichen Entscheidungen ist der Umstand der Wertungsoffenheit unabhängig von den konkreten Ergebnissen insgesamt als kritisch zu bewerten. Es zeigt sich, dass eine allein auf der argumentativen Ebene angesiedelte Marktabgrenzung anfällig für willkürliche Zuordnungen sein kann. Im Ergebnis macht dies den Rückgriff auf empirische Daten notwendig, um die Abgrenzungsergebnisse fundiert zu begründen.

595 KG, B. v. 15.1.1988, Kart 1/86 – W+i Verlag/Weiss-Druck, WuW/E OLG 4095, 4104.
596 KG, B. v. 15.1.1988, Kart 1/86 – W+i Verlag/Weiss-Druck, WuW/E OLG 4095, 4104.
597 KG, B. v. 15.1.1988, Kart 1/86 – W+i Verlag/Weiss-Druck, WuW/E OLG 4095, 4103.
598 BGH, B. v. 10.11.1987, KVR 7/86 – Singener Wochenblatt, NJW 1988, 1850, 1852.
599 Vgl. hierzu exemplarisch: BKartA, B. v. 12.4.2000, B6-20/00 – Akzent, WuW/DE-V 334, 335.

(2) Vergleich zu sonstigen Zeitungsarten

Unter methodischen Gesichtspunkten wird in der Entscheidungspraxis zu den übrigen Zeitungsarten wie Straßenverkaufszeitungen und Amts- bzw. Mitteilungsblättern ähnlich verfahren. Eine nähere Abgrenzung zu Sonntagszeitungen ist bisher mangels Entscheidungsrelevanz nicht näher untersucht worden.[600]

Im Verhältnis zwischen Abonnement-Tageszeitungen und Straßenverkaufszeitungen werden in der Entscheidungspraxis erneut die relevanten Eigenschaften miteinander verglichen. Demnach würden erhebliche Unterschiede bei der Vertriebsform und der inhaltlichen Gestaltung der Zeitungen bestehen.[601] Dennoch überschneide sich die Leserschaft beider Formate, was zu ähnlichen Zielgruppen und somit zu einer Austauschbarkeit führe.[602] Probleme hinsichtlich der Austauschbarkeit können jedoch im Bereich der Werbeanzeigen mit regionalem Bezug bestehen. So können hohe Streuverluste bei regionalen Anzeigen gegen die Annahme eines gemeinsamen Marktes sprechen.[603] Aus diesem Grund sei die Voraussetzung für die Zuordnung zu einem gemeinsamen Markt auch hier, dass die Straßenverkaufszeitungen über einen Regionalteil verfügen und dieser als Belegungseinheit buchbar ist.[604]

In Hinblick auf die Amts- und Mitteilungsblätter ist von den gleichen Voraussetzungen wie beim Verhältnis der Anzeigenblätter zu den Tageszeitungen auszugehen.[605] Hierbei bestehende Unterschiede könnten ausgeglichen werden und somit eine Austauschbarkeit begründen.

Unter dem Blickwinkel der Zeitungsart erscheint die Annahme eines gemeinsamen Marktes bei Straßenverkaufs- oder anderen Zeitungsarten ebenfalls angebracht. Deutlich wird aber auch die Bedeutung der regionalen Verbreitungsgebiete für die Frage der Austauschbarkeit.

bb) Differenzierung anhand des Verbreitungsgebiets

Neben der Unterscheidung nach den Zeitungseigenschaften wird in der deutschen Entscheidungspraxis auf der sachlichen Abgrenzungsebene auch nach dem Verbreitungsgebiet unterschieden. Dabei ergibt sich in erster Linie eine Unterscheidung zwischen regionalen/lokalen und überregionalen Anzeigenmärkten.[606] Insbesondere

---

600 Vgl. hierzu: BKartA, B. v. 19.1.2006, B6-103/05 – Axel Springer/ProSiebenSat.1, S. 59, (s. Fn. 11).

601 BKartA, B. v. 23.10.1980, B6-125/79 – Springer – az Anzeigenblatt, AG 1981, 260, 262.

602 KG, B. v. 26.1.1977, Kart 27/76 – Kombinationstarif, WuW/E OLG 1767, 1769; KG, B. v. 4.3.1986, Kart 1/84 – Niederrheinische Anzeigenblätter, WuW/E OLG 3767, 3770.

603 BKartA, B. v. 22.12.1983, B6-96/82 – Niederrheinische Anzeigenblätter, AG 1984, 164, 165.

604 BKartA, B. v. 26.2.1992, B6-157/91 – Stadt-Anzeiger Leipzig, WuW/E BKartA 2515, 2518.

605 KG, B. v. 15.1.1988, Kart 1/86 – W+i Verlag/Weiss-Druck, WuW/E OLG 4095, 4104.

606 KG, B. v. 26.1.1977, Kart 27/76 – Kombinationstarif, WuW/E OLG 1767, 1769.

in Großstädten können auch sublokale Märkte, beispielsweise auf einzelne Stadtteile bezogen, bestehen.[607]

Argumentativ liegt auch diesem Untergliederungsansatz der Vergleich von werberelevanten Eigenschaften zugrunde. Die Platzierung von Werbung erfolgt mit dem Ziel, die bestmögliche Reichweite in der angestrebten Zielgruppe zu erreichen. Insbesondere die Angebote regionaler Anbieter von Waren oder Dienstleistungen zielen auf einen räumlich eng umgrenzten Kundenkreis. Überregionale Werbung führe zu erheblichen Streuverlusten und somit insgesamt zu einer verminderten Werbewirkung.[608]

Von einem gleichen Verbreitungsgebiet könne auch dann ausgegangen werden, wenn sich eine Abdeckung der Zielgruppe durch die Kombination mehrerer Teilausgaben erreichen lässt oder umgekehrt mittels spezifischer Regionalausgaben größere Medien regionale Werbung effektiv anbieten können.[609]

Wesentlich deutlicher als bei der Zeitungsart zeigen sich bei der Differenzierung nach dem Verbreitungsgebiet Umstände, die einer Austauschbarkeit entgegenstehen können. Vor allem die räumlichen Streuverluste bei verschiedenen Zeitungsarten erscheinen in der Breite ausschlaggebender als die vermeintlich geringen Unterschiede bei der sozioökomischen Zusammensetzung der Zielgruppe.

cc) Differenzierung nach der Anzeigenart

In einem weiteren Ansatz wird eine Marktdifferenzierung nach der Art der jeweiligen Anzeigen vorgenommen. So könne ein gesonderter Markt für Rubrikenanzeigen bestehen, der von den sonstigen Print-Anzeigen abzugrenzen sei.[610] Rubriken zeichnen sich dadurch aus, dass sie als Angebot oder Nachfrage nach einem speziellen Produkt oder einer speziellen Dienstleistung ausgestaltet sind und nach Kategorien sortiert in gesonderten Bereichen der Zeitungen abgedruckt werden.

Hinsichtlich der werberelevanten Eigenschaften ist ein Großteil aufgrund der Verwendung der gleichen Mediengattung als identisch zu bewerten. Ein wesentlicher Unterschied bestehe aber bei der Rezeptionsweise der Rubrikenanzeigen. Anders als bei sonstigen Werbeanzeigen würden Rezipienten gezielt nach solchen Anzeigen suchen und die Rubriken somit in den Mittelpunkt der Wahrnehmung

---

607 BGH, U. v. 10.12.1985, KZR 22/85 – Abwehrblatt II, WuW/E BGH 2195, 2196; BGH, B. v. 16.2.1982, KVR 1/81 – Münchener Anzeigenblätter, GRUR 1982, 439, 440; BKartA, B. v. 18.1.1978, B6 62/77 – Springer – Elbe Wochenblatt WuW/E BKartA 1700, 1702.

608 KG, B. v. 26.1.1977, Kart 27/76 – Kombinationstarif, WuW/E OLG 1767, 1769; KG, B. v. 4.3.1986, Kart 1/84 – Niederrheinische Anzeigenbläter, WuW/E OLG 3767, 3770.

609 KG, B. v. 15.1.1988, Kart 1/86 – W+i Verlag/Weiss-Druck, WuW/E OLG 4095, 4103.

610 BKartA, B. v. 21.4.2009, B6-150/08 – NPG/Detjen, Rn. 67, im Volltext abrufbar unter http://www.bundeskartellamt.de/SharedDocs/Entscheidung/DE/Entscheidungen/Fusionskontrolle/2009/B6-150-08.pdf?__blob=publicationFile&v=3 zuletzt abgerufen am: 14.6.2015.

rücken.[611] Unter dem Gesichtspunkt der Kontaktqualität ist eine Vergleichbarkeit mit den redaktionellen Inhalten naheliegend. Im Ergebnis sei daher von einer sich im Vergleich zu sonstigen Anzeigen deutlich unterscheidenden Werbewirkung auszugehen.[612] Die Differenzierung zwischen den beiden Anzeigenarten werde zudem auch durch die unterschiedliche Preissetzung verstärkt.[613]

Die Austauschbarkeitsperspektive aus Nachfragesicht spricht demnach eher gegen die Annahme eines einheitlichen Marktes für alle Anzeigenarten. Es ist aber fraglich, ob ausschließlich die Unterschiede bei der Wahrnehmung der Werbung bei ansonsten gleichen Zielgruppen und Darstellungsmöglichkeiten tatsächlich eine solche Unterscheidung begründen können. Gegen die Differenzierung nach der Anzeigenart und für die Annahme eines einheitlichen Marktes wird daher zu Recht auf die sehr hohe Angebotsumstellungsflexibilität der Print-Anbieter hingewiesen. Diese könnten problemlos und je nach Nachfrage bestehende Werbefläche umwandeln oder gänzlich neue Angebote speziell für Rubriken schaffen.[614] Weiterhin wird gegen eine noch tiefergehende Untergliederung nach der Art der jeweiligen Rubriken angeführt, dass regelmäßig alle Medien auch alle Rubriken bedienen und somit eine einheitliche Leistung anbieten würden.[615]

dd) Zusammenfassung

Als wesentliches Kriterium zur Abgrenzung von Zeitungswerbemärkten dient das räumliche Verbreitungsgebiet. Mit Streuverlusten als Begründung kann insoweit nachvollziehbar die Annahme unterschiedlicher Märkte im Einzelfall begründet werden. Deutlich weniger Bedeutung kommt hingegen der Zeitungsart und den damit einhergehenden sozioökomischen Faktoren zu. Die bestehenden Unterschiede werden zwar erkannt, aber letztlich nicht als ausschlaggebend bewertet. Die deutsche Entscheidungspraxis zeichnet sich insgesamt durch eine Orientierung an räumlichen Kriterien aus, während die übrigen Argumentationsstränge je nach Einzelfall als Ergänzung hinzugezogen werden.

c) Gegenüberstellung und Diskussion

Der Vergleich der deutschen und europäischen Praxis zeigt deutlich die in weiten Teilen ähnliche Herangehensweise auf. In beiden Fällen steht das räumliche Verbreitungsgebiet aufgrund der Folgen für die Zielgruppe auch bei der sachlichen Bestimmung des Marktes im Mittelpunkt. Dieser Differenzierung kann zumindest

---

611 BKartA, B. v. 21.4.2009, B6-150/08 – NPG/Detjen, Rn. 67, (s. Fn. 610).
612 BKartA, B. v. 21.4.2009, B6-150/08 – NPG/Detjen, Rn. 67, (s. Fn. 610).
613 BKartA, B. v. 21.4.2009, B6-150/08 – NPG/Detjen, Rn. 67, (s. Fn. 610).
614 BKartA, B. v. 21.4.2009, B6-150/08 – NPG/Detjen, Rn. 67, (s. Fn. 610).
615 BKartA, B. v. 26.1.2006, B6-138/05 – Süddeutscher Verlag/Lokalzeitung, S. 21f., im Volltext abrufbar unter http://www.bundeskartellamt.de/SharedDocs/Entscheidung/DE/Entscheidungen/Fusionskontrolle/2006/B6-138-05.pdf?__blob=publicationFile&v=3 zuletzt abgerufen am: 14.6.2015.

in diesem Zusammenhang zugestimmt werden, da insbesondere Werbung mit regionalem Bezug weder auf bundesweiter Ebene noch in anderen Landesteilen wirksam eingesetzt und somit nicht als austauschbar angesehen werden kann.

Hinsichtlich des Einflusses der sozioökomischen Zielgruppenkriterien bestehen hingegen deutliche Unterschiede zwischen den Rechtsordnungen. Während in der europäischen Praxis auf Basis der Zusammensetzung der Leserschaft auch entsprechende Marktuntergliederungen für möglich gehalten werden, kommen entsprechende Zielgruppenargumente in der deutschen Praxis kaum zum Tragen. Es wird sich stattdessen auf Unterschiede bei der Werbewahrnehmung zwischen den unterschiedlichen Zeitungsformen beschränkt. Insgesamt wird in beiden Fällen keine umfassende Betrachtung aller relevanten Werbemerkmale vorgenommen. Dennoch wird auf Basis des Bedarfsmarktkonzeptes eine Austauschbarkeit angenommen, für die es an empirischen Belegen fehlt. Lediglich vereinzelt, wie im Fall der Rubrikenanzeigen, wird auf ergänzende Abgrenzungsmöglichkeiten wie die Angebotsumstellungsflexibilität zurückgegriffen.

Insgesamt erscheint auch der Umgang mit der Sondersituation der Rubrikenanzeigen zweifelhaft. Obwohl aus der Sicht der Medien aufgrund der hohen Angebotsumstellungsflexibilität keine Unterschiede bestehen, kann nicht ohne Weiteres von einem einheitlichen Markt ausgegangen werden. Rubrikenanzeigen befriedigen ein gänzlich anderes Bedürfnis als klassische Werbeanzeigen. Die klassischen Inserate in Form der Rubriken sind dabei nur schwerlich mit normalen Werbeanzeigen zu vereinbaren. Es handelt sich um die deutlichste Form der Angebotswerbung, die zudem häufig von Privatpersonen wahrgenommen wird. Aus deren Perspektive erscheint die imagebildende Werbeanzeige nicht als tragfähige Alternative. Aus diesem Grund ist eine Abgrenzung von Rubrikenanzeigen erforderlich. Die Zuordnung zu unterschiedlichen Märkten ließe sich beispielsweise durch die Annahme einer gesonderten Nachfragegruppe begründen. Ein solcher Markt muss dabei nicht auf die Zeitungsmedien begrenzt sein, sondern kann zudem medienübergreifend andere Arten von Rubriken umfassen.[616]

2. *Zeitschriftenwerbemärkte*

Der vom Markt für Zeitungen nach der vorherrschenden Praxis zwingend zu trennende Markt für Zeitschriften[617] ist ebenfalls durch eine kaum überblickbare Vielzahl von Einzelmedien geprägt. Anders als bei den Zeitungen, deren Gemeinsamkeit in der Berichterstattung über das aktuelle Tagesgeschehen liegt, existiert im Bereich der Zeitschriften eine außerordentliche Themenvielfalt. Dementsprechend wird hier mit Hinblick auf die Lesermärkte eine noch feinere Untergliederung vorgenommen.[618]

616 Vgl. dazu auch unten 3. Teil D. II. 2. a) bb).

617 Vgl. unten 3. Teil D. I. 1.

618 Vgl. zum Abgrenzung des Lesermarktes HH-K/*Braun*, 21. Abschnitt, Rn. 118ff.; kritisch: Säcker, WuW 2003, 1135, 1135.

Mit Blick auf die Anzeigenmärkte sind jedoch einige Parallelen in der Argumentationsstruktur im Vergleich mit den Zeitungsmärkten feststellbar. Im Ergebnis sind die Kartellbehörden und -gerichte im Fall der Zeitschriften deutlich eher dazu geneigt, gesonderte Märkte anzunehmen.

a) Untergliederungsansätze der europäischen Kommission

Die EU-Kommission hat in ihren bisherigen Entscheidungen zwei verschiedene Ansätze zur Untergliederung des Zeitschriftenanzeigenmarktes diskutiert, ohne sich endgültig auf eine Möglichkeit festzulegen.

aa) Überschneidung der Werbekunden

In einem ersten Ansatz zur möglichen Untergliederung des Zeitschriftenwerbemarkts, der von der EU-Kommission als eine denkbare Alternative ausdrücklich akzeptiert worden ist[619], werden solche Zeitschriften zu einem Markt zusammengefasst, deren Werbekunden sich zu mindestens 25 Prozent überschneiden und die einen gleichen Erscheinungsrhythmus haben.[620] In diesem Fall sollen die Zeitschriften aus Sicht der Werbetreibenden als austauschbar angesehen werden.[621]

Dieser Ansatz weicht nur auf den ersten Eindruck vom Bedarfsmarktkonzept ab. Die 25-Prozent-Grenze umschreibt die Menge der Werbekunden für die Werbung in allen zur Disposition stehenden Formaten in Betracht kommt. Bei Mehrfachbelegung sollen die Werbeträger somit austauschbar sein. Die notwendigen Überlegungen zur Bewertung der Austauschbarkeit werden mithin auf einen praktisch sehr einfach feststellbaren Wert reduziert, ohne dass die zugrunde liegende Methodik vernachlässigt wird. Eine Marktabgrenzung nach diesem Ansatz macht in der Konsequenz Marktbefragungen in weiten Teilen hinfällig. Voraussetzung dafür ist jedoch, dass die mehrfache Buchung zweifelsfrei auf die Austauschbarkeit zurückgeführt werden kann. Gerade dieser Umstand wird in der Entscheidungspraxis bezweifelt. Die Gründe für die Buchung eines Werberaums können mitunter vielfältig sein. Es müsse beachtet werden, dass die Überschneidung bei den Werbetreibenden nicht zwingend auf eine bestehende Austauschbarkeit hinweist. In der Praxis würden zur Reichweitenerhöhung auch komplementäre Werbeträger innerhalb derselben Mediengattung gebucht.[622] Darüber hinaus sind flankierende Werbemaßnahmen denkbar, die lediglich Synergieeffekte erzeugen sollen, ohne die Hauptwerbemaßnahme ersetzen zu können.[623]

---

619 Kommission, Entsch. v. 29.11.1995, IV/M.665 – CEP/Groupe de la Cité, ABl. C 338 v. 16.12.1995, S. 3, Rn. 10.

620 Kommission, Entsch. v. 29.11.1995, IV/M.665 – CEP/Groupe de la Cité, ABl. C 338 v. 16.12.1995, S. 3, Rn. 9.

621 Kommission, Entsch. v. 16.6.2004, COMP/M.3420 – GIMD/SOCPRESSE, Rn. 18.

622 Kommission, Entsch. v. 16.6.2004, COMP/M.3420 – GIMD/SOCPRESSE, Rn. 21.

623 Zur Synergiewirkung vgl. Kloss, 259f.

Daher ist fraglich, ob dieser scheinbar praktisch handhabbare Ansatz tatsächlich sachgerechte Ergebnisse liefern kann, die die realen Wettbewerbsbedingungen widerspiegeln. Die Feststellung der Motive für die Werbeschaltung kann sich durchaus als problematisch erweisen. Interessant erscheint zudem die Festlegung von 25 Prozent als Grenze für die Annahme eines gemeinsamen Marktes. Vor allem im Vergleich zur sonstigen Vorgehensweise, die bei den geringsten Unterschieden in der Werbewirkung getrennte Märkte annimmt, erscheint die Grenze von 25 Prozent erstaunlich gering. Die EU-Kommission verfolgt insoweit scheinbar auch eine deutlich großzügigere Praxis als erwartet. Aufgrund der praktischen Probleme wird daher zu Recht gefordert, dem 25-Prozent-Test eher eine Stellung als Hilfskriterium einzuräumen.[624]

bb) Differenzierung nach thematischen Kriterien

Neben dieser sehr greifbaren Abgrenzungsmethodik prüft die EU-Kommission einen weiteren Ansatz zur Untergliederung von Zeitschriftenwerbemärkten. Hierbei wird, vergleichbar mit dem sozioökomischen Ansatz bei der Zeitungswerbung[625], auf die für den Lesermarkt relevanten Kriterien zurückgegriffen, die mittelbar eine bestimmte Zielgruppe umschreiben.[626] Dabei werden umfassend unter anderem die thematische Ausrichtung eines Magazins, die Art und Weise der redaktionellen Aufbereitung und der Erscheinungsrhythmus berücksichtigt.[627]

Eine herausgehobene Stellung kommt der thematischen Ausrichtung eines Magazins zu. Durch diese lasse sich eine teils sehr spezifische Zielgruppe erreichen, wodurch die Streuverluste gering gehalten werden.[628] Vor dem Hintergrund der Austauschbarkeit aus Abnehmersicht ist diese thematische bzw. interessenbezogene Untergliederung leichter nachzuvollziehen als die im Zeitungsbereich vorgenommene Untergliederung nach Qualitätsansprüchen. Die Themenvielfalt der Fachzeitschriften ermöglicht es, zu nahezu jedem Produkt einen spezifischen Werbeträger zu finden.

Darüber hinaus seien die thematische Ausrichtung und die redaktionelle Aufbereitung auch Teil eines Images, das sich die Werbung zu Eigen machen könne. So übertrage der Adressat der Werbung die Eigenschaften, die er mit dem Magazin oder der Zeitschrift verbindet, oftmals auch auf die Produkte, für die in diesen Medien geworben wird.[629]

---

624 Kommission, Entsch. v. 16.6.2004, COMP/M.3420 – GIMD/SOCPRESSE, Rn. 21.

625 Vgl. oben 3. Teil C. I. 1. a) aa).

626 Kommission, Entsch. v. 29.11.1995, IV/M.665 – CEP/Groupe de la Cité, ABl. C 338 v. 16.12.1995, S. 3, Rn. 13.

627 Kommission, Entsch. v. 29.11.1995, IV/M.665 – CEP/Groupe de la Cité, ABl. C 338 v. 16.12.1995, S. 3, Rn. 13.

628 Kommission, Entsch. v. 16.6.2004, COMP/M.3420 – GIMD/SOCPRESSE, Rn. 20; Kommission, Entsch. v. 8.4.2005, COMP/M.3648 – Gruner+Jahr/MPS, Rn. 13.

629 Kommission, Entsch. v. 16.6.2004, COMP/M.3420 – GIMD/SOCPRESSE, Rn. 20.

Auch wenn diese Übertragungswirkung auf jeden anderen Werbeträger zutrifft, ist dieser Effekt durch die Spezifität der Zeitschriftenbranche leichter und effektiver nutzbar. Unter Austauschbarkeitsgesichtspunkten kann dies für eine sehr weitgehende Differenzierung im Anzeigenbereich sprechen.

Es ist aber fraglich, ob diese theoretischen Überlegungen mit der Praxis in Einklang zu bringen sind. Eine Marktuntersuchung der EU-Kommission zu diesem Thema hat ergeben, dass insbesondere Markenartikelhersteller auf eine breite Streuung, die sowohl Publikums- als auch Special-Interest-Zeitschriften umfasst, setzen. Demnach komme es gerade nicht zu der gezielten Auswahl einer passenden Zielgruppe anhand der thematischen Ausrichtung der jeweiligen Zeitschrift.[630]

Hierbei ist zu beachten, dass die Gruppe der Markenartikelhersteller nicht die Gesamtheit der Werbekunden darstellt. Viele Markenprodukte des täglichen Umgangs richten sich an eine relativ breite Bevölkerungsschicht und sind daher in erster Linie auf die notwendige Reichweite der Werbung angewiesen. Dementsprechend müssen die Ergebnisse der Kommissionsbefragung nicht zwingend für eine Austauschbarkeit sprechen. An dieser Stelle kann nur schwerlich verallgemeinert werden. Vielmehr liefert diese Marktuntersuchung erneut einen Hinweis dafür, dass die Nachfrageseite bei Werberaum keinesfalls homogen gestaltet ist und mitunter gänzlich unterschiedliche Interessen verfolgt werden können. Insofern kann dies auch als Ansatz für eine mögliche Abgrenzung der Werbemärkte dienen.

cc) Zwischenfazit und Diskussion

Eine abschließende Festlegung auf eine Methodik hat die EU-Kommission bislang immer vermieden.[631] Fraglich ist aber, ob dies überhaupt notwendig ist. Bei der Betrachtung der Untergliederungsansätze der EU-Kommission und der Argumente, die für oder gegen eine Austauschbarkeit sprechen sollen, wird deutlich, dass die beiden auf den ersten Blick sehr verschiedenen Ansätze im Ergebnis nicht weit voneinander entfernt sind. Zumindest Fachzeitschriften, die nach thematischen Kriterien einen eigenen Markt bilden würden, ähneln sich auch in der Werbebelegung stark. Die Spezialisierung in der Zielgruppe macht den Werberaum nur für wenige Kunden zu einer reizvollen Werbemöglichkeit, sodass es hier zwangsläufig zu entsprechenden Überschneidungen kommen wird. Abweichungen zwischen den Ansätzen sind eher für thematisch breiter aufgestellte Publikumszeitschriften zu erwarten.

Unter methodischen Gesichtspunkten verdeutlicht dies erneut, dass die vom Bedarfsmarktkonzept vorgegebene Frage der Austauschbarkeit aus Abnehmersicht im hochdiversifizierten Medienbereich nur schwerlich abstrakt zu beantworten ist.

---

630 Kommission, Entsch. v. 8.4.2005, COMP/M.3648 – Gruner+Jahr/MPS, Rn. 14.

631 Kommission, Entsch. v. 29.11.1995, IV/M.665 – CEP/Groupe de la Cité, ABl. C 338 v. 16.12.1995, S. 3, Rn. 13; Kommission, Entsch. v. 16.6.2004, COMP/M.3420 – GIMD/SOCPRESSE, Rn. 26; Kommission, Entsch. v. 8.4.2005, COMP/M.3648 – Gruner+Jahr/MPS, Rn. 15.

Vor allem müssen unterschiedliche Abnehmergruppen berücksichtigt und gegebenenfalls auch unterschiedlich behandelt werden.

b) Untergliederungen in der deutschen Entscheidungspraxis

Die deutsche Entscheidungspraxis verfolgt bei der Abgrenzung von Zeitschriftenmärkten einen umfassenden, auf den werberelevanten Eigenschaften basierenden Ansatz, der umfänglich durch das Bedarfsmarktkonzept geprägt ist. Von grundlegender Bedeutung ist die thematische Ausrichtung und somit die Bestimmtheit und Spezifität der Zielgruppe.

Anzeigen in Fachzeitschriften seien aufgrund des Inhalts, der Preisstellung und der Art der Anzeigen von solchen in Publikumszeitschriften zu unterscheiden.[632] Insbesondere die gezielte Ansprache sehr enger Zielgruppen stelle ein Alleinstellungsmerkmal dar.[633] Nach der in der Entscheidungspraxis vertretenen Ansicht wird die Bedeutung von Fachanzeigen dadurch verstärkt, dass die für Kaufentscheidungen zuständigen Führungskräfte sich mehrheitlich durch die Fachpresse informieren. Dies verstärke die Werbewirkung der Anzeigen.[634]

Werbung in Publikumszeitschriften ziele dagegen aufgrund der thematisch eher weiten Streuung auf eine wesentlich breitere Zielgruppe.[635] Aus diesem Grund eigne sich die Werbung in Publikumszeitschriften auch besonders für die Markenartikelwerbung, die keine spezifische thematische Ausrichtung erforderlich macht.[636]

Unterschiedliche Fachzeitschriften werden nach dem gleichen Vergleichsmaßstab behandelt. Im Ergebnis können damit nur solche Fachzeitschriften als austauschbar angesehen werden, deren Kontaktintensität (Eignung, Nutzungsintensität, Absatzziel) als vergleichbar gewertet werden kann.[637] Dies führt aufgrund der Themenvielfalt im Einzelfall zu sehr engen Werbemärkten.[638]

---

632 BKartA, B. v. 9.3.1978, B6-75/77 – Deutscher Verkehrsverlag, WuW/E BKartA, 1709, 1713.

633 BKartA, B. v. 9.3.1978, B6-75/77 – Deutscher Verkehrsverlag, WuW/E BKartA, 1709, 1713.

634 BKartA, B. v. 9.3.1978, B6-75/77 – Deutscher Verkehrsverlag, WuW/E BKartA, 1709, 1713.

635 BKartA, B. v. 23.10.1981, B6-47/81 – Burda-Springer, WuW/E BKartA, 1921, 1924.

636 BKartA, B. v. 2.8.2004, B6-26/04 – National Geographic, S. 26, im Volltext abrufbar unter http://www.bundeskartellamt.de/SharedDocs/Entscheidung/DE/Entscheidungen/Fusionskontrolle/2004/B6-26-04.pdf?__blob=publicationFile&v=3 zuletzt abgerufen am: 14.6.2015; BKartA, B. v. 3.8.2004, B6-45/04 – National Geographic, S. 18, im Volltext abrufbar unter http://www.bundeskartellamt.de/SharedDocs/Entscheidung/DE/Entscheidungen/Fusionskontrolle/2004/B6-45-04.pdf?__blob=publicationFile&v=3 zuletzt abgerufen am: 14.6.2015.

637 BKartA, B. v. 9.3.1978, B6-75/77 – Deutscher Verkehrsverlag, WuW/E BKartA, 1709, 1713.

638 Vgl. exemplarisch für Werbung in Programmzeitschriften: BKartA, B. v. 25.4.2014, B6-98/13 – Funke/Axel Springer, Rn. 184ff., abrufbar unter http://www.bundeskartellamt.

In der deutschen Entscheidungspraxis wird bei ansonsten sehr ähnlichen Voraussetzungen bei der Werbewirksamkeit somit vor allem die Zielgruppenerreichbarkeit hoch gewichtet. Dadurch wird der Versuch unternommen, das Bedarfsmarktkonzept zur Anwendung zu bringen. Der generalklauselartige Maßstab der Kontaktintensität tritt stellvertretend an die Stelle der Austauschbarkeit. Ebenso offen bleibt jedoch die Frage, wie der Maßstab konkret gewertet werden soll. So bestehen vor allem in Fällen mit ähnlichen, aber nicht identischen Themenbereichen weiterhin Unsicherheiten in der Rechtsanwendung.

c) Gegenüberstellung und Diskussion

Mit Ausnahme des europäischen Ansatzes der prozentualen Überschneidung der Werbekunden steht jeweils die Leserschaft und damit die Werbezielgruppe im Fokus der Entscheidungspraxen. Im Gegensatz zu den Zeitungsanzeigenmärkten wird ein eher enges und ausdifferenziertes Marktverständnis zutage gelegt. Dabei wird vornehmlich auf die Konzeption des Bedarfsmarktkonzeptes und weniger auf empirische Erkenntnisse zurückgegriffen. Ergänzende Hilfsüberlegungen werden nicht angestellt.

Im Ergebnis stellt der Bereich der Zeitschriftenwerbung aufgrund der Produktvielfalt tatsächlich einen der ausdifferenziertesten Produktbereiche dar. Während Publikumszeitschriften ähnlich wie Tageszeitungen breite Bevölkerungsteile ansprechen, stehen die Streuverluste in Special-Interest-Zeitschriften je nach Produkt einer Austauschbarkeit aus Nachfragesicht entgegen. Dabei gilt es zu beachten, dass die Höhe der vermeintlichen Streuverluste auch mit der Spezifität des Produkts zunimmt. Alltägliche, für die Gesamtbevölkerung geeignete Produkte lassen sich, wenn auch nur mit eingeschränkter Reichweite, auch in Spezialzeitschriften bewerben. Während sich umgekehrt spezielle Angebote und Produkte in reichweitenstarken Medien nur mit hohen Streuverlusten und somit ineffektiv bewerben lassen. Dies deutet erneut auf unterschiedliche Interessen und somit eine heterogene Abnehmergruppe hin, die bei der Marktabgrenzung berücksichtigt werden müssen. Insgesamt ist diesem engen Abgrenzungsansatz der Werbemärkte in weiten Teilen zuzustimmen.[639]

---

de/SharedDocs/Entscheidung/DE/Entscheidungen/Fusionskontrolle/2014/B6-98-13.pdf?__blob=publicationFile&v=2 zuletzt abgerufen am: 14.6.2015; für Werbung in Kosmetikfachzeitschriften BKartA, B. v. 29.8.2008, B6-52/08 – Health & Beauty, S. 37 ff., im Volltext abrufbar unter http://www.bundeskartellamt.de/SharedDocs/Entscheidung/DE/Entscheidungen/Fusionskontrolle/2008/B6-52-08.pdf?__blob=publicationFile&v=3 zuletzt abgerufen am: 14.6.2015; für Werbung in Elektronik-Fachzeitschriften.BKartA, B. v. 22.8.2001, B6-56/01 – WEKA, Rn. 17ff., abrufbar unter: http://www.bundeskartellamt.de/SharedDocs/Entscheidung/DE/Entscheidungen/Fusionskontrolle/2001/B6-56-01.pdf?__blob=publicationFile&v=3 zuletzt abgerufen am: 14.6.2015.

639 Kritisch zur ähnlich gelagerten Abgrenzung der Rezipientenmärkte: Säcker, WuW 2003, 1135, 1135.

3. *Radiowerbemärkte*

Im Gegensatz zu den anderen Mediengattungen beruht die Entscheidungspraxis zur Radiowerbung vor allem auf nationalen Entscheidungen. Es existieren nahezu keine inhaltlichen Ausführungen seitens der EU-Kommission.[640] Einigkeit besteht dahingehend, dass anders als bei den Presseerzeugnissen nach der vorherrschenden Entscheidungspraxis beim Radio kein Rezipientenmarkt im engeren Sinne existiert, da es aus ökonomischer Sicht an einem Austauschverhältnis zwischen Sendern und Hörern fehlt.[641] Aus wettbewerbsrechtlicher Sicht besteht somit lediglich ein Werbemarkt, auf dem Werbekunden ihre Spots in dafür vorgesehenen Sendeplätzen in das Programm integrieren können. Trotz des Fehlens eines Rezipienten- bzw. Hörermarktes treten die für mehrseitige Märkte prägenden Netzwerkeffekte auch hier auf, sodass interdependente Beziehungen zwischen der Hörerschaft und der Platzierung von Werbemaßnahmen sowie die klassische Spiralwirkung bestehen.

In sachlicher Hinsicht wird in der ständigen deutschen Entscheidungspraxis der Hörfunkwerbemarkt nach dem räumlichen Bezug der Werbung untergliedert.[642] Demnach lassen sich lokale, regionale, landesweite oder bundesweite Spots und Märkte unterscheiden.[643] Der räumliche Bezug ist regelmäßig deckungsgleich mit dem lizenzierten Sendegebiet der Radiosender.[644]

Rückschlüsse können nicht nur aus dem Sendegebiet gezogen werden. So würden viele landesweit zu empfangende Sender sog. „regionale Fenster" senden, in denen Werbung nach feingliedrigeren Regionen platziert werden kann. Diese treten damit in direkte Konkurrenz zu regionalen Sendern.[645]

Zudem haben die Hörergruppen und der Programmzuschnitt eine Bedeutung für die Abgrenzung des Werbemarkts. Je nach Programmgestaltung würden unterschiedliche Zielgruppen angesprochen werden, die eine entsprechend angepasste Werbung erfordern. Dies könne einer Austauschbarkeit trotz räumlich ähnlicher

---

640 Vgl. lediglich Kommission, 7.10.1996, IV/M.779 – Bertelsmann/CLT, ABl. C 364 v. 4.12.1996, Rn. 19.

641 Kommission, 7.10.1996, IV/M.779 – Bertelsmann/CLT, ABl. C 364 v. 4.12.1996, Rn. 19; HH-K/*Braun*, 21. Abschnitt, Rn. 146; ebenfalls nur den Werbemarkt behandelt: BKartA, B. v. 23.4.2004, B6-56/03 – Radio TON, S. 15, im Volltext abrufbar unter http://www.bundeskartellamt.de/SharedDocs/Entscheidung/DE/Entscheidungen/Fusionskontrolle/2004/B6-56-03.pdf?__blob=publicationFile&v=3 zuletzt abgerufen am: 14.6.2015.; a.A. mit umfassender Abgrenzung Czygan, S. 33ff.

642 BKartA, B. v. 23.4.2004, B6-56/03 – Radio TON, S. 15, (s. Fn. 641).

643 BKartA, B. v. 23.4.2004, B6-56/03 – Radio TON, S. 15, (s. Fn. 641); BKartA, B. v. 25.4.2002, B6-159/01 – Radio L 12, WuW/DE-V 599, 601.

644 BKartA, B. v. 16.12.2002, B6-119/02 – RTL Radio, Rn. 28, abrufbar unter http://www.bundeskartellamt.de/SharedDocs/Entscheidung/DE/Entscheidungen/Fusionskontrolle/2002/B6-119-02.pdf?__blob=publicationFile&v=3 zuletzt abgerufen am: 14.6.2015; BKartA, B. v. 25.4.2002, B6-159/01 – Radio L 12, WuW/DE-V 599, 601.

645 BKartA, B. v. 23.4.2004, B6-56/03 – Radio TON, S. 19, (s. Fn. 641).

Belegungseinheiten hinderlich sein.[646] Beispielsweise könne ein Sender, der sich ausschließlich an fremdsprachige Bevölkerungsteile richtet, aufgrund des besonderen Programmzuschnitts zu einem anderen Markt als vom Sendegebiet her vergleichbare Sender gehören.[647]

Um die Frage der sachlichen Austauschbarkeit zu beantworten, wird auch auf den TKP zurückgegriffen. Insbesondere im Verhältnis zwischen regionalen und landesweiten Sendern würden demnach deutliche Diskrepanzen bestehen, die einer Austauschbarkeit im Wege stehen können.[648]

In der deutschen Entscheidungspraxis wird bei der Radiowerbung im Rahmen der sachlichen Marktabgrenzung nach räumlichen Kriterien differenziert. Dabei stehen die bereits diskutierten Streuverluste bei regional unangepasster Werbung im Vordergrund der Marktabgrenzung. Dies entspricht insoweit der Umsetzung des Bedarfsmarktkonzeptes. Eine Teilung des Marktes kann auch aus Angebotsgesichtspunkten erfolgen. Eine Ausweitung oder Umstellung des Angebots ist aufgrund der Bezogenheit der Zulassungs- und Lizenzierungsvoraussetzungen des RStV auf bestimmte Programmkategorien kurzfristig nicht möglich.[649]

Ergänzend wird auf weitere Zielgruppenkriterien wie beispielsweise die Sprache zurückgegriffen, wodurch eine zusätzliche Differenzierungsebene begründet wird. Weitere unmittelbare Rückschlüsse aus der Art des gesendeten Programms wurden hingegen bisher nicht gezogen. Vorstellbar ist in diesem Zusammenhang beispielsweise eine Differenzierung aufgrund der Altersstruktur der Hörerschaft eines Senders. So können gezielt eher jüngere oder ältere Bevölkerungsschichten angesprochen werden.[650]

Insgesamt wird in der Entscheidungspraxis zum intramedialen Verhältnis der Radiowerbung somit weitestgehend überzeugend argumentiert. Zumal zukünftig weitere Differenzierungen nach den oben dargestellten Zielgruppenkriterien denkbar erscheinen.

4. Fernsehwerbemärkte

Das Fernsehen zählt insgesamt zu den meistgenutzten Medien.[651] Auch für den Bereich der Werbung hat das Fernsehen gegenwärtig die größte Bedeutung. So entfällt der größte Anteil der Werbeeinnahmen auf das Fernsehen.[652] Die Mediengattung des Fernsehens gestaltet sich dennoch keineswegs homogen. Die Unterschiede liegen

---

646 Vgl. BKartA, B. v. 23.4.2004, B6-56/03 – Radio TON, S. 19f., (s. Fn. 641).

647 Vgl. bspw. für türkisch-sprachige Hörer BKartA, B. v. 16.12.2002, B6-119/02 – RTL Radio, Rn. 43, (s. Fn. 644).

648 Vgl. BKartA, B. v. 23.4.2004, B6-56/03 – Radio TON, S. 19, (s. Fn. 641).

649 Hahn/Vesting/*Bumke*, § 20 RStV, Rn. 39, 53.

650 Für eine weitere Untergliederung auch Trafkowski, S. 40.

651 Engel/Best, MP 2012, 62, 63f.; vgl. zur Individualisierung der Nutzung Peters/Niederauer-Kopf/Eckert, MP 2012, 72, 72ff.

652 Vgl. oben 1. Teil C. II.

nicht nur im Bereich der Senderebene, auf der sich sogenannte Vollprogramme und spezielle Spartenkanale gegenüberstehen. Auch innerhalb des Programms eines einzelnen Senders lassen sich, je nach Tageszeit und Wochentag, teils erhebliche programmatische Unterschiede feststellen. Diese inhaltliche Differenzierung wirkt sich aufgrund unterschiedlicher Reichweiten und Zielgruppen unmittelbar auf die Werbeplanung aus.

Anders als im Print- und Radiobereich wird ein Großteil der Entscheidungen auf europäischer und nicht auf der nationalen Ebene getroffen. Dies lässt sich am ehesten auf den besonders hohen Konzentrationsgrad in der TV-Branche und die damit einhergehenden hohen Umsatzerlöse zurückführen. Insgesamt befassen sich nur wenige Entscheidungen mit einer möglichen Untergliederung des TV-Werbemarktes.

Nach vorherrschender Praxis besteht auch beim Fernsehen mangels eines wirtschaftlichen Austauschverhältnisses zwischen TV-Anbietern und Zuschauern, zumindest im frei zu empfangenden Fernsehen, kein Rezipientenmarkt. Jedoch treten indirekte Netzwerkeffekte auf, die zu einer engen Verzahnung von Zuschaueranteilen und Werbeeinnahmen führen, sodass die entsprechenden Auswirkungen auf die Marktabgrenzung auch hier zu beachten sind.[653] Wie bereits angedeutet, muss darüber hinaus im Bereich des Fernsehens zusätzlich zwischen frei zu empfangendem Fernsehen und Pay-TV unterschieden werden. Anders als im werbefinanzierten Fernsehen, kann im Pay-TV aufgrund des Austauschverhältnisses zwischen Anbietern und Fernsehkunden von einem Rezipientenmarkt gesprochen werden. Im Ergebnis führt dies zu einer enormen Verschachtelung der Marktverhältnisse.

a) Die Argumentationsleitlinien der europäischen Kommission

In der bisherigen Praxis der EU-Kommission findet sich eine Vielzahl von Entscheidungen zum Bereich des Fernsehens. Bemerkenswert ist dabei, dass der EU-Kommission die gedankliche und sprachliche Trennung zwischen Rezipientenmärkten und Werbemärkten in vielen Fällen schwerfällt.[654] Oftmals bleibt unklar, welcher Markt und vor allem welche konkreten Austauschbeziehungen der Entscheidung zugrunde gelegt werden. So wird der wesentliche Markt für Fernsehwerbung von der EU-Kommission zwar erkannt und auch dementsprechend in den Ausführungen benannt, im Übrigen jedoch weitestgehend vernachlässigt.[655] In den Vordergrund rückt stattdessen oftmals der als Markt für frei empfangbares Fernsehen umschriebene Rezipientenmarkt. Die tatsächliche fusionsrechtliche Bedeutung des Werbemarktes, die hier durch das eigentliche Fehlen eines wirtschaftlichen Rezipientenmarktes zusätzlich erhöht ist, wird dadurch in der Betrachtung vernachlässigt. Die Bedeutung von Fernsehwerbung wird durch die Betonung eines Marktes für Fernsehsendungen vollständig auf die Finanzierungsfunktion reduziert und spielt in

653 Vgl. zu den Auswirkungen oben 2. Teil B. I. 1.
654 So auch Frey, ZUM 1998, 985, 988f. und 999f.
655 Vgl. exemplarisch Kommission, 10.9.1991, IV/M.110 – ABC/Generale des Eaux/Canal +/W.H. Smith TV, ABl. C 244 v. 19.9.1991, S. 5, Rn. 11ff.

den Abgrenzungsüberlegungen nur selten eine Rolle. Die Schwierigkeiten, die sich aus dieser undifferenzierten Betrachtungsweise ergeben, werden zudem dadurch verstärkt, dass auch der öffentlich-rechtliche Fernsehbereich in die Betrachtung einbezogen wird. Durch die in wesentlichen Teilen erfolgende Beitragsfinanzierung werden die Marktverhältnisse, die sich aufgrund dieser Finanzierung zwischen Werbe- und Rezipientenmarkt erheblich unterscheiden, sprachlich vermischt und unangemessen vereinheitlicht. Eine sprachliche Klarstellung, dass die Bedeutung von Werbung als Hauptfinanzierungsquelle des Free-TV dazu führt, dass dieser Markt wirtschaftlich als Markt für Fernsehwerbung verstanden werden muss, erfolgte dabei erst jüngst und stellt die bisherige Entscheidungspraxis der EU-Kommission somit argumentativ auf eine neue Basis.[656]

aa) Untergliederung des TV-Werbemarktes

Als Ansatzpunkte für eine Abgrenzung des Fernsehwerbemarktes finden sich in der Entscheidungspraxis die Möglichkeiten zur Unterscheidung zwischen den Senderarten und der Differenzierung nach dem jeweiligen Programmumfeld der Sender.

(1) Untergliederung nach der thematischen Ausrichtung der Sender

Für eine mögliche Untergliederung des Fernsehwerbemarktes kommt zunächst die Zusammenfassung von thematisch ähnlich ausgerichteten Kanälen in Betracht. Unter werbeplanerischen Gesichtspunkten bieten insbesondere Spartenkanäle, ähnlich wie Fachzeitschriften, eine sehr differenzierte Zielgruppenansprache bei geringen Streuverlusten. Hiermit geht jedoch auch eine eher geringe Reichweite einher.

Von der EU-Kommission wurde in diesem Zusammenhang angedacht, einen eigenständigen Markt für Werbung in Kindersendern anzunehmen.[657] Dafür sei zum einen jedoch eine höhere Anzahl an entsprechenden Sendern notwendig. Zum anderen würden die übrigen Fernsehsender einen gewissen Teil des Programms auf Familien und Kinder zuschneiden, sodass dahingehend von einem umfassenden homogenen Wettbewerbsverhältnis auszugehen sei.[658] Auch wenn ein solcher Markt zum Entscheidungszeitpunkt noch nicht besteht, könnte sich dieser nach Ansicht der EU-Kommission in der Zukunft entwickeln.[659]

Methodisch berücksichtigt die EU-Kommission nicht alle Faktoren, die für die Frage nach der Austauschbarkeit des Werberaums relevant sind. Das Bedarfsmarktkonzept

---

656 Vgl. Kommission, Entsch. v. 14.3.2012, COMP/M.6547 – Antena 3/La Sexta, Rn. 16.

657 Vgl. Kommission, Entsch. v. 17.5.1995, IV/M.566 – CLT/Disney/Super RTL, ABl. C 144 v. 10.6.2995, S. 23, Rn. 15.; vgl. zu sonstigen thematischen Untergliederungsmöglichkeiten auch Kommission, Entsch. v. 10.9.1991, IV/M.110 – ABC/Generale des Eaux/Canal +/W.H. Smith TV, ABl. C 244 v. 19.9.1991, S. 5, Rn. 14f.

658 Kommission, Entsch. v. 17.5.1995, IV/M.566 – CLT/Disney/Super RTL, ABl. C 144 v. 10.6.2995, S. 23, Rn. 15.

659 Kommission, Entsch. v. 17.5.1995, IV/M.566 – CLT/Disney/Super RTL, ABl. C 144 v. 10.6.2995, S. 23, Rn. 15.

wird nur in Grundzügen umgesetzt. Zwar wird die Heterogenität des TV-Programms und der jeweiligen Zuschauerzielgruppen in die Überlegungen einbezogen, jedoch reichen diese Unterschiede nach Ansicht der EU-Kommission nicht aus, um eigenständige Märkte zu begründen.[660] Denkbar wäre neben einem Markt für Werbung auf Kinderspartensendern beispielsweise auch ein Werbemarkt in Sport- oder Nachrichtenspartensendern. Diese Spartenmärkte stünden den Vollprogrammen, ähnlich wie die Fachzeitschriften den Publikumszeitschriften, gegenüber. Die Ablehnung eines eigenständigen Submarktes zeigt, dass im Fernsehbereich – anders als beispielsweise bei der Zeitschriftenwerbung – ein eher weites Marktverständnis zugrunde gelegt wird. In der Entscheidungspraxis besteht die deutliche Tendenz zu einem einheitlichen Fernsehwerbemarkt.

Dem Einwand der homogenen Wettbewerbsbedingungen aufgrund von Programmüberschneidungen kann, insoweit es faktisch zu Überschneidungen im Programm von Spartensendern und Vollprogrammen kommt, zugestimmt werden. Es ist dennoch fraglich, ob dieser Umstand homogene Wettbewerbsbedingungen begründen kann. Die Überschneidungen umfassen jeweils nur einen geringen Teil des ansonsten divergierenden Programmangebots. Die Vollprogramme senden in der restlichen Sendezeit ein Programm, das auf deutlich andere Zielgruppen zugeschnitten ist. Zu diesen Zeitpunkten besteht mithin keine Konkurrenzbeziehung um die Spartenzielgruppe. Dies hat zur Folge, dass anscheinend nur von einer partiellen Senderkonkurrenz ausgegangen werden kann. Dies lässt sich ebenfalls mit einem Rückgriff auf die Argumentationsstruktur bei den Märkten für Zeitschriftenwerbung begründen: Auch in Publikumszeitschriften lassen sich Artikel zu spezifischen Themen finden, die sonst in Fachzeitschriften aufbereitet werden, sodass es zu einer teilweisen Überschneidung kommt. Insgesamt entstehen durch die restlichen, unspezifischen Teile der Zeitschrift jedoch hohe Streuverluste, mit der Folge, dass hierbei zu Recht getrennte Märkte angenommen werden.[661] Aus diesen Gründen liegt eine ebensolche Untergliederung des Fernsehwerbemarktes nahe, sofern nicht abweichende Umstände vorgebracht werden.

(2) Untergliederung nach der thematischen Ausrichtung des Programms

Die konsequente Fortführung des Gedankens der teilweisen Senderkonkurrenz stellt eine Untergliederung des Fernsehwerbemarktes nach der thematischen Ausrichtung des jeweiligen Programmangebots dar. Gedankliche Ansatzpunkte für eine solche Argumentation finden sich ebenfalls in der Entscheidungspraxis der EU-Kommission.

Diese argumentiert zutreffend, dass die Zielgruppe, welche von Fernsehsendern angeboten werden kann, sich je nach Programm sowohl nach räumlichen als auch nach

---

660 Vgl. Kommission, Entsch. v. 10.9.1991, IV/M.110 – ABC/Generale des Eaux/Canal +/W.H. Smith TV, ABl. C 244 v. 19.9.1991, S. 5, Rn. 11.

661 S. oben 3. Teil C. I. 2.

sozioökomischen Kriterien unterscheide.[662] Im konkreten Fall lehnte die EU-Kommission auf Grundlage nicht näher spezifizierter von ihr ermittelter Daten dennoch die weitere programmatische Zerteilung des Werbemarktes in einen eigenständigen Markt für Werbung im Frühstücksfernsehen ab.[663] In der neueren Entscheidungspraxis wird eine Untergliederung des Marktes nach sozioökomischen Zielgruppen, die von dem jeweiligen Programm angesprochen werden, ebenfalls abgelehnt.[664] Die Entscheidungsgrundlage hierfür bildet der Umstand, dass der Werberaum ohne Unterscheidung an Mediaagenturen verkauft werde, die ihrerseits in einem weiteren Schritt ein auf ihre Kunden zugeschnittenes Werbefenster anbieten würden. Eine Differenzierung finde somit nicht unmittelbar bei der Nachfrage von den TV-Sendern statt, sodass eine Untergliederung des Marktes nicht notwendig sei.[665]

Für den konkreten Einzelfall lässt sich dies mangels Nachvollziehbarkeit der Entscheidungsgrundlage nur schwerlich bewerten. Es fehlt in den Entscheidungen an einer konkreten Marktabgrenzung. Die Ausführungen der EU-Kommission zeigen insgesamt, dass der Werbemarkt im TV-Bereich keineswegs als durchgehend homogen bezeichnet werden kann. Die bestehenden Unterschiede im Sendeangebot und in der Zielgruppenansprache sowie der Reichweite müssen dazu unter Gesichtspunkten der Werbe- und Mediaplanung bewertet werden. Die erforderliche hinreichende Austauschbarkeit jeglicher Werbeplätze miteinander erscheint vor diesem Hintergrund mehr als fragwürdig.

bb) Verhältnis zwischen Free-TV- und Pay-TV-Werbung

Die bisherigen Ausführungen zur möglichen Untergliederung des Fernsehwerbemarktes bezogen sich auf den Bereich des frei empfangbaren Fernsehens. Daneben besteht mit dem Bereich des Pay-TV ein zweiter Sektor, der sich in erster Linie durch die Zahlungen der Kunden und zumindest in Deutschland nicht bzw. kaum durch Werbung finanziert. Dennoch kann es auch hier zur Schaltung von Werbung kommen, sodass sich die Frage stellt, wie sich das Verhältnis zwischen Werbung im Free-TV und Pay-TV gestaltet.

Aufgrund der Zahlungen der Kunden besteht beim Pay-TV, anders als beim frei empfangbaren Fernsehen, ein wirtschaftliches Austauschverhältnis und somit ein eigenständiger Rezipientenmarkt. Auf diesem Markt ist die Befriedigung der Abonnenten durch die Programmgestaltung von wesentlicher Bedeutung.[666] Für den Fall, dass Pay-TV, wie beispielsweise im Falle Großbritanniens, teils durch Werbung finanziert wird, lässt die EU-Kommission auf sprachlich unpräzise Art und Weise

---

662 Kommission, 13.1.1992, IV/M.176 – Sunrise, ABl. C 18 v. 24.1.1992, S. 15, Rn. 24.

663 Kommission, Entsch. v. 13.1.1992, IV/M.176 – Sunrise, ABl. C 18 v. 24.1.1992, S. 15, Rn. 30.

664 Kommission, Entsch. v. 9.9.2014, COMP/M. 7288 – Viacom/Channel 5, Rn. 39.

665 Kommission, Entsch. v. 9.9.2014, COMP/M. 7288 – Viacom/Channel 5, Rn. 39.

666 Kommission, Entsch. v. 9.11.1994, IV/M.469 – MSG Media Service, ABl. L 364 v. 31.12.1994, S. 1, Rn. 32.

offen, ob es sich immer noch um einen eigenständigen Markt handelt oder dieser gegebenenfalls dem Markt für werbefinanziertes (frei empfangbares) Fernsehen zuzurechnen ist.[667] Gemeint ist insoweit eine Zusammenfassung der Werbemärkte im Free- und Pay-TV.

Eine vertiefte methodische Auseinandersetzung der EU-Kommission mit diesem Themenkomplex findet sich in der Entscheidungspraxis mangels Entscheidungserheblichkeit nur selten. Insgesamt sei eine Zusammenfassung zu einem einheitlichen Werbemarkt für den Fall denkbar, dass es im Pay-TV zu einer Mischfinanzierung mit zusätzlichen Werbeeinnahmen kommt.[668] In der Folge ist somit wohl von einem einheitlichen Werbemarkt auszugehen.[669]

Die bestehenden Unterschiede zwischen den Bereichen des Free- und Pay-TV haben keine direkte Auswirkung auf das Angebot an Werberaum und auf die betroffenen Werbemärkte. Auf den ersten Blick erscheint es sinnvoll, beide Bereiche gleich zu behandeln. Eine pauschale Zusammenführung zu einem Markt entspricht aber nicht den Wettbewerbsbedingungen. Im Vordergrund muss die Austauschbarkeit unter Gesichtspunkten der Werbe- und Mediaplanung stehen. Deshalb sollten in erster Linie das inhaltlich-programmatische Werbeumfeld und die damit einhergehenden Zielgruppen von entscheidender Bedeutung für die Marktzuordnung sein.

cc) Zusammenfassung und Diskussion

Im Ergebnis geht die EU-Kommission von einem einheitlichen Fernsehwerbemarkt aus, der sowohl Werbung im Free-TV als auch mögliche Werbeplatzierungen im Pay-TV umfasst. Argumentativ wird dies, anders als bei den übrigen Mediengattungen, weniger mit konkreten Verweisen auf bestimmte werberelevante Eigenschaften begründet. Stattdessen werden die bestehenden Unterschiede bei den Zielgruppenkriterien aufgrund der teilweisen Überschneidung zwischen Sparten- und Vollprogramm als zu gering erachtet, um einem einheitlichen Werbemarkt gegenwärtig entgegenstehen zu können.

Die Frage der Austauschbarkeit des Werberaums wird nur in Ansätzen geklärt. Insbesondere die eigentlich entscheidende Sicht der jeweiligen Abnehmer wird nicht in den Mittelpunkt der Überlegungen gestellt. Im Ergebnis werden eher theoretische Argumente zur Entscheidungsbegründung angeführt. Sowohl die Vielschichtigkeit des Produkts der TV-Werbung als auch die heterogenen Interessen und Ziele der Abnehmer des jeweiligen Werberaums werden nicht umfassend erfasst und berücksichtigt.

---

667 Kommission, Entsch. v. 29.6.2000, COMP/M.1958 – Bertelsmann/GBL/Pearson TV, ABl. C 180 v. 26.6.2001, S. 14, Rn. 10.

668 Kommission, Entsch. v. 9.11.1994, IV/M.469 – MSG Media Service, ABl. L 364 v. 31.12.1994, S. 1, Rn. 32.

669 Kommission, Entsch. v. 9.9.2014, COMP/M. 7288 – Viacom/Channel 5, Rn. 37; Kommission, Entsch. v. 21.12.2010, COMP/M.5932 – News Corp/BSkyB, Rn. 267.

Ebenso wie Spartenprogramme können auch Vollprogramme aufgrund ihrer Programmgestaltung eine spezifische Zielgruppe aufweisen und in Konkurrenz zu Spartensendern treten. Diese Konkurrenzbeziehung besteht jedoch nur für die entsprechenden Programmbestandteile. Kommt es im Vollprogramm zur Ausstrahlung einer anderen Sendung, wechselt auch die vornehmlich angesprochene Zielgruppe. Dies führt zwangsläufig zu Streuverlusten bei der zuvor angesprochenen spezifischen Zielgruppe. Aus diesem Grund kann nicht dauerhaft von homogenen Wettbewerbsbedingungen ausgegangen werden.

Bei der Annahme eines einheitlichen Fernsehwerbemarktes müssten nicht nur die Spartensender mit den Vollprogrammen in eine dauerhafte Konkurrenzbeziehung treten, sondern auch die Spartensender untereinander. Während es im Verhältnis zum Vollprogramm zu individuellen Überschneidungen und somit zu einer Konkurrenzsituation kommt, ist dies zwischen den unterschiedlichen Spartensendern gerade nicht der Fall. So tritt zwar jeder Spartensender partiell in eine Konkurrenzbeziehung zu den Vollprogrammen, jedoch nicht zu den Sendern einer anderen Sparte. Eine regelmäßige Programmüberschneidung zwischen Kinder- und Sportsendern ist nicht vorstellbar. Von durchgehend homogenen Wettbewerbsbeziehungen auf einem einheitlichen Fernsehwerbemarkt kann somit nicht ausgegangen werden.

Darüber hinaus ist fraglich, warum allein die fehlende Quantität eines Produkts (hier der Werberaum in Kinderspartensendern) pauschal gegen die Existenz eines eigenständigen Marktes angeführt werden kann. Die Begründung eines Marktes kann keine Frage der Quantität, sondern lediglich eine qualitative Frage der Austauschbarkeit sein. Sofern auf qualitativer Ebene keine Austauschbarkeit mit anderen Produktbereichen besteht, ist die Annahme eines eigenständigen Marktes unabhängig von der Größe des Marktes gerechtfertigt.

Auch der Verweis darauf, dass der vorhandene Werberaum gebündelt und unabhängig von sonstigen Faktoren an Mediaagenturen verkauft werde, kann einen einheitlichen Markt nur schwerlich begründen. Den Ausgangspunkt für die Bewertung der Austauschbarkeit bildet im Regelfall zwar die Sichtweise der unmittelbaren Abnehmer und somit der Mediaagenturen.[670] In diesem Fall wird die Anpassung der Werbung auf das jeweilige Programm und somit an bestimmte Zielgruppen jedoch nur auf eine Zwischenstufe verlagert. Die Mediaagenturen stellen nicht die primären Absatzziele dar. Dies zeigt sich daran, dass die Eigenschaften des Werberaums sich an den schlussendlich beworbenen Produkten orientieren. Die Mediaagenturen stellen lediglich eine Vermittlungsinstanz dar. Die Abnahmeentscheidung wird durch die Mediaagenturen, anders als beispielsweise bei der Verschreibung von Medikamenten durch Ärzte, nicht bindend vorweggenommen.[671] Die Mediaagenturen sind stattdessen faktisch an die Vorstellungen ihrer Kunden gebunden. Für die Bewertung der Austauschbarkeit ist aus diesem Grund nicht auf die Sichtweise der unmittelbaren Abnehmer (Mediaagenturen). sondern auf die der Endabnehmer

670 Langen/Bunte/*Bardong*, Band I, § 18 GWB, Rn. 24.
671 Vgl. Bechtold, § 18 GWB, Rn. 5.

(Werbekunden) abzustellen.[672] Darüber hinaus gilt es zu beachten, dass der Werberaum auch nicht ausnahmslos über den Umweg der Mediaagenturen vertrieben wird.[673] Mangels Endabnehmerstatus ist die Sichtweise der Mediaagenturen für die Frage der Austauschbarkeit daher nur von untergeordneter Bedeutung.

b) Argumentationsleitlinien des Bundeskartellamtes und der Beschwerdegerichte

In der deutschen Entscheidungspraxis finden sich im Gegensatz zu der umfangreichen europäischen Praxis nur wenige Entscheidungen, die sich mit der Untergliederung des Fernsehwerbemarktes befassen.

Insgesamt erfolgt eine wesentlich klarere sprachliche und rechtliche Differenzierung zwischen den Rezipienten- und Werbemärkten. Der Rezipientenmarkt im frei empfangbaren Fernsehen wird abgelehnt, weil zwar die Zuschaueranzahl in Form der Quote einen nicht unwesentlichen Einfluss auf die Stellung der Anbieter auf dem Werbemarkt habe, es dennoch aber an der marktkonstituierenden Austauschbeziehung zwischen Sendern und Zuschauern fehle.[674] Von einer solchen Beziehung zwischen Anbieter und Rezipient könne nur im Bereich des Pay-TV ausgegangen werden, sodass in Übereinstimmung mit der europäischen Praxis von einem eigenständigen Rezipientenmarkt im Pay-TV ausgegangen wird.[675]

aa) Untergliederung des Fernsehwerbemarktes

Im überwiegenden Teil der deutschen Entscheidungspraxis wird von einem einheitlichen Markt für Fernsehwerbung ausgegangen. Auf diesem werden Werbezeiten von den Sendern für Dritte bereitgestellt. Der Werbemarkt umfasse sämtliche Belegungsmöglichkeiten des werbefinanzierten Privatfernsehens und des öffentlich-rechtlichen Fernsehens.[676] Unklarheiten herrschen lediglich bezüglich der Belegungsmöglichkeiten der Pay-TV-Sender, sofern diese vorhanden sind.[677]

Einige wenige Stimmen plädieren für eine tiefergehende Unterteilung des Fernsehwerbemarktes. Argumentativ wird verstärkt auf die relevanten Produkteigenschaften und deren Bedeutung aus der Nachfragesicht zurückgegriffen. So sei das Werbeangebot kleinerer Fernsehsender aufgrund fehlender Zuschauerreichweite nicht mit dem

---

672 Langen/Bunte/*Bardong*, Band I, § 18 GWB, Rn. 25.

673 Vgl. zur Funktion der Mediaagenturen Heinrich, Band 2, S. 541.

674 BKartA, B. v. 19.1.2006, B6-103/05 – Axel Springer/ProSiebenSat.1, S. 23, (s. Fn. 11).

675 Vgl. BKartA, B. v. 19.1.2006, B6-103/05 – Axel Springer/ProSiebenSat.1, S. 23, (s. Fn. 11); BKartA, B. v. 1.10.1998, B6 72/98 – Premiere, WuW/DE-V 53, 58f. = NJWE-WettbR 1999, 45, 46; BKartA, B. v. 28.12.2004, B7 150/04 – SES/DPC, WuW/DE-V 1039, 1042.

676 Exemplarisch: BKartA, B. v. 19.1.2006, B6-103/05 – Axel Springer/ProSiebenSat.1, S. 25, (s. Fn. 11); BKartA, B. v. 11.4.2006, B6 142/05 – RTL/N-TV, S. 13. (s. Fn. 22).

677 Vgl. hierzu unten 3. Teil C. I. 4. b) bb).

Angebot größerer Fernsehsender vergleichbar.[678] Aufgrund der geringeren Reichweite kleinerer Fernsehsender würden diese nicht ernsthaft als Werbealternative in Betracht kommen, sodass beide Produkte im Ergebnis nicht mehr austauschbar seien.[679] Dieser Annahme würden auch bestehende Überschneidungen im Kundenkreis nicht ernsthaft entgegenstehen, da die kleineren Sender lediglich um ein „Restbudget" konkurrieren und für den wesentlichen Teil der Werbeausgaben mangels Reichweite nicht in Betracht kommen würden.[680] Die fehlende Austauschbarkeit schließe die Annahme eines Teilmarktes oder die Bewertung der Wettbewerbssituation als Randbereichssubstitution grundlegend aus.[681]

bb) Verhältnis von Free-TV- zu Pay-TV-Werbung

Hinsichtlich des Verhältnisses von Werbung in Free-TV und Pay-TV werden in der deutschen Entscheidungspraxis vielfältige Positionen vertreten. Neben der pauschalen Zuordnung zu einem einheitlichen Markt für Fernsehwerbung, wird diese Zuordnung ebenso pauschal verneint oder eine Entscheidung aufgrund der nur geringen Bedeutung des werbefinanzierten Pay-TVs in Deutschland gänzlich vermieden.[682] Eine differenzierte Auseinandersetzung zum Verhältnis des Werberaums im frei empfangbaren Fernsehen und im Pay-TV auf Basis des Bedarfsmarktkonzeptes erfolgt ebenso wie auf europäischer Ebene nicht.[683]

Dies ist insgesamt kritisch zu bewerten. Werbung im Pay-TV muss nach den gleichen Kriterien wie Free-TV-Werbung beurteilt werden, um eine endgültige Marktzuordnung möglich zu machen. Wie bereits im europäischen Kontext angedeutet, kommt es im Wesentlichen auf die Produkteigenschaften des Werberaums an, die im Einzelfall zu untersuchen sind.

cc) Zusammenfassung und Diskussion

Im Ergebnis wird in der deutschen Entscheidungspraxis der Ansatz eines einheitlichen Fernsehwerbemarktes verfolgt. Unsicherheiten bestehen lediglich hinsichtlich

---

678 OLG München, U. v. 21.2.2013, U 5006/11 Kart – Fernsehwerbezeiten, WuW/DE-R 3913, 3916 = NZKart 2013, 162, 163.

679 OLG München, U. v. 21.2.2013, U 5006/11 Kart – Fernsehwerbezeiten, WuW/DE-R 3913, 3916f. = NZKart 2013, 162, 163.

680 OLG München, U. v. 21.2.2013, U 5006/11 Kart – Fernsehwerbezeiten, WuW/DE-R 3913, 3916f. = NZKart 2013, 162, 163.

681 OLG München, U. v. 21.2.2013, U 5006/11 Kart – Fernsehwerbezeiten, WuW/DE-R 3913, 3917 = NZKart 2013, 162, 163.

682 Für die Zuordnung: BKartA, B. v. 19.1.2006, B6-103/05 – Axel Springer/ProSiebenSat.1, S. 25, (s. Fn. 11); gegen eine solche Zusammenführung: OLG Düsseldorf, 3.12.2008, VI-Kart 7/06 (V) – Springer/ProSiebenSat.1, WuW/DE-R 2593, 2595; OLG Düsseldorf, B. v. 8.8.2012, VI-Kart 4-11 (V) – Amazonas, S. 18 (s. Fn. 35); offenlassend: BKartA, B. v. 17.3.2011, B6-94/10 – ProSiebenSat.1/RTL, Rn. 46, (s. Fn. 12).

683 Vgl. hierzu oben 3. Teil C. I. 4. a) bb).

der Einordnung von möglichen Pay-TV-Werbeplätzen, die im deutschen Pay-TV aber ohnehin von nur untergeordneter Bedeutung sind.

Die von der ständigen Praxis abweichende Abgrenzung eines Marktes für kleinere Sender wird in erster Linie mit der werberelevanten Eigenschaft der Reichweite begründet. Dies wird in der Literatur bisweilen kritisch gesehen, ohne jedoch konkrete Anknüpfungspunkte für diese Kritik zu liefern.[684] Eigenschaften wie die Reichweite eines Mediums sind für die Werbe- und Mediaplanung von elementarer Bedeutung.[685] Dies rückt die vom Bedarfsmarktkonzept geforderte Austauschbarkeit aus Sicht der Nachfrage deutlich in den Vordergrund der Überlegungen. Dabei muss beachtet werden, dass die Reichweite nicht das einzige ausschlaggebende Kriterium für eine Werbeentscheidung darstellt. Von ebenso großer Bedeutung ist beispielsweise die Zielgruppe. Eine umfassende Betrachtung aller relevanten Eigenschaften wird auch bei der Unterteilung des Fernsehwerbemarktes nicht vorgenommen. Unter diesem Gesichtspunkt greift dieser Untergliederungsansatz ebenfalls zu kurz. Durch den Ansatz wird die Frage nach der Homogenität der Wettbewerbsbeziehungen in einem einheitlichen Fernsehwerbemarkt aufgeworfen. Die reichweitenschwachen Fernsehsender können lediglich über spezifische Zielgruppen und weniger über Reichweitengesichtspunkte am Wettbewerbsgeschehen teilnehmen. Hilfreich könnte in diesem Zusammenhang ein konkreter empirischer Nachweis der schwachen Wettbewerbsposition der kleineren Sender sein. Insgesamt muss festgehalten werden, dass die Frage nach der Austauschbarkeit aus Nachfragesicht im Vordergrund stehen sollte.

c) Gegenüberstellung der Leitmotive und Diskussion

Die Marktabgrenzung im Bereich der Werbemärkte wird generell als eher eng beschrieben.[686] Im Zusammenhang mit der intramedialen Wettbewerbssituation auf dem Fernsehwerbemarkt stellt sich die Frage, ob der Markt eng genug abgegrenzt wird. In der Entscheidungspraxis wird bei der Fernsehwerbung, anders als bei den anderen Mediengattungen, auf eine nähere Auseinandersetzung mit den werberelevanten Eigenschaften weitestgehend verzichtet. Aus diesem Grund ist eine konkrete Auseinandersetzung mit der inhaltlichen Untergliederung des Fernsehwerbemarktes bis heute nicht erfolgt.[687]

In der Literatur wird diese Praxis, trotz der notwendigen Kritik an der sprachlichen und faktischen Trennung zwischen Rezipienten- und Werbemärkten im frei empfangbaren Fernsehen, vor allem unter dem Gesichtspunkt der Vielfaltssicherung positiv aufgefasst.[688] Die Vielfaltssicherung kann jedoch nur beschränkt als Argumentationshilfe herangezogen werden. Hierdurch verschwimmen die unterschiedlichen

---

684 Beckmann/Müller in: Hoeren/Sieber/Holznagel, Teil 10, Rn. 36, Fn. 6.
685 Vgl. hierzu oben 3. Teil B. II.
686 Podszun, MMR 2007, 761, 764.
687 So bereits Jestaedt/Anweiler, EuZW 1997, 549, 550.
688 Frey, ZUM 1998, 985, 997; Podszun, MMR 2007, 761, 764.

Zielrichtungen, die mit dem ökonomischen Kartellrecht auf der einen und der rundfunkrechtlichen Medienkonzentrationskontrolle auf der anderen Seite verfolgt werden. Eine Vielfaltssicherung durch die Hintertür der Werbemärkte verfehlt den Gesetzeszweck der ökonomischen Fusionskontrolle. Dies kann zwar als mittelbarer Nebeneffekt toleriert werden, darf jedoch nicht die unmittelbare Zielrichtung der fusionsrechtlichen Wettbewerbskontrolle darstellen.[689]

Auch im Bereich des Fernsehwerbemarktes ist eine umfassende Berücksichtigung aller werberelevanten Produkteigenschaften notwendig. So sind analog zu den übrigen Mediengattungen in erster Linie Zielgruppenüberlegungen erforderlich. Unterschiedliche (Sparten-) Sender oder Programmzuschnitte sprechen unterschiedliche Zielgruppen an und sind deshalb aus Nachfragesicht nicht ohne Weiteres als austauschbar anzusehen. Aus diesem Grund bietet sich eine feiner ausdifferenzierte Marktsegmentierung nach spezifischen Programminhalten an. Im Ergebnis könnten so Märkte für Werbung in spezifischen Werbeumfeldern, wie beispielsweise Kinder, Sport oder Nachrichten, bestehen. Aufgrund des regelmäßigen Programmaufbaus ist unter Einbeziehung von Reichweitenkriterien auch eine Aufteilung in Zeitschienen (beispielsweise Frühstücksfernsehen, Vormittagsprogramm, Primetime, Nachtprogramm) denkbar.[690] Die über den Substitutionsansatz begründete Annahme eines einheitlichen Fernsehwerbemarktes gleicht einer willkürlichen Abstraktion und kann auch in Hinblick auf die bei anderen Mediengattungen unterstellte Ansicht der Nachfrageseite nicht überzeugen.

Für die Abgrenzung hilfreich kann sich in diesem Zusammenhang eine vergleichende Einbeziehung der Abgrenzungspraxis für den Bereich der TV-Senderechte erweisen. In diesem Bereich werden unterschiedliche Märkte für Sport- und Filmrechte angenommen.[691] Im Sportbereich werden unter Umständen sogar einzelne Märkte für einzelne Veranstaltungen zumindest jedoch für Sportarten und Veranstaltungskategorien angenommen.[692] Insgesamt wird in diesem Bereich somit eine relativ feingliedrige Untergliederung vorgenommen, die auf eine ähnlich enge Herangehensweise auch im Werbebereich hindeuten kann, da spezielle Veranstaltungen auch die für die Werbung relevante Zielgruppe beeinflussen. Hierbei werden die Interessen der Nachfrageseite, dem Bedarfsmarktkonzept entsprechend, in den Vordergrund gestellt.

Die Probleme bei der Abgrenzung der Fernsehwerbemärkte liegen auch im Bedarfsmarktkonzept selbst begründet. Die partielle Konkurrenz der Spartensender und Vollprogramme hinsichtlich bestimmter Zielgruppen kann methodisch nur unzureichend wiedergegeben werden. Es ist nicht möglich, unvollständige Konkurrenzbeziehungen angemessen zu berücksichtigen. Nach dem Bedarfsmarktkonzept

---

689 Vgl. oben 2. Teil B. II. 2.

690 So auch Trafkowski, S: 37f.; Rodenhausen, S. 77f.; Hans, S. 169; a.A. Engel, S. 33.

691 HH-K/*Braun*, 21. Abschnitt, Rn. 128; Jestaedt/Anweiler, EuZW 1997, 549, 551.

692 Kommission, Entsch. v. 13.11.2001, COMP/M.2483 – Group Canal +/RTL, Rn. 19ff.; Kommission, Entsch. v. 18.1.2007, COMP/M.4519 – Lagardere/Sportfive, Rn. 11; zusammenfassend: HH-K/*Braun*, 21. Abschnitt, Rn. 128.

werden Produkte entweder dem einen oder einem anderen Markt zugeordnet. Es gibt keine Zwischenstadien. Vorliegend ermöglicht lediglich die Zerlegung nach Programminhalten ein zumindest ansatzweises Aufgreifen der teilweise bestehenden Konkurrenzbeziehungen.

Insgesamt muss kritisch festgehalten werden, dass die angestellten theoretischen und methodischen Überlegungen aufgrund der hohen Konzentration in der TV-Branche in der praktischen Anwendung kaum zu anderen Entscheidungen im Einzelfall führen. Dennoch sind sie das geeignete Mittel, um die Widersprüchlichkeiten und Probleme der Marktabgrenzungspraxis aufzuzeigen. Auch bei der Betrachtung der Fernsehwerbemärkte wird die Notwendigkeit einer medienübergreifend einheitlichen Praxis deutlich.

5. Zusammenfassung

Den Ausgangspunkt für die Untergliederung von Mediengattungen bildet im Regelfall eine eigenschaftsbezogene Betrachtung im methodischen Rahmen des Bedarfsmarktkonzeptes. Je nach Mediengattungen werden unterschiedliche Faktoren in den Vordergrund gerückt. Es fehlt aber an einer einheitlichen Vorgehensweise. Dies führt in der Konsequenz zu erheblichen Verwerfungen in der Gesamtstruktur der intramedialen Marktabgrenzung. Insbesondere für den Bereich der Fernsehwerbung werden trotz bestehender Unterschiede in der Zielgruppenzusammensetzung weder aus näher dargelegten noch aus empirisch nachweisbaren Gründen homogene Wettbewerbsbedingungen und ein einheitlicher Markt angenommen. Dies kommt einer Ungleichbehandlung der Mediengattungen gleich.

Für die Abgrenzung der Internet-Werbemärkte lässt sich aus der bisherigen Entscheidungspraxis der Schluss ziehen, dass insbesondere die angesprochene Zielgruppe ein zwingendes Differenzierungskriterium darstellen kann. Im Gegensatz zu den klassischen Medien, die auf einheitliche Darstellungsmöglichkeiten zurückgreifen, kommt für das multimediale Internet eine hieraus aufzubauende Untergliederung in Betracht. Es zeigt sich, dass zumindest auf Basis der bisherigen Abgrenzungspraxis eine weitergehende Unterteilung der Online-Werbebranche erforderlich ist.

II. Die Abgrenzung der Märkte für Online-Werbung

Die auf Basis der Analyse der Argumentationsstruktur entwickelten Leitlinien zur Abgrenzung klassischer Werbeträger verdeutlichen, dass auch die klassischen Werbeträger keine durchgehend homogenen Wettbewerbsbeziehungen aufweisen. Es lassen sich in jeder Mediengattung verschiedene Gruppen bilden, die aufgrund von Unterschieden bei den werberelevanten Eigenschaften die Annahme differenzierter Marktstrukturen rechtfertigen. In Hinblick auf die Multimedialität vereint das Internet diese Ansätze und ergänzt sie durch technische Besonderheiten wie die Möglichkeit zur suchgebundenen Werbung und die medialen Darstellungsunterschiede.

In der deutschen und europäischen Entscheidungspraxis wird eine Reihe von Ansatzpunkten zur Untergliederung des Online-Werbemarktes verfolgt. Es zeigt sich, dass es hierbei an einheitlichen und aktuellen Bewertungsmaßstäben mangelt und Unsicherheiten bei der praktischen Handhabung bestehen. Insgesamt herrscht deswegen bis heute Uneinigkeit über die endgültige Abgrenzung der Online-Werbemärkte.

Wie bei den klassischen Mediengattungen bestehen auch bei der Internetwerbung Trägerangebote, mit denen die Werbung interdependent verknüpft ist. Die rechtliche Situation hinsichtlich der Marktstruktur muss differenziert betrachtet werden. Wenn die gängige Entscheidung zugrunde gelegt wird, fehlt es bei der überwiegenden Anzahl der Angebote wegen der werbefinanzierten kostenlosen Bereitstellung an einem wirtschaftlichen Austauschverhältnis zwischen Anbieter und Rezipient und an einem eigenständigen Rezipienten- bzw. Produktmarkt. Dies wird in der Entscheidungspraxis jedoch nicht eindeutig gehandhabt. Insofern kommt es aufgrund der wirtschaftlichen Bedeutung der betroffenen Märkte zu einer Abweichung von der gängigen Argumentationsstruktur.[693]

Daneben bestehen im Internet Bezahlangebote, bei denen aufgrund der monetären Gegenleistung ein Austauschverhältnis und somit ein Markt für das Trägermedium selbst besteht. Wegen der vielgestaltigen Anbieter wird sich auch der Markt für diese Angebote wesentlich differenzierter aufschlüsseln als bei anderen Mediengattungen.

1. Die Argumentationsstruktur der EU-Kommission

In ihren Versuchen, das Internet als eigenständigen Wirtschaftsraum zu erfassen, differenziert die EU-Kommission seit der Frühphase der Entscheidungspraxis für den Gesamtbereich des Internets zwischen den Märkten für den Zugang zum Internet, den Online-Werbemärkten und den Märkten für Bezahlinhalte, da sich alle drei Bereiche auf unterschiedliche Art und Weise finanzieren.[694] Legt man die klassische Argumentationsstruktur hinsichtlich der Trägermärkte zugrunde, handelt es sich bei sonstigen Diensten und Angeboten, die aufgrund ihrer regelmäßigen Finanzierung durch Werbung eng mit den Werbemärkten verknüpft sind, mangels eines wirtschaftlichen Austauschverhältnisses auch im Internet regelmäßig nicht

693 Vgl. bspw. Kommission, Entsch. v. 3.10.2014, COMP/M.7217 – Facebook/WhatsApp, Rn. 34ff.

694 Kommission, Entsch. v. 04.08.1998, COMP/JV.5 – Cegetel/Canal +/AOL/Bertelsmann, Rn. 11ff.; Kommission, Entsch. v. 27.05.1998, IV/JV.1 – Telia/Telenor/Schibsted, ABl. C 220 v. 31.7.1999, S. 28, Rn. 15; Kommission, Entsch. v. 15.9.1998, IV/JV.11 – @Home Benelux B.V., Abl. C 178 v. 23.6.1999, S. 17, Rn. 14; Kommission, Entsch. v. 28.09.1998, IV/JV.8 – Deutsche Telekom/Springer/Holtzbrink/Infoseek/Webseek, ABl. C 220 v. 31.7.1999, S. 28, Rn. 12.

um eigenständige Märkte. Im Fall von Internet-Märkten weicht die EU-Kommission hiervon jedoch in regelmäßigen Abständen ab.[695]

Mit der Zunahme der wirtschaftlichen Bedeutung hat sich auch hinsichtlich der intramedialen Differenzierung von Online-Werbung nach anfänglich sehr oberflächlichen Analysen eine detaillierte Entscheidungspraxis herausgebildet. Auch wenn die EU-Kommission bisher überwiegend von einem einheitlichen Markt für Online-Werbung ausgeht, versucht sie die medialen Besonderheiten des Internets aufzugreifen und zieht konsequenterweise vermehrt intramediale Werbemarktdifferenzierungen in Betracht. Mangels Entscheidungserheblichkeit in den konkreten Fällen ist eine solche Unterscheidung bisher nicht final getroffen worden. Insoweit deutet sich aber ein Wandel zu der bisherigen Abgrenzungspraxis an, die Teilmärkten innerhalb eines Mediums eher abgeneigt gegenüberstand.

a) Unterscheidungskriterien bei Online-Werbung

Im Rahmen der Verfahren Google/DoubleClick[696] und Microsoft/Yahoo! Search Business[697] kam die EU-Kommission zu dem Ergebnis, dass sich Online-Werbung anhand von mehreren Kriterien unterscheiden lässt. Denkbar sei eine Untergliederung nach dem Auswahlmechanismus, nach dem Format oder nach dem Weg der Vermittlung.[698] Daneben würden gleichwertige Untergliederungsmöglichkeiten nach dem zum Aufruf verwendeten Endgerät oder nach der verwendeten Abrechnungsmethode bestehen.[699]

Eine mit dem Print-Bereich vergleichbare Differenzierung nach der Art der Werbung, wie beispielsweise bei Rubriken oder Verzeichniswerbung, wird für das intramediale Verhältnis nicht direkt vorgenommen. Mittelbar lässt die mögliche Annahme eines medienübergreifenden Marktes für Verzeichniswerbung, der sowohl die Online- als auch die Offline-Verzeichnisse umfassen soll[700], den Rückschluss zu, dass die Onlinewerbebranche intramedial keinen homogenen Markt bildet und insofern nach der Art der Werbung differenziert werden kann. Dieser Ansatz wird in der neueren Entscheidungspraxis jedoch nicht näher verfolgt.

Insgesamt ergeben sich aus der Entscheidungspraxis mithin fünf wesentliche Untergliederungskriterien, die als solche jedoch nicht abschließend zu verstehen sind.

---

695 So bspw. für elektronische Kommunikationsangebote: Kommission, Entsch. v. 3.10.2014, COMP/M.7217 – Facebook/WhatsApp, Rn. 34ff.; vgl. zur Kritik hieran oben 2. Teil B. I. 3.

696 Vgl. Kommission, Entsch. v. 11.03.2008, COMP/M.4731 – Google/DoubleClick.

697 Vgl. Kommission, Entsch. v. 18.02.2010, COMP/M.5727 – Microsoft/Yahoo! Search Business.

698 Kommission, Entsch. v. 11.03.2008, COMP/M.4731 – Google/DoubleClick, Rn. 10.

699 Kommission, Entsch. v. 18.02.2010, COMP/M.5727 – Microsoft/Yahoo! Search Business, Rn. 36.

700 Letztlich offenlassend: Kommission, Entsch. v. 13.10.1999, COMP/M.1439 – Telia/Telenor, ABl. L 40 v. 9.2.2001, S. 1, Rn. 109, 112, 113; Kommission, Entsch. v. 27.06.2001, COMP/M.2468 – Seat Pagine Gialle/Eniro, ABl. C 198 v. 13.7.2001, S. 9, Rn. 18.

Diese können unter Umständen die fehlende Austauschbarkeit von Online-Werbung begründen und für eine tiefergehende Marktdifferenzierung von entscheidender Bedeutung sein. Die folgenden Kriterien stellen keine statisch voneinander getrennten Bereiche dar, sodass Überschneidungen und Kombinationen der Elemente denkbar sind.

aa) Auswahlmechanismus

Der Inhalt von Online-Werbung ist anders als andere Werbeformen nicht von vornherein festgelegt, sondern wird unter Umständen und je nach Situation in Echtzeit an die jeweiligen Erfordernisse angepasst. Nach Ansicht der EU-Kommission ist es deshalb theoretisch möglich, basierend auf diesem Auswahlmechanismus, zwischen suchgebundenen Anzeigen, die abhängig von der Suchanfrage neben den Ergebnissen einer Online-Suche angezeigt werden, und nicht suchgebundenen Anzeigen, die je nach Fall kontextbezogen oder nicht kontextbezogen auf den unterschiedlichen Webseiten eingebunden sind, zu unterscheiden.[701]

(1) Austauschbarkeit aus Nachfragesicht

Gegen eine Austauschbarkeit dieser Werbeformen, und somit für getrennte Märkte, können insbesondere die Unterschiede bei den werberelevanten Eigenschaften zwischen suchgebundener und nicht suchgebundener Werbung sprechen.

Die EU-Kommission unterscheidet zwischen den Werbeformen auf Basis des jeweils verfolgten Zwecks. So sei der Werbezweck bei suchgebundener Werbung anders als bei nicht suchgebundener Display-Werbung eher auf die Befriedigung konkreter Kundenbedürfnisse und folglich auf den unmittelbaren Absatz gerichtet. Mittels suchgebundener Werbung solle kein Nachfragebedürfnis geweckt oder die allgemeine Markenbekanntheit gesteigert werden.[702]

Weiterhin stellt die EU-Kommission zu Recht erhebliche Unterschiede in der Gestaltungsform der Werbearten fest. Suchgebundene Werbung sei aufgrund der konkreten Bedürfnisbefriedigung schlicht und informativ und oftmals lediglich mit Textelementen gestaltet. Während nicht suchgebundene Werbung im Regelfall auch auf Bildelemente oder Videoclips zurückgreife.[703] Je nach Interesse des Werbetreibenden können sich die Werbeformen bereits aufgrund der Darstellungsform ausschließen.

Daneben wird die unterschiedliche Abrechnung und Buchung des Werberaums als Unterscheidungskriterium angeführt. Suchgebundene Werbung werde typischerweise

---

701 Kommission, Entsch. v. 11.03.2008, COMP/M.4731 – Google/DoubleClick, Rn. 11; Kommission, Entsch. v. 18.02.2010, COMP/M.5727 – Microsoft/Yahoo! Search Business, Rn. 37ff.

702 Kommission, Entsch. v. 18.02.2010, COMP/M.5727 – Microsoft/Yahoo! Search Business, Rn. 66.

703 Kommission, Entsch. v. 18.02.2010, COMP/M.5727 – Microsoft/Yahoo! Search Business, Rn. 67.

pro Klick auf die Anzeige und nicht suchgebundene Werbung hingegen pro 1000 Werbekontakten abgerechnet. Weiterhin erfolge die Bereitstellung von Werberaum bei suchgebundener Werbung nach einem Auktionsprinzip, bei dem der Werberaum an den Meistbietenden versteigert würde.[704] Insgesamt stellt sich hierbei die Frage, inwiefern die Abrechnungsmethode, die keinen Einfluss auf die Werbewirksamkeit an sich hat und lediglich die Kontrollmöglichkeiten der Werbewirkung verbessert, tatsächlich gegen die Austauschbarkeit sprechen kann.

Der Hauptunterschied zwischen den Werbeformen besteht nach Ansicht der EU-Kommission darin, dass suchgebundene Werbung im Gegensatz zu statischer, rein kontextbezogener Werbung sich unmittelbar an geäußerten Interessen orientiere und in Echtzeit neuen Gegebenheiten angepasst werden könne. Auf der einen Seite erhalte der Nutzer in der Folge nur solche Werbung, die seinen persönlichen Interessen entspricht, und auf der anderen Seite müsse der Werbetreibende deutlich geringere Streuverluste hinnehmen.[705] Unter Wirksamkeitsgesichtspunkten wird diese Möglichkeit der Zielgruppenansprache und -steuerung anhand unmittelbarer konkreter Interessen und Bedürfnisse als deutlich wirksamer als die rein kontextbezogene Werbung angesehen.[706]

(2) Angebotsumstellungsflexibilität

Auch aus der Perspektive der Anbieter von Werberaum und unter Berücksichtigung der Angebotsumstellungsflexibilität, lässt sich suchgebundene und nicht suchgebundene Werbung unterscheiden. Jeder Webseiten-Betreiber könne zwar Raum für nicht suchgebundene Werbung schaffen, die Eingliederung von suchgebundener Werbung sei im Gegensatz dazu allerdings nur den Suchmaschinen selbst möglich. Ein Wechsel zwischen beiden Werbeformen sei für die Betreiber von Webseiten nicht ohne Weiteres möglich. Mangels Angebotsumstellungsflexibilität könne nicht zwingend von einer Austauschbarkeit ausgegangen werden.[707]

(3) Zusammenfassung und Diskussion

Insgesamt unterscheidet sich suchgebundene von nicht suchgebundener Werbung aufgrund ihrer technischen Funktionsweise und Wirkung, ebenso wie durch die Angebotsumstellungsmöglichkeiten. Eine dahingehende Marktunterteilung ist aus diesem Grund denkbar.

---

704 Kommission, Entsch. v. 18.02.2010, COMP/M.5727 – Microsoft/Yahoo! Search Business, Rn. 68f.

705 Kommission, Entsch. v. 18.02.2010, COMP/M.5727 – Microsoft/Yahoo! Search Business, Rn. 64f.

706 Kommission, Entsch. v. 11.03.2008, COMP/M.4731 – Google/DoubleClick, Rn. 56; Kommission, Entsch. v. 18.02.2010, COMP/M.5727 – Microsoft/Yahoo! Search Business, Rn. 62f.

707 Kommission, Entsch. v. 11.03.2008, COMP/M.4731 – Google/DoubleClick, Rn. 54f.

Die technische Weiterentwicklung stellt diese Unterscheidungsform jedoch erheblich infrage. Inhaltlich statische Werbung verliert zunehmend an Bedeutung und kommt kaum noch zum Einsatz. Eine Anpassung an konkrete Bedürfnisse oder das Surfverhalten ist mittlerweile nicht mehr nur bei suchgebundener Werbung möglich.[708] Darüber hinaus findet eine Flexibilisierung bei der Darstellungsform statt, sodass die Werbung nicht mehr auf schlichte informative Darstellungen begrenzt ist. Aufgrund der sehr geringen Unterschiede muss die fehlende Austauschbarkeit aus Nachfragesicht daher infrage gestellt werden.

Die technische Fortentwicklung des Targetings ermöglicht zudem nicht nur den Suchmaschinenbetreibern, sondern auch den übrigen Webseiten-Betreibern einen schnellen und einfachen Rückgriff auf einen bedürfnisoptimierten Werberaum. Somit ist unter Angebotsumstellungsgesichtspunkten eine Umstellung von kontextbezogener auf bedürfnisorientierte Werbung einfacher möglich und steht getrennten Märkten ebenso entgegen.[709]

Im Ergebnis lässt sich festhalten, dass die Differenzierung zwischen suchgebundener und nicht suchgebundener Werbung nicht mehr dem aktuellen Stand der Technik entspricht.[710] So wird auch vom Marktumfeld zu Recht festgestellt, dass insbesondere aufgrund des Aufkommens des „Behavioral Targeting“ die hergebrachte Unterscheidung zwischen such- und nicht suchgebundener Werbung in der Praxis irrelevant sei. Durch diese Technik sei es möglich, jede Form der Internetwerbung unmittelbar und in Echtzeit an den Bedürfnissen der Nutzer zu orientieren. Es habe ein Annäherungsprozess im Sinne einer „Konvergenz“ zwischen den beiden Werbeformen stattgefunden.[711] Die auf dem Auswahlmechanismus beruhenden Effizienzunterschiede würden sich durch das Aufkommen der verhaltensbezogenen Einblendung von Werbung kurz- bis mittelfristig schließen.[712]

Konsequenterweise wird eine Unterteilung nach dem Gesichtspunkt des Auswahlmechanismus von der EU-Kommission aufgrund inkonsistenter Ergebnisse bei den Marktuntersuchungen[713] nicht weiter verfolgt.[714] Eine weitere Untergliederung des Online-Werbemarktes anhand des Auswahlmechanismus in suchgebundene und nicht suchgebundene Werbung sei aufgrund des durchgehenden Einsatzes von

---

708 Kommission, Entsch. v. 11.03.2008, COMP/M.4731 – Google/DoubleClick, Rn. 52.

709 Vgl. Lammenett, S. 219.

710 So auch Dewenter/Rösch/Terschüren, NZKart 2014, 387, 393.

711 Kommission, Entsch. v. 18.02.2010, COMP/M.5727 – Microsoft/Yahoo! Search Business, Rn. 74.

712 Kommission, Entsch. v. 11.03.2008, COMP/M.4731 – Google/DoubleClick, Rn. 12; Kommission, Entsch. v. 27.07.2010, COMP/M.5676 – SevenOne Media/G+J/et. al., Rn. 29ff.

713 Vgl. Kommission, 18.02.2010, COMP/M.5727 – Microsoft/Yahoo! Search Business, Rn. 71f. bei der immerhin noch 16 von 42 Befragten sich für einen eigenständigen Markt für suchgebundene Werbung ausgesprochen haben.

714 Vgl. Kommission, Entsch. v. 27.07.2010, COMP/M.5676 – SevenOne Media/G+J/et. al., Rn. 29.

Targeting-Mechanismen nicht zwingend trennscharf durchführbar.[715] Eine allein auf diesem Merkmal beruhende Marktunterteilung erscheint daher gegenwärtig nicht angebracht.

bb) Format

Online-Werbung bietet den Werbetreibenden vielfältige Gestaltungsmöglichkeiten.[716] Im Internet vermischen sich die bekannten Darstellungsformen der klassischen Medien und sind beliebig kombinier- und einsetzbar. Die Form der Darstellung beeinflusst die Wahrnehmung und Wirkung von Werbung erheblich und ist daher einer der Hauptansatzpunkte zur Bewertung der Austauschbarkeit von Werbeflächen.

Dementsprechend zählt die EU-Kommission das Format der Werbung zu den möglichen Auswahl- bzw. Differenzierungskriterien. Bei einer Unterscheidung nach dem Anzeigeformat könne nach Ansicht der EU-Kommission die rein statische Textanzeige von der aufwendigeren Bild- oder Video-Werbung abgegrenzt werden.[717] Unter Wirksamkeitsgesichtspunkten wird der Bewegtbild-Werbung im Regelfall eine größere Eignung zur Ansprache von Emotionen nachgesagt als reiner Textwerbung.[718]

Die Unterschiede im Bereich der Darstellungsform sind nach Ansicht der EU-Kommission eng mit dem Auswahlmechanismus verknüpft. So sei vor allem die suchgebundene Werbung stark an die reine Textwerbung gebunden, während Display-Werbung eher im Bereich der nicht suchgebundenen Werbung auftrete.[719] Es ist fraglich, ob dieser Zusammenhang auch vor dem Hintergrund des fortschreitenden Targetings noch aufrechterhalten werden kann. Bei einer umfassenden Personalisierung der Werbung entscheidet vielmehr das angebotene Werbeumfeld über die Darstellungsform und nicht der Auswahlmechanismus.

Aus fachlich nicht nachvollziehbaren Gründen wird eine Marktuntergliederung anhand der Darstellungsform dennoch nicht weiter verfolgt. Dies überrascht vor allem vor dem Hintergrund, dass die Unterschiede im Erscheinungsbild und die damit einhergehenden Wahrnehmungs- und Wirkungsunterschiede üblicherweise zu den meistgenannten Kriterien bei der intermedialen Differenzierung zwischen einzelnen Mediengattungen zählen.[720] Die Argumentationsstruktur in der Entscheidungspraxis erweist sich insoweit als nicht konsistent. Insbesondere aufgrund der Hybridstellung des Internets zwischen den bekannten Werbeformen wäre eine an der Darstellungsform orientierte Unterteilung des Marktes naheliegend. Die unterschiedlichen

---

715 Kommission, Entsch. v. 11.03.2008, COMP/M.4731 – Google/DoubleClick, Rn. 53; Kommission, Entsch. v. 27.07.2010, COMP/M.5676 – SevenOne Media/G+J/et. al., Rn. 29ff.

716 Vgl. dazu oben 3.Teil B. III. 5.

717 Kommission, Entsch. v. 11.03.2008, COMP/M.4731 – Google/DoubleClick, Rn. 13.

718 Unger/Fuchs/Michel, S. 194ff.

719 Kommission, Entsch. v. 11.03.2008, COMP/M.4731 – Google/DoubleClick, Rn. 14.

720 Vgl. dazu unten 3. Teil D. I.

Darstellungsformen werden stattdessen lediglich zur Begründung eines Werbemarktes für mobile Online-Werbung genutzt.[721]

Auch die Angebotsumstellungsflexibilität steht einer solchen Unterteilung der Marktstruktur nur in Teilen entgegen. Werbeflächen auf Webseiten können sowohl für statische Display-Werbung als auch für Bewegtbild-Werbung genutzt werden. Ein flexibler Wechsel ist seitens der Anbieter möglich, was unter diesem Gesichtspunkt für einen einheitlichen Markt spricht. Hierbei muss das geringe Akzeptanzniveau von In-Page-Video-Werbung beachtet werden. Darüber hinaus ist es Anbietern von Werberaum auf Webseiten nicht ohne Weiteres möglich, die wesentlich akzeptierteren Werbemöglichkeiten in Streaming-Angeboten anzubieten. Der Angebotsumstellungsflexibilität und einem einheitlichen Markt sind somit faktische Grenzen gesetzt. Insgesamt ist die Praxis der EU-Kommission insoweit nicht nachvollziehbar und zumindest diskussionswürdig.

cc) Vermittlungsweg

Unterschiede im Bereich der Online-Werbung bestehen nach Ansicht der EU-Kommission auch hinsichtlich des Vermittlungsweges der Werbeflächen. Der Vertrieb der Werbung kann entweder direkt durch die Webseiten-Betreiber oder durch sonstige Vermittler, die den verfügbaren Werberaum bündeln, erfolgen.[722] Je nach Art und Güte des Werberaums entscheide sich, welcher Vermittlungsweg gewählt werde. Insbesondere das sogenannte „Spitzen-Inventar“ werde regelmäßig durch den Anbieter selbst vertrieben.[723] Lediglich die restlichen Werbeflächen würden über unterschiedliche Bündelungs- und Vermittlungsmechanismen angeboten.[724]

Die bestehenden Unterschiede im Vermittlungsweg haben keine Bedeutung für die Werbewirksamkeit und sind für die Frage nach der Austauschbarkeit und folglich für das „Ob“ der Werbebuchung von geringer Bedeutung. Sie stellen daher kein unmittelbar relevantes Kriterium zur Beurteilung der Austauschbarkeit von Werbeflächen dar. Eine ausschließlich hierauf basierende Marktabgrenzung ließe sich vor dem Hintergrund des Bedarfsmarktkonzeptes nur schwerlich vertreten. Aus diesem Grund wird dieser Ansatz von der EU-Kommission zu Recht nicht weiter verfolgt bzw. weiterhin offengelassen.[725]

---

721 Vgl. unten 3. Teil C. II. 1. a) ee) (1).

722 Kommission, Entsch. v. 11.03.2008, COMP/M.4731 – Google/DoubleClick, Rn. 18; Kommission, Entsch. v. 18.02.2010, COMP/M.5727 – Microsoft/Yahoo! Search Business, Rn. 82.

723 Kommission, Entsch. v. 11.03.2008, COMP/M.4731 – Google/DoubleClick, Rn. 19.

724 Vgl. ausführlich: Kommission, Entsch. v. 11.03.2008, COMP/M.4731 – Google/DoubleClick, Rn. 19ff.

725 Kommission, Entsch. v. 18.02.2010, COMP/M.5727 – Microsoft/Yahoo! Search Business, Rn. 83.

dd) Abrechnungsmethode

Ein weiteres Unterscheidungskriterium bei der Online-Werbung stellt nach Ansicht der EU-Kommission die verwendete Abrechnungsmethode dar. Hier lässt sich zum einen die Möglichkeit der Abrechnung nach der konkreten Klickzahl auf eine Werbeanzeige („cost per click", (CPC)) oder – vergleichbar mit dem Tausender-Kontakt-Preis – nach Werbeeindrücken („cost per thousand impressions", (TCP)) abrechnen.[726] Jeder Abrechnungsmechanismus ist eng mit einem der oben beschriebenen Auswahlmechanismen verknüpft. Während CPC vor allem bei suchgebundener und kontextbezogener Werbung zum Einsatz kommt, wird die zweite Variante hauptsächlich bei nicht kontextbezogener Werbung verwendet.[727]

Fraglich ist, ebenso wie bei dem Vermittlungsweg, ob die Unterschiede in der Abrechnungsmethode tatsächlich unterschiedliche Märkte begründen können. Abhängig von den Umständen im Einzelfall, können unterschiedliche Methoden ökonomisch lukrativ erscheinen. Die Auswirkungen auf die Auswahlentscheidungen dürften jedoch eher zu vernachlässigen sein. So besteht kein direkter Zusammenhang zwischen der Abrechnungsmethode und der Werbewirksamkeit. Die Abrechnung nach konkreten Klickzahlen erhöht lediglich die Nachvollziehbarkeit der eigenen Werbeschaltung. Dies schafft als Kontrollinstrument zwar einen mittelbaren Mehrwert für die Werbetreibenden, zählt mangels eines direkten Einflusses auf die Werbewirksamkeit jedoch nicht zu den ausschlaggebenden Kriterien. Zu Recht verfolgt die EU-Kommission keine Marktabgrenzung auf Basis der Abrechnungsmethode. Wie sich bereits im Zusammenhang mit der Unterscheidung nach dem Auswahlmechanismus gezeigt hat, kann hierbei von einer ergänzenden Funktion des Kriteriums ausgegangen werden.

ee) Verwendetes Endgerät

Als letztes wesentliches Unterscheidungskriterium wird in der Entscheidungspraxis eine Differenzierung nach dem verwendeten Endgerät der Nutzer angeführt.[728] Mit der Frage nach der Abgrenzung eines eigenen sachlich relevanten Marktes für Werbung auf mobilen Endgeräten, wird nicht nur die Frage nach dem Verhältnis von mobiler zu normaler Online-Werbung aufgeworfen, sondern zusätzlich auch das Verhältnis zwischen suchgebundener und nicht suchgebundener Mobil-Werbung verknüpft.

---

726 Kommission, Entsch. v. 11.03.2008, COMP/M.4731 – Google/DoubleClick, Rn. 12; Kommission, Entsch. v. 18.02.2010, COMP/M.5727 – Microsoft/Yahoo! Search Business, Rn. 45, 46.

727 Vgl. Kommission, Entsch. v. 18.02.2010, COMP/M.5727 – Microsoft/Yahoo! Search Business, Rn. 45, 46.

728 Vgl. bereits Kommission, Entsch. v. 11.09.2000, COMP/M.1982 – Telia/Oracle/Drutt, ABl. C 374 v. 28.12.2000, S. 10, Rn. 14; Kommission, Entsch. v. 14.06.2001, COMP/M.2463 – Speedy Tomato, ABl. C 279 v. 3.10.2001, S. 7, Rn. 13.

(1) Eigenständiger Markt für Mobil-Werbung

Werbung für mobile Endgeräte kann sich nach Ansicht der EU-Kommission aufgrund der größenbedingt eingeschränkten Darstellungsmöglichkeiten erheblich von Werbung für stationäre Geräte unterscheiden. Mobile Werbung sei eher textbasiert und ermögliche oft auch die unmittelbare Kontaktaufnahme mit dem jeweiligen Anbieter.[729] Für die Annahme eines eigenständigen Marktes spreche nach Ansicht einiger Marktteilnehmer neben den gestalterischen Unterschieden zudem die Möglichkeit, Angebote auf den aktuellen Standort zuzuschneiden.[730] Unterschiede zur sonstigen Werbung würden sich des Weiteren aus der Bildschirmgröße, der Verbreitung von entsprechenden mobilen Endgeräten und der verhältnismäßig langsamen mobilen Internet-Verbindung ergeben.[731]

Gegen die Annahme eines solchen Marktes wird angeführt, dass die lediglich geringen Unterschiede zwischen den verschiedenen Online-Werbeformen aus Nachfragesicht die Annahme unterschiedlicher Märkte nicht rechtfertigen könnten.[732] Vor allem die Alleinstellungsmerkmale der mobilen Internetwerbung seien überschätzt. Weder würde eine Vielzahl von speziell angepassten Mobil-Seiten existieren, noch sei Geo-Lokalisation und die darauf aufbauende Zuweisung lokaler Werbeangebote nur auf mobilen Endgeräten möglich.[733]

Diese Unstimmigkeiten hinsichtlich einer möglichen Unterscheidung spiegeln die erheblichen Unsicherheiten im Marktumfeld selbst wider. Während in einem Verfahren die Mehrheit der befragten Marktteilnehmer die Annahme eines eigenständigen Marktes für suchgebundene Mobil-Werbung mit deutlicher Mehrheit ablehnt[734], ergibt die Befragung in einem anderen Verfahren, dass eine Mehrheit der Befragten mobile und statische Online-Werbung für nicht austauschbar hält und somit von unterschiedlichen Märkten ausgeht.[735]

729 Kommission, Entsch. v. 18.02.2010, COMP/M.5727 – Microsoft/Yahoo! Search Business, Rn. 43.

730 Kommission, Entsch. v. 18.02.2010, COMP/M.5727 – Microsoft/Yahoo! Search Business, Rn. 79.

731 Kommission, Entsch. v. 04.09.2012, COMP/M.6314 – Telefonica UK/Vodafone UK/ et. Al., Rn. 154ff.

732 Kommission, Entsch. v. 04.09.2012, COMP/M.6314 – Telefonica UK/Vodafone UK/ et. Al., Rn. 144, 150.

733 Kommission, Entsch. v. 04.09.2012, COMP/M.6314 – Telefonica UK/Vodafone UK/ et. Al., Rn. 145.

734 Kommission, Entsch. v. 18.02.2010, COMP/M.5727 – Microsoft/Yahoo! Search Business, Rn. 80, 81.

735 Kommission, Entsch. v. 04.09.2012, COMP/M.6314 – Telefonica UK/Vodafone UK/ et. Al., Rn. 154.

Die Tendenz der Entscheidungspraxis deutet mittlerweile auf die Annahme eines eigenständigen Marktes hin, auch wenn dieser mangels Entscheidungsrelevanz bislang noch nicht endgültig festgestellt worden ist.[736]

(2) Diskussion

Insgesamt scheint es mehr als fraglich, ob die Unterschiede in der Gestaltung und die Möglichkeit der Geo-Lokalisation ausreichen, um einen eigenständigen Markt für mobile Online-Werbung zu begründen. Die voranschreitende technische Entwicklung ermöglicht eine fortschreitende Konvergenz der Inhalte. Weiterhin wird sich das Bandbreitenproblem der mobilen Endgeräte durch die flächenmäßige Verbreitung der LTE-Technologie kurzfristig lösen.

Bei der Abgrenzung muss beachtet werden, dass im Kern auf das gleiche Trägermedium – das Internet – zurückgegriffen wird. Insbesondere die Bildschirmgröße kann letztlich kein Argument für unterschiedliche Werbemärkte sein. Die Darstellung der Werbespots im Fernsehen auf modernen HD-Bildschirmen wird zu Recht nicht von der auf alten Geräten und kleinen Röhrenmonitoren unterschieden, obwohl sich erstere sicherlich besser für eine eindrucksvollere Vermittlung eignen.

Unter methodischen Gesichtspunkten bedient sich die EU-Kommission verstärkt des Instruments der Marktbefragung, das jedoch deutliche Nachteile hat. Auf Basis schwankender Umfrageergebnisse lässt sich nur schwerlich ein abstraktes und der Rechtssicherheit dienliches Ergebnis erreichen. Vor dem gegebenen Hintergrund ist daher ein eigenständiger Markt für Mobil-Werbung abzulehnen.

b) Zusammenfassung und Diskussion der Kommissionspraxis

Trotz unterschiedlicher Differenzierungskriterien geht die EU-Kommission gegenwärtig noch von einem einheitlichen Markt für Online-Werbung aus. Anders als bei den anderen Mediengattungen ist eine tiefergehende Untergliederung des Marktes von der EU-Kommission in Betracht gezogen worden und im Falle einer Entscheidungserheblichkeit nicht auszuschließen. In diesem Zusammenhang standen vor allem die Untergliederungen nach dem Auswahlmechanismus (suchgebundene und nicht suchgebundene Werbung) und nach dem Anzeigegerät (eigener Markt für mobile Endgeräte) im Vordergrund.

Während der Auswahlmechanismus sich durch die Weiterentwicklung der Targeting-Möglichkeiten und der damit einhergehenden Annäherung beider Werbeformen nicht mehr als tragfähig erweist, verfolgt die EU-Kommission den Ansatz eines eigenen Marktes für Online-Werbung auf mobilen Endgeräten wie Smartphones

---

736 Vgl. dazu auch Kommission, Entsch. v. 14.8.2013, COMP/M.6956 - Telefónica/CaixaBank/Banco Santander/JV, Rn. 16ff., 20.

weiter, obwohl auch die Tragfähigkeit dieses Untergliederungsansatzes bezweifelt werden kann.[737]

Wünschenswert wäre stattdessen eine verstärkte Auseinandersetzung mit der möglichen Untergliederung nach dem Anzeigeformat. Während bei der intermedialen Abgrenzung von Fernsehwerbung zu Print-Werbung gerade die Darstellungsart ein entscheidendes Kriterium darstellen soll, wird dies beim Internet trotz bestehender Unterschiede von der EU-Kommission nicht aufgegriffen.[738] Vor diesem Hintergrund erscheint es sinnvoll, eine Unterscheidung aufgrund des Anzeigeformats oder des Grads der Individualisierbarkeit von Werbung vorzunehmen. Durch das Aufgreifen des Anzeigeformats könnte die hergebrachte Unterscheidung zwischen den einzelnen Mediengattungen aufrechterhalten werden. So wie sich eine Zeitung vom Fernsehen unterscheidet, wäre es denkbar, dass sich Internet-Video-Werbung von Internet-Textwerbung unterscheiden lässt. Aufgrund der Vernachlässigung dieses Aspekts ist die gegenwärtige Entscheidungspraxis der EU-Kommission kritisch zu bewerten. Es muss bezweifelt werden, dass die Wettbewerbsverhältnisse sachgerecht wiedergegeben werden.

Positiv hervorzuheben ist hingegen der Umfang, mit dem Erkenntnisse von Marktbefragungen in das Verfahren eingebracht werden. Diese zeigen deutlich die Unsicherheit der Marktteilnehmer hinsichtlich der eigenen Stellung. Verlässliche Aussagen lassen sich angesichts der nur knappen Mehrheiten hieraus dennoch nicht formulieren. Stattdessen verdeutlicht dieser Umstand die bestehende Problemstellung. In einem Marktumfeld, das stärker von persönlichen Empfindungen als von nachvollziehbaren Tatsachen geprägt ist, fehlt es an klaren Abgrenzungsmöglichkeiten.

2. Die Argumentationsstruktur des Bundeskartellamtes

Ähnlich wie im Bereich der Fernsehwerbung finden sich für die Online-Werbemärkte neben der vergleichsweise großen Menge von europäischen Entscheidungen nur wenige Stellungnahmen deutscher Behörden und Gerichte. Aufgrund der weiter wachsenden wirtschaftlichen Bedeutung des Internets könnte sich dieser Trend im Hinblick auf die Aufgreifkriterien der europäischen Fusionskontrolle in der Zukunft weiter verstärken.[739]

Trotz dieser vergleichsweise geringen Anzahl von Entscheidungen werden in der deutschen Entscheidungspraxis eigenständige Ansätze zum Umgang mit den intramedialen Wettbewerbsverhältnissen verfolgt. Den klassischen Ausgangspunkt bildet auch hier das Bedarfsmarktkonzept, im Rahmen dessen hinsichtlich der Frage der Austauschbarkeit von Online-Werberaum an unterschiedliche Produkteigenschaften angeknüpft wird.

---

737 Kommission, Entsch. v. 14.08.2013, COMP/M.6956 – Telefonica/Caixabank/Banco Santander/JV, Rn. 15ff.; hingegen der Praxis zustimmend: Paal, GRUR 2013, 873, 876.

738 Vgl. unten 3. Teil D. I.

739 Vgl. zu den Aufgreifkriterien oben 2. Teil C. II. 2.

a) *Differenzierung nach Zielgruppenkriterien*

Eine mehrfach diskutierte Möglichkeit zur weiteren Untergliederung von Werbemärkten, folglich auch des Internet-Werbemarktes, stellt die Orientierung an der für Werbekunden elementaren Zielgruppe dar. Die Zielgruppe lässt sich sowohl nach sozioökomischen als auch nach räumlich-regionalen Gesichtspunkten erfassen. Diese Vorgehensweise ist stark an die Vorgehensweise der Marktabgrenzung im Bereich der regionalen Tageszeitungen angelehnt.[740]

Nach Ansicht des Bundeskartellamtes lässt sich nicht nur der räumliche, sondern auch der sachliche Produktmarkt aufgrund eines starken regionalen Anknüpfungspunktes des Angebots vom Gesamtmarkt abgrenzen.[741] In diesem Zusammenhang wird argumentiert, dass sich werbefinanzierte Angebote, wie beispielsweise Portale, in ihrer inhaltlichen Ausrichtung auf eine eng umgrenzte Region beziehen und in der Folge nur über eine entsprechend regional geprägte Nutzerschaft verfügen.[742] Die jeweils zur Verfügung stehende Werbefläche sei vor allem unter dem Gesichtspunkt der Streuverluste hauptsächlich für solche Kunden reizvoll, die in der entsprechenden Region oder für regionale Angebote werben wollen.[743] Eine Austauschbarkeit mit sonstigen überregionalen Online-Werbemöglichkeiten sei aus Sicht der Werbekunden, wie im Fall von Lokalzeitungen und überregionalen Zeitungen, aufgrund zu großer Streuverluste nicht gegeben.[744]

Auf den ersten Blick erscheint die Übertragung der aus den Printmedien bekannten Orientierung an der Zielgruppe nachvollziehbar. Rein faktisch wird durch die betroffenen Regionalportale eine vergleichbare Leistung wie durch die Regionalzeitungen erbracht.[745] Der diesem Markt zugrunde liegende Abgrenzungsansatz lässt sich unproblematisch auch auf andere inhaltliche Angebote übertragen. In jedem Fall führen spezifische Eigenschaften eines Internet-Angebots zu einer ebenso spezifischen Zielgruppe und somit potenziell zu geringen Streuverlusten. Diesem Ansatz folgend, ließe sich eine Vielzahl unterschiedlicher Werbemärkte im Internet bilden, die sich vornehmlich an dem Angebot bzw. der daraus resultierenden Zielgruppe orientieren. Mögliche Kriterien könnten dabei das Alter, das Geschlecht, spezifische Regionen oder Interessen sein.[746]

Diese Überlegung basiert jedoch auf einem statischen Verständnis von Werbung, das durch die stetig wachsenden Targeting-Möglichkeiten des Internets langfristig nicht haltbar ist. Während bei den klassischen Medien eine Orientierung am Content

740 Vgl. insb. oben 3. Teil C. I. 1. a). aa) und bb).

741 So bspw. Markt für Internetwerbung in Regionalportalen: BKartA, B. v. 27.2.2002, B6-136/01 – Berlin.de new Media, WuW/DE-V 665, 667.

742 BKartA, B. v. 27.2.2002, B6-136/01 – Berlin.de new Media, WuW/DE-V 665, 667.

743 BKartA, B. v. 27.2.2002, B6-136/01 – Berlin.de new Media, WuW/DE-V 665, 667.

744 BKartA, B. v. 27.2.2002, B6-136/01 – Berlin.de new Media, WuW/DE-V 665, 667.

745 Vgl. zu der Frage des intermedialen Verhältnisses von Regionalportal und Tageszeitung: unten 3. Teil D. II. 2. a).

746 Trafkowski, MMR 1999, 630, 634; Vgl. auch Trafkowski, S: 42f.

erforderlich ist, um die Werbung auf die angesprochene Zielgruppe zuzuschneiden, ermöglicht das Internet nicht nur die Anpassung der Werbung in Echtzeit, sondern auch die Personalisierung der Werbefläche für die jeweiligen Nutzer. Rezipienten greifen nicht mehr auf das gleiche Standardmedium, sondern auf ein für jeden Einzelnen individualisiertes Medium zurück. Für regional orientierte Werbekunden bietet dies die Möglichkeit, auf unspezifischen, dafür aber reichenweitenstärkeren Webseiten ihre Werbung zu schalten, ohne zu starke Streuverluste zu erleiden. So kann die Einblendung der regionalen Werbung beispielsweise auf regionale Internet-Knotenpunkte beschränkt werden. Spezifische Angebote weisen zwar dennoch eine höhere Dichte der jeweils gewollten Adressaten auf, die alternativ verfügbaren Werbeflächen stellen hierbei jedoch durch das Targeting eine tatsächliche Alternative dar. Dies hat zur Folge, dass die Zielgruppe als unmittelbare Eigenschaft des Werbeträgers an Bedeutung verliert und einer Austauschbarkeit nicht mehr zwingend entgegensteht. Insbesondere in Kombination mit einer Abrechnung nach konkreten Klickzahlen (CPC) lässt sich seitens der Werbetreibenden nicht nur unter Werbewirkungs- sondern auch unter ökonomischen Gesichtspunkten eine effiziente Werbung schalten.

Der von den klassischen Medien bekannte Ansatz zur Untergliederung des Werbemarktes nach Zielgruppenkriterien stellt für den Internet-Werbemarkt im Ergebnis daher keinen brauchbaren Untergliederungsansatz zur Erfassung der intramedialen Wettbewerbsverhältnisse dar.[747]

b) Differenzierung nach der Darstellungsform

Ein anderer Ansatz zur Untergliederung des Internet-Werbemarktes liegt in der bereits von der EU-Kommission angesprochenen Differenzierung nach der Darstellungsform der Werbung begründet.[748] Da die Darstellungsform auch intermedial zu den größten Unterschieden zwischen den Mediengattungen zu zählen ist, liegt es nahe, dies beim Hybridmedium Internet anzudenken.[749]

Anders als auf europäischer Ebene finden sich in der deutschen Entscheidungspraxis hierzu entsprechende Überlegungen. Die Marktuntergliederung anhand der Darstellungsform ist im Wesentlichen mit dem bereits zu Beginn dargestellten Amazonas-Verfahren verknüpft.[750]

aa) Beschluss des Bundeskartellamtes

Dem Beschluss des Bundeskartellamtes lassen sich nur mittelbar Erkenntnisse hinsichtlich der intramedialen Wettbewerbsverhältnisse entnehmen. Das Amt beschränkt

747 Im Ergebnis wohl anders: Theilmann, S. 192.

748 Vgl. dazu oben 3. Teil C. II. 1. a) bb).

749 S. zum intermedialen Verhältnis auch unten 3. Teil D.

750 Vgl. zum Amazonas-Verfahren: BKartA, B. v. 17.3.2011, B6-94/10 – ProSiebenSat.1/RTL, (s. Fn. 12); OLG Düsseldorf, B. v. 8.8.2012, VI-Kart 4-11 (V) – Amazonas (s. Fn. 35).

sich vornehmlich auf die Abgrenzung der unterschiedlichen Online-Werbeformen (Online-Display-Werbung mittels Anzeige oder Werbebanner und Online-Video-Werbung in den In-Stream- und In-Page-Varianten) von der Fernsehwerbung. Die dabei unausgesprochene Differenzierung zwischen den Online-Werbeformen deutet jedoch einen möglichen Differenzierungsansatz nach der Darstellungsform an.

Nach Ansicht des Bundeskartellamts bildet Video-In-Stream-Werbung aufgrund ihrer Eigenschaften das engste Substitut zur Fernsehwerbung.[751] Andere internetbasierte Werbeformen seien hingegen nicht in einem vergleichbar hohen Maße austauschbar.[752] Selbst die Video-In-Page-Werbung, die ebenfalls auf die Verwendung von Videoclips zur Übermittlung der Werbebotschaft zurückgreift, verfüge aufgrund der regelmäßig geringeren Größe des Bildes, der mangels inhaltlicher Einbindung geringeren Aufmerksamkeit der Adressaten und der fehlenden Akzeptanz von autonom agierenden Tonelementen nicht über eine vergleichbare Leistungsfähigkeit als Werbeträger.[753]

Ohne konkret zur intramedialen Austauschbarkeit von Online-Werbung Stellung zu beziehen, deutet das Bundeskartellamt mit dem Hinweis auf die bestehenden Unterschiede der verschiedenen Online-Werbeformen eine mögliche Marktuntergliederung an, die über die bloße Einbeziehung der Darstellungsform hinausgeht. So wird innerhalb der Bewegtbild-Werbung eine weitergehende Unterteilung vorgenommen. Dazu werden sonstige werberelevante Eigenschaften wie die Wahrnehmungssituation in Betracht gezogen. Die Darstellungsform kann daher zwar als erster grober Filter für die Austauschbarkeit von Online-Werbung dienen, nicht jedoch als einziges Kriterium die gesamte Marktabgrenzung bestimmen. Das Bundeskartellamt setzt mithin auf eine umfassendere Analyse der Austauschbarkeit, der unabhängig von den konkreten Ergebnissen unter methodischen Gesichtspunkten zuzustimmen ist.

bb) Beschluss des OLG Düsseldorf

Aufbauend auf die Entscheidung des Bundeskartellamts, untergliedert auch das OLG Düsseldorf als Beschwerdeinstanz gegen den vorangegangenen Beschluss den Online-Werbemarkt. Demnach bestehe jedenfalls kein einheitlicher Online-Werbemarkt.[754] Stattdessen müsse der Gesamtbereich der Online-Werbung anhand der unterschiedlichen Werbeformen untergliedert werden, sodass in der Folge eigenständige Teilmärkte für den Bereich der statischen Online-Werbung und die Online-Video-Werbung in Betracht kommen würden.[755]

Das Gericht greift damit die zuvor in der Kartellamtsentscheidung angedeutete Differenzierung nach der Art der Darstellungsform argumentativ auf und entwickelt

---

751 BKartA, B. v. 17.3.2011, B6-94/10 – ProSiebenSat.1/RTL, Rn. 51ff., (s. Fn. 12).
752 BKartA, B. v. 17.3.2011, B6-94/10 – ProSiebenSat.1/RTL, Rn. 58f., (s. Fn. 12).
753 BKartA, B. v. 17.3.2011, B6-94/10 – ProSiebenSat.1/RTL, Rn. 59, (s. Fn. 12).
754 OLG Düsseldorf, B. v. 8.8.2012, VI-Kart 4–11 (V) – Amazonas, S. 19, (s. Fn. 35).
755 OLG Düsseldorf, B. v. 8.8.2012, VI-Kart 4–11 (V) – Amazonas, S. 20, (s. Fn. 35).

auf dieser Basis eine weitreichende Marktabgrenzung für den Bereich der Online-Werbung. In diesem Zusammenhang werden zum einen die statische Display-Werbung mit der Video-Werbung und zum anderen unterschiedliche Formen der Video-Werbung miteinander verglichen.

(1) Online-Display-Werbung vs. Online-Video-Werbung

Nach Ansicht des OLG Düsseldorf muss sich eine erste grobe Unterteilung der Werbeformen nach den verwendeten Mediaelementen richten. So stehe auf der einen Seite die Display-Werbung, die vornehmlich mit unbewegten Bildern und/oder Texten arbeite, und auf der anderen Seite Video-Werbung, die bewegte Bilder und Tonelemente nutze.[756]

Aus Sicht der Nachfrager könne dabei der Umstand, dass jede Form der Online-Werbung sowohl über Targeting- als auch über Report-Möglichkeiten verfügt, für die Annahme eines einheitlichen Marktes sprechen.[757] Nach Ansicht des Gerichts bestehen aber erhebliche Unterschiede hinsichtlich der Wirksamkeit der Werbung. Diese würden sich beispielsweise im Preis äußern und letztlich einer Austauschbarkeit der Werbeformen entgegenstehen.[758]

Unter Berufung auf unterschiedliche Studien zur Werbewirksamkeit von Online-Werbung wird dabei betont, dass Video-Werbung – ähnlich wie Fernsehwerbung – in einem besonderen Maße die Aufmerksamkeit des Adressaten wecke und über ein hohes „Faszinationspotential" verfüge, was insgesamt zu einer wirksamen Wahrnehmung der Werbebotschaft führe.[759] Daneben rege Video-Werbung zur Interaktion an und sei als Werbeform breitflächig akzeptiert („hohe Interaktions- und Akzeptanzrate").[760] Unterschiede würden dennoch weiterhin hinsichtlich der verwendeten Abrechnungsverfahren und der Kosten bestehen. Die höhere Wirksamkeit der Video-Werbung führe im Vergleich zu herkömmlichen Werbeformen zu 25-fach höheren Kosten.[761] Außerdem werde statische Display-Werbung in Form von Anzeigen vorrangig im Cost-per-Click-Verfahren abgerechnet, während Video-Werbung auf Basis des TKP nach Sichtkontakten als Cost-per-View abgerechnet werde.[762]

Im Ergebnis sei nach Ansicht des Gerichts von einem eigenständigen Markt für Online-Video-Werbung auszugehen, auf dem als Anbieter insbesondere die Betreiber von VoD-Plattformen auftreten würden.[763]

756 Vgl. OLG Düsseldorf, B. v. 8.8.2012, VI-Kart 4–11 (V) – Amazonas, S. 21, (s. Fn. 35).
757 OLG Düsseldorf, B. v. 8.8.2012, VI-Kart 4–11 (V) – Amazonas, S. 21, (s. Fn. 35).
758 OLG Düsseldorf, B. v. 8.8.2012, VI-Kart 4–11 (V) – Amazonas, S. 21, (s. Fn. 35).
759 OLG Düsseldorf, B. v. 8.8.2012, VI-Kart 4–11 (V) – Amazonas, S. 21f., (s. Fn. 35).
760 OLG Düsseldorf, B. v. 8.8.2012, VI-Kart 4–11 (V) – Amazonas, S. 22, (s. Fn. 35).
761 OLG Düsseldorf, B. v. 8.8.2012, VI-Kart 4–11 (V) – Amazonas, S. 21f., (s. Fn. 35).
762 OLG Düsseldorf, B. v. 8.8.2012, VI-Kart 4–11 (V) – Amazonas, S. 21, (s. Fn. 35).
763 OLG Düsseldorf, B. v. 8.8.2012, VI-Kart 4–11 (V) – Amazonas, S. 20, (s. Fn. 35).

(2) In-Stream-Video-Werbung vs. In-Page-Video-Werbung

Neben der Abgrenzung der Video-Werbung von der Display-Werbung, stellt sich aufgrund der Ausführungen des Bundeskartellamts auch die Frage nach dem intramedialen Verhältnis von Video-In-Stream-Werbung und in die Webseite integrierter Video-In-Page-Werbung. Beide Werbeformen greifen auf Videoelemente zur Adressatenansprache zurück und unterscheiden sich in der Darstellungsform nicht. Während In-Stream-Werbung direkt in den Video-Stream eingebunden wird, ist In-Page-Werbung in die Webseite selbst eingebunden.

Anders als das Bundeskartellamt kann das OLG Düsseldorf diesbezüglich keine Unterschiede zwischen den Werbeformen feststellen, die einer Austauschbarkeit entgegenstehen würden. So kommen bereits die im Verfahren zurate gezogenen Studien zu unterschiedlichen Ergebnissen. Eine der zitierten Studien geht von einer Überlegenheit der In-Stream-Werbung in allen Belangen aus, wohingegen eine andere Studie zu dem gegenteiligen Ergebnis kommt, wonach In-Page-Werbung bezüglich der Faktoren „Aufmerksamkeit“, „Markenimage“ und „Werbeimpact“ die beste Werbewirkung erziele.[764]

Dieser widersprüchliche Erkenntnisstand steht einer Klärung der Frage nach dem Verhältnis der Video-Werbeformen entgegen. Dabei kommt das OLG zu Recht zu dem Schluss, dass auch eventuelle Preisunterschiede zwischen den Werbeformen, die sich gegenwärtig nicht feststellen ließen, keine Aussagekraft bezüglich der Austauschbarkeit der Produkte haben.[765] Es fehle insoweit im Markt selbst an Klarheit bezüglich des „funktionellen Verhältnisses“ der unterschiedlichen Video-Werbeformen.[766] Nach dem gegenwärtigen Stand sei nicht von einer weiteren Untergliederung des Online-Video-Werbemarktes in In-Stream- und In-Page-Werbung auszugehen.[767]

(3) Zusammenfassung

Im Ergebnis geht das OLG Düsseldorf aufgrund von Unterschieden in der Darstellungsform von unterschiedlichen Märkten für klassische Online-Display-Werbung und Online-Video-Werbung aus. Eine weitere Differenzierung der jeweiligen Kategorien, wie sie am Beispiel der Video-Werbung diskutiert wird, scheitert gegenwärtig an der unübersichtlichen Marktlage und den sich mitunter widersprechenden Studienergebnissen. Das Gericht übt sich diesbezüglich in Zurückhaltung.

---

764 Vgl. zu den Studien OLG Düsseldorf, B. v. 8.8.2012, VI-Kart 4–11 (V) – Amazonas, S. 23f. m.w.N., (s. Fn. 35).

765 OLG Düsseldorf, B. v. 8.8.2012, VI-Kart 4–11 (V) – Amazonas, S. 24, (s. Fn. 35).

766 OLG Düsseldorf, B. v. 8.8.2012, VI-Kart 4–11 (V) – Amazonas, S. 24f., (s. Fn. 35).

767 OLG Düsseldorf, B. v. 8.8.2012, VI-Kart 4–11 (V) – Amazonas, S. 23ff., (s. Fn. 35).

c) *Zusammenfassung und Diskussion der Entscheidungspraxis*

Bisher gab es für die deutschen Kartellbehörden und -gerichte nur wenige Möglichkeiten, sich eingehend und öffentlich mit der wettbewerbsrechtlichen Beurteilung der Werbemärkte im Bereich des Internets zu befassen.

Insbesondere im Vergleich zur Entscheidungspraxis bei den Fernsehwerbemärkten vollzieht sich zu Recht ein Wandel in der Entscheidungspraxis des Bundeskartellamts. So wurde eine Marktdifferenzierung zunächst auf Basis von Zielgruppenkriterien wie der sozioökomischen oder räumlich-regionalen Zusammensetzung vorgenommen. Dieser Ansatz ist aufgrund des technischen Fortschritts im Bereich des Targetings und der Geo-Lokalisation anders als bei anderen Mediengattungen jedoch nur von untergeordneter Bedeutung bei der Bewertung der Austauschbarkeit der Werbeflächen. Das Targeting ermöglicht die zielgruppengerechte Individualisierung der Internet-Werbeflächen, sodass keine kontextbezogene Einbindung notwendig ist.

Die mittelbar durchgeführte Differenzierung nach der Darstellungsform wird vom OLG Düsseldorf hingegen richtigerweise weiter aufgegriffen. Dies ist insbesondere vor dem Hintergrund der im intermedialen Verhältnis vorgenommenen Differenzierung zwischen den Mediengattungen nachvollziehbar, da das Internet alle diese Möglichkeiten zusammenführt.[768] Die Darstellungsform stellt unstreitig den größten wahrnehmbaren Unterschied zwischen den Werbemöglichkeiten und somit eine tragbare Möglichkeit zur Untergliederung des Online-Werbemarktes dar.

Insgesamt bleibt unklar, inwiefern sich das ergänzend herangezogene Abrechnungsverfahren unmittelbar auf die Austauschbarkeit der Werbeformen auswirkt. Des Weiteren muss auch die Aussagekraft der preislichen Unterschiede als Abgrenzungskriteriums infrage gestellt werden. Der Preis kann vor dem Hintergrund der höheren Wirksamkeit als ausgleichendes Element betrachtet werden, das letztlich eine Vergleichbarkeit zwischen den Werbeformen herstellt.[769]

Die Analyse hat gezeigt, dass dieser Ansatz, anders als beispielsweise die auf europäischer Ebene angedachte Differenzierung nach dem Auswahlmechanismus oder den Zielgruppenkriterien, nicht aufgrund internetspezifischer Entwicklungen unbrauchbar geworden ist. Die von der EU-Kommission lediglich abstrakt in Erwägung gezogene Untergliederungsmöglichkeit nach dem Anzeigeformat wird in der deutschen Entscheidungspraxis als wesentlicher Anknüpfungspunkt gewählt und anhand des Bedarfsmarktkonzeptes fortgeführt.

Dennoch bestehen im Markt selbst Unsicherheiten hinsichtlich einer tiefergehenden Unterscheidung zwischen den Werbeformen der gleichen Oberkategorie (bspw. Online-Video-Werbung). Hier zeigen sich die Probleme der Marktabgrenzung im Umgang mit neuen Produkten und sich fortentwickelnden Märkten. Zur Beantwortung der Frage der Austauschbarkeit zwischen Online-Werbeformen mit

768 Vgl. zum intermedialen Verhältnis auch unten 3. Teil D.

769 Vgl. allgemein zur Bedeutung von Preisunterschieden bei der Marktabgrenzung: oben 2. Teil D. II. 1. a) aa) (1).

gleichen Darstellungsformen müssen daher weitere Kriterien hinzugezogen werden, die bisher von eher untergeordneter Rolle waren. Es bedarf insoweit eines umfassenden Ansatzes, der alle werberelevanten Eigenschaften berücksichtigt. Darüber hinaus muss auch auf methodischer Ebene eine Lösung für partielle Konkurrenzbeziehungen gefunden werden. Es kann davon ausgegangen werden, dass in der Darstellungsform ähnliche Werbeformen zumindest bis zu einem gewissen Grad austauschbar sind, diese Austauschbarkeit aber nicht in jedem Fall umfassend ausgestaltet ist. Auf diese Auswirkungen der Produktdifferenzierung kann das Bedarfsmarktkonzept keine befriedigende Antwort liefern. Daher müssen zukünftig verstärkt auch Angebotsumstellungsgesichtspunkte berücksichtigt werden.

III. Schlussfolgerungen für das intramediale Wettbewerbsverhältnis von Online-Werbung

Abschließend lässt sich für das intramediale Wettbewerbsverhältnis der Mediengattungen festhalten, dass mit dem Bedarfsmarktkonzept ein übergreifendes und einheitliches Konzept besteht. Dieses bereitet jedoch vor allem Probleme im Umgang mit heterogenen, ausdifferenzierten Produkten und unvollkommenen Substitutionsbeziehungen. Darüber hinaus zeigt sich, dass in der Entscheidungspraxis durch die Betonung unterschiedlicher Schwerpunkte divergierende Ergebnisse begründet werden können und damit keine Rechtssicherheit besteht.

Zur Beantwortung der Frage nach den intramedialen Wettbewerbsbeziehungen im Bereich der Online-Werbung können aus den bei den klassischen Mediengattungen verwendeten Argumentationsmustern Leitlinien zur Abgrenzung von klassischen Werbemärkten entwickelt werden.

Insgesamt wird die Austauschbarkeit auf Basis der werberelevanten Eigenschaften des jeweiligen Werberaums beantwortet. Die tragenden Kriterien bei den vorgenommenen Marktabgrenzungen sind in erster Linie Zielgruppenkriterien wie die sozioökomische Zusammensetzung und das räumliche Verbreitungsgebiet. Ergänzend werden zudem vor allem in der deutschen Entscheidungspraxis Wahrnehmungsgesichtspunkte und somit die Qualität des Werbekontakts in den Mittelpunkt der Betrachtung gestellt. Dabei kommt es zu Differenzierungen nach Unterarten einer Mediengattung oder verschiedenen Typen von Anzeigen wie beispielsweise Rubrikenanzeigen. Auf Preiskriterien wie den TKP oder die absolute Preisrelation zwischen verschiedenen Produkten wird zwar häufig, unter qualitativen Gesichtspunkten zu Recht, aber zurückhaltend zurückgegriffen. Darstellungsbezogene Kriterien spielen aufgrund der Gattungsabhängigkeit dieses Kriteriums bei der Bewertung der Wettbewerbsbeziehung innerhalb einer Mediengattung hingegen keine Rolle.

Für die Bewertung des intramedialen Wettbewerbsverhältnisses der Online-Werbung erweisen sich diese Argumentationsmuster hingegen als nur wenig tragfähig. Die Bestimmung der mit Werbung erreichbaren Zielgruppe erfolgt bei den klassischen Medien anhand des als Träger dienenden Rahmenangebots für die Rezipienten. Dies stellt beispielsweise bei Printmedien der redaktionelle Teil oder beim Fernsehen das Programm der Sender dar. Auch im Internet kann der Werberaum kontextbezogen an das jeweilige Angebot und die damit einhergehende Zielgruppe geknüpft werden. Dies wurde vor allem in der Frühphase der werbewirtschaftlichen Erschließung des Internets auf diese Weise gehandhabt.

Aufgrund der technischen Fortschritte im Bereich des Targetings und der Geo-Lokalisation, stellt ein solches Vorgehen nicht mehr die wirksamste Verfahrensweise dar. Auf Basis des Surfverhaltens oder der Erkenntnisse aus sozialen Netzwerken lässt sich ein noch individuellerer Zuschnitt der Werbung erreichen. Unabhängig vom Umfeld kann der Werberaum auf die Interessen und Bedürfnisse der Rezipienten zugeschnitten werden. Dies führt bei reichweitenstarken, unspezifischen Angeboten zu einer erheblichen Reduzierung der Streuverluste und somit zu einer Steigerung der Werbewirksamkeit. Die gleichen massenmedialen Inhalte und Angebote können vollständig individualisiert und in der Folge besonders wirksam gestaltet werden. Unter werbeplanerischen Gesichtspunkten werden damit die Reichweitenvorteile der Massenkommunikation mit der sehr wirksamen bedarfsgerechten Ansprache der Individualkommunikation kombiniert. Es kommt insoweit zu einer Entkopplung des Werberaums von Trägerangebot. Für die Marktabgrenzung bedeutet dies, dass Zielgruppenkriterien für die Untergliederung des Marktes für Online-Werbung und die Austauschbarkeit des Werberaums nur eine geringe Rolle spielen, die zukünftig noch weiter sinken wird.

Eine Unterscheidung auf Basis der Wahrnehmungssituation erscheint hingegen möglich. Die Konvergenz der Endgeräte führt zu einer Ausdifferenzierung der Nutzungssituationen. Das Internet und die Internetwerbung sind letztlich nicht mehr an die stationäre Nutzung eines Computers gebunden. Stattdessen kann mittels internetfähiger Fernseher auf Online-Angebote zurückgegriffen werden, mittels Tablets die aktuellen Nachrichten bequem auf dem Sofa gelesen werden oder durch mobiles Internet am gewünschten Ort zur gewünschten Zeit auf das Internet zugegriffen werden. Es können damit viele unterschiedliche Nutzungs- und auch Wahrnehmungssituationen unterschieden werden, die ein Ansatzpunkt für eine Unterscheidung bei der Marktabgrenzung darstellen können.

Es stellt sich die Frage, inwiefern diese unterschiedlichen Situationen sich wirksam in die Werbeplanung einbeziehen lassen. Die Situation der Nutzung eines Angebots ist nicht konkret feststellbar. Es lässt sich nur in groben Zügen eine Typologie analog zu der Nutzung der klassischen Medien wie Print oder TV ziehen. So ist Display-Werbung im Rahmen von redaktionellen Informationsangeboten wie Nachrichtenseiten mit der klassischen Zeitungsnutzung vergleichbar, während Video-Werbung im Rahmen von VoD-Angeboten der Fernsehwerbung ähnelt.

Neben der medienübergreifenden Ähnlichkeit hinsichtlich der Wahrnehmungssituation, besteht zugleich eine Überschneidung bei der jeweiligen Darstellungsform. Im Internet wird in vergleichbaren Situationen auf die gleichen Werbeformen wie bei den klassischen Mediengattungen zurückgegriffen. Aufgrund des konvergenzbedingten Wandels bei der Nutzungssituation und den multimedialen Darstellungsformen des Internets, bietet sich eine Einbeziehung dieser zur Begründung eigenständiger Märkte der Internetwerbung an. Darüber hinaus muss sich eine hierauf basierende intramediale Differenzierung der Marktstruktur in ein Gesamtkonzept der Marktabgrenzung unter Berücksichtigung der intermedialen Wettbewerbsbeziehungen einfügen, sodass eine gleichzeitige Betrachtung beider Wettbewerbsrichtungen notwendig ist.

D. Internetwerbung im intermedialen Wettbewerbsverhältnis

Das Aufkommen neuer Massenmedien ist eng mit dem technischen Fortschritt und der Entwicklung neuer Darstellungsformen verknüpft. Während historisch betrachtet zunächst die massenhafte Herstellung von statischen Printmedien möglich war, folgte hierauf die Nutzung von Hörfunkprogrammen und später auch von audiovisuellen Bewegtbildern. Jede Mediengattung verfügt aufgrund dieser technischen Entwicklung über eine kennzeichnende Darstellungsform, die als prägender Bestandteil repräsentativ für die Nutzungsmöglichkeiten steht.

Mit dem Aufkommen des Internets muss jedoch zu Recht die Frage gestellt werden, ob dieser Umstand in der Zukunft fortdauern wird und welche Auswirkungen dies auf die Marktabgrenzung hat.[770] Die Einordnung der Internet-Werbemärkte in das intermediale Gesamtgefüge ist durch den Umstand erschwert, dass mit dem Internet selbst keine neue Darstellungsform im engeren Sinne einhergeht. Das Internet verbindet lediglich die bekannten Darstellungsformen miteinander und schafft aufgrund der jederzeitigen Verfügbarkeit und Offenheit des Netzes einen eigenständigen Mehrwert. Aus Sicht der Abgrenzungspraxis geht mit dem Internet in weiten Teilen eine Aufhebung der Darstellungsgrenzen, die die Marktabgrenzung bisher geprägt haben, einher. Dies hat zur Folge, dass die bisherige intermediale Abgrenzung obsolet wird und das Bedürfnis nach einer effizienten und sachgerechten Neuregelung steigt.

I. Das Verhältnis der klassischen Werbemärkte zueinander

Ungeachtet der technischen Entwicklung hat sich die Marktabgrenzungspraxis hinsichtlich des intermedialen Verhältnisses der klassischen Medien zueinander seit Jahren kaum geändert. Sowohl die EU-Kommission als auch das Bundeskartellamt haben diesbezüglich im Grundsatz entschieden, dass die einzelnen klassischen Mediengattungen wie Zeitungen, Zeitschriften, TV und Radio im intermedialen Verhältnis eigenständige und separate Werbemärkte bilden.[771] Diese Mediengattungen würden sich aus der Kundenperspektive aufgrund ihrer Eigenschaften so sehr

770 So auch Paal, ZWeR 2012, 380, 391f.

771 Bspw.: Kommission, Entsch. v. 14.3.1994, IV/M.423 – Newspaper Publishing, ABl. C 85 v. 22.3.1994, S. 6, Rn. 13; Kommission, Entsch. v. 8.4.2005, COMP/M.3648 – Gruner + Jahr/MPS, Rn. 11; BKartA, B. v. 18.7.1989, B6-71/88 – Radio NRW, WuW/E BKartA 2396, 2402; BKartA, B. v. 23.10.1981, B6-47/81 – Burda/Springer, WuW-E BKartA 1921, 1924.

unterscheiden, dass eine Austauschbarkeit nicht gegeben sei.[772] Dies gilt insoweit auch für die in der Entscheidungspraxis nur selten angesprochenen Bereiche der Kino- und Außenwerbung.[773] Im Einzelnen wird je nach Mediengattung auf vergleichbare Argumentationsschwerpunkte zurückgegriffen, die vom überwiegenden Teil der Literatur kritik- bzw. diskussionslos akzeptiert werden.

1. *Zeitungen und Zeitschriften im Vergleich*

Im Bereich der Printmedien wird traditionell zwischen Zeitungen und Zeitschriften differenziert. Diese Unterscheidung setzt sich sowohl in der europäischen als auch in der deutschen Marktabgrenzungspraxis fort. Die argumentative Basis bildet die fehlende Austauschbarkeit der beiden Erzeugnisse aufgrund divergierender werberelevanter Eigenschaften. Daher wird letztlich von zwei eigenständigen Produktmärkten ausgegangen.[774]

Als Hauptargument gegen eine Austauschbarkeit wird bei diesen sich sehr nahestehenden Mediengattungen die unterschiedliche Gestaltungs- und Darstellungsform der Werbung angeführt. So würden Zeitschriften, die in einem speziellen Druckverfahren hergestellt werden, über eine höhere Papier- und Druckqualität und über die Möglichkeit farbiger und hochglänzender Gestaltung verfügen.[775] Dass diese Unterschiede für Werbekunden tatsächlich entscheidungserheblich seien, zeige der Versuch der Zeitungen, mittels Supplements (d. h. zeitschriftenähnlicher Beilagen) ebenfalls qualitative höherwertige Werbefläche anzubieten.[776]

Weitere Argumente werden in der Entscheidungspraxis unmittelbar aus dem Vorgang der Werbeplanung abgeleitet. Beide Mediengattungen würden demnach sehr divergierende Rezipientenmärkte bedienen, was sich aufgrund der individuellen Zielgruppenansprache unmittelbar auf die Wahl der Mediengattung und in der Folge auch auf die Werbemärkte auswirke. Während Regionalzeitungen, aber auch bundesweite Tageszeitungen, häufig über regionale Schwerpunkte verfügen

---

772 Kommission, Entsch. v. 14.3.1994, IV/M.423 – Newspaper Publishing, ABl. C 85 v. 22.3.1994, S. 6, Rn. 13; BKartA, B. v. 23.10.1981, B6-47/81 – Burda/Springer, WuW-E BKartA 1921, 1924.

773 Vgl. zur Kinowerbung: Kommission, Entsch. v. 9.1.2014, COMP/M.7023 – Publicis/Omnicom, Rn. 89ff.; Vgl. zur Außenwerbung: Kommission, Entsch. v. 14.9.2001, COMP/M.2529 – JCD/RCS/Publitransport/IPG, ABl. C 300 v. 26.10.2001, S. 27, Rn. 7.

774 Exemplarisch: BKartA, B. v. 25.4.2014, B6-98/13 – Funke/Axel Springer, Rn. 192, (s. Fn. 638); BKartA, B. v. 19.1.2006, B6-103/05 – Axel Springer/ProSiebenSat.1, S. 59, (s. Fn. 11); Kommission, Entsch. v. 16.6.2004, COMP/M.3420 – GIMD/SOCPRESSE, Rn. 17.

775 BKartA, B. v. 23.10.1981, B6-47/81 – Burda/Springer, WuW-E BKartA 1921, 1925; BKartA, B. v. 19.1.2006, B6-103/05 – Axel Springer/ProSiebenSat.1, S. 60, (s. Fn. 11); Kommission, Entsch. v. 29.11.1995, IV/M.665 – CEP/Groupe de la Cité, ABl. C 338 v. 16.12.1995, S. 3, Rn. 9; Kommission, Entsch. v. 16.6.2004, COMP/M.3420 – GIMD/SOCPRESSE, Rn. 18.

776 BKartA, B. v. 23.10.1981, B6-47/81 – Burda/Springer, WuW-E BKartA 1921, 1925.

würden, seien Zeitschriften eher bundesweit ausgerichtet.[777] Zudem würden vor allem Fachzeitschriften unter Interessensgesichtspunkten sehr spezifische Zielgruppen ansprechen, was die Schaltung von Werbung ohne Streuverluste ermögliche.[778]

Diese Unterschiede wirken sich nach Ansicht der Entscheidungspraxis auf die verfolgbaren Werbeziele aus. Hinter den jeweiligen Mediengattungen würden verschiedene Werbeansätze zum Tragen kommen.[779] Zeitschriftenwerbung eigne sich aufgrund des Werbeeindrucks beispielsweise eher für Markenartikelwerbung als für konkrete Angebotswerbung.[780] Diese Eignung werde darüber hinaus durch die eher längeren Erscheinungszyklen der Zeitschriften unterstützt, da es im Gegensatz zu Tageszeitungen schwieriger sei, tagesaktuell zu werben. Dies mache Zeitschriften für Kunden mit konkreten Angeboten eher uninteressant.[781] Die Eignung zur Markenartikel- bzw. Imagewerbung werde zudem durch die längeren Erscheinungszyklen der Zeitschriften verstärkt. So käme es aufgrund der längeren Zeiträume häufig zu mehrfachen Rezeptionsvorgängen und in der Folge zu einer erhöhten Kontaktzahl, die auch die Chance auf einen dauerhaften Werbeeindruck steigere.[782] Insgesamt ziehe dies in der Praxis eine Kundenstruktur nach sich, bei der es keine wesentlichen Überschneidungen beim Anzeigenaufkommen gebe, sodass nicht von einem Wettbewerbsverhältnis gesprochen werden könne.[783]

Zusammenfassend betrachtet werden in der Entscheidungspraxis vor allem die bestehenden Unterschiede zwischen den Mediengattungen betont. Im Vordergrund stehen Abweichungen bei der Kontaktqualität und der Spezifität der Zielgruppe. Dass daneben weitreichende Überschneidungen bei den Darstellungs- und Präsentationsmöglichkeiten bestehen, wird hingegen kaum thematisiert. Aufgrund der werbebezogenen Nähe der Printmedien erscheint hier eine gesonderte Rechtfertigung für die Annahme getrennter Märkte notwendig. Hervorzuheben ist die direkte Einbeziehung der Auswirkungen auf die verfolgbaren Werbeziele in die Argumentationsstruktur. Es ist jedoch fraglich, ob die Unterschiede tatsächlich derart prägend sind, dass nicht von einer zumindest teilweisen Substitutionsbeziehung gesprochen werden kann. Unter methodischen Gesichtspunkten wird lediglich auf Austauschbarkeitsgesichtspunkte eingegangen. Faktoren wie die Angebotsumstellungsflexibilität werden in der Entscheidungspraxis nicht genannt.

---

777 BKartA, B. v. 23.10.1981, B6-47/81 – Burda/Springer, WuW-E BKartA 1921, 1925.

778 BKartA, B. v. 19.1.2006, B6-103/05 – Axel Springer/ProSiebenSat.1, S. 60, (s. Fn. 11).

779 BKartA, B. v. 19.1.2006, B6-103/05 – Axel Springer/ProSiebenSat.1, S. 60, (s. Fn. 11).

780 BKartA, B. v. 23.10.1981, B6-47/81 – Burda/Springer, WuW-E BKartA 1921, 1925.

781 BKartA, B. v. 25.4.2014, B6-98/13 – Funke/Axel Springer, Rn. 195, (s. Fn. 638); BKartA, B. v. 19.1.2006, B6-103/05 – Axel Springer/ProSiebenSat.1, S. 59, (s. Fn. 11); BKartA, B. v. 30.3.2010, B6-98/09 – Roth + Horsch, Rn. 63, (s. Fn. 586); Kommission, Entsch. v. 16.6.2004, COMP/M.3420 – GIMD/SOCPRESSE, Rn. 17.

782 BKartA, B. v. 19.1.2006, B6-103/05 – Axel Springer/ProSiebenSat.1, S. 60, (s. Fn. 11).

783 BKartA, B. v. 23.10.1981, B6-47/81 – Burda/Springer, WuW-E BKartA 1921, 1925.

2. Die Wettbewerbsbeziehung zwischen Print und Fernsehen

Auch das Marktverhältnis der Print- zur Fernsehwerbung ist in der europäischen und deutschen Entscheidungspraxis durch eine Gegenüberstellung ausgewählter produktrelevanter Eigenschaften der Werbeplanung geprägt. Anders als beim Verhältnis der Printmedien zueinander, sind die Differenzierungskriterien der Austauschbarkeitsentscheidung aufgrund der deutlichen Abweichungen in der Darstellungsform leicht ersichtlich. Im Ergebnis wird sowohl in der europäischen als auch in der deutschen Entscheidungspraxis aufgrund der abweichenden Eigenschaften von einem eigenständigen Markt für Fernsehwerbung ausgegangen.[784]

Der in der Entscheidungspraxis meistgenannte Unterschied zwischen den Mediengattungen besteht dementsprechend in der Art und Weise, in der die Werbebotschaft übermittelt werden kann. Fernsehwerbung könne auf audiovisuelle Gestaltungsformen zurückgreifen, während Print-Werbung auf statische Text- und Bildelemente beschränkt sei, die zudem oftmals nur schwarz-weiß gedruckt werden könnten.[785] Als Folge dieser aufwendigeren Darstellung würden durch Fernsehwerbung deutlich höhere Produktionskosten entstehen, die einer Austauschbarkeit unter Umständen entgegenstehen können.[786]

Des Weiteren wird recht pauschal die Ansprache unterschiedlicher Zielgruppen als Argument gegen eine Austauschbarkeit angeführt.[787] Unabhängig vom Zutreffen dieser Annahme, wären tiefergehende Ausführungen und Begründungen hierzu wünschenswert gewesen. Derzeitig wird in der Praxis lediglich oberflächlich argumentiert, wodurch die Nachvollziehbarkeit der Entscheidungen erschwert wird.

Insbesondere in der deutschen Entscheidungspraxis werden darüber hinaus die unterschiedlichen Wahrnehmungssituationen der Mediengattungen als Abgrenzungskriterium genannt. Der Konsum von Printmedien sei demnach nach Belieben, jederzeit und wiederholt möglich. Der Kontakt mit der Werbung unterliege der freien Entscheidung des Rezipienten. Anders gestalte sich dies beim Fernsehen, bei dem der Werbekontakt auf die Werbeunterbrechungen im Programm beschränkt

---

784 Exemplarisch: Kommission, Entsch. v. 21.12.2010, COMP/M.5932 – News Corp/BSkyB, Rn. 267; Kommission, Entsch. v. 20.9.1995, IV/M.553 – RTL/Veronica/Endemol, ABl. L 134 v. 5.6.1996, S. 32, Rn. 23; OLG Düsseldorf, B. v. 3.12.2008, VI-Kart 7/06 (V) – Axel Springer/ProSiebenSat.1, Rn. 29; BKartA, B. v. 19.1.2006, B6-103/05 – Axel Springer/ProSiebenSat.1, S. 25, (s. Fn. 11).

785 Kommission, Entsch. v. 20.9.1995, IV/M.553 – RTL/Veronica/Endemol, ABl. L 134 v. 5.6.1996, S. 32, Rn. 23; Kommission, Entsch. v. 7.10.1996, IV/M.779 – Bertelsmann/CLT, ABl. C 364 v. 4.12.1996, Rn. 14.

786 Kommission, Entsch. v. 20.9.1995, IV/M.553 – RTL/Veronica/Endemol, ABl. L 134 v. 5.6.1996, S. 32, Rn. 23; Kommission, Entsch. v. 7.10.1996, IV/M.779 – Bertelsmann/CLT, ABl. C 364 v. 4.12.1996, Rn. 14.

787 Kommission, Entsch. v. 20.9.1995, IV/M.553 – RTL/Veronica/Endemol, ABl. L 134 v. 5.6.1996, S. 32, Rn. 23; Kommission, Entsch. v. 7.10.1996, IV/M.779 – Bertelsmann/CLT, ABl. C 364 v. 4.12.1996, Rn. 14; Kommission, Entsch. v. 1.2.1999, IV/M.1401 – Recoletos/Unedisa, ABl. C 073 v. 17.3.1999, S. 8, Rn. 26f.

sei und durch den Konsumenten nicht beeinflusst werden könne.[788] Dies bedinge eine gänzlich andere Wahrnehmungssituation und in der Folge eine abweichend Werbewirkung, die die Annahme getrennter Märkte rechtfertigen könne.[789]

Vereinzelt wird zudem der Preis der Werbung als Differenzierungskriterium angeführt.[790] Dies ist aufgrund der aus wettbewerblicher Sicht eingeschränkten Aussagekraft von Preisunterschieden allgemein mit Vorsicht zu behandeln.[791]

Zusammenfassend lässt sich festhalten, dass in der Entscheidungspraxis mit der Darstellungsform, der Kontaktqualität und -häufigkeit sowie dem Preis ein Großteil der für die Werbeplanung relevanten Eigenschaften als Argument für die Marktabgrenzung herangezogen wird. Insgesamt gesehen erfolgt die Betrachtung auf einer sehr abstrakten Ebene, sodass konkrete Gemeinsamkeiten auch in diesem intermedialen Verhältnis unberücksichtigt bleiben. Insbesondere muss der allgemeine Verweis auf abweichende Zielgruppen insgesamt infrage gestellt werden. Im Rahmen der Programmgestaltung kann auch beim Fernsehen eine feinere personelle Steuerbarkeit erreicht werden.[792] Aufgrund der großen Bedeutung der Zielgruppe für die Werbeplanung, können Überschneidungen in diesem Bereich bestehende Unterschiede bei anderen Aspekten überwinden und in der Folge ähnliche Wettbewerbsbedingungen und einheitliche Märkte begründen.

3. Das Verhältnis von Radio zu TV und Printmedien

Auch der Bereich der Hörfunkwerbung bildet nach der gängigen deutschen Entscheidungspraxis einen gegenüber den anderen Mediengattungen eigenständigen Werbemarkt.[793] Mangels entgegenstehender Entscheidungen gilt dies ebenfalls für die europäische Entscheidungspraxis, in der diese Ansicht jedoch bisher nur selten ausdrücklich vertreten worden ist.[794]

In der Praxis wird sich an der vom Bedarfsmarktkonzept methodisch vorgegebenen Frage der Austauschbarkeit und somit an den für die Werbeplanung relevanten

788 BKartA, B. v. 23.10.1981, B6-47/81 – Burda-Springer, WuW/E BKartA 1921, 1924f.; OLG Stuttgart, B. v. 2.10.1981, 2 Kart. 4/79 – gemeinsamer Anzeigenteil, WuW/E OLG 2624, 2625.

789 BKartA, B. v. 23.10.1981, B6-47/81 – Burda-Springer, WuW/E BKartA 1921, 1925.

790 Kommission, Entsch. v. 13.1.1992, IV/M.176 – Sunrise, ABl. C 18 v. 24.1.1992, S. 15, Rn. 25; Kommission, Entsch. v. 6.9.1994, IV/M.489 – Bertelsmann/News International/Vox, ABl. C 274 v. 1.10.1994, S. 9, Rn. 17; Kommission, Entsch. v. 20.9.1995, IV/M.553 – RTL/Veronica/Endemol, ABl. L 134 v. 5.6.1996, S. 32, Rn. 23.

791 Bechtold, § 18 GWB, Rn. 13; Vgl. auch oben: 2. Teil D. II. 1. a) aa) (1).

792 Vgl. oben 3. Teil, B. III. 4.

793 BKartA, B. v. 18.7.1989, B6-71/88 – Radio NRW, WuW/E BKartA 2396, 2402; bestätigt durch KG, B. v. 26.1.1991, Kart. 23/89 – Radio NRW, WuW/E OLG 4811, 4826; ebenso Czygan, S. 43f.

794 Vgl. zur europäischen Praxis lediglich: Kommission, Entsch. v. 7.10.1996, IV/M.779 – Bertelsmann/CLT, ABl. C 364 v. 4.12.1996, Rn. 19; Kommission, Entsch. v. 8.9.2009, COMP/M.5533 – Bertelsmann/KKR/JV, Rn. 46.

Eigenschaften orientiert. Der Hörfunkwerbemarkt sei insbesondere aufgrund deutlicher Unterschiede bei der Wahrnehmung und der Präsentationsform der Werbung von den Werbemärkten in den Printmedien und dem Fernsehen abzugrenzen.[795]

Nach der vorherrschenden Sichtweise in der Entscheidungspraxis bestehen hinsichtlich der Gestaltungsform und der Wahrnehmung der Werbung erhebliche Unterschiede. Im Gegensatz zu Printprodukten werde Radiowerbung eher beiläufig und flüchtig konsumiert, da der Adressat dem Programm oftmals nicht die volle Aufmerksamkeit schenke.[796] Zudem sei der Konsum von Printmedien zeitlich nicht limitiert und durch den Rezipienten frei bestimmbar. Dies erhöhe die Kontakthäufigkeit und die Wahrnehmungschance der Print-Werbung zusätzlich.[797]

Anders als Printmedien, die die Verbreitung komplexer Werbebotschaften und eine gezielte Angebotswerbung ermöglichen würden, eigne sich das Radio vielmehr zur allgemeinen Steigerung der Markenbekanntheit mittels prägnanter und kurzer Werbeaussagen.[798] Daneben wird auch die fehlende Möglichkeit zur Schaltung von Rubrikenanzeigen im Radio und damit einhergehend folglich ein eingeschränkter Gestaltungsspielraum als bedeutender Unterschied zur Print-Werbung angeführt.[799] Insgesamt würden die bestehenden Unterschiede und Einschränkungen zu einer abweichenden Kundenstruktur führen.[800]

Diese Unterschiede bestehen demnach in ähnlicher Art und Weise auch gegenüber der Fernsehwerbung. Diese würde ebenfalls deutlich aufmerksamer als die beiläufige Radiowerbung konsumiert.[801] Darüber hinaus ermögliche die Kombination von auditiven und visuellen Elementen bei der Werbegestaltung andere Möglichkeiten als im Vergleich zur Radiowerbung.[802] Diese Unterschiede würden letztlich anhand der deutlichen Preisunterschiede beim TKP ersichtlich.[803]

Auch für diesen Teilbereich der intermedialen Wettbewerbsbeziehungen kann festgehalten werden, dass erneut die für die Werbeplanung im Vordergrund stehenden Eigenschaftsunterschiede im Bereich der Darstellung und Wahrnehmung der Werbebotschaft im Vordergrund stehen. Darüber hinaus wird mit dem Verweis auf die Kundenstruktur versucht, die unmittelbaren Folgen für die Austauschbarkeit zu

795 BKartA, B. v. 18.7.1989, B6-71/88 – Radio NRW, WuW/E BKartA 2396, 2402f.; KG, B. v. 26.1.1991, Kart. 23/89 – Radio NRW, WuW/E OLG 4811, 4825f.

796 BKartA, B. v. 18.7.1989, B6-71/88 – Radio NRW, WuW/E BKartA 2396, 2402; KG, B. v. 26.1.1991, Kart. 23/89 – Radio NRW, WuW/E OLG 4811, 4826.

797 BKartA, B. v. 18.7.1989, B6-71/88 – Radio NRW, WuW/E BKartA 2396, 2402.

798 BKartA, B. v. 18.7.1989, B6-71/88 – Radio NRW, WuW/E BKartA 2396, 2402f.; KG, B. v. 26.1.1991, Kart. 23/89 – Radio NRW, WuW/E OLG 4811, 4826.

799 BKartA, B. v. 18.7.1989, B6-71/88 – Radio NRW, WuW/E BKartA 2396, 2403.

800 BKartA, B. v. 18.7.1989, B6-71/88 – Radio NRW, WuW/E BKartA 2396, 2402f.

801 BKartA, B. v. 18.7.1989, B6-71/88 – Radio NRW, WuW/E BKartA 2396, 2402; KG, B. v. 26.1.1991, Kart. 23/89 – Radio NRW, WuW/E OLG 4811, 4826.

802 BKartA, B. v. 18.7.1989, B6-71/88 – Radio NRW, WuW/E BKartA 2396, 2402; KG, B. v. 26.1.1991, Kart. 23/89 – Radio NRW, WuW/E OLG 4811, 4825.

803 KG, B. v. 26.1.1991, Kart. 23/89 – Radio NRW, WuW/E OLG 4811, 4825.

belegen. Ebenso wenig wie bei den zuvor angesprochenen intermedialen Verhältnissen wird auch bei der Gegenüberstellung mit der Radiowerbung eine Überschneidung im Bereich der sozio-ökonomischen Zielgruppe konkludent ausgeschlossen. Darüber hinaus eignen sich Radio- und Zeitungswerbung gleichermaßen für die werbliche Ansprache regionaler Räume.[804] Ob diese Gemeinsamkeiten für eine Annäherung der Wettbewerbsbeziehungen ausreichen, kann nur im Einzelfall entschieden werden. Hinsichtlich der methodischen Vorgehensweise muss das Ausblenden dieser Aspekte jedoch kritisch bewertet werden.

4. Beurteilung der klassischen Argumentationsstruktur

Die Auseinandersetzung mit der Argumentationsstruktur kann anhand der vorgezeichneten Unterscheidung zwischen mediengattungsabhängigen und -unabhängigen Eigenschaften erfolgen.

a) Hinsichtlich gattungsabhängiger Differenzierungskriterien

Die nähere Untersuchung der Entscheidungspraxis und der zugrunde liegenden Argumentationsstruktur hat die Bedeutung der Darstellungsform als Differenzierungskriterium zwischen den Mediengattungen verdeutlicht. Unabhängig davon, ob die Unterschiede wie im Fall der Printmedien eher von geringerem Ausmaß sind oder im Vergleich von Radio und TV deutlicher zutage treten, wird an dieses Kriterium eine große Aussagekraft geknüpft.

Als gattungsabhängiges Kriterium ist die Darstellungsform im Grundsatz geeignet, als Grundlage einer intermedialen Differenzierung zu dienen. Es gilt jedoch zu beachten, dass das Kriterium nur ein Faktor von vielen Bestandteilen der Medialeistung ist. Zu Recht muss daher die Frage gestellt werden, ob die unbestreitbar bestehenden Unterschiede tatsächlich Auswirkungen auf die Austauschbarkeit des Werberaums haben.[805]

Unter methodischen Gesichtspunkten lässt sich aus der alleinigen Existenz von unterschiedlichen Produkteigenschaften noch keine Schlussfolgerung hinsichtlich der Austauschbarkeit dieser Produkte ziehen. Argumentativ werden Unterschiede bei den Eigenschaften schnell mit der Existenz eigenständiger Märkte gleichgesetzt. Auf Basis des Bedarfsmarktkonzepts können aber auch Produkte mit unterschiedlichen Eigenschaften zu einheitlichen Märkten zusammengefasst werden.[806] So bildet die Gegenüberstellung der Produkteigenschaften vor dem Hintergrund des eigenen Werbeziels und Werbeetats die Grundlage jeder Werbe- bzw. Mediaplanung. Unterschiede, die sich unmittelbar auf die Wirksamkeit der Werbevermittlung auswirken, sind regelmäßig mit entsprechend höheren Kosten verbunden. Eine isolierte

804 So auch Bopp, AfP 1989, 641, 642.
805 GK/*Harms*, § 24, Rn. 830f.
806 MüKo/*Füller*, Band I, Einl. Teil D., Rn. 1053f.

Betrachtung einzelner Bestandteile kann daher zu kurz greifen. Stattdessen ist eine umfassende Gesamtbetrachtung notwendig.

Von Bedeutung ist, in welchem Ausmaß sich die unterschiedlichen Eigenschaften tatsächlich auf die Auswahlentscheidung der Nachfrager auswirken. Große Unterschiede in dem einen Bereich können mitunter von deutlich geringerem Gewicht für die Auswahlentscheidung sein als verhältnismäßig kleine Unterschiede bei einer anderen Eigenschaft. Entscheidend ist vielmehr die Bedeutung der jeweiligen Eigenschaft im Gesamtgefüge der Werbeplanung. In diesem Punkt wird in der Entscheidungspraxis der Eindruck vermittelt, dass die Gesamtheit an Unterschieden in jedem Fall einer gemeinsamen Marktzugehörigkeit im Weg steht. Nur vereinzelt wird auf eine abweichende Kundenstruktur verwiesen, die unter Umständen ein Hinweis auf eine fehlende Austauschbarkeit sein kann. Eine qualitative Wertung der bestehenden Unterschiede hinsichtlich ihrer Bedeutung für die Auswahlentscheidung wird hingegen nicht vorgenommen. Diesbezüglich fehlt es soweit ersichtlich auch in der medienökonomischen Literatur an empirischen, datenbasierten Befunden über den Einfluss der jeweiligen Faktoren. Vereinzelt wird jedoch die Zielgruppe als ausschlaggebender Faktor genannt.[807] Überschneidungen in diesem Bereich könnten Unterschiede beispielsweise bei der Kontaktqualität irrelevant erscheinen lassen und medienübergreifende Märkte rechtfertigen.

b) Hinsichtlich gattungsunabhängiger Differenzierungskriterien

Auf Unterschiede und Gemeinsamkeiten bei der Zielgruppenansprache wird in der Entscheidungspraxis jedoch nur ergänzend hingewiesen. Anders als bei der Darstellungsform handelt es sich hierbei um ein von der Mediengattung unabhängiges Kriterium. Dies hat zur Folge, dass die Unterschiede auch innerhalb einer Mediengattung erheblich sein können. Eine oftmals vorgenommene Abstrahierung der durchschnittlichen Umstände auf die gesamte Mediengattung erweist sich daher als verfehlt. Insbesondere das Fernsehen ermöglicht eine deutlich feinere personelle Zielgruppensteuerung als oftmals angenommen. Auch die bisher fehlende regionale Steuerbarkeit der Werbung ist nach dem gegenwärtigen Stand der Rechtsprechung zulässig, sodass hier zukünftig mit entsprechenden Werbemöglichkeiten zu rechnen ist.[808] Dies hat eine Intensivierung der Wettbewerbsbeziehungen zur Zeitungs- und Hörfunkbranche zur Folge. Die erhebliche Kritik an der neuerlichen Rechtsprechung und die Furcht vor Umsatzeinbußen zulasten der Radiovermarkter zeigt deutlich die zumindest subjektiv empfundene Konkurrenzbeziehung zwischen diesen Bereichen.[809]

---

807 Korff-Sage, S. 123.

808 Zur Zulässigkeit regionaler Werbefenster s. oben 3. Teil B. III. 4.

809 Vgl. bspw. Pressemitteilung des Bundesverbands deutscher Zeitungsverleger e.V. (BDZV) vom 26.3.2015, http://www.bdzv.de/nachrichten-und-service/presse/pressemitteilungen/artikel/detail/medienpolitisches_desaster/ zuletzt abgerufen am: 14.6.2015.

Insgesamt lässt sich kritisch anmerken, dass der Schwerpunkt der Argumentationsstruktur auf der Betonung der bestehenden Unterschiede liegt. Gemeinsamkeiten und Überschneidungen werden nicht bzw. nur unzureichend berücksichtigt. Hierdurch entsteht zwangsläufig der Eindruck, dass eine Austauschbarkeit unter keinen Gesichtspunkten in Betracht kommt. Dass dies jedoch nicht zwingend der Fall sein muss, zeigt beispielsweise die Betrachtung der angesprochenen Zielgruppen. Untersuchungen zeigen, dass die Zielgruppen zweier unterschiedlicher Mediengattungen mitunter ähnlicher sein können als innerhalb einer Mediengattung.[810]

Insgesamt wird in der Entscheidungspraxis stark abstrahiert und auf letztlich nur schwer festzustellende Durchschnittseigenschaften der Mediengattungen zurückgegriffen. Dieser Vorgang ist unter Praktikabilitätsgesichtspunkten nachvollziehbar, führt aber insbesondere bei differenzierten Produkten mitunter zu einer fehlgeleiteten Kontrolle. Werbeträger stellen auch innerhalb einer Gattung keine homogenen Produkte dar und müssen dementsprechend differenziert betrachtet werden.[811] Die von den jeweiligen Produkten ausgehenden Substitutionskräfte sind unterschiedlich stark ausgestaltet und haben in der Folge eine unterschiedliche Hemmungswirkung auf den wettbewerblichen Verhaltensspielraum von Mitbewerbern.

Von den Befürwortern eines medienübergreifenden Marktes wird in diesem Zusammenhang darauf verwiesen, dass zwar keine umfassende Austauschbarkeit gegeben sei, insbesondere für den Bereich der Markenartikelwerbung jedoch von einem Substitutionsverhältnis gesprochen werden könne.[812] Dieser Bereich umfasse nach der vorherrschenden Ansicht in der Entscheidungspraxis nur einen geringen Umfang und könne deshalb nicht die Annahme eines übergreifenden Marktes rechtfertigen.[813]

In diesem Punkt stößt das Bedarfsmarktkonzept aufgrund der methodisch notwendigen Differenzierung zwischen Marktzugehörigkeit und Eigenständigkeit an seine Grenzen. Abwägende Zuordnungsmöglichkeiten bestehen hier nicht. Die Unterschiede und Gemeinsamkeiten zwischen den Werbeträgern können sich ausgleichen und daher in einer Gesamtbetrachtung unter Umständen sogar in einen Gesamtwerbemarkt münden.[814]

c) *Fazit*

Zusammenfassend lässt sich festhalten, dass insbesondere die gattungsunabhängigen Eigenschaften eines Werbeträgers bereits bei der Gegenüberstellung der klassischen Werbeträger eine differenzierte und umfassende Betrachtung notwendig

810 Korff-Sage, S. 124, Fn. 1 m.w.N.

811 Vgl. auch die intramedialen Marktverhältnisse: 3. Teil C.

812 GK/*Harms*, § 24, Rn. 830f.; KG, B. v. 26.1.1991, Kart. 23/89 – Radio NRW, WuW/E OLG 4811, 4817.

813 KG, B. v. 26.1.1991, Kart. 23/89 – Radio NRW, WuW/E OLG 4811, 4826.; Wirtz (1994), S. 23.

814 S. dazu unten 4. Teil B.

machen. So zeigt sich, dass hier insbesondere hinsichtlich der Zielgruppe zu abstrakte Annahmen als entscheidungserheblich eingestuft werden.

Bei den daneben bestehenden Unterschieden bei den gattungsabhängigen Eigenschaften wie der Darstellungsform wird insbesondere die jeweilige Bedeutung für die Austauschbarkeit nicht umfassend und abstrakt geklärt. Letztlich zeigt sich an diesem Punkt deutlich die Bruchstelle, die eine Einbeziehung der Auswirkungen der werbewirtschaftlichen Nutzung des Internets auf die Marktbeziehungen haben wird. Aufgrund der Hybridstellung und der umfassenden Darstellungsmöglichkeiten des Internets muss dieser Argumentationsansatz bei einer Gegenüberstellung mit der Internetwerbung zwangsläufig ins Leere laufen.

Obwohl in der Entscheidungspraxis keine medienübergreifenden Märkte angenommen werden, zeigt das Beispiel des Substitutionswettbewerbs zwischen bestimmten Printmedien und Fernsehsendern, dass die Werbemärkte nicht losgelöst nebeneinander bestehen.[815] Die Trennung zwischen Marktzugehörigkeit und Substitutionswettbewerb spiegelt die oben genannte Problematik des Bedarfsmarktkonzeptes wider, die sich in solchen differenzierten Produktbereichen als praktisch nur wenig handhabbar erweist.

II. Gegenüberstellung von Internetwerbung und klassischen Werbeträgern

Vor dem Hintergrund einer traditionellen Marktabgrenzung, die die Frage der intermedialen Austauschbarkeit nahezu ausschließlich durch die Gegenüberstellung von Darstellungsformen beantwortet, erfordert das Internet aufgrund der multimedialen Ausrichtung eine differenzierte Herangehensweise. Die bestehenden Gattungsunterschiede werden durch das Internet egalisiert und können in der Folge nur noch bedingt Einfluss auf die Auswahlentscheidung haben.

Die Anpassung an diese neuen Gegebenheiten bereitet der Entscheidungspraxis auf nationaler und europäischer Ebene in unterschiedlichem Maße Probleme. Während sich insbesondere die deutschen Behörden und Gerichte um eine Neuorientierung bemühen und die Auswirkungen des Medienwandels auch in der Argumentationsstruktur berücksichtigen, lässt sich dieser Wandlungsprozess auf europäischer Ebene bisher kaum beobachten.

1. *Differenzierungsansätze in der europäischen Entscheidungspraxis*

In der Praxis der EU-Kommission finden sich seit der Anerkennung des Internet-Werbemarktes als eigenständigen Markt[816] drei unterschiedliche Ansätze zum intermedialen Umgang mit Online-Werbung. Der Schwerpunkt liegt auf der eigenschaftsbezogenen Abgrenzung der Online-Werbung zur Offline-Werbung. Hierbei

815 S. dazu auch oben 3. Teil D. I. 2.

816 Erstmalig in: Kommission, Entsch. v. 15.09.1997, IV/M.973 – Bertelsmann/Burda – HOS Lifeline, ABl. C 360 v. 26.11.1997, S. 8, Rn. 8.

bleibt die EU-Kommission ihrem langjährig etablierten System treu und berücksichtigt den Wandel der Medienlandschaft und die Konvergenzprozesse in der Folge nur unzureichend. Daneben finden sich vereinzelt medienübergreifende Ansätze, die in der Praxis aber nur eine untergeordnete Rolle einnehmen.

a) Online- vs. Offline-Werbung

Wie bei den klassischen Werbeträgern wird in der europäischen Entscheidungspraxis mehrheitlich die Annahme eines medienübergreifenden Marktes im Internetkontext abgelehnt. Die Online-Werbung unterscheide sich hinsichtlich der entscheidungsrelevanten Eigenschaften erheblich von den klassischen Werbeträgern und könne nicht Bestandteil eines übergeordneten Gesamtwerbemarktes sein.[817] Im intermedialen Verhältnis zu den übrigen Mediengattungen bildet die Online-Werbung nach Ansicht der EU-Kommission stattdessen einen eigenständigen Mediengattungswerbemarkt, sodass von getrennten Märkten für Online- und Offline-Werbung ausgegangen werden müsse.[818]

Als wesentliches Unterscheidungskriterium zur Offline-Werbung führt die EU-Kommission die mit dem Targeting einhergehende Möglichkeit der effektiven Zielgruppenansprache an. Offline-Werbung sei bereits wegen der wesentlich höheren Streuverluste nicht mit Online-Werbung vergleichbar. Weiterhin sei es nur bei der Online-Werbung möglich, ausführliche und belastbare Informationen über die tatsächliche Werbewirkung auf Basis von konkreten Klickzahlen zu erfassen. Anhand dieser Informationen sei auch die kurzfristige Anpassung der Werbung an neue Umstände möglich. Dies führe insgesamt zu einer höheren Genauigkeit und mithin zu einem Alleinstellungsmerkmal der Online-Werbung, das einer Austauschbarkeit insgesamt entgegenstehe.[819]

Daneben würden die technischen Möglichkeiten des Internets auch beim Abrechnungsverfahren der Online-Werbung zu einmaligen Besonderheiten führen. So erfolge die Abrechnung nicht anhand abstrakter, d. h. geschätzter, Werbekontakte, sondern sei vielmehr konkret auf Grundlage der tatsächlichen Klickzahlen und Sichtkontakte möglich. Eine solche exakte Abrechnung sei bei keinem Offline-Medium möglich, weswegen diese folglich nicht mit dem Internet austauschbar seien.[820] Im Rahmen der Marktuntersuchung habe sich dementsprechend nur ein

---

817 Kommission, Entsch. v. 11.03.2008, COMP/M.4731 – Google/DoubleClick, Rn. 45, 47.

818 Kommission, Entsch. v. 11.03.2008, COMP/M.4731 – Google/DoubleClick, Rn. 45; Kommission, Entsch. v. 18.02.2010, COMP/M.5727 – Microsoft/Yahoo! Search Business, Rn. 61; Kommission, Entsch. v. 20.07.2000, COMP/JV.48 - Vodafone/Vivendi/Canal Plus, Rn. 43; Kommission, Entsch. v. 13.7.2010, COMP/M.5779 – Comcast/NBC Universal, Rn. 46.

819 Kommission, Entsch. v. 11.03.2008, COMP/M.4731 – Google/DoubleClick, Rn. 45; Kommission, Entsch. v. 7.3.2008, COMP/M.5051 – APW/GMG/EMAP, Rn. 27.

820 Kommission, Entsch. v. 11.03.2008, COMP/M.4731 – Google/DoubleClick, Rn. 46.

Befragter für einen gemeinsamen Produktmarkt von Online- und Offline-Werbung ausgesprochen.[821]

Zusammenfassend lässt sich festhalten, dass die EU-Kommission von einem eigenständigen Markt für Internetwerbung ausgeht, der gleichwertig neben den weiteren medienbezogenen Werbemärkten wie TV oder Zeitung steht und sich somit in das traditionelle Marktverständnis der Werbemärkte einfügt. Aufgrund der fehlenden Unterschiede kann jedoch erstmalig nicht auf die Darstellungsform als Hauptunterscheidungskriterium zurückgegriffen werden. Stattdessen unterscheide sich die Online-Werbung insbesondere aufgrund der Targeting-Möglichkeiten und der Abrechnungsmethoden.

Vor allem der unmittelbare Einfluss der Abrechnungsmethoden auf die Auswahlentscheidung der Abnehmer muss jedoch bezweifelt werden. Insgesamt verfolgt die EU-Kommission weiterhin ihren traditionellen Abgrenzungsansatz und lässt Gemeinsamkeiten, wie beispielsweise bei der Darstellungsform, unbeachtet.

b) Medienübergreifende Verzeichniswerbung

Neben dieser strikten Trennung von Online- und Offline-Märkten findet sich in der europäischen Entscheidungspraxis ein Ansatz, der im Ergebnis zumindest in Teilbereichen der Werbebranche zu einem medienübergreifenden Werbemarkt führt. Dafür wird an das Verhältnis von Werbeflächen in den Offline- bzw. Online-Verzeichnissen wie Telefonbüchern und Gelben Seiten angeknüpft.

Nach Ansicht der EU-Kommission würden die im Rahmen der Ermittlungen gesammelten Informationen darauf hindeuten, dass sowohl die Online- als auch die Offline-Variante der genannten Verzeichnisse zum gleichen Markt für Verzeichniswerbung zu zählen seien.[822] Leider fehlt es diesbezüglich an einer detaillierteren Auseinandersetzung mit den ermittelten Umständen.

Gegen eine solche Annahme würden im Ergebnis die bestehenden Gestaltungsunterschiede sprechen. So unterscheide sich nicht nur das Layout der Verzeichnisse, sondern auch die Möglichkeit, Geld mit ihnen zu verdienen. Während die Online-Variante lediglich Werberaum in Form von Bannern bereitstelle, gebe die Offline-Variante Interessenten auch die Möglichkeit, eine hervorgehobene Stellung oder größere Anzeigenflächen zu erwerben.[823]

Eine Entscheidung der konkreten Marktverhältnisse ist bis zuletzt mangels Entscheidungserheblichkeit offen gelassen worden. Aufgrund des geringen Umfangs der Ausführungen und der Betonung der Unterschiede kann bezweifelt werden, dass ein solcher Markt tatsächlich angenommen worden wäre. Insbesondere dann,

---

821 Kommission, Entsch. v. 18.02.2010, COMP/M.5727 – Microsoft/Yahoo! Search Business, Rn. 61.

822 Kommission, Entsch. v. 13.10.1999, COMP/M.1439 – Telia/Telenor, ABl. L 40 v. 9.2.2001, S. 1, Rn. 113.

823 Kommission, Entsch. v. 13.10.1999, COMP/M.1439 – Telia/Telenor, ABl. L 40 v. 9.2.2001, S. 1, Rn. 113.

wenn er von Entscheidungsrelevanz gewesen wäre.[824] Argumentativ greift die EU-Kommission auf vermeintliche gattungsbezogene Gestaltungsunterschiede zurück, deren Einflussmöglichkeiten auf die Auswahlentscheidung vor dem Hintergrund der weitreichenden Gestaltungsmöglichkeiten, die das Internet heutzutage bietet, in Zweifel gezogen werden müssen. Weitergehende Argumente, die gegen eine Austauschbarkeit sprechen, werden nicht angeführt. Die Annahme eines solchen medienübergreifenden Marktes für Verzeichniswerbung wäre in der europäischen Entscheidungspraxis einmalig und hätte auch für das gesamte Verhältnis von Online-Werbung und Print-Werbung eine Signalwirkung.

c) Differenzierung nach dem Inhalt der Werbeanzeigen

Die EU-Kommission greift in ihrer Entscheidungspraxis darüber hinaus vereinzelt auch auf einen Argumentationsansatz zurück, der die Austauschbarkeit anhand des Inhalts der jeweiligen Anzeigen vornimmt.

Dies ist insbesondere für den Fall der sogenannten Rubrikenanzeigen von Bedeutung. Diese speziellen Anzeigen stellen eine Form der Angebotswerbung, beispielsweise für Gebrauchtwagen oder Jobangebote, dar. Aus Sicht der Nachfrager sei bei solchen Anzeigen eine Austauschbarkeit zwischen den Mediengattungen gegeben, weil die Nachfrager auf Preisänderungen mit einem Wechsel des Trägermediums reagieren könnten.[825]

Diesem Ansatz folgend, könnte von medienübergreifenden Rubrikenwerbemärkten für Fahrzeuge oder Arbeitsstellen ausgegangen werden.[826] Im Ergebnis ist dieser mögliche Ansatz mangels Entscheidungserheblichkeit aber ebenfalls nicht näher verfolgt worden. Die Unterscheidung der Angebotswerbung in Form der Rubriken von sonstigen Werbeanzeigen stellt insoweit einen einmaligen Ansatz der EU-Kommission dar. Sie greift aufgrund der großen gestalterischen Nähe der Rubriken nicht auf bestimmte Eigenschaften wie die Darstellungsform zurück, sondern orientiert sich stattdessen am Ziel, der Art der Werbeanzeige und an den konkreten wirtschaftlichen Umständen. Diese Loslösung von medienbezogenen Gattungsgrenzen berücksichtigt in angemessener Art und Weise den konvergenzbedingten Wandlungsprozess und ist daher zu befürworten.[827]

d) Kritische Gesamtbetrachtung

Die Analyse der Entscheidungspraxis zeigt, dass die EU-Kommission nur in wenigen Einzelfällen dazu bereit scheint, von ihrer traditionellen Praxis der Mediengattungswerbemärkte abzuweichen.

---

824 So wohl in: Kommission, Entsch. v. 27.06.2001, COMP/M.2468 – Seat PagineGialle/Eniro, ABl. C 198 v. 13.7.2001, S. 9, Rn. 18.

825 Kommission, Entsch. v. 7.3.2008, COMP/M.5051 – APW/GMG/EMAP, Rn. 25.

826 Kommission, Entsch. v. 7.3.2008, COMP/M.5051 – APW/GMG/EMAP, Rn. 24, 26.

827 So auch Dobler, in: FS Bechtold, 121, 131.

Sie steht damit regelmäßig in Widerspruch zu den Zusammenschlussbeteiligten. Diese verstehen das Internet lediglich als weiteren Kommunikationskanal, der in der Werbeplanung neben die anderen Mediengattungen tritt und Teil eines medienübergreifenden Gesamtmarktes sei.[828] Ein Hauptstreitpunkt liegt in der Bewertung multimedialer Werbekampagnen, die mehrere Medien zur Erreichung der Werbeziele nutzen. Während Vertreter eines umfassenden Werbemarktes dies als Zeichen der Austauschbarkeit deuten, wird der gleiche Umstand seitens der EU-Kommission regelmäßig als Zeichen für Komplementarität interpretiert.[829] Daneben wird die Annahme eines Gesamtmarktes damit begründet, dass eine Nachfragesubstituierbarkeit sich durch das teilweise Wachstum der Online-Werbung auf Kosten der hergebrachten Werbeträger aufzeigen lasse und die Anbieter von Werberaum aufgrund der medienübergreifenden Aufstellung der Unternehmen sowohl bei Online- als auch bei Offline-Werbung oftmals identisch seien.[830]

Allen diesen Argumenten ist im Ergebnis gemein, dass sie je nach Sichtweise interpretierbar sind und keine zweifelsfreien Rückschlüsse für die eine oder die andere Ansicht ermöglichen und somit weder einen Gesamtmarkt noch Teilmärkte begründen können.[831]

Kritisch lässt sich zu der Argumentationsstruktur der EU-Kommission insgesamt anmerken, dass es hinsichtlich der intermedialen Austauschbarkeit der Mediengattungen an Verweisen oder Argumenten mangelt. Es kommt nicht zu einer Gegenüberstellung der Online-Werbung mit der Print-Werbung. Die klassische medienbezogene Abgrenzung dient als unumstrittener Ausgangspunkt, der scheinbar keiner neuerlichen argumentativen Untermauerung bedarf. Die „Beweislast" gegen die gängige Praxis scheint den Ausführungen nach jeweils bei den beteiligten Parteien zu liegen. Vor allem die Darstellungsform, der bei der Abgrenzung der klassischen Gattungsmärkte das größte Gewicht beigemessen wird, findet sich in der Argumentationsstruktur der EU-Kommission nicht wieder. Obwohl die Gemeinsamkeiten bei der Darstellungsform ausreichend Anlass geben, wird die Bedeutung für die Auswahlentscheidung nicht näher untersucht. Mit Ausnahme der Verzeichniswerbung und der Rubrikenanzeigen lässt die europäische Praxis fahrlässig eine Möglichkeit zur angemessenen Berücksichtigung der Konvergenzprozesse verstreichen. Dies steht in Widerspruch zu den Aussagen aus dem Marktumfeld,

---

828 Vgl. Parteivortrag in: Kommission, Entsch. v. 11.03.2008, COMP/M.4731 – Google/DoubleClick, Rn. 44; Kommission, Entsch. v. 20.07.2000, COMP/JV.48 – Vodafone/Vivendi/Canal Plus, Rn. 42; Kommission, Entsch. v. 13.10.1999, COMP/M.1439 – Telia/Telenor, ABl. L 40 v. 9.2.2001, S. 1, Rn. 107.

829 Kommission, Entsch. v. 13.10.1999, COMP/M.1439 – Telia/Telenor, ABl. L 40 v. 9.2.2001, S. 1, Rn. 107.

830 Vgl. Kommission, Entsch. v. 11.03.2008, COMP/M.4731 – Google/DoubleClick, Rn. 44.

831 Vgl. zu der Diskussionen um einen Gesamtwerbemarkt unten 4. Teil B. I.

nach denen die bestehenden Unterschiede im Bereich von Online-Video-Werbung und Fernsehwerbung durch VoD-Angebote zunehmend überwunden werden.[832]

2. Abgrenzungsleitlinien in der deutschen Entscheidungspraxis

In der deutschen Entscheidungspraxis wurde sich ungleich ausführlicher mit der Frage des Verhältnisses von Werbung in den klassischen Medien zur Online-Werbung auseinandergesetzt als in der europäischen Praxis. Die einzelnen Beziehungen des Internets zu den Printmedien bzw. zum Fernsehen werden einzeln aufgegriffen und individuelle Ansätze zur Abgrenzung der Märkte vor dem Hintergrund der Herausforderungen, die durch das Internet entstehen, entwickelt. Durch diese differenzierte Herangehensweise wird im Ergebnis eine deutlich feingliedrigere Marktabgrenzung vorgenommen. Die methodische Grundlage bildet auch hier das Bedarfsmarktkonzept und somit die Frage der Austauschbarkeit aus Nachfragesicht. Dies führt im Wesentlichen zu der bereits bekannten Gegenüberstellung der jeweiligen Produktspezifika als vorrangigem Differenzierungsansatz.

a) Das Verhältnis zwischen Printmedien und dem Internet

Die Printmedien unterliegen durch die wirtschaftliche Erschließung des Internets einem verschärften Wettbewerbsdruck und befinden sich in einem Wandlungsprozess. Als Reaktion auf die sich wandelnden Wettbewerbsverhältnisse werden oftmals eigene Online-Angebote geschaffen, die die Ergebnisse der Print-Redaktionen aufgreifen oder von eigenen Online-Redaktionen betreut werden. Dies führt zu einer engen Verzahnung der beiden Bereiche und wirft im Rahmen der Abgrenzungspraxis für den Werbebereich erhebliche Fragen hinsichtlich der intermedialen Austauschbarkeit auf.

aa) Abgrenzung anhand der werberelevanten Eigenschaften

Auch in der deutschen Entscheidungspraxis wird davon ausgegangen, dass es sich beim Internet und den Printmedien um „wesensverschiedene Veröffentlichungsmedien“ handelt, die sich hinsichtlich ihrer Eigenschaften und Verwendungszwecke gegenwärtig noch derart unterscheiden, dass eine Austauschbarkeit nicht besteht.[833]

Anders als die klassischen Mediengattungen untereinander würden Print- und Online-Werbung ein in weiten Teilen ähnliches Erscheinungsbild gemeinsam haben.[834] Insbesondere die aus Bild- und Textelementen bestehende Display-Werbung weise dieselben Gestaltungsfaktoren wie die Print-Werbung auf. Durch die Möglichkeiten

---

832 Kommission, Entsch. v. 9.9.2014, COMP/M.7288 – Viacom/Channel 5, Rn. 38.

833 OLG Düsseldorf, B. v. 22.12.2010, VI Kart 3/09 (V) – Anzeigengemeinschaft, WuW/E DE-R 3173, 3184; BKartA, B. v. 21.4.2009, B6-150/08 – NPG/Detjen, Rn. 68, (s. Fn. 610); BKartA, B. v. 25.4.2014, B6-98/13 – Funke/Axel Springer, Rn. 188, (s. Fn. 638); BKartA, B. v. 27.2.2002, B6-136/01 – Berlin.de new Media, WuW/DE-V 665, 668.

834 OLG Düsseldorf, B. v. 22.12.2010, VI Kart 3/09 (V) – Anzeigengemeinschaft, WuW/E DE-R 3173, 3184; BKartA, B. v. 21.4.2009, B6-150/08 – NPG/Detjen, Rn. 68, (s. Fn. 610).

des Geo-Targetings sei es zudem möglich, die Werbung im Internet auch auf Nutzer aus bestimmten Regionen zuzuschneiden und so eine mit Regionalzeitungen vergleichbare Zielgruppe zu schaffen.[835]

Zudem sei das Internet längst zum Massenmedium geworden, sodass für Online-Werbung keine negativen Reichweitenbeschränkungen mehr bestehen würden. Während vor wenigen Jahren noch die im Vergleich zu Printmedien fehlende Reichweite als häufigstes Kriterium gegen eine Austauschbarkeit angeführt wurde, könne nun auch mit dem Internet eine umfassende Haushaltsabdeckung erreicht werden.[836]

Wesentliche Unterschiede bestehen nach der vorherrschenden Ansicht in der Entscheidungspraxis hingegen bei der Wahrnehmung der Werbung. So können Printmedien überall, jederzeit, kurzfristig und ohne Aufwand genutzt werden, was als Nebeneffekt zur wiederholten Wahrnehmung der Werbung selbst führe.[837] Im Gegensatz dazu erfordere das Internet entweder die notwendige und oftmals ortsgebundene Endgerätetechnik oder biete im Fall mobiler Endgeräte aufgrund der Größenbeschränkungen zudem nicht den gleichen Wahrnehmungskomfort.[838]

Daneben werde das Internet unter dem Gesichtspunkt des Nutzungsverhaltens von der Mehrheit der Nutzer nur für die konkrete Informationsbeschaffung und nicht für den bloßen und spontanen Zeitvertreib genutzt. Dies führe dazu, dass es im Internet, anders als bei Printmedien, nur selten zu ungeplanten Werbekontakten komme.[839] Der Kontakt mit Print-Werbung erfordere aufgrund der Platzierung im redaktionellen Umfeld kein konkretes Interesse, wohingegen ein solches im Internet erforderlich sei, um gezielt Webseiten aufzusuchen.[840] Bei der Bewertung der Kontaktqualität gelte es weiterhin zu beachten, dass Werbung im Internet oftmals als störend empfunden werde.[841]

---

835 BKartA, B. v. 21.4.2009, B6-150/08 – NPG/Detjen, Rn. 68, (s. Fn. 610).

836 Vgl. zur Reichweitenkritik exemplarisch. BKartA, B. v. 8.9.2004, B6-27/04 – M. DuMont Schauberg, S. 32 im Volltext abrufbar unter http://www.bundeskartellamt.de/SharedDocs/Entscheidung/DE/Entscheidungen/Fusionskontrolle/2004/B6-27-04.pdf?__blob=publicationFile&v=3 zuletzt abgerufen am: 14.6.2015; zur aktuellen Situation hingegen OLG Düsseldorf, B. v. 22.12.2010, VI Kart 3/09 (V) – Anzeigengemeinschaft, WuW/E DE-R 3173, 3185.

837 OLG Düsseldorf, B. v. 22.12.2010, VI Kart 3/09 (V) – Anzeigengemeinschaft, WuW/E DE-R 3173, 3185; BKartA, B. v. 29.8.2008, B6-52/08 – Health & Beauty, S. 42, (s. Fn. 638); BKartA, B. v. 25.4.2014, B6-98/13 – Funke/Axel Springer, Rn. 188, (s. Fn. 638).

838 OLG Düsseldorf, B. v. 22.12.2010, VI Kart 3/09 (V) – Anzeigengemeinschaft, WuW/E DE-R 3173, 3185; BKartA, B. v. 26.1.2006, B6-138/05 – Süddeutscher Verlag/Lokalzeitung, S. 24, (s. Fn. 615); BKartA, B. v. 29.8.2008, B6-52/08 – Health & Beauty, S. 42, (s. Fn. 638).

839 OLG Düsseldorf, B. v. 22.12.2010, VI Kart 3/09 (V) – Anzeigengemeinschaft, WuW/E DE-R 3173, 3185; BKartA, B. v. 21.4.2009, B6-150/08 – NPG/Detjen, Rn. 71, (s. Fn. 610); BKartA, B. v. 29.8.2008, B6-52/08 – Health & Beauty, S. 42, (s. Fn. 638).

840 BKartA, B. v. 21.4.2009, B6-150/08 – NPG/Detjen, Rn. 71, (s. Fn. 610); BKartA, B. v. 8.9.2004, B6-27/04 – M. DuMont Schauberg, S. 32, (s. Fn. 836).

841 BKartA, B. v. 25.4.2014, B6-98/13 – Funke/Axel Springer, Rn. 189, (s. Fn. 638).

Daneben werden auch die bestehenden Unterschiede bei den Abrechnungsmethoden gegen eine Austauschbarkeit der beiden Werbeformen angeführt.[842] Der Umstand, dass Online-Werbung nach konkret bestimmbaren Klickzahlen oder Werbeeindrücken abgerechnet werden könne, bestehe jedoch nicht exklusiv im Vergleich zur Print-Werbung, sondern auch gegenüber den anderen klassischen Mediengattungen.[843] Fraglich ist aber, ob die Modalität der Abrechnung tatsächlich einen spürbaren Einfluss auf die Auswahlentscheidung der Abnehmer hat. Mittelbar ermöglicht das Internet aufgrund der mit der genauen Messbarkeit einhergehenden Reporting- und Controlling-Möglichkeiten eine bessere Steuerung und Optimierung der Werbung. Ein unmittelbarer Mehrwert für die Werbewirkung an sich ist jedoch nicht ersichtlich. Es ist davon auszugehen, dass sonstige Faktoren wie die Zielgruppe oder die Darstellungsform einen wesentlich bedeutenderen Einfluss auf die Auswahlentscheidung haben. Die Abrechnungsmethoden sollten daher lediglich als Hilfskriterium angeführt werden.

Insgesamt kann festgehalten werden, dass sich auch in der deutschen Entscheidungspraxis in erster Linie an der altbekannten Argumentationsstruktur der Hervorhebung der Unterschiede orientiert wird. Bei einer Vielzahl der gegenwärtig noch als Unterschied empfundenen Umstände ist jedoch mehr als fraglich, ob diese kurzfristig noch von Relevanz für die Auswahlentscheidung sein werden. Es gilt zu beachten, dass beispielsweise das mobile Internet heutzutage einen ebenso unkomplizierten wie jederzeitigen Zugriff ermöglicht. Unter methodischen Gesichtspunkten wären umfassende Würdigungen und Analysen zum jeweiligen Einfluss der Gemeinsamkeiten und Unterschiede auf die letztliche Auswahlentscheidung wünschenswert gewesen.

bb) Sondersituation: Rubrikenanzeigen

Einen weiteren Ansatzpunkt für einen medienübergreifenden Markt von Print- und Online-Werbung stellen die Rubrikenanzeigen dar. Hierbei wird in der deutschen Entscheidungspraxis auf einen aus der europäischen Diskussion bekannten Untergliederungsansatz zurückgegriffen.[844]

Demnach unterscheide sich das Wettbewerbsverhältnis zwischen der analogen und digitalen Variante der Rubrikenanzeigen von dem Verhältnis zwischen der sonstigen Print- und Online-Werbung.[845] Im Bereich der Rubrikenanzeigen könne eine begrenzte Austauschbarkeit bestehen.[846] Unterstützend wird argumentativ auf

842 Vgl. BKartA, B. v. 29.8.2008, B6-52/08 – Health & Beauty, S. 43, (s. Fn. 638).

843 Vgl. zu den Abrechnungsmethoden: Kommission, Entsch. v. 11.03.2008, COMP/M.4731 – Google/DoubleClick, Rn. 46.

844 Vgl. oben 3. Teil C. I. 1. b) cc).

845 BKartA, B. v. 21.4.2009, B6-150/08 – NPG/Detjen, Rn. 67, (s. Fn. 610).

846 BKartA, B. v. 21.4.2009, B6-150/08 – NPG/Detjen, Rn. 67, (s. Fn. 610).

die werberelevanten Eigenschaften zurückgegriffen. So ähnle sich insbesondere die Gestaltung der beiden Varianten der Rubrikenanzeigen sehr.[847]

Diese Überlegungen zeigen, dass weder der Online- noch der Print-Bereich als homogenes und zusammenhängendes Gebilde betrachtet werden dürfen.[848] Es wird deutlich, dass innerhalb dieser Gattungen erhebliche Unterschiede bestehen können und homogene Wettbewerbsbedingungen auch außerhalb der Mediengattung gesucht werden müssen. Insofern ist die deutsche Entscheidungspraxis der differenzierten medienübergreifenden Betrachtungsweise der Rubrikenanzeigen begrüßenswert. In der Folge würde eine solche Herangehensweise einen medienübergreifenden Markt für Rubrikenanzeigen bedeuten.

cc) Diskussion

Die Argumentation in der Entscheidungspraxis beruht in erster Linie auf der Betonung der bestehenden Unterschiede. Die im Verhältnis von Print- und Online-Werbung ähnliche Darstellungsform wird ebenso wie die mittlerweile vergleichbar hohe Reichweite des Internets nur am Rande erwähnt. Stattdessen wird auf andere werberelevante Eigenschaften zurückgegriffen.

Es muss jedoch beachtet werden, dass Argumente, die lediglich auf bestimmten Verhaltensweisen beruhen, durch die voranschreitende Entwicklung schnell an Bedeutung verlieren und einer sachgerechten Fusionskontrolle im Weg stehen können. Unter methodischen Gesichtspunkten erschwert dies umfassende Abgrenzungsansätze.

So ändert sich insbesondere die Nutzungssituation des Internets stetig. Das Internet ist heutzutage längst nicht mehr das auf ortsgebundene Endgeräte beschränke Medium zur gezielten Informationsgewinnung, sondern ermöglicht durch mobile Übertragungstechniken schon heute die spontane und jederzeitige Nutzung mit ausreichender Bandbreite und Verbindungsqualität. Auch der aufgrund der Gerätegröße fehlende Lesekomfort kann als Kriterium ebenfalls kaum zu einer sachgerechten Gesamtlösung für das intermediale Wettbewerbsverhältnis beitragen. Stattdessen stellen die Unterschiede der Werbemittel zwischen Standard-Webseiten und Webseiten, deren Werbeflächen für die mobile Nutzung optimiert sind, in erster Linie eine Frage der intramedialen Beziehung dar. Die Größe von Anzeigen unterscheidet sich zudem auch innerhalb anderer Mediengattungen. Misst man diesem Argument eine entscheidungsleitende Bedeutung zu, könnte man konsequenterweise auch eine Differenzierung zwischen kleinen Röhrenfernsehern und modernen HD-Flatscreens rechtfertigen, die bisher aber zu Recht nicht ernsthaft vertreten worden ist. Im Vergleich von Print- und Online-Werbung ist eine solche pauschale Gegenüberstellung der Anzeigengröße daher nicht zielführend und unpräzise.

---

847 OLG Düsseldorf, B. v. 22.12.2010, VI Kart 3/09 (V) – Anzeigengemeinschaft, WuW/E DE-R 3173, 3184.

848 Vgl. zur intramedialen Marktbetrachtung oben: 3. Teil C.

Auch inhaltlich hat sich das Internet zu einem vollwertigen, redaktionell betreutem Medium entwickelt. Die Werbung kann wie bei den Printmedien in redaktionelle Inhalte eingebunden und ebenso beiläufig konsumiert werden. Aufgrund der technischen Entwicklung und der damit einhergehenden Targeting-Möglichkeiten ist eine Anpassung an das Werbeumfeld im Internet nicht mehr zwingend erforderlich, um eine vergleichbare Werbewirkung zu erzielen. In diesem Punkt haben sich die Vorzeichen hinsichtlich der Qualität der Werbewirkung im Lauf der Zeit umgekehrt.

Es zeigt sich deutlich, dass eine Marktabgrenzung auf Basis sich wandelnder Eigenschaften mittel- und langfristig keine Lösung für die Frage der Austauschbarkeit von Werbeträgern darstellen kann. Das Beispiel der Print- und Online-Werbung verdeutlicht, dass auch über mediengattungsübergreifende Märkte nachgedacht werden muss. Wie im Fall der Rubrikenanzeigen können relevante Wettbewerbsbeziehungen auch zwischen Print- und Online-Werbung bestehen.[849] Aufgrund der dargelegten Gründe wird letztlich wohl zu Recht davon ausgegangen, dass digitale Rubrikenwerbung die Preissetzungsfreiheit und somit die wirtschaftliche Handlungsfreiheit von Verlagen mit analogen Rubriken einschränkt.[850] Die Konsequenz aus dieser Wettbewerbsbeziehung kann letztlich nur die Zuordnung zu einem einheitlichen Markt sein.

b) Fernsehen und das Internet

Die Darstellungsmöglichkeiten des Internets sind aber nicht auf die Anzeige von Bild- bzw. Textelementen beschränkt. Daneben können Werbetreibende auch unterschiedliche Formen von Videospots verwenden. Eingebunden in VoD-Angebote ähneln diese der klassischen Fernsehwerbung nicht nur hinsichtlich der Art und Weise der Darstellung, sondern auch hinsichtlich des Werbeumfelds. Dies führt ebenso wie bei der Gegenüberstellung von Internet- und Print-Werbung zu der Frage, ob hier eine von der traditionellen Abgrenzung abweichende Vorgehensweise notwendig erscheint, um den Gemeinsamkeiten Rechnung zu tragen.

Auf europäischer Ebene wurde diese Frage bisher nur beiläufig hinsichtlich des Verhältnisses von VoD zu Pay-TV und frei empfangbarem TV angesprochen, mangels Entscheidungsrelevanz jedoch nicht abschließend geklärt.[851]

Umfassende Überlegungen zum Verhältnis von Fernseh- und Online-Werbung, die über die gängige traditionelle Praxis der getrennten Medienmärkte hinausgehen, finden sich ausschließlich in der neueren deutschen Entscheidungspraxis. Sowohl das Bundeskartellamt als auch das Oberlandesgericht Düsseldorf analysieren umfassend die mögliche Überschneidung der beiden Bereiche und die daraus resultierenden

849 So auch Dobler, in: FS Bechtold, 121, 131; wohl auch Rodenhausen, S. 78f.

850 Dobler, in: FS Bechtold, 121, 131.

851 Vgl. Kommission, Entsch. v. 25.6.2008, COMP/M.5121 – News Corp/Premiere, Rn. 13, 21 m.w.N.

Folgen für die Marktabgrenzung.[852] Für die intermediale Gegenüberstellung muss zwischen Online-Werbung im Allgemeinen und der speziellen Online-Video-Werbung unterschieden werden.[853]

aa) Statische Display-Online-Werbung im Eigenschaftsvergleich

Als Ansatz für die Bestimmung des intermedialen Verhältnisses herkömmlicher, d. h. statischer, Display-Werbung und Fernsehwerbung wird auf Grundlage des Bedarfsmarktkonzeptes in hergebrachter Art und Weise auf die entscheidungserheblichen Produkteigenschaften zurückgegriffen. Aufgrund erheblicher Unterschiede bei den werberelevanten Eigenschaften fehle es an einer Austauschbarkeit der Werbeformen aus Nachfragesicht. In der Folge bestehe auch kein medienübergreifender Markt.[854]

Demnach seien die Darstellungs- und auch Wahrnehmungsmöglichkeiten der Werbeformen sehr unterschiedlich ausgestaltet. Fernsehwerbung ermögliche durch die Verknüpfung von Ton- und Videoelementen eine besondere Form der emotionalen Ansprache, die sich mit statischen Werbeelementen nicht erreichen lasse.[855] Des Weiteren sei mit Fernsehwerbung der Transport komplexer Werbebotschaften möglich, die sich mit anderen Darstellungsformen nur schlecht vermitteln ließen.[856] Daneben würden auch die bestehenden Unterschiede in der erzielbaren Reichweite sowie der dafür erforderliche Aufwand gegen eine Austauschbarkeit sprechen.[857] Im Ergebnis sei daher von einer komplementären anstelle einer konkurrierenden Nutzung auszugehen.[858]

In der Entscheidungspraxis werden somit die klassischen Argumente, die für getrennte Märkte für Print- und Fernsehwerbung sprechen, auf das Verhältnis von statischer Online- und Fernsehwerbung übertragen. Aufgrund der Nähe der statischen Online-Werbung zur Print-Werbung ist dies nur wenig überraschend. Die grundlegende Frage der Bedeutung einzelner Auswahlfaktoren für die Gesamtentscheidung wird jedoch auch bei dieser Gegenüberstellung durch die zuständigen Behörden und Gerichte nicht beantwortet.

---

852 BKartA, B. v. 17.3.2011, B6-94/10 – ProSiebenSat.1/RTL, (s. Fn. 12); OLG Düsseldorf, B. v. 8.8.2012, VI-Kart 4–11 (V) – Amazonas, (s. Fn. 35).

853 Vgl. hinsichtlich des intramedialen Verhältnisses der Werbeformen: oben 3. Teil C.

854 BKartA, B. v. 17.3.2011, B6-94/10 – ProSiebenSat.1/RTL, Rn. 48, (s. Fn. 12); OLG Düsseldorf, B. v. 8.8.2012, VI-Kart 4–11 (V) – Amazonas, S. 16, (s. Fn. 35).

855 BKartA, B. v. 17.3.2011, B6-94/10 – ProSiebenSat.1/RTL, Rn. 48, (s. Fn. 12).

856 BKartA, B. v. 17.3.2011, B6-94/10 – ProSiebenSat.1/RTL, Rn. 48, (s. Fn. 12).

857 BKartA, B. v. 17.3.2011, B6-94/10 – ProSiebenSat.1/RTL, Rn. 47, 48, (s. Fn. 12); OLG Düsseldorf, B. v. 8.8.2012, VI-Kart 4–11 (V) – Amazonas, S. 16, (s. Fn. 35).

858 BKartA, B. v. 17.3.2011, B6-94/10 – ProSiebenSat.1/RTL, Rn. 47, 48, (s. Fn. 12); OLG Düsseldorf, B. v. 8.8.2012, VI-Kart 4–11 (V) – Amazonas, S. 16, (s. Fn. 35).

bb) Online-Video-Werbung und Fernsehwerbung

Anders gestaltet sich die Ausgangssituation hingegen für die Online-Video-Werbung. Eine eigenschaftsbezogene Betrachtung zeigt hierbei große Gemeinsamkeiten zur Fernsehwerbung. Nach der vorherrschenden Ansicht in der Entscheidungspraxis weise insbesondere die in andere Videos eingebundene In-Stream-Werbung äußerlich keine wesentlichen Unterschiede zu der bekannten Fernsehwerbung auf.[859]

In-Stream-Werbung nutze hinsichtlich der Gestaltungsform das gleiche Werbemittel des Werbespots und spreche den Adressaten daher wie Fernsehwerbung mit audiovisuellen Werbeelementen an.[860] Auch die Einbettung der Werbung in das eigentlich von Rezipienten gewünschte Programm gleiche der Fernsehwerbung und ermögliche es, eine besondere Aufmerksamkeit beim Zuschauer zu wecken, die sich positiv auf die Werbewirkung auswirke.[861]

Aus der Entscheidungspraxis lässt sich entnehmen, dass die technische Übermittlung über das Internet lediglich ein anderer Übertragungsweg der gleichen Werbeform ist. Dieser technische Unterschied könne ebenso wie die Differenzierung zwischen Kabel- und Satellitenfernsehen keine unterschiedliche Bewertung der Werbung als solcher und somit des Fernsehwerbemarktes begründen.[862]

Unterschiede zwischen den Werbeformen würden vornehmlich in der vergleichbar geringen Reichweite von Online-Werbung bestehen. Diese sei gegenwärtig noch deutlich geringer als die der Fernsehwerbung. Hier sei zwar zukünftig mit einem starken Anstieg aufgrund eines geänderten Nutzungsverhaltens und der weiteren Ausbreitung von Werbenetzwerken zu rechnen, jedoch stehe dies einer Austauschbarkeit gegenwärtig noch entgegen.[863]

Auch die Nutzungssituation der verwendeten Endgeräte sei gegenwärtig noch nicht vergleichbar und führe in der Konsequenz zu einer unterschiedlichen Werbewirkung. Es müsse die weitere Entwicklung der Fernsehendgeräte zu internetfähigen Smart-TVs beachtet werden. Die Nutzungssituation beider Mediengattungen nähere sich durch die fortschreitende Entwicklung einander an. Insbesondere die räumliche und nutzungsbezogene Sonderbehandlung des Internets als vornehmlich am Arbeitsplatz genutzten Mediums sei bei einer Verlagerung der Nutzungsmöglichkeiten in das Wohnzimmer nicht länger haltbar.[864]

Qualitative Unterschiede würden zudem bei den technischen Voraussetzungen der Werbeformen bestehen. Internetwerbung verfüge mit dem Targeting und der

---

859 OLG Düsseldorf, B. v. 8.8.2012, VI-Kart 4–11 (V) – Amazonas, S. 17, (s. Fn. 35).

860 BKartA, B. v. 17.3.2011, B6-94/10 – ProSiebenSat.1/RTL, Rn. 52, (s. Fn. 12); OLG Düsseldorf, B. v. 8.8.2012, VI-Kart 4–11 (V) – Amazonas, S. 17, (s. Fn. 35).

861 BKartA, B. v. 17.3.2011, B6-94/10 – ProSiebenSat.1/RTL, Rn. 52, (s. Fn. 12); OLG Düsseldorf, B. v. 8.8.2012, VI-Kart 4–11 (V) – Amazonas, S. 17, (s. Fn. 35).

862 BKartA, B. v. 17.3.2011, B6-94/10 – ProSiebenSat.1/RTL, Rn. 52, (s. Fn. 12).

863 BKartA, B. v. 17.3.2011, B6-94/10 – ProSiebenSat.1/RTL, Rn. 54, (s. Fn. 12); OLG Düsseldorf, B. v. 8.8.2012, VI-Kart 4–11 (V) – Amazonas, S. 17, (s. Fn. 35).

864 BKartA, B. v. 17.3.2011, B6-94/10 – ProSiebenSat.1/RTL, Rn. 54ff., (s. Fn. 12); OLG Düsseldorf, B. v. 8.8.2012, VI-Kart 4–11 (V) – Amazonas, S. 17, (s. Fn. 35).

daraus resultierenden personalisierten Werbung über eine technische Möglichkeit zur Vermeidung von Streuverlusten, die der Fernsehwerbung fremd sei. Dies könne aufgrund der verbesserten Zielgruppenbezogenheit die in weiten Teilen fehlende Reichweite kompensieren.[865]

Letztlich sei es auch nur bei Online-Werbung möglich, nach konkreten Kontakten abzurechnen, wohingegen bei Fernsehwerbung mit nicht exakt messbaren Reichweiten kalkuliert werden müsse.[866]

Im Ergebnis könne daher gegenwärtig noch nicht von einem einheitlichen Markt gesprochen werden. Zumindest die In-Stream-Werbung sei jedoch aufgrund der sehr ähnlichen Eigenschaften als nächstes Substitut zur Fernsehwerbung zu bewerten und langfristig wohl dem gleichen Markt zuzuordnen.[867] Anders gestalte sich die Situation für die In-Page-Werbung, die sich deutlich von der In-Stream-Werbung und der Fernsehwerbung unterscheide.[868] Die Formen der Online-Video-Werbung stehen in einer unterschiedlichen Wettbewerbsbeziehung zur Fernsehwerbung, sodass auch das Verhältnis zueinander von Bedeutung ist.[869] Insoweit kommt es an dieser Stelle zu einer Vermischung von intra- und intermedialen Fragestellungen. Dies verdeutlicht das Bedürfnis nach einer umfassenden Betrachtungsweise.

cc) Diskussion

Die Entscheidungen zum Wettbewerbsverhältnis von Fernseh- und Online-Video-Werbung verdeutlichen ebenso wie der vorangegangene Vergleich von Print- und Online-Display-Werbung die problematische Einbeziehung der Online-Werbung in das bisherige Marktabgrenzungssystem.

Aufgrund der stark angenäherten Darstellungsform ist eine Unterscheidung allein auf Basis der werberelevanten Eigenschaften kaum noch umsetzbar. Die technischen Möglichkeiten des Internets und die daraus resultierende hybride Stellung der Mediengattung ermöglichen die Angleichung an jede gewünschte Mediengattung. Die Unterschiede zwischen den jeweiligen Werbeformen sind in der Folge so gering, dass sich eine Differenzierung in Details verliert. Insbesondere die Rechtfertigung unterschiedlicher Marktstrukturen allein auf Basis einer vermeintlich geringeren Reichweite erscheint nicht geeignet, um die Marktverhältnisse generell abzugrenzen. Ein solcher Ansatz ist aufgrund der voranschreitenden Verbreitung nur von zeitlich begrenztem Wert. Ebenso muss die Relevanz der Abrechnungsmethode für die Wahl

865 BKartA, B. v. 17.3.2011, B6-94/10 – ProSiebenSat.1/RTL, Rn. 54, (s. Fn. 12); OLG Düsseldorf, B. v. 8.8.2012, VI-Kart 4–11 (V) – Amazonas, S. 17, (s. Fn. 35).

866 OLG Düsseldorf, B. v. 8.8.2012, VI-Kart 4–11 (V) – Amazonas, S. 17f., (s. Fn. 35).

867 BKartA, B. v. 17.3.2011, B6-94/10 – ProSiebenSat.1/RTL, Rn. 51, (s. Fn. 12); OLG Düsseldorf, B. v. 8.8.2012, VI-Kart 4–11 (V) – Amazonas, S. 18, (s. Fn. 35).

868 BKartA, B. v. 17.3.2011, B6-94/10 – ProSiebenSat.1/RTL, Rn. 59, (s. Fn. 12).

869 Vgl. OLG Düsseldorf, B. v. 8.8.2012, VI-Kart 4–11 (V) – Amazonas, S. 22f., (s. Fn. 35); Vgl. zum intramedialen Verhältnis von Online-Video-Werbung auch oben 3. Teil, C. II. 2. b).

eines Werbeträgers bezweifelt werden. Insgesamt tritt in der Entscheidungspraxis nicht deutlich hervor, ob lediglich die Eigenschaften, die daraus resultierende Werbewirkung oder sonstige Umstände die Austauschbarkeit entscheidend beeinflussen.

Die im Verfahren durchgeführte Marktbefragung bestätigt die Nähe und die Austauschbarkeit der Werbeformen ebenfalls und sieht hier auch zukünftig eine weitere Annäherung.[870] Dabei ist die statistische Annäherung aufgrund der im Übrigen gleichbleibenden Umstände vermutlich vor allem auf die wachsende Reichweite der Online-Medien zurückzuführen. Es lässt sich bei der Verwertung solcher Umfrageergebnisse die Frage stellen, aus welchen konkreten Gründen es nicht zur Zusammenführung der Marktverhältnisse gekommen ist und an welcher Stelle und aus welchen Gründen die Grenze für den Übergang von Substitutionswettbewerb zur Marktzugehörigkeit verläuft.[871]

Insgesamt kann aus methodischer Sicht festgehalten werden, dass die technische Entwicklung zu einem Bedeutungsverlust der konkret eigenschaftsbezogenen Abgrenzungsansätze wie dem Bedarfsmarktkonzept führt. So lassen sich lediglich Einzelfallentscheidungen, nicht jedoch abstrakte und allgemeingültige Entscheidungen treffen. Anders als in der europäischen Praxis greifen die deutschen Behörden und Gerichte die Konvergenzentwicklung auf und signalisieren eine Anpassungsbereitschaft. Dies kann aber nicht darüber hinwegtäuschen, dass es bislang an einer umfassenden konzeptionellen Grundlage für den Umgang mit den hier aufgeworfenen Fragestellungen fehlt.

III. Schlussfolgerungen für das intermediale Verhältnis von Offline- und Online-Werbeträgern

Im Kern verfolgen die EU-Kommission, das Bundeskartellamt sowie das OLG Düsseldorf den Ansatz der klassischen Untergliederung der Werbemärkte nach den einzelnen Mediengattungen. Nennenswerte und entscheidungserhebliche Abweichungen hiervon bestehen nicht. Methodisch und argumentativ wird auf eine Gegenüberstellung der wesentlichen werberelevanten Eigenschaften der Mediengattungen auf Basis des Bedarfsmarktkonzeptes zurückgegriffen. Demnach unterscheiden sich die jeweiligen Mediengattungen aufgrund besonderer Merkmale und Eigenschaften und werden im Rahmen der Mediaselektion von der nachfragenden Werbeindustrie deshalb als nicht gleichwertig und nicht austauschbar angesehen. In der deutschen Praxis wird sich diesbezüglich ausdrücklich auf die hergebrachte Entscheidungspraxis der EU-Kommission bezogen und somit in weiten Teilen ein rechtsordnungsübergreifender Gleichlauf der Entscheidungspraxis herbeigeführt.

Vor allem im Hinblick auf die Wettbewerbssituation zwischen Online- und Offline-Werbung zeigen sich die immanenten Problemstellen dieser Grundsatzentscheidung besonders deutlich. Die vermeintlichen Unterschiede zwischen den Mediengattungen

870 Vgl. BKartA, B. v. 17.3.2011, B6-94/10 – ProSiebenSat.1/RTL, Rn. 57, (s. Fn. 12).
871 Vgl. auch Dubberstein, NZKart 2013, 143, 145.

verschwimmen unter dem Eindruck der Online-Werbung. Print-Werbung ähnelt der Online-Display-Werbung in weiten Teilen ebenso wie die Fernsehwerbung der Online-Video-Werbung. Eine bloße Trennung nach Medienkategorien verfehlt das Ziel einer sachgerechten und realitätsgetreuen Marktabgrenzung.[872] Der argumentative Rückgriff auf die werberelevanten Eigenschaften erweist sich vor dem Hintergrund einer möglichen Konkurrenz durch Online-Werbung insoweit als wenig geeignet, um die Marktverhältnisse effektiv und sachgerecht zu bestimmen. Zu Recht deutet sich deshalb in den Amazonas-Entscheidungen des Bundeskartellamts und des OLG Düsseldorf ein Umdenken an. Die Eigenschaften der Video-In-Stream-Werbung werden im Wesentlichen als nahezu äquivalent zu denen der Fernsehspotwerbung bewertet. Obwohl im Ergebnis dennoch von zwei unterschiedlichen Märkten ausgegangen wird, zeigt sich in diesen Ausführungen der stattfindende Umbruch in der Entscheidungspraxis. Insbesondere im Gegensatz zu der pauschalen Ablehnung der Offline-Konkurrenz für Regionalportale wie beispielsweise in der Berlin.de/new Media-Entscheidung zeigt sich hier die Anpassungsbereitschaft.[873]

Die argumentative Grundlage für die Abgrenzungsentscheidung stellt der Rückgriff auf die werberelevanten Eigenschaften der Mediengattungen dar. Zunächst wird auf die generalisierbaren gattungsbezogenen Eigenschaften zurückgegriffen. Sofern gattungsunabhängige Kriterien hinzugezogen werden, erfolgt dies nur sehr abstrakt und nicht mit der notwendigen Einzelfallbezogenheit. Die Betonung der Unterschiede vermittelt das Bild stark divergierender Werbeträger und verkennt somit Gemeinsamkeiten, die für ähnliche Wettbewerbsbedingungen sprechen könnten.

Methodisch ist dies auf Basis des Bedarfsmarktkonzeptes nur in Teilen nachvollziehbar. Zwar können Unterschiede bei den Produkteigenschaften getrennte Märkte begründen, jedoch nur dann, wenn sich diese unmittelbar auf die Auswahlentscheidung auswirken. Bereits bei der Bewertung der klassischen Abgrenzungspraxis wurde deshalb darauf hingewiesen, dass gerade dieser notwendige Maßstab in der Entscheidungspraxis zu kurz kommt. Es finden sich diesbezüglich keine Ausführungen zu den konkreten Auswirkungen auf die Auswahlentscheidung der Werbetreibenden. Auch die Ergebnisse der Umfeldbefragungen können einen empirischen Nachweis der vermeintlichen Reaktionsverbundenheit nicht ersetzen. In der Entscheidungspraxis wird trotz der Einbeziehung von Studien und Befragungen lediglich eine argumentative und keine empirische Begründung geliefert. Insbesondere in diesem Bereich, der der ökonomischen Analyse prinzipiell zugänglich ist, wäre der empirische Nachweis der vermuteten Zustände wünschenswert.[874]

Die fehlenden Erkenntnisse über den Beitrag zur individuellen Auswahlentscheidung verhindern die Entwicklung eines umfassenden Konzeptes, das die Gewichtung

872 So auch Lange, in: Gundel/Heerman/Leible, 135, 141; ebenso im Ergebnis: Dewenter/Rösch/Terschüren, NZKart 2014, 387, 393; a.A. Paal, GRUR 2013, 873, 876.

873 Vgl. BKartA, B. v. 27.2.2002, B6-136/01 – Berlin.de new Media, WuW/DE-V 665, 668.

874 So auch speziell für das Verhältnis der klassischen Mediengattungen: Wessely, S. 170.

und Bewertung einzelner Faktoren ermöglicht. Bei der Bestimmung der Marktzugehörigkeit hochdifferenzierter Produkte wie des Werberaums ist eine solche umfassende Betrachtung erforderlich, um den individuellen Wettbewerbsbeziehungen Rechnung zu tragen. Die Wettbewerbssituation ist durch eine Vielzahl individueller und partieller Substitutionsbeziehungen geprägt, sodass es handhabbarer Kriterien bedarf. In diesem Zusammenhang zeigt sich erneut, dass das starre Bedarfsmarktkonzept an seine Grenzen stößt. Aus diesem Grund muss ergänzend auf Erkenntnisse aus der Angebotsumstellungsflexibilität zurückgegriffen werden.

Das Festhalten an scheinbaren Gattungsgrenzen ist vor dem Hintergrund der Online-Werbung endgültig überholt.[875] Es zeigt sich deutlich, dass ein Bedürfnis nach innovativen und medienübergreifenden Abgrenzungsansätzen besteht. Hervorzuheben sind daher die im Bereich der Rubrikenanzeigen angedachten Marktverhältnisse. Märkte sind in der Folge nicht nur nach den Eigenschaften der Werbeträger, sondern auch nach dem Inhalt der Werbung und somit nach den Interessen der Werbetreibenden abzugrenzen. Die Nachfrager nach Werberaum bilden entgegen dem durch die Entscheidungspraxis vermittelten Eindruck keine homogene Gruppe. Je nach Umfeld unterscheiden sich die verfolgten Interessen und die Einstellung hinsichtlich der Austauschbarkeitsfrage deutlich. Die Vereinheitlichung der Interessen von großen Handelskonzernen und regional tätigen Anbietern muss zwangsläufig zu einer unsachgerechten Marktabgrenzung führen.

E. Problemfelder und Umsetzungshindernisse für eine sachgerechte Marktabgrenzung

Diese unsachgerechte Abgrenzung des relevanten Produktmarktes steht der Verwirklichung der mit dem Wettbewerbsrecht verfolgten Ziele entgegen und führt deshalb bei einer ökonomischen Betrachtung zu einer Hemmung der erstrebenswerten gesamtgesellschaftlichen Wohlfahrtsentwicklung.[876] Die Analyse der Marktabgrenzungspraxis im Bereich der Werbemärkte hat trotz des Rückgriffs auf das anerkannte Bedarfsmarktkonzept erhebliche Schwachstellen aufgezeigt. So fehlt es insbesondere in Hinblick auf den Bereich der Online-Werbung an einer tragfähigen Gesamtlösung für die Bewertung der intra- und intermedialen Wettbewerbsverhältnisse. Die Gründe hierfür sind vielschichtig. Zum einen lässt sich dies auf faktische Marktbegebenheiten wie die Konvergenzentwicklung und bestimmte Produktspezifika zurückführen. Zum anderen zeigen sich bei der Anwendung des Bedarfsmarktkonzeptes generelle methodisch-dogmatische Probleme, die einer sachgerechten Erfassung der realen Marktverhältnisse entgegenstehen. Diese beiden Bereiche greifen ineinander und lassen sich nur schwerlich voneinander trennen.

---

875 a.A. Steger WuW 2010, 282, 286.

876 Gegen eine Ausrichtung am Leitbild der Konsumentenwohlfahrt: Körber, WuW 2014, 250, 257.

I. Produktdifferenzierung und Bedarfsmarktkonzept

Werberaum als Produkt stellt keine in sich homogene Produktgruppe dar. Stattdessen besteht hinsichtlich der werberelevanten Eigenschaften eine Vielzahl von Kombinationsmöglichkeiten. Diese Unterschiede werden von den Werbetreibenden zur Verwirklichung ihrer Werbeziele genutzt. Der Prozess der Werbeplanung und Mediaselektion zeigt, dass die Wahl bestimmter Medien zur Erreichung individueller Werbeziele erfolgt. Auch in Situationen, in denen abstrakt ähnliche Werbeziele verfolgt werden, erfordern unterschiedliche Produkte mitunter eine voneinander abweichende Werbeplanung.

1. *Werberaum und Produktdifferenzierung*

Diese Vorgehensweise wird seitens der Anbieter von Werberaum mit einer weitgehenden Produktdifferenzierungsstrategie unterstützt. Die Produktdifferenzierung als Form der Unternehmensstrategie ist in unterschiedlichen Formen möglich und dient in erster Linie der Markterweiterung und Zielgruppenformung.[877] Für die Nachfrageseite kann auf diese Weise die Werbewirksamkeit erhöht werden, und für die Anbieter des Werberaums bietet die Besetzung von weiteren Produktvarianten eine Möglichkeit zur Erschließung neuer Finanzierungsfelder.

In der ökonomischen Theorie wird bei vielfältigen Produkten einer Gattung zwischen horizontal und vertikal differenzierten Gütern unterschieden. Während bei horizontal differenzierten Gütern unterschiedliche Nachfrager auch unterschiedliche Varianten des Gutes vorziehen, wird bei vertikal differenzierten Produkten von verschiedenen Nachfragern jeweils aufgrund einmaliger Eigenschaften die gleiche Produktvariante präferiert.[878]

Auch das Produkt Werberaum kann aufgrund der vielfältigen Eigenschaften als differenziertes Produkt beschrieben werden. Medienunternehmen greifen beim Vertrieb von Medien auf Produktdifferenzierungsstrategien zurück und schaffen aufgrund der interdependenten Abhängigkeit, beispielsweise hinsichtlich der Zielgruppe, in der Folge auch differenzierte Werbeprodukte.[879] Die Werbeträger werden von verschiedenen Nachfragern in einem unterschiedlichen Maße bevorzugt und sind aus diesem Grund als horizontal differenzierte Produkte zu klassifizieren. Wegen der unterschiedlichen Interessen fehlt es an dominierenden Faktoren, die auf eine vertikale Differenzierung hinweisen könnten. Aufgrund der Vielzahl von unterschiedlichen Faktoren, die bei der Werbe- bzw. Mediaplanung zu berücksichtigen sind, gleicht kein Werbeplatz einem anderen bis ins Detail. Diese Produktdifferenzierung erschwert aufgrund der Vielzahl der für die Austauschbarkeitsfrage relevanten

877 Kiefer/Steininger, S. 235f.; Vgl. zu den unterschiedlichen Differenzierungsansätzen: Kiefer/Steininger, S. 88.
878 Vgl. Schwalbe/Zimmer, S. 33, Fn. 65.
879 Kiefer/Steininger, S. 234f.

Eigenschaften sowohl die Marktabgrenzung als auch die wettbewerbsrechtliche Beurteilung insgesamt erheblich.[880]

2. *Wettbewerbliche Implikationen bei der Beurteilung differenzierter Produkte*

In einem solchen ausdifferenzierten Marktumfeld sind nicht alle relevanten Produkte miteinander im gleichen Maße austauschbar. Es muss stattdessen zwischen engen und weiten Substituten unterschieden werden, wobei die Grenzen zwischen diesen Bereichen fließend verlaufen.[881]

Dies hat für die sich aus der Marktabgrenzung ergebenden Marktanteile und für die wettbewerbliche Beurteilung des Zusammenschlusses erhebliche Folgen. In erster Linie hängen die wettbewerblichen Auswirkungen eines Zusammenschlusses in diesem Fall nicht nur von der Marktstärke der Unternehmen, sondern auch von dem Substitutionsgrad der von ihnen hergestellten Produkte ab.[882] Folglich verlieren Marktanteile, denen üblicherweise eine nicht zu unterschätzende präjudizielle Wirkung bei der wettbewerblichen Beurteilung von Zusammenschlüssen zukommt, erheblich an Aussagekraft.[883]

Eine große Gefahr für den Wettbewerb besteht bei Zusammenschlussvorhaben mit differenzierten Produkten und somit auch bei medienübergreifenden Zusammenschlussvorhaben insbesondere hinsichtlich des Preiswettbewerbs. Im Gegensatz zu eher homogenen Marktverhältnissen ist die Preissetzungsfreiheit von Unternehmen in diesem ausdifferenzierten Segment erhöht. Aufgrund des unvollständigen Substitutionsverhältnisses wechselt nur ein Teil der Abnehmer im Falle einer Preiserhöhung zu Alternativprodukten. Dies hat zur Folge, dass wegen der unterschiedlichen Substitutionsgrade nur ein geringer Teil der Nachfrage eingebüßt wird. Eine Erhöhung der Preise kann somit eher lukrativ erscheinen, da die zusätzlichen Gewinne leichter die Verluste überwiegen können.[884]

Auch die Marktabgrenzung hat aufgrund ihrer Festlegungsfunktion unmittelbare Auswirkungen auf die wettbewerbliche Beurteilung solcher Zusammenschlüsse. Um die Werbemärkte einer sachgerechten Fusionskontrolle zu unterwerfen, muss daher auch die Marktabgrenzung entsprechend modifiziert werden.

3. *Folgen für die Marktabgrenzung*

Mit der Marktabgrenzung treffen die hochdifferenzierten Produkte auf ein statisches und nur wenig flexibles methodisches Konzept. Zu Recht wird regelmäßig

880 Vgl. zum Problem der Ausdifferenzierung auch Kubala, S. 58f.
881 Schwalbe/Zimmer, S. 88.
882 Schwalbe/Zimmer, S. 88; Vgl. auch Beispiel bei Baker/Coscelli, E.C.L:R. 1999, 20(8), 412, 413.
883 Schwalbe/Zimmer, S. 178; Baker/Coscelli, E.C.L:R. 1999, 20(8), 412, 413.
884 Schwalbe/Zimmer, S. 234ff.; Vgl. auch oben 2. Teil C. III. 2.

kritisiert, dass die Marktabgrenzungspraxis Produkte einem Markt nur ganz oder gar nicht zuschreibt und keine abwägenden Aussagen und somit auch keinen Mittelweg zulässt.[885]

Um dennoch eine sachgerechte Beurteilung differenzierter Produktmärkte vorzunehmen, werden in der Literatur unterschiedliche Vorschläge diskutiert. Auf der Beurteilungsebene wird dabei unter anderem die verstärkte Einbeziehung zusätzlicher Informationsquellen wie Marketingstudien oder Verbraucherumfragen gefordert, um die Effekte des Zusammenschlusses und das Verhalten der Abnehmer besser beurteilen zu können.[886] In eine ähnliche Richtung zielt der Vorschlag, Marktanteile bei differenzierten Märken mit individuellen Faktoren zu gewichten und so eine passgenauere Beurteilung zu ermöglichen. Aufgrund der Gefahr beliebig herangezogener Werte wird dieser Ansatz zu Recht eher ablehnend betrachtet.[887]

Als ein möglicher Ansatzpunkt auf der Marktabgrenzungsebene wird die Bildung von Teilmärkten diskutiert.[888] Dies wird jedoch auf einer abstrakten dogmatischen Ebene als problematisch angesehen, da es durch die Bildung von Teilmärkten zu einer starken Vereinfachung der Wettbewerbsverhältnisse kommt, die die in der Realität herrschenden Wettbewerbskräfte nur ungenügend erfassen kann.[889]

Daneben muss zum anderen für den Werberaum festgehalten werden, dass die Bildung von Teilmärkten aufgrund der vielfältigen werberelevanten Eigenschaften nicht möglich oder zumindest mit Willkür verbunden wäre. Denkbar wäre beispielsweise eine auch in der Rechtsprechung weitverbreitete Orientierung an der Darstellungsform der jeweiligen Mediengattung. Es muss beachtet werden, dass die mit einem Medium typischerweise einhergehenden Darstellungs- und Wahrnehmungsmöglichkeiten keine abschließende Media- bzw. Streuplanung ermöglichen. Den medienimmanenten Eigenschaften, deren alleinige Berücksichtigung die Werbeplanung tatsächlich auf die bloße Wahl eines Mediums verkürzen würde, stehen medienübergreifende Merkmale wie beispielsweise die Zielgruppe entgegen. Letztere lässt sich anhand des Mediums nur grob und unzureichend bestimmen. Hierfür bedarf es vielmehr einer differenzierenden Betrachtung. So ist die Zielgruppe innerhalb eines Mediums keineswegs homogen und kann je nach Trägerangebot erheblich schwanken. Hierbei gilt es daher, auch intramedial deutliche Unterschiede zu berücksichtigen und feiner abgestimmte Untergliederungen zu wählen. Gleichzeitig überwindet das Merkmal der Zielgruppe allerdings auch die intermedialen Unterschiede bei der Darstellung und Wahrnehmung. Die Zielgruppe zwischen zwei Medien unterschiedlicher Gattungen kann ähnlicher sein als zwischen zwei Medien derselben Gattung.[890]

---

885 Zimmer, WuW 2013, 929, 933.

886 Baker/Coscelli, E.C.L:R. 1999, 20(8), 412, 415.

887 Zusammenfassend Schwalbe/Zimmer, S. 89 m.w.N.

888 Vgl. zu den Voraussetzungen auch MüKo/*Füller*, Band I, Einl. Teil D., Rn. 1061.

889 Vgl. Schwalbe/Zimmer, S. 89 m.w.N.

890 S. Beispiel bei Korff-Sage, S. 124, Fn. 1.

Ebenso wie das Bedarfsmarktkonzept ermöglicht auch der SSNIP-Test keine differenzierten Aussagen über den Grad der Austauschbarkeit und ist deshalb ebenfalls nicht zur Beurteilung von Marktverhältnissen bei differenzierten Gütern geeignet.[891]

Ein möglicher Ausweg aus der Abgrenzungsproblematik bei differenzierten Produkten kann dabei letztlich im Verzicht auf die Marktabgrenzung in ihrer bekannten Form liegen.[892] Sowohl das europäische als auch das deutsche Recht ermöglichen nach der 8. GWB-Novelle vom Wortlaut her eine solche Vorgehensweise. Statt der indirekten Erfassung von Marktmacht in dem bekannten zweistufigen Verfahren, können die Auswirkungen eines Zusammenschlusses auch direkt gemessen werden.[893] Hierin kann insbesondere für die hochdifferenzierte Werbebranche eine geeignete Vorgehensweise liegen. Die Marktabgrenzung stellt kein unumstößliches und zwingendes Dogma dar. Das Ziel einer sachgerechten und effizienten Kontrolle kann auch durch eine stärkere Berücksichtigung der Wettbewerbskräfte allein auf der Beurteilungsebene erreicht werden.

Insgesamt lässt sich daher festhalten, dass die Folgen für die Marktabgrenzungspraxis schwerwiegend sind. Werberaum stellt aus der Sicht der für die Austauschbarkeitsfrage relevanten Werbetreibenden ein vielschichtiges und hochdifferenziertes Produkt dar. Die Entscheidung für einen bestimmten Werberaum ist von einer Vielzahl von Faktoren und nicht bloß von einem einzelnen Merkmal abhängig. Ebenso wie dies bei der Entscheidung für die Belegung eines Werberaums der Fall ist, muss folglich auch die Frage der Austauschbarkeit unter Einbeziehung aller relevanten Faktoren erfolgen. Eine Verkürzung auf einige ausgewählte Merkmale führt zu verfälschten Ergebnissen und verfehlt das Ziel einer wettbewerbskonformen Kontrolle. Dies hat für die Marktabgrenzungspraxis zur Folge, dass entweder methodische Konzepte für eine umfassende Entscheidung notwendig werden oder auf die Marktabgrenzung verzichtet werden sollte.

II. Heterogenität der Werbeziele auf Nachfrageseite

Produktdifferenzierung stellt nicht nur für die Anbieter von Werberaum, sondern auch für alle anderen Produktbereiche eine gängige Unternehmensstrategie dar. Dies führt auch bei den Produkten, die beworben werden sollen, zu einer Vielzahl individueller und spezieller Produktvarianten. Diese werden oftmals für bestimmte Zielgruppen entworfen und sprechen nur in wenigen Fällen die Gesamtbevölkerung an. Für eine gezielte Vermarktung ist mithin eine zielgruppengerechte Werbeansprache notwendig. Je nach Unternehmensphilosophie und Marketingstrategie unterscheiden sich zudem die Ziele, die mit einer Werbekampagne verfolgt werden von Fall zu Fall.[894]

891 Zimmer, WuW 2013, 928, 933.

892 So auch Schwalbe/Zimmer, S. 89; Zimmer, WuW 2013, 928, 933.

893 Vgl. zum UPP-Verfahren im Speziellen unten 4. Teil C. II.

894 Vgl. zur Zielsetzung oben 3. Teil B. I. 2.

Die Zielgruppe und das Werbeziel haben als Leitmotive einen entscheidenden Einfluss auf die Werbeplanung. Je nach Produkt und Ziel der Werbekampagne haben die verschiedenen werberelevanten Eigenschaften eine unterschiedliche starke Bedeutung. Dies wirkt sich unmittelbar auf den gewählten Werbeträger aus. Die Steigerung der Markenbekanntheit lässt sich wirksam auf emotionaler Ebene wie beispielsweise im Fernsehen transportieren, während konkrete Angebotswerbung informativ gestaltet wird und eher im Printbereich verbreitet ist.

Im Ergebnis stellt die Mediaplanung eine höchst individuelle Entscheidung der Werbetreibenden dar. Da die Mediaplanung jedoch auch den Ausgangspunkt für die Bewertung der Austauschbarkeit von Werbeträgern bildet, wirkt sich dies ebenfalls auf die Marktabgrenzungspraxis aus. Nach dem Bedarfsmarktkonzept muss für die Annahme eines gemeinsamen Marktes die Austauschbarkeit aus Sicht der Abnehmer vorliegen.

Die Austauschbarkeit muss somit konkret aus der Perspektive der werbetreibenden Wirtschaft bestimmt werden. Für die Annahme eines einheitlichen Marktes ist dabei keineswegs die vollständige Übereinstimmung der relevanten Kreise erforderlich, sondern lediglich die überwiegende Ansicht. Bedingung für die Tragbarkeit der Ergebnisse ist die Homogenität der Interessenlagen. Im Fall der Werbung sind jedoch nicht nur das beworbene Produkt, sondern auch die verfolgten Ziele und wirtschaftlichen Möglichkeiten der Marktteilnehmer unterschiedlich. Aufgrund der immanenten Subjektivität der Werbeplanungsentscheidung lässt sich keine durchschnittliche und verallgemeinerbare Position finden, aus deren Sicht die Bewertung der Austauschbarkeit zweier Werberäume erfolgen kann. Die Interessenlagen der in Betracht kommenden Abnehmer des Werberaums gehen in diesem konkreten Fall aufgrund der vielen Parameter weit auseinander. Ebenso wenig wie den durchschnittlichen Werberaum gibt es in dieser Form den durchschnittlichen Abnehmer. In der Folge ist die Bestimmung einer sachgerechten Beurteilungsperspektive nicht möglich, und das Bedarfsmarktkonzept stößt auch hier an seine methodischen Grenzen.

Im Rahmen des Bedarfsmarktkonzeptes muss, anders als in der gegenwärtigen Entscheidungspraxis, auf solche divergierenden Interessenlagen mit der Bildung unterschiedlicher Abnehmergruppen reagiert werden. Sofern unterschiedliche Ausgangspositionen gewählt werden, zieht dies zwingend eine differenzierte Marktstruktur nach sich. Die gegenwärtige Praxis kommt diesem Umstand trotz der stark divergierenden Interessenlage nicht nach. Dadurch werden letztlich unsachgerechte und methodisch nicht haltbare Ergebnisse erzielt.

III. Werbewirkung als Substitutionsmaßstab

Eng mit der Problematik der differenzierten Produkteigenschaften verknüpft ist die Frage nach einem einheitlichen Bewertungsmaßstab für die Beurteilung der Austauschbarkeit. In der Entscheidungspraxis werden unterschiedliche Eigenschaften hervorgehoben und auf Basis von bestehenden Produktunterschieden Marktdifferenzierungen vorgenommen. Der jeweilige Einfluss einzelner Umstände auf die

Auswahlentscheidung ist jedoch ungeklärt. Die werberelevanten Eigenschaften und Umstände erweisen sich je nach Werbeziel und Interessenlage als vor- oder nachteilig. Ob zwei Werberäume im Einzelfall austauschbar sind, kann nur dann festgestellt werden, wenn neben der Gesamtbetrachtung der Eigenschaften eine Gewichtung je nach Bedeutung für die Auswahlentscheidung vorgenommen wird. Aus diesem Grund ist es von großer Bedeutung, einen einheitlichen Bewertungsmaßstab zugrunde zu legen.

Ein solcher Maßstab könnte die zu erwartende Werbewirkung sein. In der Theorie bildet sie einen Gesamtwert aller werberelevanten Eigenschaften und Umstände. Auf dieser Basis lassen sich zwei Werbemöglichkeiten unmittelbar gegenüberstellen und sich so die Frage nach der Austauschbarkeit beantworten. Die Entscheidung für die Auswahl eines Werberaums erfolgt im Ergebnis auf Basis dieser Werbewirkung. Mithin könnte die Werbewirkung einen einheitlichen Bewertungsmaßstab bilden, in dem die jeweiligen Vor- und Nachteile eines Werberaums gegenübergestellt, handhabbar und gewichtet werden.

Dagegen spricht, dass die Bestimmung der Werbewirkung einer Maßnahme bis heute zu den größten Problemen des Werbecontrollings zählt. So ist in weiten Teilen unklar, welche Faktoren welchen Beitrag zu der Gesamtwerbewirkung leisten. Darüber hinaus lässt sich das Konsumentenverhalten nur mittelbar beeinflussen und die Werbewirkung letztlich nicht steuern. Es ist daher nicht möglich, einen objektivierten Wert zu ermitteln, der die für die Marktabgrenzung erforderliche Gegenüberstellung möglich machen würde.

Darüber hinaus ist die Werbewirkung auch vom verfolgten Werbeziel abhängig. Ein unmittelbarer Vergleich ist nur bei gleichen, wenn nicht sogar nur bei identischen Werbezielen möglich. Da sich die Interessen und Ziele aufgrund der heterogenen Zusammensetzung der Nachfrageseite erheblich unterscheiden, kann die Gegenüberstellung nur für einzelne Nachfrager erfolgen. Zur Begründung eines Marktes muss die Austauschbarkeit allerdings für den überwiegenden Teil der Nachfrager bestehen. Dies führt dazu, dass eine Vielzahl von Einzelbetrachtungen erfolgen muss, was einer praktischen Umsetzung im Wege steht. Im Ergebnis fehlt es somit an einem praktisch handhabbaren Maßstab zur Bewertung der Austauschbarkeit. Dies hat unter methodischen Gesichtspunkten unsachgerechte Ergebnisse zur Folge.

Wie sich in der Entscheidungspraxis zeigt, werden je nach Einzelfall mitunter willkürlich bestimmte Eigenschaften ohne empirische Grundlage in den Vordergrund gerückt und andere vernachlässigt. Eine Systematik ist dabei nur schwerlich zu erkennen. Ohne festen Maßstab ist das Bedarfsmarktkonzept anfällig für unbelegte Wertungen und kann damit die objektiven Wettbewerbsverhältnisse nicht widerspiegeln.

IV. Zwischenfazit

Die Analyse hat gezeigt, dass in der Entscheidungspraxis insbesondere im intermedialen Verhältnis vornehmlich die Unterschiede bei den werberelevanten Eigenschaften in den Vordergrund gerückt werden. Im Gegensatz dazu werden im intramedialen Wettbewerbsverhältnis bestehende Unterschiede übergangen und die jeweiligen Mediengattungen homogenisiert. Diese Vorgehensweise führt zu einer verhältnismäßig oberflächlichen Aufteilung der Märkte nach Mediengattungen mit nur wenigen intramedialen Verzweigungen (eine Ausnahme bildet lediglich der Bereich der Zeitschriftenwerbung). Auf Basis des Bedarfsmarktkonzeptes zeigt sich, dass diese klare Differenzierung aufgrund faktischer und methodischer Umsetzungshindernisse schon für die klassischen Medien kaum haltbar ist. Durch die hybride Stellung des Internets verschwimmen die hergebrachten Gattungsgrenzen zunehmend Die Einbeziehung der Internetwerbung in die Marktsystematik verschärft diesen Konflikt zusätzlich und wirft zudem die Frage nach der Abgrenzung der Internet-Werbemärkte auf.

Die intramediale Marktdifferenzierung erweist sich vor dem Hintergrund der voranschreitenden Produktdifferenzierung folglich insgesamt als zu eng. In diesem Bereich wäre bereits auf Basis der werberelevanten Eigenschaften insbesondere im Fernsehbereich, aber auch bei der Internetwerbung eine weitergehende Differenzierung notwendig. Daneben führt die Konvergenzentwicklung zu einem gegenläufigen Prozess. Aufgrund der fortlaufenden Annäherung der Mediengattungen hinsichtlich der Darstellungsform, Wahrnehmung und Nutzungssituation, muss diskutiert werden, ob dies im Ergebnis die Annahme eines medienübergreifenden Gesamtwerbemarktes rechtfertigen kann. Die Prozesse der Produktdifferenzierung und Konvergenz stehen damit augenscheinlich im Widerspruch zueinander. Während es auf der einen Seite zu einer weiten Verzweigung kommt, führt die Konvergenz auf der Ebene der Werbeträger zu einem Annäherungsprozess.

Im Rahmen einer sachgerechten Marktabgrenzung müssen jedoch beide Entwicklungen berücksichtigt werden. Aus rechtswissenschaftlicher Sicht sollte die methodisch-dogmatische Begründbarkeit der Ergebnisse im Vordergrund stehen. So geht mit einer nachvollziehbaren und objektivierten Methode die Vorhersehbarkeit der Ergebnisse und damit folglich Rechtssicherheit einher. Überlegungen wie die leichte Umsetzbarkeit der Methodik und des für den Erkenntnisprozess erforderlichen Aufwands können zwar in der Praxis von Bedeutung sein, dürfen aber unter dem Blickwinkel einer methodisch-wissenschaftlichen Analyse der Abgrenzungspraxis keine Rolle spielen.

Auf Basis der bisherigen Analyse muss die Tauglichkeit des Bedarfsmarktkonzepts zur Bestimmung der relevanten Werbemärkte bezweifelt werden.[895] Es ist fraglich, ob die aufgezeigten Umsetzungshindernisse im Rahmen des Bedarfsmarktkonzeptes überwunden werden können, welche alternativen Marktabgrenzungsverfahren zu einer Lösung beitragen können oder ob stattdessen der gänzliche Verzicht auf eine vorgelagerte Marktabgrenzung ein gangbarer Weg zur Beurteilung der Wettbewerbsverhältnisse sein kann.

895 Ebenso Rodenhausen, S. 226f.

4. Teil: Marktabgrenzung – Quo vadis?

Die Marktabgrenzung bildet den klassischen Ausgangspunkt zur fusionsrechtlichen Beurteilung von Zusammenschlussvorhaben. Sie dient in erster Linie der Bestimmung der Grenzen eines Verfahrens und hat hierdurch eine richtungsweisende Funktion.[896] Bei der Beurteilung der Wettbewerbssituation im Bereich der Werbemärkte hat sich gezeigt, dass die gegenwärtige Entscheidungspraxis Schwachstellen beim Umgang mit faktischen und methodischen Umsetzungshindernissen aufweist.[897] Dies führt in der Folge zu unsachgerechten Ergebnissen. Neben einem nachvollziehbaren Ansatz zur intramedialen Ausdifferenzierung der Internet-Werbemärkte, fehlt es auch an einem passenden Konzept zur intermedialen Einordnung der Online-Werbung. Für medienübergreifende Zusammenschlussvorhaben, die vor allem der Erschließung neuer Geschäftsfelder im Online-Bereich dienen, bedeutet dies eine erhebliche Rechtsunsicherheit.

Die Analyse der klassischen Argumentationsmuster bei der Abgrenzung der sachlich relevanten Märkte zeigt, dass zur Erfassung des konvergenzbedingten Wandels andere Schwerpunkte gesetzt werden müssen und eine alternative Vorgehensweise zur Abgrenzung der Online-Werbemärkte notwendig ist.[898] Zur Begründung einer neuen Marktaufteilung wird jedoch zunächst am methodischen Konzept der Marktabgrenzung festgehalten. Es stellt sich die Frage, ob die wertende Einbeziehung aller werberelevanten Eigenschaften im Rahmen des Bedarfsmarktkonzeptes möglich ist oder aufgrund der Konvergenzentwicklung nicht mittelfristig von einem einheitlichen Werbemarkt ausgegangen werden muss.[899]

Die fusionsrechtliche Bewertung medienübergreifender Zusammenschlussvorhaben ist aber nicht zwingend an die Konzeption eines im Vorfeld der Analyse abgegrenzten Marktes gebunden. Aufgrund der aufgezeigten Umsetzungshindernisse werden in verstärktem Maße auch marktabgrenzungsfreie Beurteilungsmethoden gefordert, welche eine sachgerechte und effiziente Bewertung der betreffenden Zusammenschlüsse ermöglichen sollen.[900] Alle diese denkbaren Vorgehensweisen werden im Folgenden auf ihre Tauglichkeit zur sachgerechten und methodisch fundierten Erfassung der Markt- und Wettbewerbsverhältnisse überprüft.

896 S. oben 2. Teil D. I.
897 S. oben 3. Teil E.
898 Rodenhausen, S. 226f.
899 Ein theoretisches Konzept zur Verwirklichung des Bedarfsmarktkonzeptes entwickelt Theilmann, S. 285ff.
900 Esser, NZKart 2013, 135, 142; Esser/Höft, NZKart 2013, 447, 452f.; Zimmer, WuW 2013, 928, 933f.; Johnson, WuW 2013, 1177, 1178.

A. Die Notwendigkeit einer Marktabgrenzung als Ausgangspunkt

Im Rahmen einer marktabgrenzungsbezogenen Folgenbewältigung wird zunächst der Versuch einer Neuordnung der Marktstruktur im Werbebereich unter Einbeziehung der Internet-Werbemärkte unternommen. Unter Beachtung der aufgezeigten Problemfelder und Umsetzungshindernisse werden ergänzend Überlegungen zur Angebotsumstellungsflexibilität herangezogen. Daneben wird eine alternative Marktabgrenzung auf Basis des ebenfalls angebotsbezogenen Konzepts der Wirtschaftspläne vorgenommen.

I. Abgrenzung nach dem Bedarfsmarktkonzept

Die Abgrenzung des sachlich relevanten Marktes auf Basis des Bedarfsmarktkonzeptes erfolgt aufgrund der Austauschbarkeit zweier Produkte oder Angebote aus Sicht der Nachfrager. Aus diesem Grund sind auch bei der Neuordnung der Marktverhältnisse in erster Linie die entscheidungsrelevanten Kriterien und Eigenschaften, die die Auswahlentscheidung beeinflussen, von hervorgehobener Bedeutung. Eine Kontroverse zwischen formalen und inhaltlichen Aspekten der Abgrenzungsentscheidung besteht im Bereich der Werbemärkte, anders als bei den Lesermärkten, nicht.[901]

1. Nachfragebezogene Abgrenzung anhand der Produkteigenschaften

Die Analyse der Entscheidungspraxis hat gezeigt, dass im Rahmen der Marktabgrenzung auf unterschiedliche Produkteigenschaften zurückgegriffen wird. Sowohl der Beurteilungsmaßstab als auch die Bedeutung einzelner Faktoren für die Auswahlentscheidung wechseln von Entscheidung zu Entscheidung. Die Kriterien werden keinesfalls einheitlich und im gleichen Maße zur Bewertung herangezogen. Die daraus entstehenden Ergebnisse erscheinen aus diesem Grund nicht zwingend und somit in letzter Konsequenz variabel und willkürlich. Je nach Gewichtung und Schwerpunktsetzung lassen sich auf argumentativer Basis bestimmte Marktkonstellationen nahezu nach Wunsch erzielen.

Die Bewertung der Austauschbarkeit zweier Werberäume kann richtigerweise nur unter Zugrundelegung der im Rahmen der Werbeplanung verwandten Kriterien erfolgen. Für sachgerechte Ergebnisse ist ein umfassender und einheitlicher Maßstab notwendig. Ein solches Gesamtkonzept ist das Ergebnis einer Vielzahl von eigenschaftsbezogenen Einzelentscheidungen. Diese Teilergebnisse stellen keine eigenständigen Märkte dar. Stattdessen können sie als marktkonstituierende Kriterien genutzt werden, um ein gesamtheitliches Abgrenzungskonzept zu entwickeln.

901 Vgl. dazu Bechtold, in: FS Möschel, 97, 107f.

a) Abgrenzung anhand der Darstellungsform

Am häufigsten wird in der Praxis das Kriterium der Darstellungsform angeführt. Dieses Kriterium ist als Abgrenzungsmaßstab aufgrund der Möglichkeit der wahrnehmbaren Unterschiede das am leichtesten greifbare Kriterium zur Bestimmung des sachlich relevanten Marktes.

Als Leitlinie für das marktkonstituierende Kriterium kann zunächst auf die individuellen Eigenschaften der klassischen Medien zurückgegriffen werden. Die Printmedien stehen stellvertretend für die Werbung mit unbewegten Bildern und Texten, der Hörfunk für die ausschließlich auditive Werbung und das Fernsehen für die Werbung mit bewegten Bildern. Innerhalb der Printmedien können die Zeitschriften aufgrund der verbreiteten Möglichkeit der farblichen Gestaltung gegenüber Zeitungen eine Sonderrolle einnehmen. Es muss jedoch beachtet werden, dass eine farbliche Gestaltung technisch auch bei Zeitungen möglich ist und vermehrt zum Einsatz kommt. So ist eine Unterscheidung allein aufgrund der Darstellungsform wohl nicht zwingend.

Zwischen diesen Bereichen und den klassischen Medien bestehen unter diesem Gesichtspunkt nahezu keine Überschneidungen. Lediglich mit dem Fernsehen wäre es möglich, unbewegte Text-Bild-Elemente oder ausschließlich auditive Werbemittel umzusetzen. Dies entspricht aber keinesfalls der gängigen Praxis und kann daher weitestgehend vernachlässigt werden. Unter Zugrundelegung der Darstellungsform bestehen somit drei wesentliche marktkonstituierende Bereiche.

Zu Wechselwirkungen zwischen diesen Bereichen kommt es erst durch die Einbeziehung des Internets. Dieses kann als hybrides Medium alle drei Darstellungsbereiche erfassen. Es ist sowohl möglich, Werbebanner mit Text-Bild-Elementen als auch Spots im Online-Radio sowie Video-Werbung bei VoD-Angeboten oder auf Webseiten zu schalten. Eine gewisse Zwischenposition zwischen Bild-Text- und Video-Werbung nehmen animierte Werbebanner ein, die beispielsweise wechselnde Bilder anzeigen oder mit Effekten versehen sind. Insgesamt betrachtet führt das Internet jedoch zu keiner neuen und eigenständigen Darstellungsform, da es lediglich die bekannten Möglichkeiten integriert. Auch unter Einbeziehung des Internets bestehen die drei Darstellungsbereiche somit fort. Die Übergänge zwischen den Bereichen sind im multimedialen Internet fließend.

Dem Bereich für Text-Bild-Werbung kann sowohl der Print-Bereich als auch der Bereich der unbewegten Online-Display-Werbung zugeordnet werden. Zum Bereich für auditive Werbung kann die Hörfunk- und Online-Radiowerbung gezählt werden. Der Bereich für audiovisuelle Bewegtbild-Werbung umfasst das Fernsehen und die Online-Video-Werbung.

Da die Darstellungsform in der Praxis das am häufigsten herangezogene Merkmal darstellt, entspricht die hier vorgeschlagene Abgrenzung in weiten Teilen der gegenwärtigen deutschen Entscheidungspraxis. Wobei die ausschließliche Fixierung auf die Darstellungsform die Zuordnung des Internets zum jeweils relevanten Markt ermöglicht. In der Praxis wird sich hingegen auf die Annahme eines Substitutionswettbewerbs zwischen den klassischen Bereichen und der Internetwerbung beschränkt. Bereits die Untersuchung eines einzelnen Merkmals zeigt jedoch, dass Zuordnungsprobleme bei Zwischenformen entstehen können.

b) Abgrenzung anhand der Zielgruppe

Ein weiteres marktkonstituierendes Kriterium ist die Zielgruppe, die mit einer Werbemaßnahme erreicht werden kann. In der Entscheidungspraxis wird dieses Kriterium insbesondere bei der Untergliederung der Printmedien herangezogen[902], wohingegen sich eine entsprechende Anwendung im TV-Bereich bis heute nicht durchgesetzt hat.[903] Die Zielgruppe lässt sich vornehmlich durch sozio-ökonomische und räumliche Kriterien bestimmen. Je nach inhaltlicher redaktioneller und räumlich regionaler Ausrichtung eines Mediums werden bestimmte Rezipienten durch das Angebot angesprochen und bilden durch die interdependente Verknüpfung auch die durch Werbemaßnahmen erreichbare Zielgruppe.[904] Mit einer verfehlten Zielgruppenplanung, beispielsweise durch persönlich und räumlich unspezifische Werbeplätze, gehen erhebliche Streuverluste einher. Aus Unternehmenssicht ist die Zielgruppenwahl und damit die Vermeidung von Streuverlusten aufgrund von Kosten-Nutzen-Überlegungen entscheidungsleitend für die Wahl eines Werbeträgers.

Unter diesem Gesichtspunkt stellen die Printmedien eine stark ausdifferenzierte Mediengattung dar. Intramedial lässt sich der Zeitungsmarkt vor allem nach geografischen Gesichtspunkten des Verteilungsgebiets untergliedern. Dort stehen auf der einen Seite die überregionalen Tages- und Wochenzeitungen und auf der anderen Seite die lokalen Tageszeitungen und Anzeigenblätter. Inhaltliche Kriterien treten eher in den Hintergrund, können jedoch insbesondere bei den bundesweiten Zeitungen im Rahmen der politischen Ausrichtung der Zeitungsredaktionen von Bedeutung sein. Bei den Zeitschriften spielt die inhaltlich-thematische Ausrichtung und somit die sozio-ökonomische Zusammensetzung der Zielgruppe hingegen eine größere Rolle. Die Bandbreite schwankt dort zwischen speziellen Fachzeitschriften zu allen erdenklichen Themengebieten und allgemeineren Publikumszeitschriften. Aufgrund der vornehmlich bundesweiten Verbreitungsweise sind räumliche Kriterien bei Zeitschriften von geringer Bedeutung.

Der Hörfunk stellt in seinem werberelevanten Bereich in erster Linie ein regionales und in Teilen auch lokales Werbemedium dar. Eine Zielgruppensteuerung nach sozio-ökonomischen Kriterien ist durch die inhaltliche Ausrichtung der Programme nur nach groben Kriterien wie beispielsweise Altersstrukturen möglich. Eine genauere interessengeleitete Zielgruppensteuerung ist theoretisch denkbar, aufgrund der beiläufigen Nutzungssituation des Radios praktisch jedoch nur begrenzt umsetzbar.

Beim Fernsehen kann hinsichtlich der Zielgruppe in einem ersten Schritt zwischen allgemeineren Vollprogrammen und speziellen Spartenprogrammen unterschieden

902 Vgl. oben 3. Teil C. I. 1.

903 Zuletzt: Kommission, Entsch. v. 9.9.2014, COMP/M. 7288 – Viacom/Channel 5, Rn. 39.

904 Sennewald, S. 74.

werden. Darüber hinaus kann eine kontextbezogene Zielgruppenansprache durch die Werbebelegung im Umfeld bestimmter Sendungen erreicht werden. So ermöglicht das Fernsehen eine nach sozio-ökonomisch Gesichtspunkten planbare Werbeansprache. Räumliche Gesichtspunkte treten beim Fernsehen gegenwärtig noch in den Hintergrund. Aufgrund der werbefreien öffentlich-rechtlichen Regionalprogramme, ist dies lediglich in den Privatsendern denkbar. Eine Regionalisierung der Werbung nach Nielsengebieten ist bei den bundesweiten Privatsendern nach dem aktuellen Stand der Rechtsprechung zwar möglich, bisher jedoch noch nicht umgesetzt worden. Hier gilt es, die zukünftige Entwicklung abzuwarten.

Anders als bei den klassischen Medien erfordert das Internet nicht zwingend eine kontextbezogene Einbindung der Werbung, um Zielgruppen effektiv anzusprechen. Durch die zunehmende Verbreitung des Targetings ist eine sehr spezifische Zielansprache unabhängig vom jeweiligen Trägerangebot möglich. Nach inhaltlichen und geografischen Gesichtspunkten kann die Werbung passend zugeschnitten werden. Durch die zusätzliche Auswertung des Nutzungsverhaltens kann die Werbung im Internet noch spezieller auf konkrete Bedürfnisse zugeschnitten werden. Die Anpassungsmöglichkeiten gehen so weit, dass nur schwerlich von Massen- und stattdessen eher von reichweitenstarker Individualkommunikation gesprochen werden muss. Daneben kann mithilfe des Internets aber auch unspezifisch geworben werden, sodass das Internet auch in Hinblick auf die Zielgruppe die Modalitäten der klassischen Mediengattungen zusammenführt.

Die Abstufungen bei der Möglichkeit der Zielgruppenansprache sind fließend und vor allem durch die universelle Einsetzbarkeit des Internets erschwert. Bezogen auf die hier zugrunde gelegten Merkmale wird in der Literatur unter anderem vertreten, eine Dreiteilung vorzunehmen. So soll neben einem Markt für unspezifische lokale Werbung, ein Markt für allgemeine Werbung und ein Markt für Spezialwerbung, der womöglich in einen Teilmarkt für Fachwerbung und einen Teilmarkt für Special-Interest-Werbung aufzuteilen ist, bestehen.[905]

Eine solche Untergliederung ist aufgrund der Faktenlage nachvollziehbar, verkennt aber die fließenden Übergänge und Abstufungen zwischen den Möglichkeiten der Zielgruppenansprache. Kritisch ist anzumerken, dass vor allem Teile der Fernsehwerbung eine deutlich spezifischere Steuerung zulassen. Daneben haben sich die Steuerungsmöglichkeiten des Internets fortentwickelt und lassen sich nicht auf die kontextbezogene Platzierung von Werbung reduzieren. Das Internet stellt in seiner heutigen Form als erster Werbeträger kein angebotsabhängiges Werbemedium mehr dar und ist in der Folge universeller einsetzbar.

Unter Berücksichtigung der aufgezeigten Besonderheiten lässt sich das Modell jedoch anpassen. Die einzelnen Bereiche überschneiden sich in Teilen, sodass eine konkrete Grenzziehung im Einzelfall Probleme bereiten kann. Dennoch ist unter dem Gesichtspunkt der Zielgruppe von folgenden Bereichen auszugehen:

905 Vgl. mit Abbildung: Sennewald, S. 74f, 126f.

Zunächst besteht ein Bereich für unspezifische regionale Werbung. Diesem Bereich sind in erster Linie die lokalen Tageszeitungen und Anzeigenblätter zuzuordnen. Daneben kann auch das Internet entsprechende Werbeflächen zur Verfügung stellen. Regionale Fernsehsender sind wie im Fall der öffentlich-rechtlichen Lokalprogramme gem. § 16 Abs. 2 RStV nicht werbefinanziert oder im Falle privater Lokalsender wirtschaftlich und wettbewerbsmäßig im Wesentlichen zu vernachlässigen.[906] Das Regionalisierungsbestreben der großen Fernsehanstalten ist zwar als zulässig erachtet, bisher aber noch nicht umgesetzt worden. Im Ergebnis verbessert sich hierdurch die regionale Steuerbarkeit von Fernsehwerbung erheblich, sodass es bei der marktbezogenen Einordnung zukünftig zu Verschiebungen kommen kann.[907]

Ebenso stellt das Radio ein eher lokales bzw. regionales Medium dar. Über die unterschiedlichen Sender ist nur eine sehr grobe Spezifizierung der Rezipienten (im Regelfall wohl nach Altersstrukturen) möglich, sodass auch die Radiowerbung als relativ unspezifisch zu bewerten ist.

Dieser Bereich für lokale Werbung umschreibt keineswegs einen einzelnen marktähnlichen Bereich, sondern muss von Region zu Region unterschieden werden. Er steht damit nur stellvertretend für eine Vielzahl von unterschiedlichen regionalen Märkten.

In dem benachbarten marktähnlichen Bereich für spezifische lokale Werbung stellt das Internet den einzigen Akteur dar. Nur mittels des Internets lässt sich gegenwärtig und wettbewerbsrelevant sowohl lokal zugeschnittene als auch nach sozio-ökonomischen Kriterien spezifische Werbung effektiv vermarkten.

Neben diesen eher regional geprägten Bereichen lassen sich die bundesweit ausgerichteten Medien ansteigend nach der Spezifität der angesprochenen Zielgruppe zu Marktbereichen zusammenfassen. Es besteht demnach ein Bereich für unspezifische bundesweite Werbung, der in erster Linie die bundesweiten Tages- und Wochenzeitungen umfasst. Wie in allen Bereichen kann theoretisch auch im Internet bundesweit und unspezifisch geworben werden, obwohl dies die unwirksamste Nutzungsform darstellt. Ebenfalls zu diesem Bereich müssen Programmanteile der Vollprogramme gezählt werden, die eine breite Zielgruppe ansprechen und auf diese Weise lediglich unspezifische Werbung ermöglichen.

Daneben besteht ein Marktbereich für spezifische bundesweite Werbung, der sowohl die Publikumszeitschriften als auch die Spartenkanäle sowie spezifische Programmangebote der Vollprogramme erfasst. In diesem Marktbereich kann ebenfalls auf das Internet als Werbeträger zurückgegriffen werden.

Als letztes kommt ein Marktbereich für bundesweite Spezialwerbung, der insbesondere durch die Fach- und Special-Interest-Zeitschriften sowie das Internet bedient werden kann, in Betracht. In diesem Marktbereich bestehen aufgrund der hohen Spezialisierung für die jeweiligen Themenbereiche weitere Untergliederungen in

906 Vgl. Übersicht bei Wirtz, S. 396.
907 S. oben 3. Teil B. III. 4.

Form spezieller Fachmärkte, die aufgrund der spezifischen Zielgruppe jeweils nicht miteinander austauschbar sind.

Aufgrund der Vielgestaltigkeit der Werbeträger ist die Einordnung in einen der vier Bereiche von einer gewissen Ungenauigkeit geprägt. Insbesondere in den Randbereichen kommt es zu Überschneidungen, die sich nur schwerlich abstrakt fassen lassen. Darüber hinaus besteht innerhalb der eingeordneten Mediengattungen eine Vielzahl weiterer Märkte. Als Beispiel hierfür können die Fachzeitschriften herangezogen werden, die sich aufgrund der spezifischen Zielgruppen im konkreten Fall in eine Vielzahl von Bereichen zerlegen. Um überhaupt eine Orientierung zu ermöglichen, erfolgt die vorgenommene Typisierung auf einer abstrakten Ebene. Für eine darauf aufbauende Marktabgrenzung muss im Einzelfall hingegen konkret die Spezifität der Zielgruppe ermittelt und verglichen werden.

Die hier vorgenommene Unterteilung in marktkonstituierende Bereiche verdeutlicht die Schwierigkeiten, die in der Praxis der Marktabgrenzung auftreten. Konkrete Zuordnungen sind auf Basis des Bedarfsmarktkonzeptes nur mit Einschränkungen oder Kompromissen möglich. Eine Berücksichtigung aller Aspekte ist schon bei der Betrachtung eines einzelnen Merkmals kaum möglich.

Dennoch zeigen die Untergliederung nach der Zielgruppe und die Unterteilung nach der Darstellungsform, dass vor dem Hintergrund des Medienwandels und der werbewirtschaftlichen Nutzung des Internets eine strikte Trennung nach Mediengattungen nur schwerlich möglich ist. Entgegen der gängigen Entscheidungspraxis erscheinen stattdessen medienübergreifende Märkte als sachgerechter Ansatz für die Zukunft.

c) Abgrenzung anhand von Kontaktkriterien

Neben der Darstellungsform und der Zielgruppe sind weitere kontaktbezogene Kriterien für die Wirksamkeit der Werbung entscheidend. Von Bedeutung sind zum einen qualitative und zum anderen quantitative Aspekte.

aa) Quantitative Kriterien

Die Quantität der Werbekontakte umschreibt in erster Linie die Reichweite der Medien und somit die zahlenmäßige Verbreitung der Werbebotschaft. Zwischen den verschiedenen Medien bestehen erhebliche Unterschiede hinsichtlich der Reichweite. Große Reichweiten lassen sich vor allem durch das bundesweite Fernsehen, aber auch mit ausgewählten bundesweiten Printmedien erzielen.[908] Denkbar ist insoweit die Annahme unterschiedlicher marktähnlicher Bereiche nach bestimmten Reichweitenspannen.

---

908 Vgl. zu der Reichweite des Fernsehens: Peters/Niederauer-Kopf/Eckert, MP 2012, 72, 72f.; zu der Reichweitenentwicklung bei Tageszeitungen: ZAW, Werbung in Deutschland 2013, S. 286ff.

Das Setzen von konzeptionellen Grenzen wäre hierbei jedoch willkürlich. Ebenso wenig lässt sich eine Differenzierung nach Mediengattungen vornehmen, da, wie das Beispiel der Zeitungen zeigt, auch hier erhebliche Unterschiede zwischen bundesweiten und regionalen Blättern bestehen können. Im Rahmen der Werbeplanung geht das Merkmal der Reichweite mit der Erreichbarkeit der Zielgruppe einher. Isoliert betrachtet führt eine große Reichweite nicht zwingend zu den gewünschten Werbeerfolgen. Aus diesem Grund handelt es sich um ein sehr subjektives und schwerlich für die Abgrenzung nutzbares Kriterium, das nicht abstrakt und isoliert genutzt werden kann. Erst in der Kombination mit anderen Merkmalen wie der Zielgruppe entwickelt sich eine Bedeutung für die Wahl des Werbeträgers und somit die Austauschbarkeit und Marktabgrenzung.

Ebenfalls zu den quantitativen Aspekten gezählt werden kann die Kontakthäufigkeit eines Mediums. In diesem Zusammenhang lassen sich im Wesentlichen zwei unterschiedliche Kategorien von Medien bilden: Auf der einen Seite werden Werbekontakte im Fall der Printmedien autonom durch den Rezipienten herbeigeführt. Dabei kann eine einzelne Anzeige aufgrund eines wiederholten Konsums des Mediums einen Werbekontakt auch mehrfach herstellen. Auf der anderen Seite ist der Werbekontakt im Fall des Fernsehens und Radios heteronom ausgestaltet. Der Rezipient kann zwar über die Nutzung des Mediums entscheiden, eine Wiederholung von Werbekontakten ist nach der Aussendung jedoch nur mit der weiteren Belegung anderer Werbeplätze möglich. Die Anzahl der Werbekontakte entspricht der Reichweite, während in Printmedien eine höhere Kontaktzahl erzielt werden kann. Das Internet nimmt bei dieser Einordnung eine Zwischenrolle ein. So ist bei gleichbleibender Werbung ein autonomer Mehrfachkontakt möglich. In diesem Zusammenhang müssen auch die gängigen Abrechnungsverfahren berücksichtigt werden. Eine Abrechnung nach Cost-per-View führt unter ökonomischen Gesichtspunkten zu einer Gleichbehandlung mit dem heteronomen Werbebereich, da für jeden Kontakt einzeln gezahlt wird.

Insgesamt betrachtet haben quantitative Kriterien eine große Bedeutung bei der Auswahl des passenden Werbeträgers. Für die Festlegung marktähnlicher Bereiche eignen sie sich, isoliert betrachtet, aufgrund fließender Übergänge und unklarer Grenzen nur wenig. Nur in der Gesamtschau mit den übrigen Kriterien ist es möglich, marktkonstituierende Bereiche festzulegen.

bb) Qualitative Kriterien

Qualitative Wertungen gehören zu den am schwersten messbaren Umständen. Dennoch wird in der Entscheidungspraxis an verschiedenen Stellen auf die Situation und Wahrnehmung des Werbekontaktes zurückgegriffen, um Unterschiede bei der Marktabgrenzung zu begründen.[909]

Unterschiede zwischen Mediengattungen können vor allem hinsichtlich der Nutzungssituation gemacht werden. Die Nutzungssituation des Trägerangebots wirkt

909 Vgl. bspw. oben 3. Teil D. I. 2.

sich mittelbar auf den Konsum der transportierten Werbung aus. Die Nutzung von Printprodukten erfolgt im Regelfall gezielt und aufmerksam, wohingegen vor allem Radiowerbung eher beiläufig und unterbewusst wahrgenommen wird. Der Konsum des Fernsehens erfolgt überwiegend uneinheitlich. Die Bandbreite schwankt zwischen der zielgerichteten und aufmerksamen Verfolgung einzelner Sendungen und der eher beiläufigen Nebenbeschäftigung im Hintergrund. Für das Internet lässt sich festhalten, dass im Regelfall eine mit den Printmedien vergleichbare Nutzungssituation vorliegt. Inhalte und Angebote werden mehrheitlich aufmerksam verfolgt. Dies gilt aufgrund der nichtlinearen Ausgestaltung auch für die eigentlich mit dem Fernsehen vergleichbaren VoD-Angebote. Mit der gezielten Auswahl der entsprechenden Formate geht im Regelfall ein konkretes Interesse und somit auch Aufmerksamkeit einher.

Eine abstrakte Eingruppierung ist hinsichtlich der qualitativen Konsumsituation ebenfalls nur schwer möglich. Es handelt sich bei der Nutzungssituation um eine durch vielfältige Umstände beeinflusste Einzelfallsituation, die sich nur in groben Zügen seitens der Werbeplaner vorhersehen lässt. Trotz der Bedeutung für die Werbeplanung lassen sich deshalb auch hier keine trennscharfen, marktähnlichen Bereiche bilden.

Insgesamt lässt sich festhalten, dass Kontaktmerkmale eine Ansammlung von medienbezogenen Vor- und Nachteilen darstellen. Ein Vergleich bzw. eine Gegenüberstellung ist auf einer abstrakten Ebene nicht möglich. Die Eignung für eine Werbekampagne ist vor allem vom im Einzelfall verfolgten Werbeziel abhängig, was aufgrund der Heterogenität und Subjektivität eine Eingruppierung ebenfalls erschwert. Ergänzend muss beachtet werden, dass eine vermeintliche werbewirksamere Konsumsituation mit entsprechenden Kosten verbunden ist. Über den Preis wird somit ein Regulativ für den Wettbewerb geschaffen.

d) Abgrenzung anhand des Preises und des Abrechnungsverfahrens

Aus diesem Grund kommt auch der Preis als marktkonstituierendes Kriterium in Betracht. Die Kosten für die jeweilige Werbekampagne sind aufgrund des oftmals beschränkten Budgets der Unternehmen ein wichtiger Faktor bei der Mediaselektion.[910] Im Rahmen der Marktabgrenzung muss der Preis als Differenzierungskriterium mit Vorsicht behandelt werden. Preisunterschiede können zwar Ausdruck von Qualitätsunterschieden sein, die mitunter eigene Märkte für besonders luxuriöse Produkte bedingen.[911] Im Regelfall stellt der Preis das wesentliche Wettbewerbskriterium im Rahmen des Preiswettbewerbs dar und lässt deshalb nur bedingt Rückschlüsse auf die Marktstruktur zu.[912]

---

910 Vgl. oben 3. Teil B. II. 5.

911 Bechtold, § 18 GWB, Rn. 13, m.w.N.

912 Bechtold, § 18 GWB, Rn. 13; Zimmer, in: FS Huber, 1173, 1178; a.A. Möschel, in: FS v. Gamm, 627, 633.

In der Entscheidungspraxis werden TKPs als Referenzmaßstab für eine Vergleichbarkeit angeführt. Durch den TKP werden die Kosten für die erzielbaren Kontakte innerhalb einer Mediengattung vergleichbar. Die Preise sind Ausdruck der dem Werbeplatz zugesprochenen Werbewirkung. Fraglich ist aber, ob eine Gegenüberstellung zur Begründung unterschiedlicher marktähnlicher Bereiche geeignet ist. Preisliche Unterschiede sind regelmäßig Ausdruck der jeweiligen Wettbewerbssituation. Es erscheint insoweit wenig überraschend, dass der TKP für Fernsehwerbung, der allgemein eine hohe Werbewirkung zugesprochen wird, höher ist als der TKP für Print-Werbung. Der Preis kommt hierbei lediglich seiner Funktion als Korrektiv für Leistungsunterschiede nach. Aus diesem Grund erscheint eine auf dem Preis basierende Marktabgrenzung als wenig zielführend.

Als marktkonstituierendes Kriterium werden in der Entscheidungspraxis zudem die gezielten Abrechnungsmethoden im Internet angeführt. Diese Eignung muss jedoch infrage gestellt werden. Das Abrechnungsverfahren hat an sich keinerlei unmittelbaren Einfluss auf die relevante Werbewirkung einer Maßnahme. Die Cost-per-Click-Abrechnung ermöglicht lediglich die bessere Nachvollziehbarkeit im Rahmen des Werbecontrollings und stellt daher für die werbenden Unternehmen eine Möglichkeit zur effizienteren Steuerung zukünftiger Werbemaßnahmen dar. Damit erfüllen die konkreten Abrechnungsmöglichkeiten jedoch nur eine Funktion als Hilfskriterium und sind deshalb keine Leitmotive für eine Auswahlentscheidung, die auf den unmittelbar wirkungsrelevanten Faktoren beruht.

e) Abgrenzung nach dem verfolgten Werbeziel und der beworbenen Produktgruppe

Ein letztes Hauptdifferenzierungskriterium zur Bestimmung der Austauschbarkeit zweier Werbeträger ist die Eignung der Mediengattungen zur Erreichung unterschiedlicher Werbeziele. Die bisherigen Ausführungen haben gezeigt, dass die Ziele, die mit Werbung verfolgt werden, sehr individuell und vielgestaltig sind.

Faktisch kann mit jedem Werbeträger bzw. Werberaum versucht werden, das selbstgewählte Werbeziel zu erreichen. Die Mediengattungen unterscheiden sich graduell in ihrer Eignung, das gewünschte Ziel zu erreichen. Diese Eignung ist jedoch kein eigenständig messbares Kriterium, sondern nur das Ergebnis des Zusammenspiels der übrigen Faktoren wie der Zielgruppe oder der Kontaktqualität.

Regelmäßiges Ziel kommerzieller Werbung ist schlussendlich immer die Steigerung des Absatzes. Dieses Ziel kann jedoch nicht unmittelbar erreicht werden.[913] Aufgrund der Heterogenität der Werbeziele und der möglichen Umsetzungsformen ist eine feingliedrige Zuordnung in marktähnliche Bereiche nicht möglich. Auf einer abstrakteren Ebene lassen sich aber zwei verschiedene Zielrichtungen unterscheiden. Diese können beispielhaft für die Bildung marktähnlicher Bereiche herangezogen werden.[914]

913 Vgl. oben 3. Teil B. I. 2. a).

914 Vgl. für eine Abgrenzung nach der Art der Werbung Heinrich, Band 2, S. 586.

Zum einen verfolgen Unternehmen das Ziel, die Rezipienten im Rahmen von Angebotswerbung über konkrete Angebote zu informieren. Diese Art der Werbung ist im Regelfall informativ und sachlich gestaltet und setzt auf eine nüchterne Darstellungsweise. Zudem wird oftmals in räumlich eng umgrenzten Gebieten geworben. Aus diesem Grund findet sich ein Großteil dieser Angebotswerbung im Bereich der Print-Werbung.[915]

Ein anderer Werbeansatz wird hingegen für die Markenwerbung, die in erster Linie auf die Steigerung der Markenbekanntheit und Verbesserung des Images setzt, gewählt. Um die Einstellung zu einer Marke oder zu einem Produkt zu ändern, werden bildgewaltig Emotionen übermittelt. Markenwerbung zielt folglich nur mittelbar auf eine Absatzsteigerung. Zur Erreichung dieser Ziele wird aufgrund der Darstellungsform vor allem auf Werbeträger wie das Fernsehen zurückgegriffen.[916]

Das Internet eignet sich aufgrund der vielfältigen Möglichkeiten sowohl zur Steigerung der allgemeinen Markenbekanntheit als auch zur konkreten Angebotswerbung. Eine konkrete Zuordnung ist deshalb nur im Einzelfall und nicht abstrakt möglich.

Beide Werbearten unterscheiden sich grundlegend hinsichtlich der Bedürfnisse, die ein Werbeplatz erfüllen muss. Aus diesem Grund können sie stellvertretend für zwei unterschiedliche marktähnliche Bereiche stehen. Es muss jedoch beachtet werden, dass es zu erheblichen Überschneidungen in den Randbereichen kommt. So greifen große Marken auch für konkrete Angebotswerbung oftmals auf bundesweite Werbemöglichkeiten zurück und verknüpfen Angebote mit Markenspots. Eine Differenzierung allein anhand des Werbeziels lässt sich somit nur schwer aufrechterhalten.

In eine ähnliche Richtung zielt auch der Versuch der Marktabgrenzung anhand der zu bewerbenden Produktgruppe.[917] Je nach Produkt unterscheiden sich die Bedürfnisse der Anbieter und somit auch die bevorzugten Werbeträger. Aus diesem Grund wird vorgeschlagen, Produktgruppen mit ähnlichen Bedürfnissen wie beispielsweise Spielwaren, Finanzprodukte oder Rubrikenanzeigen abzugrenzen.[918] Dieser Ansatz zur Bildung medienübergreifender Märkte erscheint vor dem Hintergrund der individuellen Austauschbarkeit nachvollziehbar. Als problematisch erweist sich jedoch auch hier die exakte Grenzziehung. Jeder Produktbereich lässt sich bis ins kleinste Detail weiter untergliedern. Denkbar wären dementsprechend Werbemärkte für Spielwaren für bestimmte Altersgruppen, Geschlechter oder sonstige sozio-ökonomische Kriterien. Dies führt zu der bereits bekannten Zersplitterung der Marktverhältnisse, wodurch die Marktabgrenzung erheblich an Praktikabilität verliert.

915 Heinrich, Band 2, S. 586.
916 Heinrich, Band 2, S. 586.
917 Rodenhausen, S. 232f.
918 Rodenhausen, S. 233.

f) Zusammenführung der Teilaspekte

Die Abgrenzung marktähnlicher Bereiche anhand von Teilaspekten der Auswahlentscheidung kann eine Marktabgrenzung im engeren Sinne nicht ersetzen. Dennoch zeigt sich deutlich, dass ein Festhalten an der traditionellen mediengattungsbezogenen Marktabgrenzung auch aufgrund des Medienwandels und der Konvergenzentwicklung nicht möglich ist. In allen aufgezeigten Teilaspekten bestehen Überschneidungen zwischen den Mediengattungen, die entsprechend berücksichtigt werden müssen.

Die einzelnen Aspekte sind für sich genommen ebenfalls nicht marktkonstituierend, da die Auswahlentscheidung sich nicht auf einzelne Aspekte beschränkt. Aus diesem Grund ermöglicht auch die neuerlich vorgeschlagene Begründung medienübergreifender Marktstrukturen auf Basis der Darstellungsform keine abschließende Bestimmung des sachlichen Produktmarkts.[919]

Die Zerlegung in die entscheidungsleitenden Kriterien verdeutlicht, dass sich die werberelevanten Eigenschaften in einem unterschiedlich starken Maße zur Begründung von Märkten eignen. Während Eigenschaften wie die Zielgruppenspezifität oder die Darstellungsform für sich genommen eine Unterscheidung begründen können, ist dies allein auf Basis von sonstigen Kontaktkriterien oder des Preises nicht abstrakt möglich.

Ein umfassender Abgrenzungsansatz lässt sich durch die einfache Zusammenführung der Faktoren demzufolge nicht erzielen. Die Vielzahl der Faktoren führt zu einer praktisch nicht handhabbaren Zerlegung in Kleinstmärkte. Bereits die Kombination der drei Darstellungskategorien mit den jeweils vier abstrakten Zielgruppenkategorien führt zu zwölf unterschiedlichen Ansätzen.

Für die konkrete Abgrenzung eines Marktes müsste in diesem Zusammenhang eine noch feinere Differenzierung hinsichtlich der konkreten Zielgruppe oder auch der Darstellungsform erfolgen. So besteht allein im Bereich der Fachzeitschriften eine unüberblickbare Vielzahl an spezifischen Zielgruppen, die der Annahme einheitlicher Märkte entgegenstehen.

Die weitere Kombination mit den sonstigen Kontaktkriterien und auch den möglichen Werbezielen führt aus Nachfragesicht zu einer endgültigen Zersplitterung. Da letztlich kein Werbeplatz einem anderen zu 100 Prozent entspricht, sind Kleinstmärkte unausweichlich. Hier zeigt sich deutlich die Tendenz des Bedarfsmarktkonzeptes, bei einer umfassenden Berücksichtigung aller nachfragerelevanten Faktoren zur Atomisierung der Marktstrukturen zu tendieren. Diese führt in der Konsequenz zu einer vollkommenen Entwertung der Marktabgrenzung als Filter und Grenze des wettbewerblichen Geschehens.

---

919 Vgl. Hans, S. 220ff.

2. *Angebotsumstellungsflexibilität als Ergänzung*

Neben den nachfrageorientierten Faktoren werden ergänzend auch angebotsbezogene Faktoren zur Ermittlung des sachlich relevanten Marktes herangezogen. Im Gegensatz zur ausschließlichen Berücksichtigung der Nachfragesubstitution, die wie im vorliegenden Fall sehr ausdifferenzierte und enge Märkten nach sich zieht, führt die Einbeziehung der Angebotsumstellungsflexibilität zu eher weiteren Märkten. Die Kombination der beiden Merkmale schafft somit einen Ausgleich zwischen den beiden Elementen.

In der Entscheidungspraxis wurde die Angebotsumstellungsflexibilität für den Bereich der Werbemärkte nur in Einzelfällen aufgegriffen. Als Alternative zu der hergebrachten Nachfragesubstitution kann die Angebotsumstellungsflexibilität neue Blickwinkel eröffnen. Zu Recht wird deshalb in der Literatur eine verstärkte Einbeziehung gefordert.[920]

Aus Angebotsperspektive ist für die Zuordnung zu einem gemeinsamen Markt erforderlich, dass das Angebot kurzfristig und ohne größeren ökonomischen Aufwand umgestellt werden kann.[921] Für den Bereich der Werbemärkte ist daher konkret erforderlich, dass die Anbieter einer Art von Werberaum auch auf andere Werbeformen umstellen können. Da der Werberaum zwingend auf Trägerangebote zur Übermittlung angewiesen und hinsichtlich seiner Eigenschaften interdependent mit ihnen verbunden ist, bedeutet dies, dass in erster Linie eine Umstellung der medialen Trägerangebote möglich sein muss. Innerhalb einer Mediengattung ist dies oftmals denkbar, wohingegen eine Umstellung auf andere Mediengattungen den Eintritt in vollkommen neue Bereiche der Medienbranche bedeutet.

Aus intermedialer Perspektive stehen dem Eintritt in neue Mediengattungen erhebliche Marktzutrittsschranken entgegen. Die jeweiligen Medienbranchen sind hochkonzentriert und weisen nur eine geringe Fluktuation auf. Darüber hinaus sind für die Produktion der Mediengattungen auch erhebliche technische Voraussetzungen notwendig. So erfordert die Erstellung und Produktion von Printprodukten gänzlich andere Produktionsprozesse als die Produktion und das Senden von Fernseh- oder Radioangeboten.

Neben den faktischen Zutrittshindernissen können des Weiteren auch rechtliche Hindernisse einem kurzfristigen Marktzutritt entgegenstehen. Als Beispiel hierfür kann insbesondere der Zutritt zu den Rundfunkmärkten angeführt werden. Für private Anbieter ist gem. § 20 Abs. 1 S. 1 RStV oder landesrechtlichen Vorschriften eine Zulassung durch staatliche Behörden notwendig.[922]

Ein Eintritt in den Bereich der Internetwerbung ist hingegen eher denkbar. So stellen die meisten klassischen Medien etablierte Angebote dar, die im Rahmen einer Online-Präsenz in das Internet übertragen werden können. Beim Aufbau eines als

920 Bechtold, in: FS Möschel, 97, 108.

921 MüKo/*Füller*, Band I, Einl. Teil D, Rn. 1064 m.w.N; Wiedemann/*Wagemann*, § 16, Rn. 30; Vgl. dazu auch oben 2. Teil D. II. a) cc).

922 Hahn/Vesting/*Bumke*, § 20 RStV, Rn. 2.

Werbeträger geeigneten Angebots kann daher auf bestehende Kundenkreise zurückgegriffen und das Angebot so verhältnismäßig schnell etabliert werden. Dieser Umstand lässt sich gegenwärtig an der Vielzahl der Online-Ableger von analogen Zeitungen und Zeitschriften beobachten. Diese Angebote ermöglichen vor allem die Bereitstellung von Online-Display-Werbeflächen. Im Gegensatz dazu muss im Hinblick auf Online-Video-Werbeflächen jedoch festgehalten werden, dass die Bereitstellung nur im Rahmen spezieller VoD-Angebote möglich ist. Diese Werbeform ist damit neben einigen originären Online-Video-Angeboten in weiten Teilen den Mediatheken der Fernsehsender vorbehalten. Die klassischen Mediengattungen verfügen somit über individuell unterschiedlich ausgeprägte Zugangsmöglichkeiten zum Online-Werbemarkt. Insgesamt zeigt sich das Internet aus Angebotsumstellungsperspektive offener als die übrigen Mediengattungen. Eine vollständige und kurzfristige Umstellung ist jedoch auch hier nicht möglich.

Insgesamt haben diese Umstände für gattungsfremde Unternehmen zur Folge, dass ein Marktzutritt in die klassischen Märkte nur schwer möglich ist. Eine Umstellung des Angebots und eigenständige Erschließung der Märkte ist in der Praxis nicht kurzfristig und ohne Weiteres möglich. Stattdessen reagieren die Unternehmen mit medienübergreifenden Zusammenschlussstrategien, um den Zugang zu neuen Märkten zu gewährleisten. Das externe Wachstum stellt jedoch keine Angebotsumstellung im eigentlichen Sinne dar.

Anders kann sich die Situation innerhalb einer Mediengattung gestalten. Dort bestehen die notwendigen technischen Produktionsvoraussetzungen für eine Umstellung auf andere Produktarten. Dennoch erfordern diese beispielsweise im Print-Bereich eine redaktionelle Betreuung, die nicht ohne größeren Aufwand bereitgestellt werden kann. Für eine Nutzung als Werbeträger ist zudem eine Marktdurchdringung und Akzeptanz seitens der Rezipienten notwendig, um konkurrenzfähigen und somit vergleichbaren Werberaum anzubieten.

Eine Umstellung des Angebots und der Eintritt in andere Medienmärkte sind mit erheblichen Schwierigkeiten verbunden.[923] Lediglich eine Positionierung auf dem Markt für Internetwerbung ist denkbar. Insgesamt gilt es zu beachten, dass die großen Medienunternehmen längst medienübergreifend aufgestellt sind und als Gesamtunternehmen jede erdenkliche Werbeform anbieten können. Eine explizite Umstellung des Angebots ist hierfür nicht mehr erforderlich. Entgegen den Folgerungen aus den Umstellungsproblemen, spricht dies für die Annahme weiter und medienübergreifender Märkte. Aus der Angebotsperspektive ist insoweit auch die Annahme eines Gesamtwerbemarktes denkbar.[924]

923 Gegensätzlich: Rodenhausen, S. 228f.
924 S. dazu unten 4. Teil B.

3. *Bewertung der Abgrenzung nach dem Bedarfsmarktkonzept*

Eine rein nachfrageorientierte Betrachtung führt aufgrund der hochdifferenzierten Produktstruktur und der heterogenen Abnehmerinteressen zu einer vollkommenen Zersplitterung der Werbemärkte und ist als Maßstab deshalb unbrauchbar.[925] Auch die ergänzende Einbeziehung der Angebotsumstellungsflexibilität und somit der Sichtweise der Anbieter des Werberaums zeichnet ein ebenso uneinheitliches Bild. Für monomedial ausgerichtete Unternehmen ist eine Umstellung auf andere Medienangebote, die als Werbeträger fungieren können, aufgrund von technischen, rechtlichen und ökonomischen Hindernissen nicht ohne Weiteres möglich. Dies verstärkt den Eindruck enger und medienbezogener Marktverhältnisse. Die praktische Wettbewerbssituation ist hingegen vor allem durch medienübergreifend aufgestellte Unternehmen geprägt, die verschiedene Mediengattungen bedienen und einer Umstellung ihrer Produkte somit nicht bedürfen. Unter diesem Gesichtspunkt muss von einem umfassenderen, weiten Marktverständnis ausgegangen werden.

Aufgrund dieser Widersprüche stellt sich die Frage, ob überhaupt eine gesamtheitliche Berücksichtigung aller Faktoren auf Basis des Bedarfsmarktkonzeptes möglich ist. Die Hauptschwierigkeiten liegen bei der Bewertung der Austauschbarkeit der Werbeträger. Aufgrund der Vielgestaltigkeit der Werbeträger und der heterogenen Interessenlage der Nachfrager wird eine umfassende Austauschbarkeit nur in wenigen Fällen begründbar sein. Daraus darf nicht der Schluss gezogen werden, dass der Werberaum überhaupt nicht austauschbar ist. So kann im Einzelfall zumindest für eine bestimmte Anzahl an Nachfragern eine Austauschbarkeit bestehen. Im Rahmen des Bedarfsmarktkonzeptes ist es jedoch nicht möglich, diese teilweisen Substitutionsbeziehungen adäquat zu erfassen. Das Bedarfsmarktkonzept verlangt eine eindeutige Marktzuordnung. Damit wird ein idealistisches Wettbewerbsbild verfolgt, das nicht der Realität entspricht.[926]

II. Abgrenzung nach dem Konzept der Wirtschaftspläne

Statt des nachfrageorientierten Bedarfsmarktkonzeptes wird von einigen Stimmen in der Literatur allgemein ein stärkere Einbeziehung der Sichtweise und Unternehmenspläne der betroffenen Anbieter gefordert.[927] Nach dem Wirtschaftsplankonzept sollen diejenigen Produkte zu einem Markt gezählt werden, von denen für das Unternehmen ein empfundener Wettbewerbsdruck ausgeht und somit dessen Marktverhalten beeinflussen kann.[928] Damit kann das Konzept der Wirtschaftspläne

925 Ebenso Johnson, WuW 2013, 1177, 1182.

926 so auch Zimmer, WuW 2013, 928, 933.

927 Vgl. Säcker, ZWeR, 2004, 1; Golz, S. 10ff.; eingeschränkt auch Emmerich, in: FS Oberender, 61, 64f.; als Kontrollüberlegung Dobler, in: FS Bechtold, 121, 132.; speziell für den Medienbereich: Rodenhausen, S. 229f.

928 Säcker, ZWeR 2004, 1, 14; Vgl. zum Wirtschaftsplankonzept auch oben 2. Teil D. II. 3.

ebenfalls eine Zusammenführung von nachfrage- und angebotsorientierten Sichtweisen darstellen.[929]

Als Quellen für den empfundenen Wettbewerbsdruck kommen konkrete interne Planungen und Unternehmensvorgaben in Betracht. Diese sind jedoch für eine außenstehende Betrachtung nur schwer zu erlangen und dementsprechend nicht verwertbar.[930] Stattdessen können das nach außen wahrnehmbare Wettbewerbsverhalten und öffentliche Stellungnahmen als Entscheidungsgrundlage dienen.[931]

1. Die Wettbewerbssituation aus Unternehmenssicht

a) Medienübergreifende Unternehmensstrategien

Einer der wesentlichen Aspekte des Wettbewerbsverhaltens der großen Medienunternehmen ist die medienübergreifende Ausrichtung der Geschäftsfelder. Beispielsweise ist die Bertelsmann SE & Co. KGaA schon seit Längerem mit Standbeinen im Bereich Print und TV medienübergreifend aufgestellt.[932] Daneben drängt die Axel Springer SE ebenfalls auf eine umfassende Abdeckung aller Mediengattungen. Mit dem Erwerb des Fernsehsenders N24 ist nach der gescheiterten Übernahme der ProSiebenSat.1-Gruppe ein Standbein in der Fernsehbranche geschaffen worden.[933] Neben dem umfangreichen Print-Angebot bestehen auch erhebliche Beteiligungen im Hörfunk und an einer Vielzahl von Online-Angeboten.[934] Insbesondere der Bereich der Online-Angebote wird dabei zunehmend ausgebaut.[935] Darüber hinaus hat auch die ProSiebenSat.1 Media AG neben dem reinen Fernsehgeschäft ein umfangreiches Online-Angebot geschaffen, das entsprechende Werbemöglichkeiten bietet.[936]

Diese Entwicklungen sind nicht nur auf Deutschland beschränkt, sondern zeigen sich auch im internationalen Umfeld. So sind beispielsweise auch andere europäische oder amerikanische Medienunternehmen wie die Vivendi SA oder die Time Warner

929 Säcker, ZWeR, 2004, 1, 14; Dobler, in: FS Bechtold, 121, 132.

930 Bzgl des Kartellamts wird jedoch auf die Ermittlungs- Beweiserhebungsmöglichkeiten der §§ 57ff. GWB hingewiesen, Säcker, ZWeR 1, 25.

931 Säcker, ZWeR, 2004, 1, 25.

932 Vgl. zu der Unternehmensgliederung: http://www.bertelsmann.de/bereiche/ zuletzt abgerufen am: 14.6.2015.

933 BKartA, Pressemitteilung vom 7.2.2014, http://www.bundeskartellamt.de/SharedDocs/Meldung/DE/Pressemitteilungen/2014/07_02_2014_Springer-N24.html zuletzt abgerufen am: 14.6.2015.

934 Vgl. https://www.axelspringer.de/media/index.html zuletzt abgerufen am: 14.6.2015.

935 BKartA, Pressemitteilung vom 21.4.2015, http://www.bundeskartellamt.de/SharedDocs/Meldung/DE/Pressemitteilungen/2015/21_04_2015_Immonet_Immowelt.html?nn=3591286 zuletzt abgerufen am: 7.6.2015.

936 Vgl. http://www.prosiebensat1.de/de/aktivitaeten/entdecken-sie-uns/prosiebensat1-group zuletzt abgerufen am: 14.6.2015.

Inc. medienübergreifend aufgestellt und verfolgen vielfältige mediale Geschäftsfelder.[937] Mehr oder minder allen Unternehmen ist gemeinsam, dass sie zunächst auf einzelne Medienbereiche spezialisiert waren und dann stückweise die heutige Ausrichtung geschaffen haben. Im Wettbewerbsumfeld des Internets treffen sie auf Anbieter wie die Google Inc., die als Online-Suchanbieter gestartet ist und sich schrittweise über das Videoportal YouTube mehr und mehr in Richtung der Produktion eigener Inhalte entwickelt.[938]

Unabhängig vom konkreten Geschäftsmodell sind die Triebfedern dieses Verhaltens bereits umfassend erörtert worden.[939] Neben den Wachstumsmöglichkeiten und der im Medienbereich naheliegenden Nutzung von Synergie-Vorteilen, ist im Rahmen des Wirtschaftsplankonzeptes vor allem die Risikoverteilung durch Unternehmensdiversifikation von Bedeutung. So zeigt sich, dass eine Beschränkung des Geschäftsfeldes auf einzelne Medienbereiche Risiken birgt. Dabei steht vor allem die Konkurrenz durch andere Medien und insbesondere das Internet im Fokus. Die Unternehmen reagieren somit auf die Veränderungsprozesse in der Medienlandschaft durch eine Diversifikation ihrer Aktivitäten, um keine Handlungsspielräume zu verlieren und um Risiken zu minimieren.[940] Dies zeigt, dass die Medienlandschaft und auch die Werbebranche als Gesamtheit verstanden und wahrgenommen werden. Es besteht ein zumindest als solcher empfundener Wettbewerbsdruck, der die Wettbewerber unabhängig von ihrer monomedialen Herkunft zu multimedial aufgestellten Unternehmen macht. Dieses Verhalten kann als Zeichen für ein umfassendes Wettbewerbsverständnis gedeutet werden.

b) Der Zusammenschluss zu Werbeverbänden

Ein weiterer nach außen feststellbarer Prozess ist die Organisation einer Vielzahl von Medienunternehmen in Fachverbänden wie beispielsweise dem Bundesverband Digitale Wirtschaft e.V. (BVDW) oder dem Bundesverband Deutscher Zeitungsverleger e.V. (BDZV). Diese Verbände übernehmen in erster Linie die politische Interessenvertretung der betroffenen Medien. Aus diesen Verbänden gehen oftmals aber auch spezielle Institutionen zur Vermarktung der jeweiligen Werbeträger hervor. Innerhalb des Bundesverbands für Digitale Wirtschaft e.V. (BVDW) besteht beispielsweise ein Kreis für Online-Vermarkter (OVK). Dieser hat es sich zum Ziel gesetzt, „der Bedeutung von Online-Werbung kontinuierlich mehr Gewicht zu verleihen".[941] Eine ähnliche Funktion übernimmt Radiozentrale e.V. für einen Großteil der privaten und öffentlich-rechtlichen Hörfunksender. In diesem

937 Vgl. http://www.vivendi.com/activities/ zuletzt abgerufen am: 14.6.2015.; http://www.timewarner.com/company/time-warner-investments zuletzt abgerufen am: 14.6.2015.

938 Zur Ausrichtung Googles auf eigene Inhalte s. Höppner, WRP 2012, 625, 629.

939 Vgl. oben 2. Teil A.

940 Bender, S. 72f; Schaarschmidt, S. 14.; vgl. auch oben 2. Teil A. III.

941 http://www.ovk.de/ovk/ovk-de/der-ovk.html zuletzt abgerufen am: 14.6.2015.

Verband wird versucht, „dem Werbeträger Radio zusätzlichen Schub im Media-Mix und dadurch mehr Umsatzerfolg zu verschaffen".[942]

Beide Interessenvertretungen zielen auf eine Stärkung der Position der jeweiligen Werbeträger insgesamt. Dies erfolgt auch mittels gezielter Meta-Werbung für die jeweiligen Werbeträger.[943] Auf einer abstrakten Ebene werden insbesondere die jeweiligen Stärken als Werbeträger hervorgehoben. Die Positionierung dient demnach vor allem der Abgrenzung zu den anderen Mediengattungen.

Im Rahmen des Wirtschaftsplankonzeptes und der Analyse des Wettbewerbsverhaltens der Unternehmen kann die Mitgliedschaft in diesen Vereinigungen, und somit die Unterstützung der geleisteten Arbeit, Ausdruck der empfundenen Konkurrenzbeziehungen zwischen den Mediengattungen sein. Wenn die verschiedenen Mediengattungen als Werbeträger lediglich in einem komplementären Verhältnis zueinander stehen würden, wäre eine entsprechende Werbetätigkeit für die eigene Mediengattung nicht in diesem Maße notwendig. Der Wettbewerbsdruck, der zwischen den Werbeträgern besteht, scheint ein solches Vorgehen jedoch notwendig zu machen, um die eigene Stellung im Media-Mix und die Konkurrenz zu den anderen Werbeträgern zu stärken. Dies zeigt sich beispielsweise konkret an der Kritik der Zeitungsverleger an der Öffnung des bundesweiten Fernsehens für regionalisierte Werbung.[944]

Insgesamt deuten die verbandsseitige Meta-Werbung und die abgegebenen Stellungnahmen auf ein zumindest subjektiv empfundenes medienübergreifendes, wenn nicht sogar umfassendes Wettbewerbsverhältnis zwischen den Werbeträgern hin.

c) *Unternehmenspositionierung in den Fusionskontrollverfahren*

Als nach außen wahrnehmbare Meinungsäußerungen können zudem die in den Fusionskontrollverfahren abgegebenen Stellungnahmen der Unternehmen für die Analyse des Wettbewerbsverhaltens herangezogen werden. Dabei zeigen sich neben Übereinstimmungen auch erhebliche Widersprüchlichkeiten.

Viele der betroffenen Unternehmen nehmen den Werbemarkt, abweichend von der traditionellen Untergliederung, umfassender und medienübergreifend wahr. Die einzelnen Mediengattungen würden demnach nebeneinander stehen und einen Gesamtwerbemarkt bilden.[945] Daneben wird von manchen Zusammenschlussbeteiligten

942 http://www.radiozentrale.de/ueber-uns/ziele-aufgaben/ zuletzt abgerufen am: 14.6.2015.

943 So bspw. die Kampagne Pro Radio, die die Möglichkeiten der Radiowerbung hervorheben soll, http://www.radiozentrale.de/aktuell/kampagne-pro-radio/ zuletzt abgerufen am: 14.6.2015.

944 Pressemitteilung des Bundesverbands deutscher Zeitungsverleger e.V. (BDZV) vom 26.3.2015, http://www.bdzv.de/nachrichten-und-service/presse/pressemitteilungen/artikel/detail/medienpolitisches_desaster/ zuletzt abgerufen am: 14.6.2015.

945 Vgl. Parteivortrag in: Kommission, Entsch. v. 11.03.2008, COMP/M.4731 – Google/DoubleClick, Rn. 44; Kommission, Entsch. v. 20.07.2000, COMP/JV.48 – Vodafone/

eine hochdifferenzierte Untergliederung bestimmter Werbegattungen, wie beispielsweise im Print-Bereich, gefordert.[946] Beide Positionen sind schwerlich miteinander in Einklang zu bringen und verdeutlichen die Unstimmigkeiten und Unsicherheiten innerhalb der Branche selbst.

Insgesamt ist die Aussagekraft solcher Stellungnahmen eher gering einzustufen und mit Vorsicht zu behandeln. So spielen der Verfahrensausgang und die taktische Positionierung im Fusionskontrollverfahren eine entscheidende Rolle. Dies hat zur Folge, dass nicht zwingend der tatsächlich empfundene Wettbewerbsdruck, sondern stattdessen der für die Genehmigung des Zusammenschlusses hilfreichste Markt angestrebt wird. Folglich kann von diesen Stellungnahmen nur eine geringe Indiz-Wirkung ausgehen.

2. Bewertung der Abgrenzung nach dem Wirtschaftsplankonzept

Im Ergebnis lässt sich festhalten, dass das nach außen wahrnehmbare Wettbewerbsverhalten der Unternehmen tendenziell auf einen umfassenderen Marktzuschnitt schließen lässt, als bisher in der Entscheidungspraxis vertreten. Sowohl die medienübergreifende Unternehmensaufstellung als auch das Agieren der Werbeverbände deuten auf Konkurrenzbeziehungen zwischen den einzelnen Werbeträgern hin.

Bei der Bewertung des Wettbewerbshandelns der Unternehmen gilt es jedoch zu beachten, dass das Konzept der Wirtschaftspläne durch eine starke Subjektivität geprägt ist. Wettbewerbsdruck wird oftmals individuell unterschiedlich wahrgenommen und kann im Zeitverlauf schwanken.[947] Es ließe sich argumentieren, dass Wettbewerb dort besteht, wo Handlungsspielräume objektiv oder subjektiv eingeschränkt werden, da die betroffenen Unternehmen ihren Handlungsspielraum nicht mehr ausnutzen. Dies wird zu Recht als Abkehr vom objektivierten Schutzzweck des Kartellrechts kritisiert.[948] Das Wirtschaftsplankonzept unterscheidet sich hinsichtlich der Subjektivität nicht zwingend von Alternativen wie dem Bedarfsmarktkonzept, das in seiner gegenwärtigen Handhabung ebenfalls anfällig für subjektive Wertungen ist.[949]

Gestattet man dem Konzept der Wirtschaftspläne und der dahinter stehenden stärkeren Berücksichtigung von Unternehmensperspektiven zumindest eine ergänzende Indiz-Wirkung, so stellt sich die Frage, ob die Werbeträger auf einem umfassenden Gesamtwerbemarkt miteinander konkurrieren.

Vivendi/Canal Plus, Rn. 42; Kommission, Entsch. v. 13.10.1999, COMP/M.1439 – Telia/Telenor, ABl. L 40 v. 9.2.2001, S. 1, Rn. 107.

946 Zur Unterscheidung von Tages- und Wochenzeitungen, Parteivortrag in: Kommission, Entsch. v. 3.11.2010, COMP/M.5932 – NewsCorp/BSkyB, Rn. 266.

947 Ewald, ZWeR 2004, 512, 540; Dobler, in: FS Bechtold, 121, 132.

948 Ewald, ZWeR 2004, 512, 540.

949 Im Ergebnis auch Dobler, in: FS Bechtold, 121, 132.

B. Das Konzept eines Gesamtwerbemarktes als Lösungsmöglichkeit?

Die Bildung von marktähnlichen Bereichen anhand einzelner Produkteigenschaften hat gezeigt, dass die Grenzlinien zwischen möglichen Märkten sich nicht zwingend an den jeweiligen Medienkategorien orientieren. Insgesamt bestehen zwischen den einzelnen Medien auch innerhalb einer Gattung teils erhebliche Unterschiede hinsichtlich der werberelevanten Eigenschaften. Aus einer engen und rein nachfrageorientierten Perspektive kann dies gegen eine umfassende Austauschbarkeit sprechen. Es muss jedoch auch berücksichtigt werden, dass die konkrete Entscheidung über die Austauschbarkeit zweier Werbeträger unter Würdigung aller Faktoren erfolgen sollte. Einzelne Unterschiede können dadurch an Bedeutung für die Entscheidung verlieren oder mittels Preiswettbewerbs egalisiert werden. Im Ergebnis treten deshalb zahlreiche partielle Substitutionsbeziehungen zwischen den Mediengattungen auf, die die Annahme eines umfassenderen Marktes rechtfertigen können.

In Teilen der Literatur und von einzelnen Verfahrensbeteiligten wird in der Folge seit Langem die Annahme eines einheitlichen, alle Mediengattungen umfassenden Werbemarktes gefordert.[950] Hierfür sprechen vor allem die partiellen Substitutionsbeziehungen und die Erkenntnisse des Wirtschaftsplankonzepts. Die Annahme eines Gesamtmarktes kann insoweit die Lösung für die bisher unsachgerechte Abgrenzungspraxis darstellen.

I. Pro und Contra Gesamtwerbemarkt

Die Diskussion über das mögliche Bestehen eines Gesamtwerbemarktes wird nicht erst seit der wirtschaftlichen Erschließung des Internets geführt. Bereits bei der Einführung eines werbefinanzierten privaten Rundfunks wurde das Wettbewerbsverhältnis in der Medienbranche mit dem Bericht der Michel-Kommission im Jahr 1967 umfassend analysiert.[951] Die Kommission kam zu dem Ergebnis, dass sich jede neue Mediengattung ihren eigenen Markt schafft und nicht in eine direkte Konkurrenz zu den bereits etablierten Mediengattungen tritt.[952] Diese Annahme stützt sich vor allem auf die Unterschiede hinsichtlich der Darstellungsform, welche die klassischen Mediengattungen deutlich voneinander unterscheidet.[953] Anders gestaltet sich die Situation jedoch durch das Internet, welches keine neuen Darstellungsmöglichkeiten

---

950 Kuchinke/Schubert, WuW 2006, 477, 482.; Bohne WRP 2006, 540, 546f.; in der Tendenz auch schon Scholz, AfP 1983, 261, 261f.; Börner, S. 29; in der Tendenz auch Wolf, S. 464ff.; Parteivortrag in: Kommission, Entsch. v. 11.03.2008, COMP/M.4731 – Google/DoubleClick, Rn. 44; für einen medienübergreifenden Markt für Markenartikelwerbung: Heinrich, Band 2, S. 586.

951 Bericht der Michel-Kommission, BT-Drs. V/2120.

952 So für das Werbefernsehen: Bericht der Michel-Kommission, BT-Drs. V/2120, S. 180.

953 Bericht der Michel-Kommission, BT-Drs. V/2120, S. 145f.

im engeren Sinne schafft und lediglich die bekannten Möglichkeiten vereint. Aus diesem Grund ist die Diskussion über einen Gesamtwerbemarkt aktueller denn je.

1. Bedeutung der Werbebudgetverteilung

Als Indiz für die Annahme von ausgeprägten intermedialen Wettbewerbsbeziehungen, und somit auch eines einheitlichen Gesamtwerbemarktes, kann zunächst die (Um-)Verteilung des jährlichen Werbebudgets herangezogen werden.

Die Michel-Kommission ging in ihrem Bericht davon aus, dass die Annahme unterschiedlicher Märkte, zwischen denen keinerlei Wettbewerbsbeziehungen bestehen, voraussetze, dass mit dem Aufkommen eines neuen Mediums zusätzliche Mittel in den Werbemarkt einfließen.[954] Übertragen auf die Wettbewerbsbeziehungen des Internets müssten mit der Etablierung als Werbeträger im erheblichen Maße zusätzliche Mittel in den Werbemarkt investiert worden sein.

Ein solcher Prozess lässt sich gegenwärtig jedoch nicht erkennen. So sind die gegenwärtigen Umsätze vor allem Umschichtungsprozessen aus den klassischen Medien geschuldet.[955] Während der Gesamtmarkt seit der Jahrtausendwende 2000 im Wesentlichen stagniert, konnte insbesondere das Internet teils zweistellige jährliche Wachstumsraten aufweisen. Diese gehen mit erheblichen Verlusten bei den Printmedien und insbesondere den Tageszeitungen einher. Lediglich das Fernsehen scheint davon bisher nur in einem geringeren Maße betroffen.[956]

Die Gründe für diese Entwicklung sind vielschichtig. Der Verlust der Printmedien lässt sich unter anderem mit einer umfassenden Verlagerung der Rubrikenanzeigen in das Internet erklären.[957] Das Internet steht hinsichtlich dieser Anzeigenart in einer direkten Konkurrenzbeziehung zu den Printmedien. Daneben lässt sich statische Online-Display-Werbung in Hinblick auf die werberelevanten Eigenschaften am ehesten mit der Print-Werbung vergleichen, sodass eine Korrelation der Werbeausgaben nahe liegt.[958]

Das Verhältnis zur Fernsehwerbung hingegen lässt sich schwieriger beurteilen. Insbesondere in der Anfangszeit der werbewirtschaftlichen Nutzung des Internets spielte die Video-Werbung noch keine Rolle. Die Darstellung war auf statische Display-Werbung beschränkt. Die Nutzung von Video-Werbung ist erst mit dem vermehrten Angebot von entsprechenden Trägerangeboten und der Steigerung der Übertragungsgeschwindigkeit möglich geworden. Aus diesem Grund stellt Online-Video-Werbung eine relativ junge Werbemöglichkeit dar, die sich erst langsam

954 Zusammenfassend: Bericht der Michel-Kommission, BT-Drs. V/2120, S. 152; ebenso Immenga, AfP 1989, 621, 624; kritisch dazu: Witte, S. 37.
955 Koch, AfP 2007, 305, 307.
956 Vgl. zur wirtschaftlichen Entwicklung der Werbemärkte: oben 1. Teil C.
957 Kloss, S. 320; Heinrich, Band 1, S. 261.
958 Vgl. zu den werberelevanten Eigenschaften oben: 3. Teil B. III. 5.

etabliert.[959] Hinsichtlich der Verlagerung von Werbeinvestitionen muss deshalb die zukünftige Entwicklung abgewartet werden.

Fraglich ist, ob diese Umverteilungsprozesse einen umfassenden Gesamtwerbemarkt begründen können. Statistisch deutet die Umverteilung lediglich auf eine Wettbewerbsbeziehung jeweils zwischen dem Internet und der Print- bzw. Fernsehbranche hin. Eine umfassende Umverteilung scheint nicht stattzufinden. Die historischen Umverteilungsprozesse zwischen Print und TV werden in Teilen der Literatur mit der besseren Verfügbarkeit des Werberaums insgesamt begründet.[960] Zudem wird der Wechsel zwischen den Mediengattungen mit der Eignung für die individuellen Werbeziele begründet.[961] Die Umschichtung sei nur dann ein Indiz für die Austauschbarkeit, wenn eine freie und unbegrenzte Wahl zwischen den Mediengattungen möglich sei. Insbesondere in Hinblick auf die bestehenden Beschränkungen bei der Rundfunkwerbung, sei dies jedoch nicht der Fall.[962] Anders als beim Internet führte die Einführung der TV-Werbung zu vollkommen neuen Darstellungsmöglichkeiten, die einen Wechsel unabhängig von der Austauschbarkeit begründen können. So war diese Form der ins Haus gesendeten Bewegtbild-Werbung vorher nicht möglich. Aus der daraus folgenden Umverteilung sollte daher zu Recht nicht der Rückschluss auf eine umfassende Austauschbarkeit zwischen dem TV- und Printbereich gezogen werden.

Darüber hinaus wird zutreffend darauf hingewiesen, dass eine vollständige Austauschbarkeit zwischen den Mediengattungen eine Prognose der Marktverhältnisse letztlich unmöglich machen würde, weil die jeweiligen Umstände sich jederzeit vollständig verschieben könnten.[963]

Ausschließlich anhand der statistischen Entwicklung lässt sich die Erschließung neuer Marktsegmente, wie sie von der Michel-Kommission vorausgesetzt wird, nicht nachweisen. Insgesamt deutet die Korrelation zwischen den aufgezeigten Werten vor allem in Hinblick auf die Wettbewerbsbeziehungen zum Internet auf erhebliche Umschichtungsprozesse hin. Abschließende Schlussfolgerungen über die konkreten Marktverhältnisse sind allein auf Basis dieser Daten jedoch nicht möglich. Vor allem eine umfassende Austauschbarkeit im Sinne eines Gesamtwerbemarktes lässt sich hierdurch nicht begründen. Dennoch geht von der Budgetverteilung eine Indiz-Wirkung aus, die auf eine umfassende Wettbewerbsbeziehung zwischen dem Internet und den jeweiligen klassischen Mediengattungen, und somit auf medienübergreifende Märkte, hindeutet.

959 Vgl. BVDW, OVK Online-Report 2014/02, S. 13.
960 Spieler, S. 185.
961 Spieler, S. 184f.
962 Spieler, S. 185.
963 Spieler, S. 186.

2. *Konvergenz und Produktsubstitution*

a) *Auswirkungen der Konvergenz auf die Substitutionsbeziehungen*

Die bisherigen Untersuchungen haben gezeigt, dass nicht nur zwischen den Mediengattungen, sondern auch innerhalb einer Gattung teils erhebliche Unterschiede bei den werberelevanten Eigenschaften bestehen. Diese sprechen vordergründig gegen die Austauschbarkeit zweier Werberäume und haben unter Abgrenzungsgesichtspunkten eine Vielzahl von Kleinstmärkten zur Folge.[964]

Der voranschreitende Konvergenzprozess führt zu einer Annäherung der Mediengattungen. Einzelne Unterschiede bei den werberelevanten Eigenschaften werden egalisiert und verlieren dadurch an Bedeutung. In der Konsequenz führt dies zu einem Zusammenwachsen der Mediengattungen und einer Intensivierung der jeweiligen Wettbewerbsbeziehungen. Am Ende einer idealisierten Entwicklung steht dabei der umfassende, mediengattungsunabhängige Gesamtwerbemarkt.

Diese Annäherung der Mediengattungen wird in der Literatur mitunter als nicht ausreichend erachtet, um einen einheitlichen Gesamtwerbemarkt zu begründen.[965] Die bestehenden Unterschiede zwischen den Mediengattungen würden demnach nicht überwunden werden können.[966] Selbst die teilweise Überschneidung durch das Internet führe nicht zu medienübergreifenden Teilmärkten und könne lediglich in wenigen Fällen eine Substitutionskonkurrenz begründen.[967]

b) *Maßstab der Substitutionsbewertung*

In diesem Zusammenhang muss auch der Maßstab zur Bewertung der Austauschbarkeit berücksichtigt werden. So wird mitunter davon ausgegangen, dass ein Wettbewerbsverhältnis bereits dann besteht, wenn der Handlungsspielraum eines Unternehmens spürbar beschränkt wird.[968] Diese Beschränkung des Handlungsspielraums stellt im Ergebnis die abstraktere Formulierung für die Austauschbarkeit zweier Produkten dar. Die Austauschbarkeit führt dazu, dass ein Unternehmen in der Preissetzung nicht mehr frei und unabhängig von den Marktbegebenheiten agieren kann, weil die Kunden sonst zu einem vergleichbaren Produkt wechseln würden. Damit stellt der Rückgriff auf die Substitutionsbeziehungen den Hauptanwendungsfall der Beschränkung des Handlungsspielraums dar.

Aufgrund des Mediaselektionsprozesses, bei dem die Vor- und Nachteile aller Werbeträger und Mediengattungen gegenübergestellt und entsprechend der eigenen

964 S. dazu auch oben 4. Teil A. I.

965 Trafkowski, S. 45; Paal, S. 188f.; Paal, ZWeR 2012, 380, 391f. m.w.N.; Lange, in: Gundel/Heerman/Leible, 135, 146f.; Tschon, S. 224f.; Kubala, S. 122f.; Hans, S. 215; gegen einen Gesamtmedienmarkt auch: Ahlenstiel, S. 187ff.

966 Trafkowski, S. 45.

967 Trafkowski, S. 45f.

968 Börner, S. 27, dem Grundsatz zustimmend auch Spieler, S. 187.

Werbeziele gewichtet werden, könnte man annehmen, dass umfassende Konkurrenzbeziehungen zwischen allen Medien bestehen. In der Literatur wird darüber hinaus argumentiert, dass bereits die Erreichung eines potenziellen Kaufanreizes als Maßstab angesehen werden sollte. Dieses Ziel könne von allen Medien gleichermaßen erreicht werden, was in der Folge auf eine umfassende Austauschbarkeit hindeute.[969] Dieser Ansatz zielt auf ein weites Verständnis des in der Literatur und Entscheidungspraxis verwendeten Kriteriums der Marktgleichwertigkeit zur Abgrenzung von Märkten. Demnach können Produkte, die aus unterschiedlichen Gründen nicht vollständig austauschbar sind, dennoch zu einem gemeinsamen Markt zusammengefasst werden.[970]

Die Ansätze greifen jedoch zu kurz. Insbesondere gegen die erste Ansicht wird eingewandt, dass in letzter Konsequenz alle Güter miteinander in Konkurrenz um das begrenzte Budget der Kunden stehen. Allein aus diesem Umstand könne kein Rückschluss auf die Marktzugehörigkeit gezogen werden.[971] Zum anderen werden die funktionalen Unterschiede nicht ausreichend berücksichtigt.[972] Eine derartig angelegte Argumentation müsste zusätzlich die Werbemöglichkeiten des Direktmarketings berücksichtigen.[973] Auch die Ausweitung des Begriffsverständnisses der Marktgleichwertigkeit ist nicht an objektiven Umständen orientiert. Dies ermöglicht in der Folge keine klare Grenzziehung.

Im Ergebnis lässt sich festhalten, dass die Auswirkungen der Konvergenz auf die Austauschbarkeit der Werbeträger gegenwärtig zwiegespalten betrachtet werden können. Es fehlt an empirischen Untersuchungen, um die Folgen für die Auswahlentscheidung der Werbenden festzustellen. Aus diesem Grund sind keine klaren Aussagen möglich.[974]

3. *Indiz-Wirkung der Mehrfachbelegung von Werbeträgern*

Gegen die Annahme eines einheitlichen Werbemarktes wird insbesondere in der Entscheidungspraxis, aber auch in der Literatur eingewandt, dass der Umstand der mehrfachen Belegung unterschiedlicher Mediengattungen für ein komplementäres Wettbewerbsverhältnis spreche.[975] Dieser Argumentation liegt die Annahme zugrunde, dass ein solches Verhalten nicht erforderlich sei, wenn die Mediengattungen tatsächlich funktional austauschbar seien.[976]

---

969 Scholz, AfP 1983, 261, 261f.
970 Vgl. Bechtold, in: FS v. Gamm, 537, 544 m.w.N.
971 Spieler, S. 185f.
972 Tschon, S. 231.
973 Spieler, S. 185f.
974 Dewenter/Rösch/Terschüren, NZKart 2014, 387, 393.
975 Stellvertretend: Kommission, Entsch. v. 16.6.2004, COMP/M.3420 – GIMD/SOCPRESSE, Rn. 21; ebenso Paal, S. 188.
976 Vgl. bspw. Kommission, Entsch. v. 16.6.2004, COMP/M.3420 – GIMD/SOCPRESSE, Rn. 21.

Der Grundannahme, dass im Falle einer vollkommenen Austauschbarkeit zweier Güter lediglich der Kauf eines der Güter notwendig wäre, kann im Rahmen einer einfachen Nutzenanalyse zugestimmt werden. Sofern der Nutzen der Güter identisch ist, führt der Kauf mehrerer solcher Güter zur schlichten Addition des Nutzens. Dennoch lassen sich hieraus nicht zwingend Rückschlüsse für die Mediaselektion und die Marktabgrenzung ziehen.

Zum einen geht diese Argumentation in ihrem theoretischen Ansatz von einem identischen Nutzen der zu einem Markt gehörenden Güter aus. Die der Marktzuordnung zugrunde liegende funktionale Austauschbarkeit fasst jedoch gerade nicht nur identische Produkte zu einem Markt zusammen. Die Schwierigkeit bei der Abgrenzung der Marktverhältnisse liegt nicht in der Zusammenfassung homogener Produkte, sondern in der Erfassung der Wettbewerbskräfte differenzierter Produkte, die unter Umständen dennoch in Konkurrenz zueinander stehen. Faktische Unterschiede zwischen Produkten, wie sie beispielsweise im hier besprochenen Fall der Werbeträgereigenschaften auftreten, sind für sich genommen kein zwingendes Argument gegen die Zuordnung zu einem gemeinsamen Markt.

Zum anderen liegt der Sinn der Mehrfachbelegung von Werbeträgern nicht in der schlichten und von einem komplementären Verständnis ausgehenden Kumulation des Werbeeffekts. Durch die Kombination unterschiedlicher Werbeträger entstehen zusätzliche Synergieeffekte, die zu einer Verstärkung des Werbeeffekts insgesamt führen.[977] Analog zu dem Medienkonsum der Rezipienten, der ebenfalls nicht nur auf ein Medium beschränkt ist, erhöht die Kombinationsbelegung die Kontaktchance und -häufigkeit und führt aufgrund der Individualität des Werbekontaktes zu weiteren zusätzlichen Werbeanreizen.[978] Im Fall der funktionalen Austauschbarkeit der Güter empfiehlt sich aufgrund der faktischen Unterschiede der Mediengattungen eine Mehrfachbelegung, um auf diese Weise zusätzliche Werbeeffekte nutzbar zu machen.

Kritisch muss angemerkt werden, dass, ebenso wie aus dem Umstand der Mehrfachbelegung kein zwingender Rückschluss auf die Komplementarität des Wettbewerbsverhältnisses gezogen werden kann, im Umkehrschluss auch nicht zwingend von einer Austauschbarkeit ausgegangen werden kann. Insgesamt lassen sich aus diesem Umstand deshalb kaum Erkenntnisse für das Wettbewerbsverhältnis gewinnen.

Zu Recht wird die Ableitung von Marktverhältnissen aus bloßen Verhaltensweisen deshalb kritisch gesehen.[979] Nach außen erkennbare Maßnahmen können von den unterschiedlichsten Motiven gesteuert sein, sodass daraus keine objektivierbaren Rückschlüsse gezogen werden sollten. Im Ergebnis lässt sich daher aus dem Umstand der Mehrfachbelegung kein Argument für oder gegen einen Gesamtwerbemarkt entnehmen.

977 Kloss, 259f.; Vgl. umfassend zur Synergiewirkung Gleich, MP 2012, 604, 604ff.

978 Kloss, 259f.

979 Dobler, in: FS Bechtold, 121, 130.

4. Rechtliche Ungleichbehandlung der Werbeträger

Ein weiterer Ansatzpunkt für die Bestimmung der Marktverhältnisse im Bereich der Werbemärkte ist der rechtliche Umgang mit den jeweiligen Mediengattungen.

Für die Frage des Wettbewerbsverhältnisses kann eine unterschiedliche rechtliche Behandlung der einzelnen Mediengattungen als Anhaltspunkt für die Existenz unterschiedlicher ökonomischer Märkte dienen. So können rechtliche Beschränkungen zu einer künstlichen Verknappung des Angebots führen und sich somit unmittelbar auf den Preis und auch die Handlungsfreiheit eines Unternehmens auswirken. Darüber hinaus können Einschränkungen hinsichtlich der inhaltlichen und gestalterischen Freiheit, welche sich zunächst an die Werbetreibenden und nicht an die Anbieter richten, mittelbare Auswirkungen auf das Buchungsverhalten und die Bereitstellung des Werberaums haben. Werbeverbote für bestimmte Produktgruppen wie beispielsweise Tabakprodukte, die nur auf einzelne Mediengattungen beschränkt sind, sorgen für ungleiche Wettbewerbsbedingungen und können gegen die Annahme eines Gesamtwerbemarktes sprechen.

Werbung als solche ist aufgrund ihrer wirtschaftlichen Bedeutung und der beeinflussenden Wirkung Gegenstand umfassender rechtlicher Regelungen. Mangels eines einheitlichen europäischen oder nationalen Werberechts, finden sich entsprechende Normen in einer Vielzahl unterschiedlicher Gesetze. Neben den Regelungen des Lauterkeitsrechts, die insbesondere die Art und Weise der Ausübung von Werbung regeln, bestehen teils umfassende Werbeverbotstatbestände, die die Werbung als solche untersagen. Darüber hinaus besteht für den Bereich des Rundfunks ein medienspezifisches Regelungsgeflecht, das beispielsweise quantitative Werbehöchstmengen vorgibt.

a) Inhaltliche Beschränkungen

aa) Lauterkeitsbezogenes Werberecht

Einen wesentlichen Teil des einfachgesetzlichen Werberechts bildet das durch eine Vielzahl von europäischen Richtlinien geprägte Lauterkeitsrecht des UWG. Dieses legt fest, in welchem Maße geschäftliche Handlungen, zu denen auch die Werbung zählt, als unlautere und somit unzulässige Praktiken zu bewerten sind. Im Kern geht es vor allem um die rechtliche Würdigung der Art und Weise der Gestaltung von Werbung.[980]

Unzulässig sind gem. § 3 Abs. 1 i.V.m. § 4 Nr. 3 UWG beispielsweise geschäftliche Handlungen, bei denen der Werbecharakter verschleiert wird. Daneben verbietet § 5 UWG das Werben mit unwahren Angaben oder mit solchen Angaben, die eine Täuschung bewirken können. Die Grenze für die Werbefreiheit bildet hier folglich die Wahrheit und Klarheit der Werbeaussagen. Vergleichende Werbung ist gem. § 6 UWG aufgrund einer verstärkten Informationswirkung für die Adressaten zulässig,

---

980 *Köhler*/Bornkamm, Einl. UWG, Rn. 6.12.

unterliegt jedoch engen Grenzen. Zulässig ist insbesondere nur die sachliche und wahrheitsgemäße vergleichende Werbung.

Die Regelungen des UWG sind durch den Bezugspunkt der geschäftlichen Handlung nicht auf bestimmte Mediengattungen begrenzt und somit medienunspezifisch. Die inhaltliche Gleichbehandlung führt auch zu gleichen Wettbewerbsbedingungen und hat mithin keinen Einfluss auf das Wettbewerbsverhältnis der Anbieter des Werberaums zueinander.

bb) Auswirkungen von Werbeverboten

Nicht für jedes Produkt darf frei und ohne Beschränkungen geworben werden. Deshalb bestehen neben den inhaltlichen und gestalterischen Einschränkungen in vielen Bereichen umfangreiche Werbeverbote. Es kann zwischen ausdrücklichen gesetzlichen Verboten und von der Rechtsprechung, beispielsweise aus dem Jugendschutz, gefolgerten Verboten unterschieden werden. Daneben besteht hinsichtlich der Werbeverbote eine umfangreiche Selbstregulierung der Werbewirtschaft.

(1) Gesetzliche Werbeverbote

Eines der am umfangreichsten geregelten Werbeverbote gilt für Tabakwaren. Das deutsche Recht ist aufgrund der Umsetzung der Richtlinien 2003/33/EG und 89/552/EWG entsprechend europarechtlich geprägt. Das frühere, umfassende Verbot für Werbung im Hörfunk und TV gem. § 22 Abs. 1 VTabakG a.F. ist nun aufgeteilt worden. Gem. § 21a Abs. 2 VTabakG besteht ein Verbot für Tabakerzeugnisse im Hörfunk und gem. § 21b Abs. 4 VTabakG ist die audiovisuelle Kommunikation, und somit auch die Fernsehwerbung, verboten.

Daneben besteht gem. § 21a Abs. 3 VTabakG ein Werbeverbot für die Printmedien bzw. gem. § 21a Abs. 4 VTabakG für den Online-Bereich. In beiden Fällen ist Werbung gem. § 21a Abs. 3 Nr. 3 lit a) VTabakG ausnahmsweise gestattet, wenn der redaktionelle Inhalt eines Mediums sich weit überwiegend mit Tabakprodukten befasst. Folglich ist Tabakwerbung nur in entsprechenden Fachzeitschriften erlaubt. Dies gilt aufgrund der umfassenden Verweisung des § 21a Abs. 4 ebenso für den Online-Bereich, wobei es aufgrund der freien Zugriffsmöglichkeiten der Internetnutzer oft zu einem Leerlauf der Norm kommt.[981] Filmvorstellungen in Kinos sind hingegen von diesem weitreichenden Verbot nicht erfasst. Aus Gründen des Jugendschutzes ist Tabakwerbung gem. § 11 Abs. 5 JuSchG nur bei Abend- und Spätvorstellungen nach 18.00 Uhr zulässig.

Das Verbot für Tabakwerbung gilt trotz der wenigen Ausnahmen nicht für jedes Medium gleichermaßen und ist daher medienspezifisch ausgestaltet. Die einzige wesentliche Ausnahme bildet die Kino-Werbung. Dennoch geht von den bestehenden Ausnahmen aufgrund der engen Grenzen und der Beschränkung auf Fachmedien

---

981 Erbs/Kohlhaas/*Rohnfelder/Freytag*, § 21a VTabakG, Rn. 10.

kein gesamteinheitlicher Wettbewerbsdruck aus, der zu einer Verzerrung der Marktverhältnisse führen kann.

Auch der Bereich des Glücksspiels gehört zu den klassischen Werbeverboten. Während gem. § 5 Abs. 5 GlüStV 2012 Werbung für unerlaubtes Glücksspiel zwingend und medienunspezifisch verboten ist, sieht § 5 Abs. 3 GlüStV 2012 für legales öffentliches Glücksspiel lediglich ein Verbot für das Fernsehen und das Internet vor. Dementsprechend ist Werbung nur in den Printmedien erlaubt. Hinsichtlich der Fernseh- und Internetwerbung besteht jedoch die Möglichkeit der landesspezifischen Genehmigung bestimmter Werbung gem. § 5 Abs. 3, 4 GlüStV. Gem. § 5 der Werberichtlinien der Länder zu § 5 Abs. 4 GlüStV wird hiervon umfassend Gebrauch gemacht und Werbung für bestimmte Glücksspielformen ermöglicht. Trotz der medienspezifischen Beschränkung lassen sich durch die weitgehende Freistellung keine unmittelbaren Auswirkungen auf das Wettbewerbsverhältnis feststellen.

Ein weiteres Beispiel für inhaltliche Werbeverbote findet sich im Heilmittelwerbegesetz. So ist gem. § 10 Abs. 1 HWG die Werbung für verschreibungspflichtige Arzneimittel nur gegenüber Ärzten, Apothekern oder bestimmten Arzneimittelhändlern zulässig. Es besteht ein weitreichendes Publikumswerbeverbot.[982] Schutzzweck dieses Werbeverbots ist es, zu verhindern, dass Verbraucher durch die Werbung zum Konsum veranlasst werden und gegebenenfalls bestimmte verschreibungspflichtige Medikamente von den Ärzten einfordern.[983] Das Verbot für verschreibungspflichtige Arzneimittel ist ebenso nicht auf bestimmte Mediengattungen beschränkt und damit medienunspezifisch. Auswirkungen auf das Wettbewerbsverhältnis der Medien zueinander sind daher nicht feststellbar.

Eine ebensolche medienunspezifische Beschränkung besteht mit den Werberestriktionen von bestimmten Berufsgruppen, wie Ärzten, Rechtsanwälten oder Steuerberatern. Diese sind durch eine Vielzahl von Regelungen in den Berufsordnungen hinsichtlich der Werbemöglichkeiten beschränkt.[984]

Die darüber hinaus bestehenden weiteren Einschränkungen der Werbemöglichkeiten sind, soweit ersichtlich, ebenfalls medienunspezifisch ausgestaltet. Im Ergebnis werden die Mediengattungen, bis auf wenige Ausnahmen, rechtlich gleichen Regelungen unterworfen, sodass sich hieraus nicht die Annahme unterschiedlicher Märkte ziehen lässt.

(2) Selbstregulierung der Werbewirtschaft

Neben diesen gesetzlichen Bestimmungen besteht für den Bereich der Werbung ein umfassendes System der Selbstregulierung. Die Werbewirtschaft legt sich autonom eigene Verhaltensregeln auf, die den Umgang mit Werbung in bestimmten Bereichen regeln sollen. Ein typisches Beispiel hierfür ist der Umgang mit Werbung für

982 Bülow/*Ring*/Artz/Brixius, § 10 HWG, Rn. 2.

983 Bülow/*Ring*/Artz/Brixius, § 10 HWG, Rn. 1.

984 Weiterführend: Kleine-Cosack, NJW 2013, 272, 273ff.

alkoholische Getränke. Oftmals erfolgt die Auferlegung solcher Verhaltensregeln jedoch nur mittelbar freiwillig, um strengere gesetzliche Regelungen zu vermeiden.[985]

Die Kontrolle dieser Verhaltensregeln erfolgt in Deutschland durch den Werberat. Dieser verfügt über keine staatlich legitimierten Sanktionierungsmöglichkeiten, kann allerdings durch die Aussprache von öffentlichen Rügen und dem damit drohenden Imageverlust die Einhaltung der Regelungen dennoch effektiv überwachen. Weiterhin orientiert sich auch die Rechtsprechung oftmals an den Verhaltensregeln, um über die Zulässigkeit von Werbemaßnahmen zu urteilen.[986]

Medienspezifische Besonderheiten, die eine rechtlich bedingte Unterscheidung von Märkten rechtfertigen könnten, sind im Rahmen der Selbstregulierung der Werbewirtschaft nicht ersichtlich.

b) Quantitative Begrenzungen

Neben der inhaltlichen und gestalterischen Bewertung von Werbemaßnahmen, bestehen insbesondere im Rundfunkwerberecht quantitative Beschränkungen, die unmittelbar die Angebotsmenge von Werberaum betreffen und daher wettbewerbsrelevant in Erscheinung treten können. Die entsprechenden Regelungen sind zum Teil europarechtlich durch Art. 23 Abs. 1 AVMD-Richtlinie[987] vorgegeben.

Im Gegensatz zu Printmedien besteht im Falle des Rundfunks eine Werbehöchstmengengrenze.[988] Hierbei muss zwischen den öffentlich-rechtlichen und den privaten Sendern sowie zwischen Fernsehen und Hörfunk unterschieden werden. Gem. § 16 Abs. 1 S. 1 RStV dürfen ARD und ZDF werktäglich im Jahresdurchschnitt die Grenze von 20 Minuten Werbung im Fernsehen nicht überschreiten. An Sonntagen und nach 20.00 Uhr ist Werbung darüber hinaus gem. § 16 Abs. 1 S. 4 RStV überhaupt nicht gestattet. Weiterhin ist Werbung in den übrigen bundesweiten Digitalprogrammen von ARD und ZDF und den Dritten Programmen gem. § 16 Abs. 2 RStV nicht gestattet. Abschließend sieht § 16 Abs. 3 RStV vor, dass lediglich 20 Prozent und somit zwölf Minuten einer Stunde Sendezeit mit Werbung belegt sein dürfen. Dies verhindert die Ballung der Gesamtwerbemenge zu bestimmten Zeiten. Für den Hörfunk sieht § 16 Abs. 5 RStV für Werktage einen Jahresdurchschnitt von durchschnittlich 90 Minuten vor.

Anders gestaltet sich die Situation für das Privatfernsehen. Eine gesetzlich vorgeschriebene Werbehöchstmenge besteht nicht. § 45 Abs. 1 RStV schreibt lediglich ebenfalls eine Begrenzung auf maximal zwölf Minuten Spot-Werbung pro Stunde

985 Schweiger/Schrattenecker, S. 409.

986 Schweiger/Schrattenecker, S. 409.

987 Richtlinie 2010/13/EU vom 10.3.2010 zur Koordinierung bestimmter Rechts- und Verwaltungsvorschriften der Mitgliedstaaten über die Bereitstellung audiovisueller Mediendienste.

988 Wandtke/Ohst/*Castendyk*, Kapitel 4, § 1, Rn. 12; Hahn/Vesting/*Ladeur*, § 16 RStV, Rn. 5.

wie im öffentlich-rechtlichen Bereich vor.[989] Insgesamt hat diese Regelung mittelbar eine rechnerische Höchstmenge von 4,8h Werbung pro Tag zur Folge.

Der Rundfunkstaatsvertrag sieht neben diesen Mengenbegrenzungen auch eine Regelung für den Umgang mit Werbeunterbrechungen vor. Gem. § 7a Abs. 1 RStV dürfen mit Ausnahme von Übertragungen von Gottesdiensten und Sendungen für Kinder alle Formate durch Werbepausen unterbrochen werden. Die Anzahl der Unterbrechungen ist nicht vorgeschrieben. Einen Sonderfall bilden Filme und Nachrichtensendungen. Gem. § 7a Abs. 3 dürfen diese pro 30 Minuten Laufzeit nur einmal für Werbung unterbrochen werden.[990]

Ebenfalls durch den Rundfunkstaatsvertrag geregelt sind werberechtliche Beschränkungen für Telemedien und somit insbesondere für die Online-Werbung. Anders als im Fernsehen bestehen hingegen keine mengenmäßigen Beschränkungen. Auch für die mit dem Fernsehen vergleichbaren audiovisuellen Mediendienste auf Abruf – wie beispielsweise VoD-Angebote – gelten gem. § 58 Abs. 3 RStV die allgemeinen Werbegrundsätze und keine quantitativen Beschränkungen. Lediglich für bestimmte Bezahlangebote im Sinne von § 2 Abs. 3 Nr. 5 wie Pay-per-View gilt gem. § 45 RStV die gleiche Unterbrechungsregel wie für das private Fernsehen. Oftmals sind diese Angebote aufgrund der Zahlung ohnehin werbefrei ausgestaltet, sodass insgesamt gesehen kaum nennenswerte Beschränkungen bestehen.

Die beispielhaften Unterschiede zwischen den öffentlich-rechtlichen und den privaten Fernsehsendern hinsichtlich der Werbehöchstmengen verdeutlichen, dass durch die rechtliche Regulierung auch die tatsächlichen Marktverhältnisse betroffen sind. Die unterschiedliche Verfügbarkeit von Werberaum kann daher als Anhaltspunkt für divergierende Marktverhältnisse dienen.

c) Auswirkungen auf das Wettbewerbsverhältnis der Mediengattungen – Fazit

Die qualitativen Werbebeschränkungen sind nur in einem sehr geringen Maße geeignet, unterschiedliche Wettbewerbsverhältnisse zu begründen. Im Gegensatz dazu führen die quantitativen Begrenzungen des Rundfunkstaatsvertrages zu einer Beeinflussung des Wettbewerbs.

Im Gegensatz zum Fernsehen und Radio, unterliegt der Print- und Online-Bereich keinen Begrenzungen. Bei der Fernsehwerbung muss zudem zwischen den öffentlich-rechtlichen Sendern mit einer effektiven Höchstdauer von 20min pro Werktag und den privaten Sendern, die auf eine effektive Grenze von 4,8h pro Tag kommen, unterschieden werden. Die rechtliche Beschränkung des Werberaums wirkt sich unmittelbar auf die Verfügbarkeit und somit das Angebot aus.

Unter ökonomischen Gesichtspunkten kann sich die Begrenzung des Werberaums für die Fernsehanbieter durchaus positiv erweisen. Die künstliche Verknappung des Angebots führt bei großer Nachfrage zu höheren Preisen und somit zu gesteigerten Unternehmensumsätzen. Die Sonderbehandlung hat eine Verzerrung

989 Wandtke/Ohst/*Castendyk*, Kapitel 4, § 3, Rn. 140.
990 Vgl. Wandtke/Ohst/*Castendyk*, Kapitel 4, § 3, Rn. 143f.

des intermedialen Wettbewerbs zur Folge. Insbesondere gegenüber dem Internet, bei dem Werbung mit vergleichbaren Werbemitteln im Rahmen von VoD-Angeboten unbegrenzt möglich ist, kann sich diese Begrenzung zukünftig als ökonomisch nachteilig erweisen.

Für die Marktabgrenzung selbst sind die quantitativen Begrenzungen von eher untergeordneter Natur. Die Begrenzung des Werberaums wirkt sich aufgrund der Kopplung mit der Nachfrage zunächst lediglich auf den Preis aus. Da es bei der inhaltlichen Regulierung an Unterschieden fehlt, kann diesbezüglich in jedem Medium für die gleichen Produkte geworben werden. Es kommt somit nicht zu der einseitigen Belegung bestimmter Medien durch die Anbieter betroffener Produkte. Insgesamt unterliegen die Mediengattungen einer umfassenden rechtlichen Regulierung, die sich in engen Grenzen auf die Wettbewerbsbedingungen, jedoch weniger auf die Marktabgrenzung an sich auswirkt.

5. *Auswirkungen eines Gesamtwerbemarktes auf die fusionsrechtliche Bewertung von medienübergreifenden Zusammenschlussvorhaben*

Fraglich ist, inwiefern sich die Annahme eines Gesamtwerbemarktes auf die fusionsrechtliche Beurteilung medienübergreifender Zusammenschlussvorhaben insgesamt auswirkt.

Die Annahme eines einheitlichen Werbemarktes würde zunächst zu einer nicht unerheblichen Verschiebung der bisherigen Marktanteilsverhältnisse führen. Gegenwärtig können die jeweiligen Mediengattungsmärkte als enge Oligopole, oder wie im Bereich des werbefinanzierten Fernsehens als Duopole, bewertet werden.[991] Eine gesamtheitliche Betrachtung würde stattdessen zu einem erweiterten Oligopol führen. Die Marktanteile würden im Vergleich zu den Einzelmärkten insgesamt gesehen abnehmen, da mehr Unternehmen als zuvor am selben Markt auftreten.

Nach der traditionellen Marktabgrenzung ist ein externes horizontales Unternehmenswachstum innerhalb eines Medienmarktes nur in Ausnahmefällen, wie beispielsweise durch Sanierungsfusionen, zu realisieren.[992] Dagegen sind insbesondere die hier im Vordergrund stehenden medienübergreifenden Zusammenschlüsse leichter umzusetzen, da es nicht unmittelbar zu einer Begründung oder Verstärkung einer marktbeherrschenden Stellung kommt und die erhebliche Behinderung des Wettbewerbs nur durch andere Faktoren wie unilaterale Effekte begründet werden kann.[993]

Die Annahme eines Gesamtwerbemarktes wandelt die vormals konglomeraten Zusammenschlüsse zu horizontalen Zusammenschlüssen um. Die Realisierbarkeit einzelner Zusammenschlüsse lässt sich unter diesen neuen Bedingungen schwerlich abstrakt beurteilen. Zwar dürften die Marktanteile der beteiligten Unternehmen

---

991 Vgl. Wirtz, S. 189ff., 391ff.

992 Vgl. oben 1. Teil B. und zur Sanierungsfusion speziell 2. Teil C. III. 2. d).

993 Vgl. zu den unilateralen Effekten bei medienübergreifenden Zusammenschlussvorhaben oben 2. Teil C. III. 2. a).

insgesamt deutlich niedriger liegen als bei Einzelmärkten, fraglich ist jedoch, ob die Vermutungsgrenze für die Marktbeherrschung, die seit der 8. GWB-Novelle gem. § 18 Abs. 4 GWB nun 40 Prozent beträgt, erreicht werden kann. Insbesondere bei Zusammenschlüssen zwischen den großen Verlagshäusern oder den beiden großen Fernsehsendergruppen dürfte die Grenze wohl weiterhin schnell erreicht sein.

Insgesamt betrachtet werden auf der einen Seite ehemals horizontale Zusammenschlüsse tendenziell erleichtert, während konglomerate Zusammenschlüsse der Tendenz nach erschwert werden. Letztlich dürften die Marktanteile vieler Beteiligten jedoch auch nach einem etwaigen Zusammenschluss noch deutlich von den 40 Prozent entfernt sein. Im Ergebnis sind die fusionsrechtlichen Folgen der Annahme eines Gesamtwerbemarktes daher übersichtlich und nicht so weitgehend, wie die Vehemenz, mit der ein solcher Markt abgelehnt wird, vermuten lässt.

Zusätzlich muss beachtet werden, dass konglomerate Fusionen nach dem derzeitigen Stand der Entscheidungspraxis das einzige praktikable Mittel für externes Unternehmenswachstum darstellen und entsprechend in der Praxis genutzt werden. Wie bereits oben dargestellt, muss mittelfristig somit ohnehin von wenigen medienübergreifend aufgestellten Anbietern ausgegangen werden. Dies führt im Rahmen der fusionskontrollrechtlichen Marktabgrenzung zur Notwendigkeit einer umfassenden Betrachtung aller relevanten Werbemärkte und gegebenenfalls zu einem völligen Ausschluss des externen, auf den Werbemarkt bezogenen Wachstums.

II. Fazit und Diskussion

Die Ablehnung eines Gesamtwerbemarktes wird oftmals damit begründet, dass eine echte Austauschbarkeit nur innerhalb der jeweiligen Mediengattung zu erzielen sei.[994] In Hinblick auf die dargestellte Kritik an der intramedialen Entscheidungspraxis muss die so begründete Ablehnung des Gesamtwerbemarktes zurückgewiesen werden.[995] Beschränkt sich die Beurteilung der Marktverhältnisse auf die Erzielung einer identischen Werbewirkung, so wird man auch innerhalb einer Mediengattung nur schwerlich vergleichbare Ergebnisse finden können. Insofern ist der Verweis auf intramedial homogene Märkte nicht sachgerecht und irreführend.

Insgesamt bestehen bei der nachfrageorientierten Betrachtung der Marktverhältnisse erhebliche Unsicherheiten. Es kann in diesem Zusammenhang festgehalten werden, dass es an einem „quantifizierbaren Maßstab“ zur Vereinheitlichung der Auswahlentscheidung fehlt.[996]

Aus einer rein nachfrageorientierten Sichtweise kann trotz der Konvergenzentwicklung wegen der bestehenden Unterschiede nicht von einer umfassenden Austauschbarkeit ausgegangen werden. Die realen Marktverhältnisse orientieren sich nicht an den hergebrachten, ausschließlich mediengattungsbezogenen Grenzen

994 Stellvertretend Tschon, S. 231.
995 Vgl. zur intramedialen Entscheidungspraxis oben 3. Teil C.
996 So zu Recht Spieler, S. 187ff.

zwischen den verschiedenen Mediengattungen. Stattdessen bestehen im Einzelfall vielzählige, partielle und medienübergreifende Substitutionsbeziehungen. Eine Abstrahierung dieses Umstands ist mangels eines einheitlichen Maßstabs nicht möglich.[997]

Die Berücksichtigung der Unternehmenssichtweise deutet hingegen tendenziell auf eine gesamtheitliche Konkurrenzsituation zwischen den verschiedenen Anbietern von Werberaum hin. Insgesamt kann dieser Eindruck die Einschränkungen, die aufgrund der Nachfragesubstitution zu beachten sind, nicht überwiegen.

Im Ergebnis entspricht die Annahme eines Gesamtwerbemarktes nicht den tatsächlichen Marktgegebenheiten. Es ist insoweit zwar von medienübergreifenden, aber lediglich partiellen Austauschbeziehungen auszugehen. Dies führt dazu, dass der gegenseitige Handlungsspielraum von Unternehmen nicht in jedem Fall begrenzt wird. Ein umfassender Gesamtwerbemarkt würde in diesem Zusammenhang zu einer unangemessen hohen Kontrolldichte führen. Unternehmen, deren Handlungsspielraum mangels Austauschbarkeit der Produkte nicht beschränkt wird, würden zu Unrecht in einen gemeinsamen Markt mit anderen Unternehmen einbezogen. Dabei gilt es zu beachten, dass aufgrund der mehrheitlich multimedial aufgestellten Unternehmen ohnehin eine umfassende Würdigung aller Marktverhältnisse erforderlich sein kann. In diesem Fall könnte sich die Annahme eines Gesamtwerbemarktes zukünftig als praktikabel erweisen.

Mangels empirischer Erkenntnisse lässt sich weder die Annahme eines Gesamtwerbemarktes noch die Ablehnung eines solchen zweifelsfrei belegen. An dieser Stelle zeigen sich erneut die Schwierigkeiten, die mit den unterschiedlichen Marktabgrenzungskonzepten einhergehen. Eine Erfassung der komplexen Marktverhältnisse ist aufgrund enger methodischer Grenzen nur schwerlich möglich. Vor dem Hintergrund der immensen praktischen und methodischen Probleme, die mit der Marktabgrenzung im Bereich der Medien bzw. der Werbemärkte einhergehen, muss deshalb die Frage gestellt werden, ob eine sachgerechte Kontrolle überhaupt noch eine Marktabgrenzung erfordert.

C. Fusionskontrolle ohne eigenständige Marktabgrenzung

Obwohl der Marktabgrenzung in der Praxis nach wie vor eine Schlüsselrolle in der materiellen Bewertung von Zusammenschlüssen zukommt, ist eine solche gesetzlich nicht zwingend erforderlich. Durch die Einführung des SIEC-Tests[998] mit der 8. GWB-Novelle und der damit stattfindenden Abkehr vom strukturorientierten Marktbeherrschungstest, besteht nun nicht nur im europäischen, sondern auch im deutschen Recht die Möglichkeit zur indirekten, d. h. marktabgrenzungsfreien, Erfassung der relevanten Wettbewerbsverhältnisse. Die neue Formulierung von § 36 Abs. 1 GWB setzt als Untersagungskriterium die erhebliche Behinderung wirksamen Wettbewerbs

997 Vgl. dazu oben 4. Teil A. I.

998 Vgl. zu den Details oben: 2. Teil C. III. 1.

und nicht mehr das Entstehen oder Verstärken einer marktbeherrschenden Stellung voraus. Während mit der alten Formulierung die vorherige Präzisierung des relevanten Marktes zur Bewertung einer marktbeherrschenden Stellung dem Wortlaut nach als erforderlich angesehen werden konnte, ist dies für Fusionsvorhaben nach der neuen Rechtslage nicht mehr erforderlich, da sich die Behinderung wirksamen Wettbewerbs wesentlich vielgestaltiger zeigen kann.

Aus diesem Grund wird in der Literatur vermehrt die Möglichkeit angeführt, in bestimmten Fällen vollkommen auf eine Marktabgrenzung im klassischen Sinne zu verzichten. Stattdessen sollen die Auswirkungen auf die Wettbewerbssituation, und insbesondere die bei konglomeraten Zusammenschlüssen relevanten nichtkoordinierten Effekte, direkt erfasst werden.[999] Zur sachgerechten Beurteilung bedarf es der Feststellung des Näheverhältnisses zweier heterogener Produkte.[1000] Richtigerweise stellt sich deshalb die Frage, ob die Marktabgrenzung im Fusionskontrollverfahren zukünftig entbehrlich ist.[1001] Insbesondere die europäische Praxis zeigt durch die in den meisten Fällen weiterhin vorgenommene Abgrenzung des relevanten Marktes, dass trotz jahrelangen Bestehens des SIEC-Tests ein Verzicht auf die Marktabgrenzung nicht zwingend ist.

Vor dem Hintergrund des bei differenzierten Produkten wie dem Werberaum an die methodischen Grenzen stoßenden Bedarfsmarktkonzepts, kann dies jedoch eine denkbare Lösung darstellen. Um Schutzlücken zu vermeiden setzt dies alternative methodische Verfahrensweisen zur wirksamen und sachgerechten Kontrolle von Zusammenschlussvorhaben voraus.

I. Lerner-Index und Vergleichsmarktanalyse

Einen ersten Anhaltspunkt für die direkte Ermittlung von Marktmacht kann der Lerner-Index liefern.[1002] Basierend auf der Annahme, dass der Preis eines Produktes bei vollkommenem Wettbewerb den Grenzkosten entspricht, kann mithilfe des Lerner-Index die relative Preissetzungsmacht eines Unternehmens dargestellt werden. Je höher der ermittelte Wert ausfällt, desto höhere Preise im Verhältnis zu den Grenzkosten kann ein Unternehmen der Theorie nach am Markt durchsetzen. Dies ermöglicht mithin Rückschlüsse auf die Marktmacht im Allgemeinen.[1003]

Während der Marktpreis eines Produkts relativ leicht zu bestimmen ist, bestehen hinsichtlich der Grenzkosten erhebliche praktische Probleme bei der Bestimmung. Dies führt dazu, dass der Lerner-Index nur schwerlich als tauglicher Maßstab zur Bestimmung von Marktmacht dienen kann.[1004] Als möglicher Ausweg wird deshalb

999 Vgl. beispielsweise: Esser/Höft, NZKart 2013, 447, 452f.; Zimmer, WuW 2013, 928, 932ff.; Johnson, WuW 2013, 1177, 1182f.

1000 Ewald, WuW 2014, 261, 270.

1001 So schon Zimmer, WuW 2013, 928, 928.

1002 Vgl. Lerner, The Review of Economic Studies, Vol. 1, No. 3, 157–175.

1003 Schwalbe/Zimmer, S. 70f.

1004 Schwalbe/Zimmer, S. 70f.; Zimmer, in: FS Huber, 1173, 1174.

die zusätzliche Durchführung einer Vergleichsmarktanalyse vorgeschlagen, die jedoch in der Praxis an passenden Vergleichsobjekten scheitert.[1005]

Daneben lässt der Lerner-Index auch andere Einflüsse auf den Markt, wie beispielsweise hohe Zutrittsschranken oder andere unvollkommene Wettbewerbsbedingungen, unberücksichtigt.[1006] Vor allem in Hinblick auf die im Rahmen der Fusionskontrolle notwendige Prognose ergeben sich zudem Probleme mit dem Datenmaterial, das nur Aussagen über vergangene oder gegenwärtige Umstände, nicht jedoch über zukünftige Umstände zulässt.[1007] Insgesamt gewährleistet der Lerner-Index keine wirksame und sachgerechte Beurteilung der Auswirkungen eines Zusammenschlussvorhabens.

II. Der Upward-Pricing-Pressure-Test (UPP-Test)

Eine vielversprechende Vorgehensweise stellt des Weiteren der im Wesentlichen von US-Ökonomen entwickelte „Upward-Pricing-Pressure"-Test (UPP) dar.[1008] Das Verfahren zeichnet sich sowohl konzeptionell als auch mathematisch durch eine leichte Verständlichkeit aus und ist insbesondere zur Feststellung nicht-koordinierter Effekte bei horizontalen Zusammenschlüssen geeignet. Zu diesem Zweck ist der UPP-Test auch in die US-amerikanischen Horizontal Merger Guidelines von 2010 aufgenommen worden.[1009] In der Zwischenzeit ist auch in der europäischen Praxis in vereinzelten Verfahren auf das UPP-Verfahren zurückgegriffen worden.[1010]

1. Theoretische Ausgestaltung des Konzepts

Auf konzeptioneller Ebene wird der namensgebende Preissteigerungsdruck der am Zusammenschluss beteiligten Unternehmen als Maßstab zur Bestimmung der nicht-koordinierten Zusammenschlusseffekte verwendet. Stark vereinfacht wird in dem Konzept davon ausgegangen, dass Preiserhöhungen für Unternehmen vor allem dann rentabel sind, wenn die Preissteigerung den Nachfrageverlust durch Kunden, die auf andere Produkte bzw. Unternehmen ausweichen, kompensieren kann. Kommt es zu einem Zusammenschluss zwischen zwei Unternehmen, deren Produkte jeweils als Ausweichoptionen füreinander in Betracht kommen, kann ein Teil des preissteigerungsbedingten Nachfrageverlusts im Zusammenschluss behalten und aufgefangen werden. Je größer die Wechselbereitschaft zu den Produkten des Zusammenschlussziels ist, desto höher ist der Anreiz zur Preissteigerung für

1005 Schwalbe/Zimmer, S. 71.
1006 Elzinga/Mills, American Economic Review, Vol. 101, No. 3, 558–564.
1007 Zimmer, in: FS Huber, 1173, 1174.
1008 Farrell/Shapiro, The B. E. Journal of Theoretical Economics, Vol. 10, Iss. 1, Art. 9.
1009 DoJ/FTC, Horizontal Merger Guidelines vom 19.8.2010, S. 20ff. http://www.justice.gov/atr/public/guidelines/hmg-2010.pdf zuletzt abgerufen am 14.6.2015.
1010 Vgl. bspw. das Verfahren, Kommission, Entsch. v. 27.7.2007, COMP/M.4439 – Ryanair/Aer Lingus.

das andere Unternehmen, da die Verluste entsprechend kompensiert werden können. Dieses Wechselverhalten wird in dem Test-Verfahren mit einer sogenannten Umlenkungskennziffer umschrieben.[1011]

Der Anreiz, den Preis nach einem solchen Zusammenschluss zu erhöhen, ist nicht nur von der Höhe der aufgefangenen Nachfrageverluste, sondern auch vom Gewinn, den das Zusammenschlussziel mit seinem Produkt erzielt, abhängig. Je höher die entsprechende Marge ausfällt, desto lohnenswerter erscheint eine Preiserhöhung, um einen Produktwechsel seitens der Kunden herbeizuführen.[1012]

Dieses Grundmodell des UPP ist mehrfach modifiziert und weiterentwickelt worden. Zum einen wird ergänzend die Möglichkeit einer Preissteigerung durch das Zielunternehmen des Zusammenschlusses berücksichtigt. Zum anderen werden mögliche Effizienzgewinne, die an die Abnehmer des Produkts weitergegeben werden können und somit den Preiserhöhungsdruck senken, in die Berechnung einbezogen.[1013]

Es lässt sich festhalten, dass die ökonomischen Grundlagen der Preiserhöhungsdruck-Konzepte sich nicht wesentlich von denen des Bedarfsmarktkonzeptes unterscheiden. Auch die neuen Konzepte basieren im Grundsatz auf dem Ausweichverhalten von Kunden bei Preiserhöhungen und somit im Kern auf der Austauschbarkeit von verschiedenen Produkten. Anders als im Rahmen der Marktabgrenzung kommt es jedoch nicht zu einer unmittelbaren Gegenüberstellung der jeweiligen Eigenschaften. Stattdessen wird versucht, die stattfindenden Austauschprozesse konkret auf Basis von Daten zu erfassen und nicht durch Annahmen zu simulieren. Auf diese Weise wird der Erkenntnisvorgang objektiviert und von Wertungen im Einzelfall entkoppelt.

2. Praktische Anwendbarkeit und Tauglichkeit für die wettbewerbliche Beurteilung von Medienmärkten

Es stellt sich die Frage, ob mithilfe des UPP-Tests auch im Fall der Werbemärkte eine sachgerechte Beurteilung der Zusammenschlüsse möglich ist. In Gegenüberstellung mit dem Bedarfsmarktkonzept ist dies insbesondere dann der Fall, wenn der UPP-Test eine Lösung für die aufgezeigten Umsetzungshindernisse und Problemfelder darstellt.

a) Differenzierte Produkte und partielle Substitutionsbeziehungen

Die größten Probleme des Bedarfsmarktkonzeptes bestehen beim Umgang mit differenzierten Produktgruppen und partiellen Substitutionsbeziehungen. Differenzierte

---

1011 Vgl. ausführlicher und mathematisch begründet: Zimmer, WuW 2013, 928, 934; Johnson, WuW 2013, 1177, 1183.; ebenso Farrell/Shapiro, The B. E. Journal of Theoretical Economics 2010, Vol. 10, Iss. 1, Art. 9, S. 6ff.; Epstein/Rubinfeld, The B. E. Journal of Theoretical Economics 2010, Vol. 10, Iss. 1, Art. 21, S. 2ff.

1012 Zimmer, WuW 2013, 928, 934.

1013 Zimmer, WuW 2013, 928, 934f.

Produkte weisen eine Vielzahl unterschiedlicher Eigenschaften auf, die trotz der Nähe der Produkte gegen eine vollständige Austauschbarkeit sprechen. Dies führt im Rahmen des Bedarfsmarktkonzeptes zur Annahme von Kleinstmärkten, die eine praktische Beurteilung des Sachverhalts unmöglich machen. Darüber hinaus sind die differenzierten Produkte im Einzelfall nicht im gleichen Maße miteinander austauschbar. Eine bloß partielle Zuordnung zu bestehenden Märkten ist im Rahmen des Bedarfsmarktkonzeptes jedoch nicht möglich. Dies führt zwangsläufig dazu, dass die realen Marktverhältnisse nicht sachgerecht widergespiegelt werden können.[1014]

Für die Beurteilung nach dem UPP-Verfahren ist eine methodische Gegenüberstellung der Eigenschaften vor dem Hintergrund der Austauschbarkeit nicht erforderlich. Stattdessen werden mit der Umlenkungskennziffer die tatsächlich stattfindenden Austauschprozesse aufgegriffen. Zur Bestimmung der erforderlichen Umlenkungskennziffer sind jedoch ebenfalls Informationen über konkrete Substitutionsprozesse notwendig. Diese können unter anderem durch Marktumfeldbefragungen gewonnen werden und sind damit anfällig für subjektive Fehleinschätzungen. Das Problem der eigenschaftsbezogenen Bewertung der Austauschbarkeit wird dadurch nicht vollständig umgangen, sondern lediglich auf eine andere Stufe verlagert. Das UPP-Verfahren führt zu einer nur vermeintlichen Objektivierung des Analyseprozesses. Die ermittelten Ergebnisse sind vor allem von der Datenqualität abhängig.[1015]

Hinsichtlich der sachgerechten Einbeziehung partieller Substitutionsprozesse erweist sich das UPP-Verfahren hingegen als besonders geeignet. Im Gegensatz zu den marktabgrenzungsbezogenen Bewertungsverfahren ist eine konkrete Zuordnung der betroffenen Produkte zu einer Marktstruktur und einer darauf folgenden Betrachtung der Marktanteile zur Bewertung der Zusammenschlussfolgen nicht erforderlich. Stattdessen wird das Näheverhältnis der untersuchten Produkte als Bewertungsgrundlage für die zu befürchtenden unilateralen Effekte des Zusammenschlusses herangezogen.[1016] Dieses stellt vor allem im Fall differenzierter und heterogener Produktgruppen einen brauchbaren Bewertungsmaßstab dar, da auf die unmittelbare Reaktion der Konsumenten und somit die unmittelbaren Auswirkungen auf das Wettbewerbsverhalten zurückgegriffen wird. Im Gegensatz zur Analyse der Marktanteile, die nicht zwingend den Wettbewerbsdruck abbilden können, ist so eine konkrete Abschätzung der Folgen möglich.[1017]

Das UPP-Verfahren ermöglicht eine individuelle Bewertung partieller Substitutionsbeziehungen. Produkte werden nicht zwangsweise Märkten zugeordnet, sondern einer realitätsbezogenen und abgestuften Bewertung zugeführt. Aus diesem Grund eignet sich das UPP-Verfahren auch besonders zur Beurteilung der zusammenschlussbedingten Folgen auf den Werbemärkten.

1014 Vgl. ausführlicher zur Kritik am Bedarfsmarktkonzept oben 3. Teil E.

1015 Vgl. Hildebrand, WuW 2005, 513, 514 m.w.N. für ökonomische Methoden im Allgemeinen; Zum Einfluss subjektiver Faktoren auch unten: 4. Teil C. II. 3.

1016 Johnson, WuW 2013, 1177, 1180 mit Beispiel.

1017 Vgl. Johnson, WuW 2013, 1177, 1180ff.

b) Mehrseitige Marktstrukturen

Zur vollständigen Erfassung der relevanten Wettbewerbsverhältnisse müssen neben dem Umgang mit differenzierten Produkten die bestehenden Netzwerkeffekte im Rahmen der Werbemärkte durch den UPP-Test berücksichtigt werden. Die interdependente Verknüpfung des Werbe- und Trägermarktes hat unmittelbare Auswirkungen auf den Preissteigerungsdruck und somit auf die Marktmacht eines Unternehmens. Anders als bei einseitigen Märkten lässt sich der Anreiz zur Preissteigerung nicht durch die bloße Umlenkungskennziffer eines Produkts umschreiben. So kann die Verringerung der Nachfrage auf einem Markt, die unter Umständen durch einen Zugewinn der Nachfrage beim Zusammenschlussziel aufgefangen werden kann, auch zu einem Nachfragerückgang bzw. einer Kundenwanderung auf dem verknüpften Markt führen.

Es sind Situationen denkbar, in denen ein auf ein Produkt bezogener Preissteigerungsanreiz durch nicht auffangbare Verluste auf einem interdependent verknüpften Markt abgeschwächt oder, wenn diese Verluste ebenfalls internalisiert werden können, sogar noch zusätzlich verstärkt werden kann.[1018] Unter Umständen kann dies zu einer Verschleierung der tatsächlichen Marktmacht führen und in letzter Konsequenz eine nicht sachgerechte regulative Beurteilung der Zusammenschlussfolgen nach sich ziehen, die es zu vermeiden gilt.

In seiner Grundausrichtung ist auch der UPP-Test auf eine einzelne Austauschbeziehung ausgerichtet. Mehrseitige Marktverhältnisse können somit ein Problem darstellen. In der ökonomischen Literatur wurde jedoch eine Anpassung der UPP-Formel vorgenommen. Durch eine mathematische Erweiterung der ursprünglichen Formel können auch verknüpfte Austauschbeziehungen mit in die Bewertung einbezogen werden.[1019] Dies ermöglicht, die aufgezeigten Wechselwirkungen entsprechend zu berücksichtigen und so eine sachgerechte Analyse der Zusammenschlussfolgen anzufertigen. Die mehrseitigen medialen Austauschbeziehungen können somit im Ergebnis im UPP-Verfahren abgebildet werden, sodass diesbezüglich keine Einschränkungen an der Praktikabilität bestehen.

c) Berücksichtigung dynamischer Marktverhältnisse

Darüber hinaus muss der UPP-Test auch praktikabel und sachgerecht bei sich wandelnden Marktverhältnissen, wie sie beispielsweise durch die fortschreitende Konvergenz im Mediensektor bestehen, anwendbar sein. Durch die Bestimmung und Festlegung der Umlenkungskennziffer kann mit dem UPP-Test nur eine Momentaufnahme bewertet werden. Im Grundsatz bestehen somit ähnliche Probleme hinsichtlich der zu erbringenden Prognose wie bei der Marktabgrenzung fort. Im Gegensatz zu der Beurteilung der Austauschbarkeit kann jedoch keine Prognose

---

1018 Vgl. am Beispiel des Zeitungsmarktes, Affeldt/Filistrucchi/Klein, The Economic Journal, 2013, Vol. 123(572), S. F505, F506.

1019 Vgl. für eine ausführliche (auch mathematische) Darstellung: Affeldt/Filistrucchi/Klein, The Economic Journal, 2013, Vol. 123(572), S. F505, F510ff.

über die zukünftigen Marktverhältnisse abgegeben werden. Absehbare Entwicklungen müssen sich unmittelbar in der Umlenkungskennziffer niederschlagen, um einen Einfluss auf das Ergebnis zu haben.

Da das Ergebnis des UPP-Tests nur die Folge der verwendeten Zahlen ist, kann eine Berücksichtigung zukünftiger Entwicklungen nur durch die erneute Durchführung des Testverfahrens gewährleistet werden. Bestehende Unsicherheiten über die weitere Entwicklung des Marktes lassen sich nur schwerlich in den Umlenkungskennziffern ausdrücken und somit in der Berechnung berücksichtigen. Eine Berücksichtigung des für das Fusionskontrollverfahren geforderten „prognostizierenden Elements" ist selbst auf Basis der aktuellsten Daten nicht möglich.[1020] Dies macht im Ergebnis einen weiteren Kontrollschritt notwendig, der die erzielten Ergebnisse unter dem Gesichtspunkt der Zukunftsfähigkeit überprüft. Dabei müssen insbesondere sich erst entwickelnde Märkte geschützt werden.

Hinsichtlich der Berücksichtigung zukünftigen Wettbewerbs erweist sich das UPP-Testverfahren somit nicht als praktikabel. Es muss jedoch beachtet werden, dass die erforderliche Prognose bei der Beurteilung der Zusammenschlussfolgen durch weiterführende Überlegungen außerhalb des UPP-Tests ergänzt werden kann. Dennoch liegt in diesem Punkt eine der größten Schwachstellen des UPP-Tests.

3. Gesamtbewertung des UPP-Verfahrens

Die vorangegangene Analyse hat gezeigt, dass das UPP-Konzept und seine Modifikationen in der Theorie geeignet sind, um die fusionsbedingten Auswirkungen eines Zusammenschlusses auch im Bereich der Werbemärkte zu erfassen. Der Preissteigerungsdruck erweist sich bei stark zersplitterten Produktmärkten wie den Werbemärkten als echte Alternative zur Marktabgrenzung. Insbesondere die Probleme, die bei der Eigenschaftsgegenüberstellung durch das Hybridmedium Internet entstehen, können mittels dieses Test-Verfahrens vermieden werden. Das UPP-Verfahren ermöglicht zudem die sachgerechte Beurteilung partieller Austauschbeziehungen, da eine endgültige Zuordnung zu bestimmten Märkten nicht erforderlich ist. Daneben ermöglicht das Konzept die vollständige Berücksichtigung der Auswirkungen mehrseitiger Marktverhältnisse auf die Preisbildung und eignet sich damit besonders für die Beurteilung medialer Zusammenschlussvorhaben.

Die Überprüfung der Praktikabilität des UPP-Testverfahrens zeigt jedoch einige Schwachstellen der Konzeption auf. Zunächst bestehen nicht zu unterschätzende Probleme bei der Feststellung und dem Umgang mit den für das Verfahren notwendigen Daten. Die im Rahmen des Bedarfsmarktkonzeptes methodisch nicht sachgerecht zu beantwortende Frage der Austauschbarkeit differenzierter Produkte wird auch im UPP-Verfahren nur scheinbar gelöst. Zur Bestimmung der erforderlichen Umlenkungskennziffern sind ebenfalls detaillierte Kenntnisse und Feststellungen über konkrete Austauschprozesse erforderlich. Der Vorteil des UPP-Tests besteht

1020 So auch Zimmer, in: FS Huber, 1173, 1174. für direkte Methoden im Allgemeinen.

insofern darin, dass eine feinstufigere Abgrenzung bei partiellen Austauschbeziehungen möglich ist.

Als Folgeproblem hieraus ergibt sich die Frage nach der Einholung und Feststellung der benötigten Daten.[1021] Als mögliche Wege hierfür kommen unter anderem Umfeldbefragungen und Marktanalysen in Betracht.[1022] Die so erlangten Ergebnisse sind jedoch keineswegs objektive Daten. Sie können durch mögliche subjektive Fehleinschätzungen verfälscht werden und so unsachgerechte Testergebnisse produzieren. Der objektive Schein eines mathematischen Verfahrens wird durch die Subjektivität der verwendeten Daten konterkariert. Das Problem der Subjektivität der Markteinschätzung, das bereits eine Marktabgrenzung erschwert, besteht somit fort. Durch aufwendige und umfangreiche Datenerhebungen lässt sich ein gewisser Grad an Verlässlichkeit erreichen. Dies geht jedoch mit einem erheblichen Aufwand zur Datenbeschaffung einher, der nicht in jedem Fusionsverfahren gerechtfertigt erscheint und zu zeitlichen Verzögerungen führen kann. Der UPP-Test ist deshalb weder so objektiv, wie die Theorie es vermuten lassen könnte, noch ist eine einfache und handhabbare Umsetzung sichergestellt.[1023]

Des Weiteren liefert der UPP-Test keine unmittelbare Aussage zur Marktmacht eines Unternehmens und der Tatsache, ob eine erhebliche Behinderung des Wettbewerbs zu befürchten ist. Der Test kann lediglich Ergebnisse liefern, die einer Interpretation bedürfen und entsprechend bewertet werden müssen. Darüber hinaus ist der UPP-Test nur für die ausschließliche Beurteilung von fusionsbedingten Auswirkungen geeignet. Für den Bereich des Marktmachtmissbrauches gem. Art. 102 AEUV und § 19 GWB ist ein Rückgriff auf den UPP-Test aufgrund der im Gesetz fortbestehenden Notwendigkeit einer Marktabgrenzung nicht möglich. In diesem Bereich bestehen die aufgezeigten Probleme mit der Marktabgrenzung fort. Ein Einsatz des UPP-Tests würde im Ergebnis nur für einen Teilbereich des Kartellrechts eine Verbesserung darstellen und keine gesamtheitliche Lösung ermöglichen. Für den methodischen Gleichlauf der kartellrechtlichen Kontrollinstrumente sind jedoch keine zwingenden Gründe ersichtlich, sodass die Durchbrechung dieses Systems nicht negativ zu bewerten ist.

Insgesamt kann trotz der Vorzüge des UPP-Verfahrens bezweifelt werden, dass sich das Konzept in der Praxis als echte Alternative zur Marktabgrenzung eignet.[1024] Dies wird auch in der gegenwärtig verfügbaren Literatur so gesehen. Zu Recht wird die Rolle des UPP-Tests auf die eines „Schnelltests" reduziert.[1025] Dennoch sollten die Möglichkeiten, die der UPP-Test bietet, nicht zu kritisch gesehen werden. Insbesondere

---

1021 So auch Emmerich, in: FS Köhler 101, 103f.

1022 Johnson, WuW 2013, 1177, 1183.

1023 Ebenso: Affeldt/Filistrucchi/Klein, The Economic Journal, 2013, Vol. 123 (572), S. F505, F521.

1024 Emmerich, in: FS Köhler 101, 104, der die theoretische Konzeption insgesamt in Zweifel zieht.

1025 So bspw. Zimmer, WuW 2013, 928, 935; weniger kritisch Johnson, WuW 2013, 1177, 1186.

dann, wenn sich die nicht unerheblichen Probleme mit den klassischen Instrumenten nicht mehr sachgerecht lösen lassen, sind neue Ansätze erforderlich. Aus diesem Grund sollte die Entscheidungspraxis verstärkt auf neue Analysemethoden wie den UPP-Test zurückgreifen.[1026] Allein das Fehlen einer umfassend tragfähigen Lösung kann keine Begründung für das Verharren in alten Denkmustern sein. Insbesondere der Bereich der Medien und speziell der Werbemärkte erfordert aufgrund seiner Vielgestaltigkeit und Wandlungsfähigkeit eine umfassende Neubewertung seitens der zuständigen Kartellbehörden und -gerichte.

1026 a.A. Emmerich, in: FS Köhler 101, 104f.

5. Teil: Ergebnisse und Ausblick

Die vorangegangene Arbeit verdeutlicht die Probleme, die bei der Abgrenzung der Internet-Werbemärkte bestehen. Es zeigt sich, dass vor allem die methodischen Defizite des Bedarfsmarktkonzeptes und das Fehlen empirisch belastbarer Untersuchungen einer endgültigen Klärung der Marktverhältnisse im Weg stehen. Aufgrund der Vielzahl der zu beachtenden Umstände wird deutlich, warum der Versuch einer sachgerechten und realitätsgetreuen Marktabgrenzung eine der größten Herausforderungen des Kartellrechts darstellt.

A. Zusammenfassung der Ergebnisse

Die fusionsrechtliche Bewertung medialer Zusammenschlussvorhaben ist zu einem wesentlichen Anteil von der Abgrenzung des sachlich relevanten Marktes abhängig. Medienunternehmen agieren regelmäßig in vielen unterschiedlichen Marktbereichen. Auf der einen Seite steht oftmals der Rezipientenmarkt, auf dem das Medienprodukt an den Endabnehmer vertrieben wird. Auf der anderen Seite werden auf dem Werbemarkt Werbemöglichkeiten innerhalb der Medien für Werbekunden angeboten. Daneben besteht eine Vielzahl von vor- und nachgelagerten Märkten, die beispielsweise die Rechteverwaltung betreffen.

Den Hauptansatzpunkt für die fusionsrechtliche Beurteilung medialer Zusammenschlüsse bildet bei den meisten Mediengattungen der Werbemarkt. Dieser ist zum einen aufgrund seiner wirtschaftlichen Stärke und der damit einhergehenden Finanzierungsfunktion der ökonomisch relevante Markt. Zum anderen ist der Werbemarkt im Gegensatz zum Rezipientenmarkt aufgrund der bestehenden Austauschbeziehungen in jedem Fall wirtschaftlich greifbar. Insbesondere bei kostenlosen Angeboten wie dem Free-TV oder im Internet fehlt es oftmals an einem konkreten monetären Austauschverhältnis, das jedoch nach überwiegender Ansicht für die Annahme eines Marktes notwendig ist. Beide Marktstrukturen sind durch interdependente Beziehungen miteinander verknüpft, sodass eine Abgrenzung des Werbemarktes nur unter Berücksichtigung dieser Verknüpfung möglich ist.

Die sachgerechte Bestimmung der Wettbewerbsverhältnisse auf dem Werbemarkt wird in der Praxis nicht nur durch diese Verknüpfung erschwert. Die gesamte Medienbranche und somit letztlich auch die darauf aufbauende Werbebranche befinden sich in einem Wandlungsprozess. Im Rahmen von Konvergenzprozessen wachsen die Inhalte und Endgeräte, die Nutzungssituationen der Medien und die Wettbewerbsverhältnisse immer enger zusammen. Sinnbildlicher Ausdruck dieses Prozesses ist das Internet, das sich wirtschaftlich als Werbeträger etabliert hat und die vormaligen Gattungsgrenzen zwischen den klassischen Medien durchbricht. Das Internet vereint alle bekannten Eigenschaften in einer zuvor nicht dagewesenen Form, sodass sich die Frage nach der intramedialen Marktaufschlüsselung des Internets und nach der Einordnung in die bisherige intermediale Abgrenzungspraxis stellt.

Traditionell wird der Werbemarkt in der Entscheidungspraxis nahezu ausschließlich auf Basis des vorherrschenden Bedarfsmarktkonzeptes abgegrenzt. Dieses stellt in seiner Grundausrichtung eine ausschließlich nachfrageorientierte Betrachtungsweise dar. Es gehören diejenigen Produkte zu einem Markt, die aus Sicht der Nachfrager austauschbar sind. Marktkonstituierend sind demnach auch nach der vorherrschenden Ansicht in der Entscheidungspraxis in erster Linie die werberelevanten Eigenschaften, die von den Werbetreibenden bei der Auswahl der passenden Werbeträger berücksichtigt werden. Statt eine umfassende Betrachtung dieser Mediaselektionsprozesse vorzunehmen, wird von Fall zu Fall auf unterschiedliche ausgewählte Eigenschaften zurückgegriffen. Dies führt sowohl im intra- als auch im intermedialen Verhältnis zu Verwerfungen und damit zu einer erheblichen Rechtsunsicherheit.

Im intramedialen Verhältnis spielen klassischerweise Unterschiede bei der Zielgruppe eine wesentliche Rolle zur Untergliederung von Mediengattungen. Darstellungsmöglichkeiten bleiben hingegen aufgrund der Gattungsabhängigkeit unberücksichtigt. Eine Untergliederung des Internet-Werbemarktes wird auf europäischer Ebene zwar anhand unterschiedlicher Kriterien diskutiert, bis heute aber nicht ernsthaft weiter verfolgt. In der deutschen Entscheidungspraxis haben sich hingegen die unterschiedlichen Darstellungsmöglichkeiten als Ansatzpunkt für die Marktabgrenzung herausgestellt. Eine endgültige Festlegung der Marktverhältnisse kann jedoch nicht bei diesem einzelnen Merkmal stehen bleiben. So besteht beispielsweise auch innerhalb der Online-Video-Werbung weiteres Untergliederungspotenzial. Dies wird in der Entscheidungspraxis bisher nur unzureichend aufgegriffen.

Im Verhältnis der Mediengattungen zueinander stellt sich ebenfalls die Darstellungsform als wichtigstes Differenzierungskriterium zwischen den Medienkategorien dar. Die bestehende Unterscheidung nach Darstellungsmöglichkeiten wird vom Internet aufgrund der hybridartigen Zusammenführung aller Werbeformen durchbrochen. Dennoch wird in der europäischen und auch in der deutschen Entscheidungspraxis im Wesentlichen an dieser Unterscheidung zwischen den einzelnen Mediengattungen festgehalten. Eine medienübergreifende Ausrichtung des Marktes wird durchgehend abgelehnt.

Sowohl die intra- als auch die intermediale Abgrenzung des Internet-Werbemarktes erweist sich auf Basis der gewonnenen Erkenntnisse als nicht mehr haltbar. In diesem Zusammenhang zeigt sich, dass die Abgrenzung auf Basis des Bedarfsmarktkonzeptes mit einer Vielzahl von rechtlich dogmatischen und faktisch-produktbezogenen Schwierigkeiten konfrontiert wird, die eine Abgrenzung des Werbemarktes auf dieser Basis insgesamt problematisch gestalten.

Die Auswahl eines Werberaums erfolgt seitens der Werbetreibenden im Rahmen von Mediaselektionsprozessen. Hierbei zeigt sich, dass für die Entscheidung vielfältige werberelevante Eigenschaften des Werberaums, wie die Darstellungsform, die Zielgruppe oder die Situation des Werbekontakts, von Bedeutung sind. Diese Eigenschaften differieren zwischen den verschieden Mediengattungen, aber auch innerhalb einer Gattung können erhebliche Unterschiede bestehen. Die Auswahl eines Werberaums erfolgt individuell auf Basis der jeweiligen Werbeziele. Betrachtet man nur diese Eigenschaften, gleicht kein Werberaum einem anderen Werberaum bis ins Detail. Die Auswahlentscheidung ist zudem von den Interessen und Werbezielen der Abnehmer abhängig. Die Hinzunahme der heterogenen Interessenlagen der Werbetreibenden verstärkt den Umstand, dass sich auch die erzielbare Werbewirkung in jedem Fall unterscheidet und somit in der Folge keine Austauschbarkeit zwischen den Werbemöglichkeiten besteht.

Methodisch zeigt sich in diesem Zusammenhang, dass es beim Produkt Werberaum aufgrund der Individualität der Auswahlentscheidung an einem greifbaren Maßstab zur objektiven Beurteilung der Marktverhältnisse fehlt. Je nach Werbeziel eignet sich ein anderer Werberaum zur Erreichung der Ziele besser. Die erzielbare Werbewirkung ist aufgrund wissenschaftlich ungeklärter Effekte nur schwierig prognostizierbar.

Darüber hinaus hat sich gezeigt, dass das Bedarfsmarktkonzept die Wettbewerbsverhältnisse bei hochdifferenzierten Produkten wie dem Werberaum nicht sachgerecht wiedergeben kann. Das Konzept unterscheidet bei Produkten lediglich, ob sie austauschbar sind und somit zu einem Markt gehören, oder ob keine Austauschbarkeit besteht und das Produkt somit zu einem anderen Markt zu zählen ist. Dies führt bei einer exakten Umsetzung, insbesondere bei hochdifferenzierten Produkten wie dem Werberaum, zu Kleinstmärkten, die in der Praxis nicht handhabbar sind. Zwar besteht aufgrund dieser vielfältigen Eigenschaften keine umfassende Austauschbarkeit der Werbeträger, jedoch ist in vielen Bereichen im Einzelfall von einer partiellen Austauschbarkeit zwischen konkreten Werberäumen auszugehen. Ein Aufgreifen dieser partiellen Substitutionsbeziehungen ist im Rahmen der Marktabgrenzung auf Basis des Bedarfsmarktkonzepts nicht möglich.

Damit hat sich das Bedarfsmarktkonzept als solches nicht als taugliches methodisches Mittel zur Abgrenzung des sachlich relevanten Werbemarktes erwiesen. Für das konkrete Beispiel der Werbemärkte zeigt sich, dass die klassische medienbezogene Abgrenzung sich ebenso als nicht mehr haltbar erweist, da die partiellen Substitutionsbeziehungen mitunter medienübergreifend ausgestaltet sind.

Ergänzend hinzuzuziehende angebotsorientierte Maßstäbe wie die Angebotsumstellungsflexibilität oder das Wirtschaftsplankonzept, deuten, im Gegensatz zu der eher engen, nachfrageorientierten Abgrenzung, auf weitere Marktverhältnisse hin. Ein alle Werbeträger umfassender Gesamtwerbemarkt als Alternative zu den bisherigen Abgrenzungsversuchen lässt sich auf Basis der gegenwärtigen Daten ebenfalls nicht nachweisen. Verschiebungen bei den Marktanteilen der Mediengattungen am Werbemarkt können zwar als Indiz für eine umfassende Marktstruktur gewertet werden, jedoch stellt die fehlende umfassende Austauschbarkeit zwischen den Produkten den entscheidenden Hinderungsgrund für einen Gesamtwerbemarkt dar.

Auf Basis des Wortlauts der gesetzlichen Regelung kann wie dargelegt auf europäischer Ebene, und seit Einführung der 8. GWB-Novelle auch auf deutscher Ebene, auf die Durchführung einer Marktabgrenzung prinzipiell verzichtet werden. Deshalb wird zur Überwindung der dargestellten Probleme zu Recht vermehrt ein marktabgrenzungsfreies Vorgehen gefordert. Als beste methodische Vorgehensweise hierzu hat sich das UPP-Verfahren erwiesen. Auf Basis dieses Konzepts kann die Wettbewerbssituation differenzierter Produkte widergespiegelt und somit eine sachgerechte Beurteilung der Zusammenschlussvorhaben ermöglicht werden. Daneben können im Rahmen des UPP-Konzepts auch zweiseitige Marktverhältnisse, wie im Fall des Werbe- und Rezipientenmarktes, erfasst und berücksichtigt werden. Da das UPP-Verfahren auf konkrete Austauschbarkeitskennziffern abzielt, erfordert die Bewertung einzelner Zusammenschlüsse jedoch erhebliche empirische Erhebungen, die nicht in jedem Fall geleistet werden können und auf subjektiv gefärbte Marktbefragungen zurückgreifen müssen. Aus diesem Grund kann das UPP-Konzept in der Praxis keine alleinige Alternative zu der gegenwärtigen Methodik darstellen. Dennoch müssen zur Erzielung sachgerechter Beurteilungen der Folgen eines medialen Zusammenschlusses neue Wege gegangen werden, sodass das UPP-Verfahren einen ersten methodischen Ausgangspunkt zur Lösung der aufgezeigten Probleme darstellt.

B. Die Zukunft der Marktabgrenzung

Die Untersuchung hat verdeutlicht, dass sich das Ziel einer sachgerechten Marktabgrenzung und realitätsnahen Beurteilung der wettbewerblichen Folgen eines Zusammenschlussvorhabens nicht auf einfachem Weg erreichen lässt. Es besteht gegenwärtig kein methodisches Konzept, das die dargestellten Probleme umfassend und praktisch handhabbar regelt. Allen gängigen Abgrenzungs- und Analysemethoden ist gemeinsam, dass sie, wenn auch in unterschiedlichem Maße, durch subjektive Faktoren beeinflusst werden. Eine rein objektive Beurteilung der Marktstruktur und der Zusammenschlussfolgen ist somit nicht möglich. Einen Beitrag hierzu kann jedoch die verstärkte Einbeziehung ökonomischer Methoden leisten.

I. Bedeutungsverlust von Marktanteilen und Marktabgrenzungen

Unter methodischen Gesichtspunkten ist zukünftig mit einem weiteren Bedeutungsverlust von Marktanteilen und damit einhergehend auch der Marktabgrenzung zu rechnen. Dieser Prozess wird durch Einführung des SIEC-Tests mit der 8. GWB-Novelle weiter verstärkt. Durch die Erweiterung des Marktbeherrschungskriteriums zu einem Wettbewerbsbehinderungskriterium im Allgemeinen ist die Feststellung von Marktanteilen und somit auch eine vorgelagerte Abgrenzung von Märkten nicht mehr zwingend erforderlich.

Die Beurteilung von Zusammenschlussfolgen auf Basis von Marktanteilen führt vor allem bei partiellen Substitutionsbeziehungen und differenzierten Produkten zu nicht sachgerechten Ergebnissen. Eine auf Marktanteilen beruhende Beurteilung kann den von nahestehenden Produkten ausgehenden Wettbewerbsdruck nur unzureichend und umständlich über die Feststellung eines eigenständigen Substitutionswettbewerbs erfassen. Durch methodische Konzepte wie das ökonomisch geprägte UPP-Verfahren können die individuellen Austauschbeziehungen und Wettbewerbsfolgen unmittelbar in die Beurteilung einbezogen werden. Insbesondere aufgrund der verstärkten Einbeziehung dieser Methoden auf europäischer Ebene ist für die Zukunft auch in Deutschland von einer nicht nur theoretischen, sondern zudem praktisch feststellbaren Loslösung vom Marktbeherrschungstest auszugehen. Der Bedeutungsverlust der Marktanteile in der modernen ökonomischen Theorie differenzierter Produkte lässt die Marktabgrenzung in den Hintergrund treten.[1027] Trotz alledem wird es in absehbarer Zeit nicht zu einem dauerhaften, umfassenden und vollständigen Verzicht auf die Marktabgrenzung in allen Bereichen des Fusionskontrollrechts kommen. Aus diesem Grund bleiben Fragen nach der konkreten Abgrenzungspraxis und den dahinterstehenden methodischen Konzepten auch weiterhin aktuell.

II. Bedeutung von Daten für die wettbewerbliche Beurteilung

Für die Beurteilung der Wettbewerbskräfte auf den internetbezogenen Werbe- und Medienmärkten stellt sich für die Zukunft vor allem die Frage nach der Bedeutung von Daten. Ein Großteil der am Markt erfolgreichen Unternehmen finanziert seine Angebote wie die klassischen Medien durch den Verkauf von Werbeflächen. Durch die Targeting-Möglichkeiten der Internetwerbung gewinnt die immer weitergehende Personalisierung der Werbung an Bedeutung. Je spezieller sich ein Werberaum zuschneiden lässt, desto geringer fallen die Streuverluste aus und desto attraktiver wird ein Angebot für die werbenden Unternehmen. Aufgrund der Abhängigkeit der Werbefinanzierung besteht für die Anbieter von Werberaum im Internet daher ein Anreiz, möglichst umfassende Datensammlungen von Nutzerdaten anzulegen. Der entscheidende Wettbewerbsfaktor der Zukunft für diesen Bereich wird somit der Umfang der gespeicherten Datensätze sein.[1028] Die Daten sind für die betroffenen Unternehmen bares Geld wert. Die Nutzer der Angebote zahlen indirekt durch die mehr oder minder bereitwillige Angabe ihrer Daten. Trotz der datenschutzrechtlich angebrachten Bedenken ist in diesem Punkt keine Abkehr von entsprechenden Angeboten erkennbar.

Dies wirft vor allem für die Marktabgrenzung im Bereich der unter monetären Gesichtspunkten kostenlosen Angebote erhebliche Fragen auf. Unter Zugrundelegung der für den Fernsehbereich prägenden Entscheidungspraxis besteht auf diesen Märkten kein wirtschaftliches Austauschverhältnis im engeren Sinne. Mangels Greifbarkeit der Märkte hätte dies zur Folge, dass eine wettbewerbliche Kontrolle dieser Marktbereiche nur indirekt über die verknüpften Werbemärkte erfolgen könnte. Mehr noch als bei der aufgewandten Zeit, die zur Begründung eines Fernseh-Rezipientenmarktes angeführt wird, stellt sich bei den Daten die Frage, ob sie nicht längst die Rolle eines zentralen Wirtschaftsguts in unserer Gesellschaft einnehmen. Aus diesem Grund hat der Präsident des Bundeskartellamts zu Recht

1027 Nicht so weitgehend Ewald, WuW 2014, 261, 270f.
1028 So auch Monopolkommission, 20. Hauptgutachten 2012/2013, S. 62.

angekündigt, dass zukünftig auch diese Märkte näher untersucht werden sollen.[1029] Um die ohnehin schon marktstarken Unternehmen der Internet- und Medienökonomie zukünftig einer stärkeren Kontrolle zu unterwerfen, muss hierauf seitens der Entscheidungspraxis, aber auch der rechtswissenschaftlichen Literatur eine passende Antwort geliefert werden.

1029 Vgl. http://www.telemedicus.info/article/2898-Andreas-Mundt-BKartA-zukuenftig-aktiver-auf-digitalen-Maerkten.html zuletzt abgerufen am: 14.6.2015.

Schriften zum Medien-, Urheber- und Wirtschaftsrecht

Herausgegeben von Prof. Dr. Georgios Gounalakis

Band 1 Thomas Lang: Immaterialgüterrechtliche Lizenzierung und kartellrechtliche Verhaltenskontrolle. Eine Untersuchung der Reichweite gemeinschaftskartellrechtlicher Eingriffsbefugnisse in Immaterialgüterrechtspositionen vor dem Hintergrund der schutzrechtsspezifischen wettbewerblichen Ausschließlichkeit. 2009.

Band 2 Anna-Karina Bonacker: Der Widerruf von Fernabsatzverträgen am Beispiel der Internetauktion eBay. 2009.

Band 3 Rainer Jürgen Scharf: Der unbefristete Widerruf internetbasierter Verträge. Zugleich ein Beitrag zur Dogmatik des § 355 BGB. 2009.

Band 4 Sebastian Gorski: Effizienz, Wahlfreiheit und Gleichbehandlung? Eine Untersuchung der Einführung von Wettbewerb zwischen musikalischen Verwertungsgesellschaften durch die Europäische Kommission. 2009.

Band 5 Daniel Walter: Die rechtliche Behandlung der Erbringung unbestellter Leistungen nach § 241a BGB. 2009.

Band 6 Richard Helwig: Die Kompetenz der Europäischen Gemeinschaft zur Schaffung eines europäischen Medienkonzentrationsrechts. Notwendigkeit, Voraussetzungen und Reichweite einer möglichen Regulierung zur Sicherung von Medien- und Meinungsvielfalt in Europa. 2009.

Band 7 Bettina Yunis: Alternative Streitbeilegung über elektronische Datennetze. 2011.

Band 8 Andreas Walter: Störerhaftung bei Handeln Dritter. 2011.

Band 9 Andreas Zenner: Die zivilrechtliche Verantwortlichkeit des Abschlussprüfers für den Bestätigungsvermerk. 2011.

Band 10 Kristine Wagner: Die Privatkopie als urheberrechtliche Schrankenregelung. 2011.

Band 11 Ina Lutz: Testierfreiheit und Pflichtteilsrecht im spanischen *Código Civil* im Vergleich mit dem deutschen Bürgerlichen Gesetzbuch. Unter besonderer Berücksichtigung von Immobilienerbschaften. 2011.

Band 12 Heiko Drebes: „Datenschutz" für Unternehmen im B2B? Schutz der Daten des geschäftlichen E-Business im Spannungsfeld zwischen technisch-organisatorischer und rechtlicher Regulierung. 2012.

Band 13 Heiko Zimmer: Zugriff auf Internetzugangsdaten. Unter besonderer Berücksichtigung der Verhältnismäßigkeit einer verdachtsunabhängigen Vorratsdatenspeicherung. Eine Interessenabwägung zwischen Datenschutz, Strafverfolgung und Urheberrecht im Internet. 2012.

Band 14 Ricarda Leffler: Der strafrechtliche Schutz des Rechts am eigenen Bild vor dem neuen Phänomen des Cyber-Bullying. Eine Untersuchung der Normanwendungs- und Auslegungsprobleme der strafrechtlichen Bildnisschutzvorschriften bei deren Verletzung im Rahmen von Internetdelikten. 2012.

Band 15 Nadine Kristin Keil: Verdachtsberichterstattung. Medienberichterstattung über Straftatverdächtige. 2013.

Band 16 Alexandra Sommerhoff: Meinungsvielfalt und Medienkonvergenz. Die Sicherung der Meinungsvielfalt in Deutschland und Großbritannien. 2013.

Band 17 Christoph Wege: Roman und Persönlichkeitsrecht. Ein partikulardogmatischer Entwurf. 2013.

Band 18 Florian Jäkel: Netzneutralität im Internet. Verfassungsrechtliche Aspekte und Sicherungsmechanismen. Zugleich ein Beitrag zu Kommunikations- und Medienfreiheiten im Internet. 2013.

Band 19 Lars Querndt: Selektivvertrieb und eBay-Versteigerungen. Die kartellrechtliche Zulässigkeit des eBay-Ausschlusses aus dem Selektivvertrieb in Vertragshändlerverträgen und Markenlizenzen unter besonderer Berücksichtigung des Markenrechts. 2014.

Band 20 Catherine M. Manley: The Trademark Paradox. Trademarks and Their Conflicting Legal and Commercial Boundaries. 2015.

Band 21 Arne Neubauer: Internetvertrieb im Kartellrecht. Eine kritische Auseinandersetzung mit herstellerseitigen Vertriebsbeschränkungen. 2015.

Band 22 Kristin Grimm: Lizenzketten im Urheberrecht. Zum Schicksal der Unterlizenz nach Beendigung des Hauptlizenzvertrages. 2016.

Band 23 Georgios Gounalakis / Greg Taylor (eds.): Media Diversity Law. Australia and Germany Compared. 2016.

Band 24 Marten Hinrichsen: Marktabgrenzung in Zeiten der Medienkonvergenz. Zur Bestimmung des sachlich relevanten Werbemarktes in der deutschen und europäischen Medienfusionskontrolle. 2016.

www.peterlang.com

www.ingramcontent.com/pod-product-compliance
Ingram Content Group UK Ltd.
Pitfield, Milton Keynes, MK11 3LW, UK
UKHW021846290926
8980IPUK00005B/681

9 783631 672525